# 巴拉聚克

## 历史时光中的法国小镇

历史·文化经典译丛

# 巴拉聚克

## 历史时光中的法国小镇

[美]约翰·梅里曼 著 梁镝 译

上海人民出版社

# 目　　录

# 前　　言

与 19 世纪的那些游客不同，我去巴拉聚克并非为了寻找据说建立了这座村庄的撒拉逊人，当然更没有打算针对这个村庄或任何其他村庄写本书。当时是 1987 年。一年以后在巴黎，我们有了宝宝劳拉，搬婴儿车、日杂用品和其他东西上楼梯真是烦心，我们需要充足的空间、新鲜空气和阳光。我曾经花费多年、乐此不疲地探索法国各省及其档案，也到过阿尔代什几次，并记住了它的美景，于是我们决定 6 月份去塞文山脉边缘的莱旺住几个星期。有一天，在阅读《米其林指南》时，我们被标注着的一颗星吸引，于是来到了巴拉聚克。到达阿尔代什河边时，被高高坐落在河对岸的美丽村庄惊呆了。我们在村里漫步。事情就是那样，像道闪电，我们之间很快产生了联系，虽然起初只是在夏季和圣诞假期才前往。我们的儿子克里斯托弗出生才十天就第一次来到了巴拉聚克。那时我们见过几个人，但我们与巴拉聚克的联系是断断续续的。

我们对当地的感觉在 20 世纪 90 年代初发生了变化。1991－1993 年，我们多数时间都住在巴拉聚克，包括从耶鲁大学请假，并在里昂第二大学授课，那所学校在北面，距此两个多小时的车程。劳拉和克里斯托弗开始上学，前者在巴拉聚克的学校，叫"合并班"（即一个老师同时负责一至五所有的年级），克里斯托弗在附近沃居埃的幼儿园，因为巴拉聚克的学校通常不接收相当于美国一年级以下的孩子（这一点已经改变了，原因以后会讲）。在我们的孩子到来前一年，学校只有九名学生，八个女孩和一个男孩。法国教育部在全国范围关闭单教室学校，特别是在诸如阿尔代什等地区，这些地方的农村人口自 19 世纪末期便开始逐步下降，而且持续老龄化。巴拉聚克的家长和雅克·安贝泰什老师定期开会，外加学校里的活动，我们成了朋友。然而,我还是没有为巴拉聚克写一本书的想法。我很佩服许多针对村落的学术研究,首推洛朗斯·莱利那辉煌的《沃克吕兹省的村庄》,它用社会学家的角度分析了20世纪50年代初期一个村庄在世界大战后的改变。[1]我还知道彼得·梅尔那本广受欢迎的《普罗旺斯的一年》。但我对这类书就是没兴趣。不论如何,一年时间远远不够。

　　在此期间,我在巴拉聚克从事着两个研究项目,一个是欧洲自文艺复兴以来的历史,另一个是在写一本关于19世纪法国城市边缘生活的书。显然,巴拉聚克对于前者过于渺小,对于后者又太遥远。在随后的几个假期以及1996年的另一个学期中,我有时会坐在我们家的露台上,有时步行穿越村庄到学校接送孩子,有时去阿尔代什河对岸那遍布岩石、干旱而崎岖的侏罗纪高原(当地人称为"格拉台地")上跑步,并在脑子里猜测人们到底是怎样在这片号称"忘恩负义"的土地上讨生活的。我也想知道那些来去匆匆的"大事件"对巴拉聚克带来怎样的不同——宗教战争、法国大革命、1848年革命,还有最重要的两次世界大战。即使电视的使用和人口下降已经破坏了"守夜"传统(晚间围着火堆吃栗子、喝葡萄酒、听故事),我还是有很多机会了解过去的情形。有些故事是关于暴雨的。1992年9月22日凌晨三点,一场可怕的暴雨降临了,还带着闪电。雨一直下,河水迅速上涨,距离桥面只有几英尺,河流的上游还死了三个人。在桥上,我们可以看到河流冲刷下来的各种东西。这场突降的暴雨带给人们的是一种无法逃避的感觉,我相当震惊,并希望了解当地人如何在灾难之后重新开始生活,他们不仅在遍布岩石的土地上谋生,有些还傍河而居,而这种灾难虽说是定期的,但发作起来,却能在集体记忆中留下难以磨灭的印记。

　　我家露台下面小石头广场的对面是一座罗马式教堂,我知道,1789年春天,那些会签名的巴拉聚克居民就是在那里签署了"陈情表"。我决定穿越伊斯齐内山口前往普里瓦(有点阴森的行政城镇,那里巨大的收容院很有名),看看他们是怎样描述自己的孤立、贫困和希望的。我惊奇地发现签署文件的二十八名男子中,仍然有十七个家庭居住在巴拉聚克,这种连续性相当惊人,要知道,这个村庄的人口在18世纪有四五百人,到19世纪中叶增长到九百人,而在二战之后又下降到不足两百人。许多人离开了,其原因我们以后再谈,但许多拥有那"忘恩负义"的土地的巴拉聚克家庭一直居住在当地。自然,在教堂外面纪念第一次世界大战阵亡者的纪念碑上,我也并不意外地找到一些相同的姓氏。

一天晚上,学校要求孩子们的家长开会。议题是搭建学校的餐厅,以期阻止母亲们把孩子带到她们工作的城镇去上学。我们参加过的家长会都差不多,有的讨论独木舟和皮划艇的课程,或是计划筹资、包括周日进行学校抽奖,要么规划"自然教室"(这个叫绿色课堂;如果孩子们去巴黎,就叫灰色课堂),到另一个地区远足四五天。这种家长会结束时通常都会开一瓶阿马尼亚克白兰地;但这次,我们几乎不认识的村长也要参加,给人不同寻常的正规感。当我们开始讨论如何保持学校的运转时,村里实际上每个人都认可这件事的重要性——不论大家以往有怎样的分歧。村长开口了,他的话令我很吃惊。我不禁产生疑问,自 19 世纪以来,整个法国与我们这个小村庄及其单教室学校之间的关系是否扭转了。此后,我开始定期去普里瓦的省档案馆,又回到我经常出没的巴黎国家档案馆和国家图书馆,看看有没有可能评估这个村落往昔的演变并复活它们。在法国,有超过三万六千个城镇和乡村,然后我来到村公所,查找还有没有任何文件资料和普查数据保留至今。结果令人鼓舞。于是我踏上了穿越往日时光的漫漫旅程。我想知道贯穿非常遥远的过去、19 世纪以及近代历史中的连续性。我也想了解造就当今巴拉聚克的那些演变,还想知道我发现的文件能否帮我深入理解那间小小的石头校舍为何是村里重要的甚至决定性的存在。

巴拉聚克人的能力早就给了我深刻的印象,不光是生存能力(虽然很多人活不了多久),也包括在过去的两个世纪中的适应能力,他们抓住机会,甚至操纵国家以利自身。巴拉聚克的农民与常见的刻板的乡下人不同,后者因循守旧,直到被"现代化"的各种代理人拯救出来,并带入现代世界。同时,我也对全国政治如何塑造地方政治产生了兴趣,特别是在第一次世界大战前的几十年中教会所扮演的角色,以及教育世俗化的斗争过程。

在本书中,土地上的岩石才是演员,它令道路崎岖难行,同时也是人们在漫漫时间长河中建造房屋与围墙的材料。自然环境的角色在书写百年前的历史时常常被遗忘,但它即便不是首要的,也得到法国两代人文地理学家的重视。照片上和长者描绘的这个小村庄很少有绿叶,使人吃惊,现在已经不是那样了。我想知道为什么。这本书谈到了巴拉聚克对石头的记忆,以及长时期的连续性与变革——即便中间受到国家大事的干扰（而这些大事也常常是由普通百姓在地方上造成的）。此外，由于不可能真正孤立地研究任何村庄，我很乐意把巴拉聚克融入周围地区迷人的背景里，远至迄今为止人们所探知的最为古老的洞穴壁画，以及每年成千上万的夏季游客发现的不那么古老的东西。

外人乍一看，巴拉聚克貌似是个有些衰败的村落。其农业经济，历经半个世纪的空前繁荣后，悲惨地崩溃了。村里的人口急剧下降，这一现象不仅发生在当地，也包括大部分法国乡村。[2] 但是，这是一个关于韧性的故事，常常带着英雄色彩，根植于深深眷恋土地和村庄的家庭，一代又一代。本书描述了一个我非常依恋的地方，这地方已经成为我和我的家人生命的一部分。

人类学家克利福德·格尔茨说过，人类学家不写有关乡村的书籍，他们是在乡村里写书。我不是人类学家，但这个建议我听从了。不过，我当然没有把巴拉聚克当作实验室，也没有把我们的朋友和其他居民当作"线人"或样品。彼得·琼斯指出，相当多的研究法国乡村的作品都叫《我的村庄》。[3] 此外，本书也没打算让人陷入乡愁和怀旧，而最重要的，并不是为了刺激旅游业。鉴于我们家没人在巴拉聚克出生（尽管我们好多年以前就得到了居住证），而且如果在这个很多家庭都有几百年历史的地方，声称巴拉聚克是"我的村庄"，也未免太可笑了。虽然没有恶意，不过没在当地出生的村民仍然被当作"外乡人"（并不一定是外国人）。当然，如果谁能参与讨论村中大事——首先是学校，就标志着他被接纳了。我记得，有个朋友谈论起他装修房屋的工钱时说："不能把谁都当作美国人啊"——他们以天真出名，而且有时候会为没必要的情况支付大量金钱。又说了几句之后，他突然反应过来，"糟糕！"他忘记我们就是美国人了（其实，我们当初来这个村子时，代号就是"那些美国人"）。因为他遗忘这一点而令我无比开心。但我们仍然是外乡人，和我们那些来自法国北部的朋友一样，不过我们已经融入了乡村生活。不论是在巴拉聚克每年住上一阵，还是一口气住上几年，都是我们的幸事。有时候，往来次数太频繁也挺奇怪的。去年的一天晚上，我应邀出席巴拉聚克的共产党支部会议，集会安排在河对岸奥东的一所特棒的老石头房子里举行。我们的主人时年92岁，1930年在巴黎加入共产党，他的妻子入党稍晚，但年纪更大。差不多十天以后，我跑到美国康涅狄格州北哈芬镇，参加了一个朋友参选第一竞选人的启动会议,会议在美国退伍军人协会大厅举行,装点着红、白、蓝色气球,自有一种古雅的气息。

几年前,有位来自美国的记者想报道我们在这里生活的故事,采访劳拉时问她对巴拉聚克的想法,她回答说:"它只是一堆石头!"她不明白为什么我决定写一本关于这里的书。"爸爸,会有多少人关心1827年巴拉聚克有多少头山羊?"有时候,她会想念美国的购物中心。年过15岁后的一天,她告诉我她改变了主意。我问为什么,她用法语回答说:"我喜欢法国,这里有帅哥!"劳拉现在最喜欢巴拉聚克的事情之一是,"它代表你怎么样,而不是你开什么车"。对于我来说,那是一种辛劳,是心甘情愿地翻阅故纸堆,以便重构和唤醒巴拉聚克的过去和现在,即使我正担心着它的未来。最后一章探讨了第二次世界大战之后村里的变化和日后的故事,自然是利用档案文件,但也采纳了无数的谈话,我从那些交谈对象的身上学到了很多东西(紧急补充,包括我的妻子和孩子,他们在过去十四年间多数时间都住在这里,有自己的看法,并成为故事的一部分)。在巴拉聚克出生或是在这里长期居住的人,大概会同意我的一部分观点,但也会完全反对我的其他看法。

村庄就是这样的。我牢记着这一点,并且要在众人之中特别感谢:泰蕾兹・米勒尔、波莱特・巴拉聚克、吕西安・莫利耶和凯瑟琳・莫利耶、居伊・布瓦耶和玛丽-勒妮・布瓦耶、居伊・拉罗谢特和玛丽-埃莉斯・伊莱尔、吉内特・吉内斯、让-克劳德・米沙隆和吉内特・米沙隆、帕特里克・苏格拉底、让-马克・迪皮伊—昂格贝尔和埃迪特・迪皮伊—昂格贝尔、埃尔韦・帕兰和弗朗索瓦兹・帕兰、凯瑟琳・于苏米、乔治・迪福、于盖特・拉罗什(还要追念雅克)、帕特里克・康斯坦和弗朗索瓦兹・康斯坦、雷蒙・舍瓦利耶、贝尔纳・沙鲁塞、波莱特・米拉贝尔、雅尼娜・皮内德、马克思・布里乌德和多里斯・布里乌德、克洛维斯・伊莱尔、福蒂内・鲁韦罗尔神父、鲁韦罗尔、皮埃尔・苏亚雷斯(并追念达尼埃尔)、于盖特(萨佩德)・加梅尔、蒂埃里・拉谢利和我分享了他那渊博的史前知识,同样还有卡罗勒・拉谢利。初来巴拉聚克时,我们最早结识的人中就包括让・布瓦耶和他的妻子苏珊。让・布瓦耶是位退休的历史老师,曾在巴黎地区任教,他热爱巴拉聚克。他有一本没出版的作品,记述了这个村庄自法国大革命以来的情况,部分是历史著作,部分是回忆录。我在夜晚路过他的房子时,经常听到他在打字。他对自己村庄的热情启发了我,直至今日。他对他自己的文章所作的总结,足以打动任何曾经亲身到过巴拉聚克村内或周围的人,"在这些痛苦的书页里,有死在婴儿床里的孩子们,有在这片忘恩负义的土地上辛勤劳作的农夫们,也有被贫瘠的资源驱赶得背井离乡的青年们"。

我很佩服雅克·安贝泰什,他是我们孩子的老师,也是我们的朋友。他担任教师多年,就要退休了,但他对孩子们(及其家庭)的影响远远没有消失,能在他的学校上课非常幸运。我还想感谢以下诸位:普里瓦的省档案馆馆长多米尼克·迪普拉,以及他那始终如一提供帮助的馆员伊夫·莫雷尔,他刚刚完成关于阿尔代什地区制丝业的论文,并为本书提供了一张照片;吉内特·米沙隆、波莱特·巴拉聚克,还有尼马·沙鲁塞等提供了照片;彼得·琼斯对法国中央高原低海拔区有杰出的研究;迈克尔·索南舍尔允许我引用他的博士论文;埃里克·达里厄为 1943 年吉尔贝·塞雷的谋杀案提供了资料;朱莉娅·保利托协助我在最后阶段加速完成了手稿;珀尔·哈宁帮我审稿;耶鲁大学提供了研究经费和充裕的长期假期。

W.W.诺顿是一家优秀而且独特的出版商。这里有唐·拉姆的努力,我们第一次合作是在 1984 年。德雷克·麦克菲利则继承了这一优良传统。史蒂夫·福尔曼担任我的编辑多年,也是位老朋友了,他才华卓著并对我极有助益。他和他的家人也不辞辛劳地来到了巴拉聚克。第一次去耶鲁时,我以前的同事埃德蒙德·摩根给过我一个有些令人发怵的忠告:"有空闲就写上一行!"史蒂夫则反其道而行:"有空闲就删除一行!"但大家都是为我好。

我还要感谢其他的朋友:伊夫·卢康和科莱特·勒坎、莫里斯·加登和玛丽—克劳德·加登、克劳德·玛佐里克和西蒙妮·玛佐里克、汉斯·施密特和安娜玛丽·施密特、艾伦·福里斯特和罗斯玛丽·莫里斯;鲍勃·施瓦茨和玛丽埃塔·克莱芒、特德·马哥丹特和若比·马哥丹特、克里斯·约翰逊和洛伊斯·约翰逊、帕斯卡·迪皮伊、菲力浦·夏迈特和卡琳·穆热·夏迈特、菲力浦·卡尔缪和科琳娜·穆沙尔、让·塞罗和希拉·塞罗、安德烈·帕朗和克里斯蒂娜·帕朗;达尼埃尔·舍韦、多米尼克·舍韦和福斯廷·舍韦;令 2000 年"圣约翰篝火节"庆祝仪式生动活泼的让娜·因内斯和约翰·因内斯、狄克·布罗德黑德和辛迪·布罗德黑德、本·基尔南和格伦达·吉尔摩,那一次整个巴拉聚克都跳动起来。当然少不了维多利亚·约翰逊。

我幸运有很多良友,他们研读了本书的草稿,并提出众多建议,其中不少我都欣然从命。罗伯特·施瓦茨、艾伦·福里斯特以及保罗·弗里德曼在开头的章节中贡献了自己的专长。彼得·麦克菲、彼得·盖伊、克里斯·约翰逊、大卫·贝尔,以及杰伊·温特,他们仔细阅读了全部手稿,并给我鼓励,当然还少不了卡罗尔·梅里曼。

埃里克·福卢莱和马蒂约·福卢莱两位在康涅狄格的北哈芬镇花费了将近一年读高中一年级,他们使两个世界充分互补。

最后,感谢梅里曼家的卡罗尔、劳拉和克里斯托弗,他们多年来一直在两个世界里欣欣向荣。

2001 年 8 月 3 日于巴拉聚克

1　"格拉台地"，石灰岩高地
2　阿尔代什河
3　前罗马式教堂，始建于12世纪
4　前神甫宅邸
5　维埃伊堡，巴拉聚克家族的庄园别墅的残留部分
6　夏日塔和寨墙
7　"施洗者圣约翰"小教堂遗迹（14世纪）
8　前墓地
9　广场（以前的村广场）
10　老磨房
11　国王大道
12　前往于泽尔的道路
13　"让娜女王"瞭望塔（始建于13世纪末或14世纪初，于15世纪末
　　或16世纪初再建）
14　庄园别墅，建于中世纪晚期
15　女巫缺口（穿越岩石的通道，直达庄园别墅）
16　小舟（渡船）的摆渡口
17　连接沃居埃和吕奥姆的道路，建于19世纪中叶
18　前火车站
19　横跨阿尔代什河的大桥（1884年）
20　"新教堂"，于1895年动工
21　通往大桥的道路，于1897年完工
22　萨布利埃门，以前是有防御功能的四个大门之一
23　方塔
24　门前广场
25　蛋市场，（寨墙外的中世纪禽蛋集市）
26　塞尔维埃村落
27　卢安村落
28　奥东
29　维埃尔奥东
30　小学校和多功能厅
31　波莱特菜馆
32　杂货店（自助服务）和小广场

巴拉聚克

巴拉聚克地图

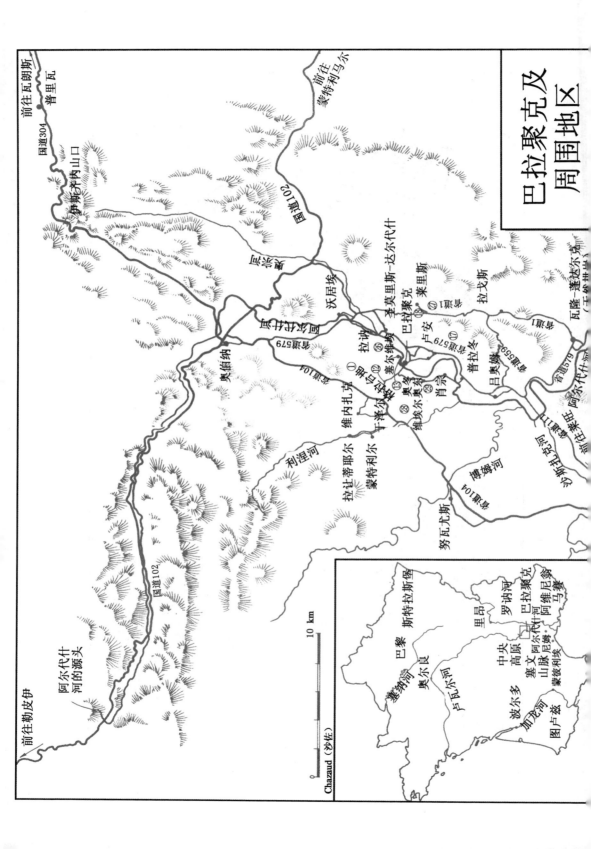

巴拉聚克及
周围地区

前往瓦朗斯
普里瓦

前往蒙特利马尔

国道304

伊斯齐内山口

国道102

克水

圣莫里斯-达尔代什

莱里斯

沃居埃

拉戈斯

巴拉聚克

卢安

省道579

普拉冬

吕奥姆

奥伯纳

省道579

巴诺

拉沙斯

塞米维纳

省道104

维内扎克

平泽尔多

奥尔奥东

肖宗

瓦隆-蓬达尔克

（于维纳世界）

省道579

阿尔代什河

前往莱皮昂

沙斯拉克河

利涅河

拉让蒂耶尔

蒙特利尔

维埃尔

博海河

努戈尤斯

省道104

前往勒皮伊

阿尔代什河的源头

国道102

10 km

Chazaud（沙佐）

塞纳河

巴黎

斯特拉斯堡

里昂

罗讷河

巴拉聚克

奥尔良

卢瓦尔河

阿尔代什河

阿维尼翁

中央高原

塞文山脉

蒙彼利埃

波尔多

加龙河

图卢兹

# 第一章
# 嵌入顽石的村落

阿尔代什主要有岩石，而且只有岩石……没有比那里更为荒芜、更为崎岖的地方了。你已经能感受到人们的努力了，面对大自然的约束时那种坚韧、惊人的争斗。在石块与更多的石块之间、页岩与更多的页岩之间，有两三棵黑麦挣扎着求生。

——儒勒·米什莱，1844[1]

巴拉聚克明信片：从河对岸看到的景色，约 1910 年

从阿尔代什河对岸看过去，巴拉聚克好像是岸边高耸的石灰岩悬崖的一部分。它的房屋和旧围墙的遗迹似乎与巨大的石头悬崖融为一体，"像黄

蜂巢一样附着在石头上"。房屋矗立在大块的岩石上,围成半个圆形剧场的形状,向河岸斜插下去。多数房屋用石灰石建造(以碎石砂浆浇筑在一起),这是阿尔代什省维瓦莱河的南部地区河谷低地的自然之赐。每年的 9 月、10 月间暴雨肆虐,阿尔代什河成为暴怒的洪流,摧毁它遇到的一切,米什莱说"它被大自然变成了怪兽",过于靠近河道建造房屋是不可想象的。村庄高高在上,巴拉聚克的房子显得"相互堆叠,拥挤在山顶,不是为了防御,就是没有空地,房屋之间以大石相连,随着时光逝去,结合成一个整体"。[2]

1893 年,法兰西学术院成员、作家欧仁—梅尔基奥尔·德·沃居埃,如此描述下维瓦莱地区的这个村落:"阿尔代什河沿着深深的裂谷呼啸着,就在巴拉聚克,大自然展现出自己的激情。岩石无处不在,表土极为稀少,它被田野间巨大的石板掩盖住了;零星的灌木和扭曲的藤蔓从这些厚石板的缝隙里钻出来。这是一片贫瘠而宏伟的大地,一片阿拉伯人的土地 *,瘦骨嶙峋。我的车夫说得很好:'先生啊!这里的土地多么刚健!'"[3]

1994 年 12 月,三位科学家进入了一个远高于阿尔代什河水面的岩穴,或叫洞穴,位置是巴拉聚克下游大约十一英里,瓦隆蓬达尔克 ** 附近。他们匍匐前进了大约九米,然后通过绳索降下去,就置身于一系列大型溶洞的起点了。他们惊讶地发现,那里是真正的史前动物园:画工精良的红色或黑色动物,包括众多的熊、马、鹿、猛犸象、驯鹿、猫、野山羊、欧洲野牛、北美野牛,还有不少狮子和犀牛,以及一匹黑豹、一头鬣狗,一只猫头鹰和另外一些辨认不出的野兽。现在,经点算、核查过的图像超过两百幅,其中一些通过放射性碳测定了年代。当年的艺术家们运用了超前的技术,包括透视和擦笔技法,以显示细节或突出形象,传达出动物的运动感。

洞穴以其中一位科学家的名字被命名为肖维岩洞,里面的绘画是迄今所有发现中最古老的。通过碳测年,它的绘画时间大约是在 32 000 年前,肖维岩洞周围其他史前洞穴年代都稍晚一些。这个地方使用精妙绘画技术的时间比以前猜测的要早很多。洞穴中没有光线并且闭塞,才使得这些非凡的绘画保存了成千上万年。[4]

---

\* 该村传说由阿拉伯人建造。——译注

\*\* 此地名 Vallon-Pont d'Arc 意为"河谷拱桥",是著名的天然石头拱桥。——译注

巴拉聚克下方的阿尔代什河河谷

"格拉台地",侏罗纪高地

　　巴拉聚克与阿尔代什河谷的史前文化丰富程度令人难以置信。狩猎部落在山洞里栖身,那些洞穴则是阿尔代什河以及其他河流在崖岸峭壁上侵蚀出来的。河流对岸侏罗纪时期的高原("格拉台地")上遍布各种营地的痕迹,意味着在旧石器时代和新石器时代,人类已不局限于穴居在河流沿岸。[5]
1967 年,在巴拉聚克河岸的一个山洞里,发现了鹿、熊以及犀牛的骨头。下
维瓦莱地区的石灰石地区有着极为集中的墓石牌坊,那是一种史前的石头
纪念碑。巴拉聚克周边能看见很多这类纪念碑,有一些可以追溯到公元前
2500 年。干旱的"格拉台地"上点缀着史前墓葬,相当大的石板上松散地覆
盖着小石头,其间还放置了礼物以纪念受人敬重的战士。游猎的人口(如
今,他们会加入猎人俱乐部,在巴拉聚克感觉自由自在)可能多数居住在阿
尔代什河右岸,或许就住在山洞里。公元前 2600 年到公元前 2200 年之间,
"格拉台地"上肯定住过农业和畜牧部落,时间或许还可能更早。19 世纪在
阿尔代什河右岸的"格拉台地",农民和考古学者发掘出青铜时代(公元前
1800 -公元前 700)的手镯、铜制工具、陶器、刀具以及其他武器。

　　传说,史前有些人通过建造在岩石峭壁上的多神庙宇崇拜太阳,那个位
置现在是一座罗马式教堂。在下维瓦莱地区,有大量的太阳崇拜。几十年
前出土了一块长方形石板,周边有排水槽,汇集到石板一角,可能是用于祭
祀——人祭或牲祭。它现在放在那座罗马式教堂里,算是祭坛的一个组成
部分。当今,夏季的游客也崇拜太阳,他们躺在阿尔代什河沿岸的小沙滩或
者大石头上享受阳光。[6]

　　维瓦莱河塑造了法国中央高原南缘的东段。维瓦莱河流淌在罗讷河以
西,其流域是中央山脉向法国南部的过渡地段,有着多样的地貌。维瓦莱河
的气候变化很大,其高山台地部分类似挪威或至少像中央高原,而下维瓦莱
地区则有地中海式的温度、植被以及露天生活。[7]

　　维瓦莱河西北地区多山,梅赞克峰是最高峰,超过 1 300 米。在后者与
南边的塔纳格之间,横亘着海拔 1 280 米的阿尔代什高原。这一分区又被
称为"蒙塔尼"(意为山区),冬天似乎无穷无尽。石屋的厚墙是花岗岩或玄
武岩的,坐北朝南,匍匐在大地上,甚至半埋在地表下,用以对抗自然环境,
有些北边的屋顶几乎一直延伸到地面[8]。有个分区叫夸龙,垂直于蒙塔尼区
延伸出去,但海拔高度较低,从中央高原沿着罗讷河方向朝下维瓦莱地区倾
斜。夸龙的居民和蒙塔尼区的居民类似,养牛、种植各种能够生长的庄稼[9]。
歌曲和残忍的笑话反映出长期的竞争与相互猜疑,这种情绪存在于不同的
山民之间,帕热尔人(pagel),比较保守和宿命,而住在坡地的拉约尔人

（rayol），则不爱接受新思想，还好争论。

上维瓦莱地区位于蒙塔尼和与之平行的罗讷河之间。此地人口总是相对密集，形成了一个还算繁荣的农业三角带，河谷中的市镇与北面的圣埃蒂安和里昂维系着商业往来。这一分区的北部笼罩在里昂灰暗的天空下，南端却结束于地中海的阳光中。[10]

塞文山脉是"缓坡之地，板栗之乡"，位于中央高原的东南翼，像扇面一样展开。塞文的缓坡林地因而成为过渡地带，特别像中央高原和地中海之间的一条走廊。19世纪末，许多英语读者是通过苏格兰小说家罗伯特·路易斯·史蒂文森的书《骑驴周游》了解塞文山脉的。成百上千英亩的板栗树，生长在海拔270到700米高度，提供着穷人的面包。农民从10月初开始采集栗子，把栗子沿着坡上纵横交错的小路运下山后，晾干并储存在离家不远的石头建筑里（土语叫clédes）。

在下维瓦莱地区，包括阿尔代什河的大约六分之一及其最南端，是一个相对低矮的高原，多数地方不足300米。这一带是石灰岩构造（"石灰岩之乡"），被河流切割超过数万年，形成了粗犷、美丽的河谷。没错，阿尔代什河是"法国乃至整个世界最喜怒无常的河流之一。"[11]它的源头远在沙瓦德的奥伯纳，在博宗的森林里，高达1 200米，奔流110公里，汇入罗讷河。米歇尔·卡拉描绘过它的路途："从蒙塔尼的阳台上看去，（阿尔代什河）迅猛地在塞文山脉陡峭的沟壑里撞击着……泻入下维瓦莱地区崎岖的洼地和石灰岩高原……融入了河谷的魅力，然后在阳光下消失在罗讷河的胸怀里……来自山区的小溪、河流、瀑布，赞颂着、映照着、衬托着四季的色彩。大自然在这里似乎是信马由缰。"[12]它一路上收拢着自己的支流——利尼翁河、博姆河、德罗比河，还有沙斯扎克河。

阿尔代什河穿行于宏伟的石灰岩岩层之间。在奥伯纳下游，到了沃居埃，吓人的岩层开始悬挂在头顶，并映照在河面上。在前往巴拉聚克的路上，首先在河的一侧，接着是两岸，石灰岩变大了，也越来越白。阿尔代什中游的河谷切削进一片由岩石和欧石楠灌木荒原构成的不毛之地。最壮观的岩层是三星级 \* 的阿尔代什峡谷，峡谷是从瓦隆蓬达尔克开始的。透水的

---

\*　三星级指《米其林指南》的评级。——译注

石灰石快速吸收水分和热量,晚上再释放出热量,是温暖气候的部分成因。[13]

　　尽管下维瓦莱地区有地中海的气候和植被,但也有强烈的秋季暴雨和炎热的夏天,以及定期的干旱("七八月间,水质甘甜",有一句谚语这么说[14])。在过去的十年间曾有过几次"格拉台地"上稀疏的植被燃烧起来,人们被迫动用加拿大航空公司的洒水飞机来灭火。在温和的冬天里,低海拔地区少雪,下维瓦莱地区经常被形容为四分之一的法国南部——几乎是地中海南部了。[15]

　　不管是通过雄伟的伊斯齐内山口,还是途经勒皮慢慢下行到奥伯纳,满是绵羊和牛的高原与板栗树森林都要让位给葡萄园、桑树和橄榄树,以及法国南部的植被。天空有普罗旺斯那样的深蓝,芬芳来自薰衣草和百里香,适应夏季干热的植物比比皆是,大蒜的气味若有若无,茴香酒酒香诱人,夹杂着法式滚球游戏的噼啪声。这种典型的法国南部游戏要用钢球来玩,游戏之后当然是畅饮茴香酒或者玫瑰酒,全程都有法国南部的蝉鸣来伴奏。[16]

　　随着地形的变化,人们说话的口音也随之变化。当地人用南方语发音,因受欧西坦语(即奥克语)影响,20世纪初期仍然是绝大多数人使用的口语。阿尔代什河上游与下维瓦莱地区的差别被人描述为代表着两个欧洲、两个法国,其实,是两种文明的分界线。吃黄油的法国让位于吃橄榄油的法国。[17]下维瓦莱地区最本质的元素如下:"当地景观的所有元素都从属于岩石,它被水磨光、洗白,红赭色的土壤上稀疏地生长着泛光的植被。"[18]

　　要说有什么值得一提的,就是持续了若干世纪的毁林行为,那是由村民和山羊共同所为,因此到18世纪末,更加凸显了下维瓦莱地区的石灰石特征。[19]毁坏森林也是瓢泼大雨引发山溪暴涨,导致周期性大洪水,最终汇入汹涌的阿尔代什河的原因之一。

　　想了解巴拉聚克的今天,就要深入它的过去。从阿尔代什河对岸观望,村中的房屋似乎挤在一起以求保护。这其实就是巴拉聚克这样的村庄的起源。直到进入19世纪后很久,巴拉聚克的多数房屋仍然聚集在村庄的核心地带——也就是老围墙以内。利用悬崖作为定居点的瞭望哨所,源于中世纪最迫切的要求:安全。"让娜女王"塔建于中世纪,后在15世纪末或16世纪初重建,那是作为警戒河对岸坏人的瞭望塔。

房屋与岩洞、洞穴、地窖结合了起来,而狭窄的石径与小巷则把房屋分隔成若干群。"女巫缺口"穿过一大片岩层,是从大路通往上村的必经之路。"仓库通道"则会把人带入一个黑暗的山洞。到处都有无花果树。冬天,阳光透过它们,而其树叶则在炎炎夏日提供了些许阴凉。小块的田地和园圃静卧在老寨墙外侧,墙内也有若干。大多数的地块都远离居舍。

房屋盖得挤成一团能有效减少直接暴露在夏日阳光和冬季寒风中的表面面积。石灰石是一种比较容易改变形状的多孔石,用它垒砌的墙壁有时厚度超过 90 公分。不讲究舒适,还考虑到安全和税收,窗口的数量与大小便受到了限制。* 20

地基不用挖多深:"拿把扫帚随便清理一下,就能找到可以当地基的岩石。"21 骡子运来石灰和粘土,这些材料往往取代砂浆。最终,房屋能抵御狂风、暴雨以及岁月的侵蚀。村上最古老的房子用的石头都是更为齐整的条石,而且最接近地表,这表明它们建造时间的久远。随后的几个世纪,农民开始使用斜置的红粘土瓦片,这是法国南部的另一特征。为了能抵御秋季暴雨的冲击,有些房屋使用了很大的腓骨结构。屋顶从干草向瓦片过渡,本身说明人们从赤贫发展到了一般的穷苦。英法百年战争在 14 和 15 世纪肆虐之后,"当兵的走了,流行病消失了,生活又开始了,孩子出生了,瓦片代替了屋顶一直沿用的干草"。为防止暴雨冲刷,瓦片通常从石墙向外延伸,深深的蓄水池随时准备收集雨水。22 不论从架构的角度,还是乡村生活的角度,红色的瓦屋突出了建筑群的协调。

千百年来,巴拉聚克由三个小村落构成,这也是下维瓦莱地区的特点,每个村落都相对与村中心隔绝,不是由于距离较远,就是道路状况太差。而其中两个,更是在河对岸。塞尔维埃(Serviere)规模最大,坐落于东北方的上游、阿尔代什河对岸。下游,奥东(Audon)的住户傍水而居,十分危险,部分居民在经历了几次洪水后,反复权衡,于 19 世纪早期搬到了悬崖之上。这下他们离村庄更远了,要在一条可通牛车的路上艰难跋涉,绕道 8 公里之遥。最后,好好走上一段后,就能到达村庄核心的卢安(Louanes)。

村庄的自然结构,包括鳞次栉比的房屋,体现出相互依存,休戚与共和

---

　* 旧法国有门窗税。——译注

相互帮助的牢固传统。卢安和塞尔维埃这样的村落也像个小村庄,那里的房子也是紧紧挤在一起的。此外,巴拉聚克的闭塞促使了家庭之间频繁通婚,巩固了在危机、收获和人生大事期间产生的团结。生孩子会收到礼物,不论多么平常,其他家庭的母亲都要送过来;全村庆祝结婚,一般是吃一顿,丰盛与否根据双方家庭经济情况而定;死亡也会聚集起全体老少,由发丧的家庭请大家聚上一餐。在主日弥撒,每年7月的还愿节、狂欢节和其他历法节庆,村民也要聚集到一起,加强对社区的归属感,不论个人或家族之间是否有仇怨,这一直是乡村生活的风俗。当地的传统强化了集体认同和团结,促进了对大自然和为生存而进行的斗争——尽管有时是无望的斗争。当然,面对反复的自然灾害、疾病、传染病,还有战争,巴拉聚克人总能退回家中,在那里生活并永远有所依存。[23]

今天,观察下维瓦莱地区的房屋,不仅提醒我们农业经济面临干旱的威胁,更展现出农民能够适应自然的约束并抓住无论多小的机会,以及那种不断变化的农业经济。我们将看到,这些变化会给房屋结构带来怎样显著的改动。在每一处,家庭成员和动物都生活在一起,前者从后者产生的热量中获益(这么近的距离,我们眼观鼻闻,难免对谚语"动物的气味使人纯洁"产生了疑惑)[24]。底层包括一间畜舍,供绵羊、山羊以及偶尔供马或牛居住,还有维瓦莱河动物世界的王者——猪,而鸡则在小庭院里蹿来蹿去。猪一直是"天佑的动物",人们提起它都带有某种程度的尊重,尽管还够不上崇敬。许多有猪的幸运家庭会在圣诞节前后进行宰杀(取决于天气),屠夫(土语里叫 lo tua)自己吃上几口肉以庆祝这血腥的一幕后,另外还要拿些肉答谢过去一年帮过自己的邻居,接着,家里人就去腌制香肠并存储好供来年食用。

像缺乏其他一切一样,下维瓦莱地区也缺少动物,因此游客会发现铺设硬土地面的地窖比畜舍更常见。一楼的地窖也说明石灰石无处不在。设计地窖是为放置木桶装的酒、蓄水池、榨酒机和维护葡萄园的工具。其形式也许来自地穴,它提供了用于存储土豆、香肠和栗子的空间。地窖的底层往往是有拱顶的,因此外观类似史前人类栖身的自然溶洞。一些地窖延伸到房屋之外,给堆存点和工作提供了一个庇护场所或工棚。[25]

下维瓦莱地区的许多石头房子有一个独特之处:有外置楼梯通往二楼带顶的阳台。这个阳台越来越多地起到户外房间的作用,它夏天比较凉爽,而在冬季的午后阳光下，又比室内温暖。随着生丝生产逐渐出现，带顶的阳台成了全家的关键"用房"，而房子本身变成了工作的工具。[26]

带顶的阳台通向厨房，那是家庭的中心。几个世纪前，农学家奥利维埃·德·塞尔声称在下维瓦莱地区建造任何房屋，都得从厨房开始。"厨房"这个词并不能公允地体现它在阿尔代什房屋中的重要性，有时候甚至不能体现这个中心的大小。壁炉高大、宽敞，上端的木制横梁上挂着烟囱钩，它就足以让厨房成为任何一所房子里最重要的房间了。在冬季它是唯一的热源（在维瓦莱河的许多地方，大号的厨房也当卧室，木板或干草就当床，这在其他地区也一样），是生存所必需的。俗话说："点上火，就表示有了生命，甚至代表着永恒。"上一次的炉渣要精心保存，"为了驱赶孤独与烦恼"。如果余烬熄灭了，那可是坏兆头，也会浪费火柴。[27]烟囱象征着庇护所，人们能从户外呼号的风中感受到"安全"。有个人回忆童年时坐在火边的夜晚："那神奇的火焰舞动着冲破阴影，把熊熊的光芒涂抹在横梁上……人影似乎涌向前方，好像会动的挂毯，一堆人就这样聚集在这温暖的炉膛前……二十代的农民曾经默默地围绕壁炉而坐，周而复始。"就是在厨房的烟囱旁，在漫长的冬季，家人、亲戚和朋友，聚在一起守夜、讲故事，最终形成了全家和全村的集体记忆。一位 20 世纪的作家曾回忆他祖父母讲过的故事，他们生在法兰西第二帝国时期，"没有书面文字的帮助，通过守夜传统，传递了当代定论出现之前两个多世纪的记忆"。用这种方式，"大旱那年"可以和一场战争一样用来表示集体记忆。[28]

由于秋季暴雨滂沱，高过屋顶的烟囱口有瓦片遮盖。厨房里几乎一直忙着做饭，不论多简单，从早餐到晚间清淡的消夜，至少有四顿。[29]一个连接厨房的小凹室以前是存放牛奶、奶酪和其他食品的，有个小窗口提供冷空气。如果族长能同时照管田地和家庭，那就会出现一个说一不二的家长（不论他与儿子一家还是没结婚的叔叔同住，这一情况都不会改变），他的妻子，则是"一家的灵魂"，统治着厨房。她决定买什么、卖什么，何时在炉子上做饭，吃饭时是否上浓汤和土豆。然而，主妇站着吃的传统在整个 19 世纪仍然保留着，而男人们和其他家庭成员则围坐在巨大的木桌旁（现今，餐前的开胃酒仍由女主人端上桌）。有句话这么说的，"翻转烤肉架的人往往没尝过烤肉串"。家里的女主人还负责养殖山羊、鸡和猪。此外，我们还会看到，她在生丝生产中的作用是必不可少的。她起先站在栗子木凳子中间,后来是橡木或松木的衣柜之间。[30]

从厨房的室内楼梯,可以通向更宽敞、更富裕的其他房间,还通往阁楼。18世纪后,至少在能花得起钱的家庭,厨房里会摆一座高大的时钟,再次强调了这个房间的中心地位;它是用胡桃木或松木造的,上面还有花纹,一个黄铜的钟摆,滴答声"单调地响着,长长的外形看着像口棺材……摆在房间最明亮的角落里"。[31]

和法国南部多数地方一样,生活在巴拉聚克的人也需要防风。密史脱拉风来自北方,农民通常把它称为"北风"(也有亲吻之意),代表风的方向。风吹天气好,它能驱赶乌云,但也加重了干旱和高温。在高原地带,密史脱拉风在冬季能引发暴风雪,它旋转着、从地平线横扫过来、迷人双眼。[32]密史脱拉风呼啸着冲入罗讷河谷,把百叶窗摔打在石墙上。一般认为它的周期是三天。西风通常温暖湿润,但可怕之处是突降的冰雹会在几分钟内摧毁葡萄园。柔和的东风通常在晴天的上午吹来。南风——特别是东南风,带来雨水,在干旱时期那可是甘霖,不过更直接的效果是,法式滚球游戏必须停止。然而那快速涌来的乌云常常带来秋季暴雨,摧枯拉朽,白昼如夜,催动阿尔代什河与其他河流、溪水飞速漫出堤岸。1846年的洪水来得如此迅猛,沃居埃的女人们——她们通常把换洗的衣物放在篮子里顶在头上——甚至没有时间捞起衣服就被迫逃命了。[33]南风较少时,粮食或植物会被烤焦,如果是春季,却会导致降雨。风力如此之大,每隔一段日子,人们醒来时会发现几乎所有的东西上都覆盖着一层泛红的沙尘,那是从北非吹过地中海的。

因此建造房屋时,就要考虑防风。只要可能,房子都是面向南方,几乎没有向北的窗户。向南的开口用来吸引干爽的"好风",让畜舍和庭院换换空气。[34]

越过阿尔代什河右岸陡峭的悬崖,就是"格拉台地"荒寂、灰色的石灰石沙漠。它形成于数百万年前,当时还没有河水穿凿出的河道。今天,仍然很容易在因"格拉台地"抬升而被侵蚀的石灰石岩层里找到化石。一位地质学者在1805年看到它时,只能欣赏它的"恐怖","遍地都是深浅不一的沼泽,散布着桧树、野生无花果树和灌木,而百里香、薰衣草、刺桧的香气袭人,仿佛点燃的熏香被夏季的热力蒸馏过一般"。[35] 阿尔班·马宗,当地一位多产的作家,在调查该地区霍乱肆虐的后果时,于 1884 年到访了巴拉聚克,他描述了散布着黄杨木和薰衣草的崎岖的石灰岩景观,树木星星点点,还有"向空中伸展着手臂的稻草人保护下的一株葡萄藤——在这荒凉的'格拉台地'世界,只能看见稻草人"。[36]

巴拉聚克被壮丽的岩石景观环绕,却意外兴起了一个农业社区,但时至今日,已经没保留下多少了[37]。生存依赖于农民们开采、分解、运输岩石,并用岩石与石块建筑的能力。一块块石头堆叠成低矮的石墙,形成栅栏,分隔出田地或牧场,有些石墙至今挺立不倒,有些已经成了石堆,石头小屋残迹四处可见,当时是牧羊人用来歇脚或存放工具的。几乎所有物品都是用石头建造的。农民把石头装进褡裢(saccol)里,那是种担在肩膀上的布口袋,一次负重高达六十公斤。

"格拉台地"上的农业生产持续到 1950 年代。"移石造田",把它们堆起来,或建成石围栏,是唯一在这些"泥土之父"上弄些泥土以种植作物的方法。在荒野上创造出部分可以耕作的土地后,他们添加肥料,主要是附近牧场上收集的黄杨木,让这多石的土地肥沃起来。如果一切顺利(至少这远远高于水面的田地不会毁于暴雨导致的洪水),农民便用双手种植马铃薯、鹰嘴豆,还有一些粮食。清晨,农民爬上"格拉台地",口袋里装满要播撒的种子。那里最多会有些果树,也就是些杏树、桑树,或许还有点无花果树。如今,站在这片孤寂的大地上,已很难想象以前那蛮荒的状态。[38]

这种挑战在下维瓦莱地区司空见惯。为了生存,必须在斜坡上建造石料梯田,特别是塞文山区农民那种小片的土地(在旧制度时代[*]使用的是最小的度量单位);肥料必须用同样的方法向上运送。筑一道大约三米长、一米高的墙要苦干两天。这些梯田必须走小路才能到达,而且必须一次又一次地精心维护(还要提防危险的滑坡)。一份在 1760 年代早期关于维瓦莱地区的报告称,农民"一直被迫回填因雨水流失的土壤;这些土壤只有改造成用无数的墙壁围建的梯田才能保住……最好的田地一向饱受洪水或山溪之害,不堪重负的农民必须持续照料"。[39]

---

　　*　旧制度时代指法国大革命之前的时代。——译注

1844 年,当儒勒·米什莱从尼姆旅行到勒皮,他敬畏地描述了下维瓦莱地区居民与"无情无义"的土壤、严酷干旱的气候进行的不息奋斗。大约在同一时期,一位观察员称赞了维瓦莱河南部的居民,他们"仅凭岩石筑墙的天赋,使用每一种材料,要么是石灰石,要么是片岩,甚至用花岗岩"。如今,各个村庄里废弃的梯田提醒我们的,不仅是那种令人折服的勇气与智慧、旧制度时期和 19 世纪农民辛勤的劳作,还有随后下维瓦莱地区人口的锐减。[40]

相对偏远强化了一种持久的印象:看重传统,以及对新事物的疑虑。事实上,下维瓦莱地区无情的土壤和变幻的气候往往被用来解释当地人的性格,而他们只是想种点东西出来,以供吃、喝或贩卖。另一位知识渊博的观察员在一百年前写道,他坚信当地艰难的自然环境塑造了阿尔代什农民每次作决定时那种极为谨慎的方式:"他小心翼翼,绝不匆忙下决心,而一旦看准了情况,又绝不改变主意。"总之,他固执。"当地的自然环境决定了人的性格。土壤贫瘠,难以耕作,洪水又经常摧毁艰辛劳动的成果。没关系!他必须让自己的家族繁衍。他再次开始那最为困难的任务,因为他必须这样做,无论代价如何。"一无所有,同时了解工作的意义,一般认为阿尔代什人很节俭,有时节俭得过了头。[41]

事实上,今天的人们可以理解下维瓦莱地区的居民是如何被"那些令人苦闷的景观,那些贫瘠的土壤,还有那严酷的乡村生活,联合创造出共同特征的"。[42]一位 19 世纪初的作家描绘阿尔代什的农民"耐心、勤勉又英勇;不被疲倦耗尽精力,不被挫折消磨勇气"[43]。当地谚语这样赞美为生存所付出的艰辛劳动:"土地需要劳作,好比妻子需要丈夫。"因此,如果谈起某人"他是很穷,但工作努力,后一条弥补了他的穷困,并令他受到尊敬。"[44]

在维瓦莱地区布满岩石的土地上,谋生的艰巨任务造就了农民对自己土地的执著。这佐证了对维瓦莱地区农民极为喜好争论的看法,他们经常为一小片土地、几块岩石或任何事情打官司。阿尔代什的农民是一群自豪、有尊严的人:"不向任何人要东西(他们说)……更别提投靠什么人了。"有人拿阿尔代什的农民和蜜蜂进行比较:"他收获,他改造,他建造。"[45]如果事情一团糟——那是"上帝的意愿"——他便再次开始重建。

夏尔·昂布鲁瓦·卡法雷利,阿尔代什省的第一任省长,在 19 世纪开始时描写过分配给他的省,他的报告成为这片奇异土地上的民族志。如果他坚信"成为一个农民意味着要从事人们能够想象出的最为艰巨的工作,要让自己疲惫不堪才能从土壤中获得大地拒绝轻易提供的物品,要把陡峭的山崖削砍成梯田,要垒起一道又一道的墙壁,要把岩石搬运到高处用于建筑……那么几乎没有比阿尔代什的农民更聪明的了。当然,绝没有人比他们工作得更努力的"[46]。只有不足四分之一的土地可以耕作,还必须有超常的精力和韧性。它从一开始就这样。

# 第二章
# 延　　续

　　不论在哪个历史阶段,巴拉聚克的日常生活是需要英雄气概的。多少世纪以来,在下维瓦莱地区,苛刻、多变的气候,遍布岩石的土壤,闭塞以及由国王和大贵族进行的统治,交织成当地居民的生活。唯一重要的是农业节气与宗教节日。农民耕种,呵护自己的立锥之地,期盼着收获,并希翼他们的祈祷能得到应答,但多数情况他们却得不到。从 11 世纪巴拉聚克建立伊始,直到 18 世纪中叶,这一点很少改变。上述这些因素结合起来,形成了该村的一种奇特的连续性,而且,在一定程度上延续到 20 世纪 50 年代初。

　　在公元前 2 世纪,罗马人驱使奴隶拖拉着货物直达罗讷河,他们自己则征服了后来的维瓦莱地区,其南部那时叫作埃尔维人之乡,罗马人在当地遇到了埃尔维部落。在从于泽要塞(古拉丁文名称为"乌切提姆")通往阿尔巴与罗讷河的道路上,罗马军团往来驰骋,阿尔巴成为了另外一个古罗马行政中心。这条道路由于与阿尔代什河平行,因而通过了后来的巴拉聚克附近。在公元 3 世纪,圣昂蒂欧向周边地区传播基督教;罗讷河畔的阿尔巴以及维维耶先后成为主教辖区。16 世纪,一些农民在原先的罗马大路附近找到了一具白色大理石石棺[1]。石棺上的雕塑是圣彼得坐在宝座上,周围十四个人物均来自《旧约》和《新约》,它不知为何属于 3 世纪末的某位"巴拉聚克主教",但也有可能是为 4 世纪末、5 世纪初的第一位阿尔巴主教制造的。

　　在公元 5 世纪的汪达尔人大屠杀以及西哥特人抵达之后,来自阿拉伯的撒拉逊人在 8 世纪登场了。公元 732 年,他们在普瓦捷附近被铁锤查理打败,三年之后夺取了维维耶。据传说,撒拉逊人要么是被从尼姆驱赶出来,要么是沿着罗讷河谷前行,在阿尔代什河的悬崖上暂居,两年后在巴拉聚克建立了狩猎和捕鱼的居民点。[2]然而,尽管 19 世纪的专家学者相信,他们遇到的一些巴拉聚克人在生理特征上显示出他们是撒拉逊人的后裔,但相关的来源并没有佐证材料。[3]

在铁锤查理的孙子查理曼大帝构造帝国统治框架期间,维瓦莱河地区开始形成了自己的特色。在 9 世纪,维维耶主教教区取得了相当大的行政自主性和权威性[4]。维瓦莱地区继而先后受到普罗旺斯诸位国王(879 - 933)和勃艮第诸位国王(933 - 1032)名义上的控制。1039 年,勃艮第王国并入日耳曼帝国,但天高皇帝远,不论征服者怎样轮替,维维耶主教教区的权利不仅没有削弱反而强化了。在局势持续动荡的时期,农民自保的办法无外乎聚集在当地领主豪宅附近的村庄里,在某些情况下,甚至以土地使用权换取依附于贵族或替代各种费用。[5]

巴拉聚克成村大概是略早于公元 1000 年或是在 11 世纪的最初几年。"巴拉杜努(Baladunum)"一词最早出现在 1077 年一份提及当地美丽风光的文件里。"巴拉杜努"在凯尔特语里是"巴拉 Belen"和"杜努 Dun(意为高地)",在拉丁文里则是"巴拉努斯岩石 Belenus Dunum",而"巴拉努斯(Belenus,又叫巴尔 Baal)"是指太阳神。因此,巴拉聚克的意思就是"太阳岩",也可以简单理解成"高高的岩石"。[6]

巴拉聚克曾经是一个有防御工事的村庄,周围是大大小小上千块世袭土地。农民劳作的田地位于寨墙之外,而寨墙建造的时间大概在 12 世纪晚期到 13 世纪早期,或者可能再早一点。至中世纪鼎盛时代(12 和 13 世纪),下维瓦莱地区农民自给自足的经济模式的主要方面已经形成,而且直到 18 世纪后期都很少改变。从塞文山脉缓坡上采集栗子,外加葡萄酒,已经成为家庭经济的重要方面。[7]贸易通道的雏形,多数仅仅是骡子踏出的小路,连接到沿着罗讷河谷的大路上,大路则从里昂通向博凯尔、普罗旺斯和地中海。随着农业经济的扩张,维瓦莱地区的人口也在缓慢增长。

## 强大的外部势力:领主统治和王权

无论撒拉逊人是否到过巴拉聚克,在 11 世纪,热拉尔·德·巴拉聚克最有可能是巴拉聚克的第一位领主,他和他的儿子蓬斯·德·巴拉聚克住在一个中等大小的庄园城堡——维耶尔堡里,位于河边的高大悬崖上。蓬斯·德·巴拉聚克后来离开巴拉聚克村,参加了第一次十字军东征,他在1099 年围攻耶路撒冷附近的阿科斯时被巨石砸死,为巴拉聚克在中世纪留了名。[8]

由于其他当地贵族向巴拉聚克领主宣誓效忠,后者在该地区的权威得以扩展。到了 12 世纪,一桩婚姻更及时地把附近的蒙特利尔领地添加到他们名下。蓬斯的孙子纪尧姆·德·巴拉聚克在图卢兹伯爵雷蒙的府上成为著名的吟游诗人,当时图卢兹伯爵家族的势力已经延伸到了下维瓦莱地区。不过,纪尧姆为他所爱的一位淑女神魂颠倒,不但创作歌曲,而且拔下指甲作为定情信物,可是却令家族的财富流失。在阿尔代什河高高的河岸上,巴拉聚克家族与该地区其他望族通婚,在其周围形成了一个小朝廷[9]。11 至 12 世纪期间,相对强大的领主,比如巴拉聚克家,融入了封建社会的大环境之中。巴拉聚克男爵领地,其中包括普拉冬村、肖宗村,只是像马赛克一样拼凑起来的封建领主管辖权的一个组成部分[10]。在一份 13 世纪末期的文件上,纪尧姆同意一位忠诚的随从有权打鱼和猎兔,以换取他的服务,显示出巴拉聚克的领主有行使司法的权利。在 12 世纪末或 13 世纪初,巴拉聚克家族修建的阴森主堡城墙超过一米厚,而到 14 世纪又增加了一个石头小教堂,地点在他们庄园城堡的下面,如今,废墟上残存的象征着纪尧姆·德·巴拉聚克的雀鹰标志已被风化。在 13 和 14 世纪,巴拉聚克得到来自附近的贵族的效忠,包括沃居埃、拉讷、圣莫里斯等地方。中世纪的巴拉聚克村因而一直处于自己的领主——实际的世俗权利之源,以及维维耶主教的治下。[11]

随着货币经济逐渐发展,农业技术日益发展,到了 13 世纪,领主们开始解放手下的农奴,以便收取货币形式的固定费用,同时也包括实物和劳役。向权贵承担的繁重义务,包括接受封建领主一言堂式的司法裁决,一直都是农民生活的一部分。纪尧姆·德·巴拉聚克领主有权向任何乘小渡船在阿尔代什河上摆渡的人收费,那是连接村庄两岸的最主要的交通工具。[12]

法国是一个早熟的国家,其历代国王在中世纪欧洲分崩离析的领土格局中巩固并逐步扩大着自己的疆界。13 世纪,法国的国王们将其有效的权力从北方,特别是巴黎附近的地区,向南拓展,包括了维瓦莱河地区,并开始干预地方上的争端。维瓦莱地区成为了法国的一部分,隶属郎格多克省*。在 13 世纪晚期,腓力四世(绰号美男子,1284－1314 年)得到维瓦莱地区主要领主的效忠,而在 1308 年,维维耶主教承认了王权,同意用法国军队来代替日耳曼人帝国的武装。[13]

然而,王权在 14 世纪持续扩张是巴拉聚克人最不关心的问题。启示录四骑士**正在——并将反复——蹂躏维瓦莱河地区。黑死病,一种凶残的瘟疫,在 1348 年至 1350 年间通过罗讷河谷袭来,致使至少三分之一的人口死亡,遗留下负债累累的贵族、荒芜的田野、饥寒交迫的农民。在这个世纪的晚期,领主之间的暴力斗争表现为家丁的武装冲突,再加上劫掠的强盗,普通百姓的苦难可谓是火上浇油。各个乡村都修筑寨墙,或在原有基础上加固、扩建。大概就是在这期间,巴拉聚克的教堂增加了防御能力,不仅能给人们带来希望,还能提供保护。在一些地方,早就因为国王的土地税和教会的什一税而不堪重负的农民,出于对仍需向贵族缴纳费用的仇恨而奋起反抗。[14]

由于王室在这些艰难的时刻增加税赋,导致维瓦莱地区在 1378－1380 年爆发了反对王权的起义。鉴于阿维尼翁城离该地区不远,法国的国王和教廷之间的斗争,导致了更多的破坏。***英国与法国之间的百年战争在 14 和 15 世纪延烧(到 15 世纪,法国军队驱逐了曾长期占据法国西部的对手),同样造成了相当大的困难,破坏了该村设立在河对岸的瞭望塔。瞭望塔后来被让娜·德·巴拉聚克修复,她是当年巴拉聚克男爵领地名义上的负责人,出于这一原因,瞭望塔被称为"让娜女王"塔。1422 年,"维瓦莱三级会议"第一次集会,以便"批准"王室征税,与会的包括贵族、主教,以及最大城镇的代表,会议地点在该区域的司法中心贝格新城。这有助于精英阶层在认同当地属于法国一部分的前提下发展独立的地区身份,不过维瓦莱地区从未独立建省。[15]

---

    * 古时法国南部一省。——译注
    ** 瘟疫、战争、饥荒和死亡。——译注
    *** 阿维尼翁在 1309－1378 年间是天主教教廷所在地。——译注

## 中世纪晚期的巴拉聚克

　　1464 年，"郎格多克三级会议"同意本省进行王室土地税评估，以便向国王缴纳，这本身就标志着王权的扩张。路易十一于是下令进行土地调查，以便有效收税。贵族和教会拥有的大部分土地均被豁免（贵族只有义务跟随国王参战，不过这个负担相当昂贵，并致使一些贵族破产）。当年调查的结果令我们得以一窥巴拉聚克在 15 世纪后期的情况，不过那些贫困、没有土地的短工如何挣扎求存，大家就只能想象了。调查表明，如果把所有根本没有财产的人计算在内，巴拉聚克在 15 世纪末，可能有多达五百人。[16]

大门与方塔，中世纪的主堡

　　负责调查的人于当年 8 月通过河流上游的"夏季入口"进入巴拉聚克，萨布利埃门在村庄的另一头，在上村的方塔后面有新大门，两者之间是村里的主街。游客大概会注意到当地悬崖上的小庄园城堡和教堂的钟塔，而且也许会有点紧张地看到高耸在村里的主堡的一部分。巴拉聚克当时足够大,拥有一座市场,萨布利埃门下方的寨墙之外,有个小地方数百年来一直叫"蛋市场",周围的一组房屋则是商业区。

除了几位领主,一名商人、一名铁匠、一名锻造匠、一名布商及临街的若干店铺外,巴拉聚克其实是一个农民社团,几乎所有人都住在设防的村内。木匠的作坊其实有一部分在一个石穴里,依靠石头遮风挡雨。这次的调查也确认了部分家庭在巴拉聚克有五百年的历史。其中包括塔斯特万家和朗尚家,以及两个名叫里厄的劳工,他们为领主工作。在"格拉台地"上矗立着具有防御功能的"玛格丽塔·德·法布雷加利夫人"大石屋。法布雷古勒家如今仍然有人生活在那里。

此次调查确认了巴拉聚克的土地"毫不肥沃",因而对需要课税的财产进行的价值评估也算合理。巴拉聚克的多数土地都未开垦或者被用作牧场,比如"格拉台地"的一部分。不过,村里仍然生产一些粮食、蔬菜和葡萄酒。农民因而依然要向巴拉聚克的领主和其他贵族缴纳贡赋。他们以实物支付贡赋——小麦、大麦、黑麦、燕麦和干蔬菜,有时甚至用酒或肉鸡。归属权分散,土地由极为细碎的田块构成,是巴拉聚克的特色。这或许是巴拉聚克有一百三十四个地点有独立名字的部分原因。纪尧姆·塔斯特万的房子和园圃位于村庄的街边,他在整个巴拉聚克有八处财产(他的部分后裔仍然拥有这些财产)。尼古拉·塔斯特万拥有几所房屋和十块土地,包括一些葡萄园以及几个小园圃,他因而需要向一位领主每年缴纳"满满一蒲式耳燕麦",大概有十二升到十五升。

让·阿莱格尔住在河边,他家有个封闭的园圃和用作谷仓的石头小屋,还有一间棚屋搭靠在村庄的围墙上,因而必须缴纳相关的维护费用。阿莱格尔在巴拉聚克不同的地点拥有五小块土地。这些加起来大约六英亩,而且几乎可以肯定的是,他还租用了其他的田地。他的土地出产一些葡萄酒和小麦,而且他还会从自家的树上摘取橄榄送到领主的磨房,交钱请人榨取橄榄油。他还拥有两头牛、一匹骡子、七头猪和大约三十只绵羊。这些牲畜的价值远远超过他的房产和工具,后两项却被视为"没多少价值"。他也需要每年向领主缴纳小麦。不过,阿莱格尔是一个相对富裕的农民。那些穷困潦倒、不会出现在调查报告里的人,远未达到这一标准,永远如此。

用于丈量土地面积的方法,也反映出为生存而进行的奋斗。一个"jornale"相当于两头牛耕作一天的工作量*（不过农民要掘地就必须使用十字镐,因为地形太复杂了）。其他的单位还有,一大桶相当于装六桶液体,比如葡萄酒,约九百升——每桶差不多是一头骡子的驮载量,在一百四十到一百六十升之间。皮埃尔·萨巴蒂埃来巴拉聚克成亲时就酿了这么多的葡萄酒;但这也在调查时被认定为"价值不大"。[17]

大多数村庄有一到两个牧羊人,谁家委托他们放牧山羊,就要提供食物和工资。牧羊人一般而言被视为"离群",有人甚至把他们当作巫师一类的人,因为他们有对于天气变化的第六感。[18]巴拉聚克的牧羊人组织季节性迁移放牧(驱赶畜群在山里吃草),由德国牧羊犬协助,带领着山羊和绵羊在春季前往塔纳格。在"格拉台地"上,他们与来自肖宗以及周围其他村庄的畜群汇合。然后,头羊脖子上戴着铃铛,领着大约两千只动物,牧羊人则牵着骡子,驮带食品和饮料出发。到了秋天,他们再原路返回。[19]

不论是否闭塞,仍旧有足够多的访客经由国王大道穿过巴拉聚克(很多人是来看望领主的),这条道路就从村庄墙外通过,那里有所房子叫作"晒台",可能就是个小客栈。在巴拉聚克河对岸上游的小村落塞尔维埃,有着最佳的牧场,还点缀着白色的橡树。富裕的博里兄弟有十五头牛,"超出他们需求的"八只猪,还有一大群绵羊和山羊,有六百头之多。

到 15 世纪后期,巴拉聚克家族的成员已经不再是蓬斯·德·巴拉聚克的直系后裔。那座悬崖顶上的庄园城堡已经变为废墟[20]。如今家族分成了两支,其中之一在村边的山上修建了一座更大的、类似城堡的庄园城堡。家族的另外一个主要分支已经移居到普拉冬的拉博瑞庄园城堡。1638 年,巴拉聚克家族的旁系家庭拥有的财产全面减少,他们搬到了靠近拉让蒂耶尔的蒙特利尔庄园城堡。[21]

# 教　会

每到耶稣受难日,孩子们摇动着拨浪鼓或响板穿过村子,因为在这个庄

---

　　* 中世纪一英亩相当于一头牛一天的工作量。——译注

严的日子不可以敲钟。宗教在巴拉聚克和其他村庄是进行村社活动的主要手段。在长达几个世纪的时间里，巴拉聚克的社会生活和宗教生活很难区分开来[22]。为了容纳全体信徒，要分别举行几场弥撒，而且在距离萨勒的古罗马道路不远的地方，甚至可能还有一座小型女修道院，外加一座小教堂。宗教仪式已与社会活动合而为一。狂欢节时信徒可以欢庆三天，然后就开始按照规定需要禁欲的大斋节*。庆祝活动包括列队巡游，期间普通人可以用玩笑的方式（往往毫不掩饰自己的轻蔑），运用化妆、姿态模仿甚至语言来嘲弄领主、牧师，以及其他有权势或者知名的人物。教会在日常生活里留下了深刻的印记，首先就是出生、婚姻和死亡的仪式。死亡无处不在，几乎渗透到日常的生活中，一直提醒着人们生命是多么脆弱。以虔诚供奉圣物和朝圣为标志的圣人崇拜，弥漫在宗教生活中[23]。"圣安东尼善会"可能兴起于15世纪，大多数拥有土地财产的男性农民都入了会，他们大概每年还要向善会缴纳一些粮食，狂欢节期间屠宰的牛肉，也要分配给最贫穷的人。

　　巴拉聚克的罗马式教堂始建于12世纪，是"圣抹大拉的马利亚"的专属教堂。教堂用切割好的石灰石块建造，中殿有三个间架，连接到半圆形的圆拱后殿；这座小型教堂简洁优雅，没有立柱或柱顶。它的钟塔是有开口的样式，一共设置了三处窗口，上方还有三个小开口，现今只有一个依然屹立。这种样式在维瓦莱河谷低地的其他地方也能看到。教堂很小，不超过50英尺长，其原来的中殿（在17世纪后期为适应不断增长的人口又增加了一个）只有约25英尺的跨度。[24]

　　巴拉聚克的领主帮助塑造了村里的宗教遗产。安托万·德·巴拉聚克在1480年签署他的遗嘱时，给"巴拉聚克圣母院"留下了灯火钱，一尊12世纪的圣母玛利亚和孩子的雕像，普拉冬和肖宗教区也同样照顾到了。巴拉聚克男爵领地的领主皮埃尔·布吕尼耶，在1496年签署他的遗嘱时"虽然身体羸弱、伤残，但心智健全，知道人生如幻影易逝"，他要求与巴拉聚克的其他领主埋在一起。从奥伯纳和拉让蒂耶尔来了一队货真价实的神父，有五十人，要为他的灵魂做安息弥撒。他也给巴拉聚克新成立的善会捐了钱，并花钱请牧师主持弥撒，具体人选"由高尚又强大的巴拉聚克领主决定"。

---

＊　大斋节要进行四十天的斋戒和忏悔。——译注

1505 年,皮埃尔·德·巴拉聚克宣布他希望被安葬在墓地的大门旁,在他兄弟的墓边,以便"所有进入墓地的人都会踩踏他那可怜的身体"。他也留下钱为自己的灵魂举行安息弥撒,还把钱给了穷人和巴拉聚克领主的仆人。[25]

从 1520 年代开始的新教改革严重分裂了基督教,该运动从 1528 年开始从里昂向南方蔓延。它挑战了天主教在维瓦莱地区的大本营。首先,加尔文教派从其位于日内瓦的总部开始,得到了许多追随者,尤其是在塞文山脉,也包括离巴拉聚克非常近的几个村庄。和其他新教徒一样,加尔文教派不承认罗马教皇的权威,并公开抨击神职人员滥用权力(特别是出售赎罪券一事)。他们拒绝相信为得到永恒的救赎有必要做善事和行告解礼 *,强调宿命论和基督教戒律。加尔文教派的传教士沿着商人、小贩和他们的骡子踩踏出来的道路穿越塞文山脉,来到下维瓦莱地区的村庄。他们带来了《圣经》、各种畅销诗歌以及印制的小册子,这反映了刚刚出现的令人激动的印刷文化。

夹带着野蛮战斗的宗教战争,以及天主教徒和新教徒之间的持久的仇恨,威胁到了君主制的稳定。在经济停滞的大背景下,国王亨利二世在1550 年代发起对胡格诺派(新教)的残酷镇压,导致了内战的爆发。以亵渎教堂为标志的全面战斗和破坏自 1562 年爆发,时断时续。巴拉聚克本身被迫接纳了一支小规模驻军,持续了四年时间。维瓦莱河地区最为强大的贵族家庭带领着天主教军队抵抗那些"新的观念",而巴拉聚克的领主甚至以此赢得了国王的感谢。[26]

1576 年 2 月,三十人的新教代表团和三十人的天主教代表团签署了和平条约,地点就在巴拉聚克附近普拉冬的拉博瑞庄园城堡。签约双方同意维瓦莱的人们"不再能够承担加诸他们头上的苛捐杂税,由于每天在该省都发生破坏、掠夺、勒索赎金以及其他的敌对行为,今年的剩余时间生活已经没有着落了"。但和平非常短暂。三年后,"居住在国王陛下那贫瘠、荒凉的维瓦莱地区乡间的贫穷的第三等级——穷苦、潦倒、饱受折磨并遭到遗弃人们"——向国王请愿了。他们描述了双方骇人听闻的暴行,包括绞刑、活埋

---

　　* 告解礼是在领圣餐前向神父忏悔大罪。——译注

进粪堆、活着钉进不透气的箱子，不论男人、妇女还是儿童，都在"贵族、军官和士兵们傲慢、专横、强权"的手中遭受苦难。出于对王权和他们的领主的一贯尊重，他们要求对司法体制进行改革，以便"清除这些国家的寄生虫"。直到设立了一个特别法庭之后，军队才逐渐恢复了秩序[27]。然而，这一次的和平仅仅维持到1585年。在1598年亨利四世颁布《南特赦令》（对新教教徒给予宗教宽容）期间，新教主要的飞地仍然在塞文山脉以及维瓦莱地区的中心，也包括下维瓦莱地区南部的一些村庄。但巴拉聚克与附近的拉戈斯等村庄不同，依然坚定地保持了天主教，这一方面也许是因为它有几个领主派军驻扎，而这些领主仍然是天主教徒（不像该地区另外一些村庄的领主帮助居民转变为新教徒），另一方面也许因为它相对孤立。[28]

　　1620年，宗教战争再次爆发，起因是法国西部和西南部的胡格诺派贵族的反叛。1629年，国王路易十三、红衣主教黎塞留（刚刚完成对拉罗谢勒港的封锁，并接受了当地新教军队的投降），带领两万军队围攻普里瓦，该地是国王允许新教教徒保留的150座有自卫能力的城镇之一。一场血腥的战斗后，王室军队抢掠并烧毁了此城。他们吊死了五十人，并把其余的叛军发配到帆桨并用的大海船上。此前一年，巴拉聚克的执政官们（法国南部地区对政府官员或教区官员的称呼）向当年4月驻扎在巴拉聚克的九十名士兵供应了两条面包（想必相当得大）、一罐葡萄酒、一些牛肉——可能是每天提供。[29]

　　维瓦莱地区的宗教地理从而基本定型，在令人不安的近距离上，混合了效忠教会的众多天主教社区与不屈的新教飞地，包括下维瓦莱地区的南部，这些地方强调简单的宗教仪式，而且阅读《圣经》[30]。1685年，路易十四撤销《南特赦令》后，又爆发了几波战斗。维瓦莱地区近10%的新教徒（三万七千五百名新教徒中的约三千人）逃亡了，留下来的被迫在秘密状态下进行宗教活动[31]。天主教的改革目标是重新确立正统地位，它取得了部分成功，其痕迹仍然能在石头十字架上看到，或者在一些地区只能在基座上看到。这些十字架是在传教团布道之后树立的，这种横扫大半个法国布道的过程往往是持续几天的恫吓式训诫和令人眼花缭乱的宗教仪式。同时，天主教的统治也抑制了一些受欢迎的节日和舞蹈形式，以努力重新确立教会统治的权威，并在宗教派别和团体中强化秩序和戒律。

维瓦莱地区一直笃信天主教。私生子和未婚同居十分罕见(在 1771 年到 1789 年间,只有 3%),虽然是小事,却很能说明有组织的宗教力量之强[32]。在天主教的城镇和乡村,教区作为精神和文化的团体,提供了归属感、组织体系和历法。教士是教区的核心,管理出生、婚嫁和死亡登记,列明日期,并见证生命中的每一件大事。大多数教士能读会写(在 1734 年,维瓦莱地区的教士有 78.7%能够签名),为了协助正式调查,他们要列出各自教区里面的"富人"和"穷人"的名单,而这样的评估很容易受他们与教区居民的亲密程度所左右。[33]

当他们来到类似巴拉聚克这样的村庄,站在那小小的石头教堂里面时,教士们作为神的意志的代言人,可就风光了。布道坛的力量是相当大的,不管有多少教区居民在布道的过程中充耳不闻、无法理解,或呼呼大睡,他们带领着社区度过一个又一个的宗教节日,直到圣诞节和那最为重要的复活节。一代代的教士看守着墓地,保证围墙的完整,得到人们的充分尊重。村里的教士还要调解无数的纠纷,(应该采取)中立的态度、超脱地方利益和长期的互不信任。教士祈愿丰收、监督各种善会(尽管巴拉聚克只有一个)。他们还负责看管那点可怜的教区账户。

村里的教士控制着教堂的大钟,这才是他最重要的权威。不过敲钟人还负责挖掘墓坑。当这两项工作合二为一时,他便缓缓地敲打出节奏恰当的钟声。他还要每天敲三次奉告祈祷钟,如有紧急情况,则快速敲击示警。有时神圣与世俗之间的界限也含混不清,人们会请教士们为新房祝福,这种仪式可能更接近于辟邪驱魔,还要给房子洒圣水或诵念特殊的祷文,以期能经受暴风雨的考验。[34]

事实上,教区和社团之间并不是重叠的(巴拉聚克就是如此),因而在主教任命的牧师(不可避免地会有当地人)与执政官(权力最小的世俗官员)之间总有些摩擦[35]。这样的不满当然也可能悄悄地指向领主,无论他们是否居住在社团内部(那时巴拉聚克就没有领主住在当地),前提是领主们在行使统治权时是否会限制或忽视牧师。

争执的起因,可能出现在选择学校教师、助产士或怎样维修教堂等问题上。大多数教士享有的生活标准比所在教区的大多数教友略高。教会收取的什一税大约有三分之一用于自身的开销。在 1776 年,巴拉聚克的教士的估价超过了一英镑,这让他稍微优于其教区里的多数教友,大多数人都不足一英镑[36]。什一税的本意还要帮助最贫穷的人,村里的教士因此也负责那小小的慈善组织[37]。然而这些职责,外加教士能读会写的实情,同样可以成为不满和抱怨的诱因。

1712 年,夏贝尔到巴拉聚克探访教堂和教士,他是 5 英里外拉让蒂耶尔镇的教士,负责向维维耶的主教汇报。他一边埋怨这座教堂一直没有正确地得到过祝福,一边描述教堂包括两个长十大步的中殿,(并错误地说)宽度也一样,其拱形顶部覆盖着(很少的)瓦片,由两根柱子支撑着。祭坛立在橡木台上,神龛则放置在雕花的木架上,给供奉圣餐留下了空间。为圣餐提供照明的灯并非一直点燃,"因为教区居民缺油"。教堂沉重的木门面向南方,位于从神甫宅邸延伸出来的石头甬道的对面。十字架上的画像已经陈旧、剥落了,描绘的是在圣母玛利亚、圣抹大拉的马利亚和隐士圣安东尼陪伴下的基督,永恒之父在上方俯视。甚至可能还曾经有过一尊雕像,据称是维瓦莱地区同类物品中最古老的,恰如其分地体现了"给穷人的粗糙圣母……她敦实的身体做成了柱子,没有面部特征,但携带一顶王冠,而她的孩子就睡在她的怀里。几百年来,不知多少代绝望的人们向这个妇人寻求安慰,但要想勾画她的形象,还需要更多的细节"[38]。圣器收藏室只是一个木制柜子。不过,主持弥撒的牧师会使用一个圣杯、一只用来盛放圣餐饼的银瓶、一只经典的太阳形状的摆放圣餐的银容器,以及一些破烂的教会长袍。中殿有四个窗口,牧师就从石头讲坛上进行布道。它算是个小型的小礼拜堂,只在主祭坛靠近圣经的一侧有个横向的祭坛。钟塔曾经有"三口好钟",如今只保留下来一部分,但反倒成为巴拉聚克的象征。神父的宅邸包括一间主室、一间没铺设地板的厨房、一间小办公室和一间阁楼。村里的牧师有一个自用的小园圃(它眼下还在那已经废弃的教堂后面)——而下面的广场上还有一间畜舍。穿过村庄下行三百步,就是"施洗者圣约翰礼拜堂",它仍然属于巴拉聚克的领主,如今是拉法尔侯爵。来访的教士注意到整个教区包括约七十栋房子,"几乎全部堆叠在巴拉聚克村里,领过圣餐的教友总数约两百人",他与巴拉聚克的牧师路易·索旺一起签署了正式访问的记录。[39]

当然,不论人们多么尊重牧师,向他寻求神的干预,自己也向上帝和圣人祈祷,但仍然有许多人(即便不是大多数人)相信各种各样的治疗能力。巴拉聚克有一名助产士,却没有医生,整个维瓦莱地区都很少有医生。那些能令肌肉和关节复位的人(理疗师),与经验丰富、有真正治病"天赋"的人(治病术士)是完全不同的,这一点千万要注意。在一些地方,人们信任"治病岩石"的力量,也相信各种特效药,视不同的病情,诸如吃蟋蟀、用活家禽祭祀换取健康,或把患病的婴儿放在桶里,然后一起旋转。这种迷信可能导致了四处游历的阿瑟·杨在 1789 年 10 月穿过下维瓦莱地区,抵达蒙特利马尔后宣称,他终于回到了基督教的土地上。[40]

巫师是一个危险的职业,不仅使用极端的措施,而且所运用的咒语也很吓人。巴拉聚克的岩石下的小巷叫"女巫缺口",原先就是巫师使用的。梅拉是座山村,在 18 世纪后期,一个生病的人控告一个年长女巫师要对他的病痛负责。他的两个朋友把她拖到病人面前,并要求治愈。当她说自己无能为力时,那两个人就抓着她的脚把她扔进火盆的煤里,杀死了她[41]。这样的故事总是不胫而走。

# "忘恩负义"的土壤

到了 18 世纪中叶,和三个世纪之前一样,巴拉聚克的大多数农民仍然在又小又分散的土地上劳作着,有些土地已经永久地割让给了领主,用于抵偿到期的捐税,这种捐税很少能够凑齐。他们在家人、朋友和邻居的协助下耕作,这一地区的互助传统根深蒂固,而且必然如此。农民望着天空,不仅在祈祷,也试图预测今后的天气。他们要分担整个社团应该缴纳国王的财产税、应该缴纳教会的什一税、对领主的贡赋,以及重压在他们身上的各种其他费用。他们还不得不保留一部分收成做种子,以供来年耕种。[42]

大多数大型农场都在上维瓦莱地区和蒙塔尼(部分归贵族拥有),下维瓦莱地区很少见,巴拉聚克一个都没有[43]。如果说一些海拔较高的地区土地相对肥沃,那么遍布岩石、"忘恩负义"以及支离破碎的下维瓦莱地区的田亩则是出了名的贫瘠,只有大约三分之一的土地可资利用。1789 年时,维瓦莱地区的土地只有 13% 可以耕种,不到全法国平均值的一半,很多能够长点作物的土地都要投入大量的和持续的劳力。土地上的石块必须清除，要修建梯田，被大暴雨冲毁之后还要重建。[44]维瓦莱地区的大多数农耕工作仍然依靠人力。土地缺乏动物肥料，一部分只好由黄杨木替代，几乎一半可以种植粮食的土地必须休耕。在 1600 年到 1840 年之间，每粒种子所生产的粮食几乎没有增加，在中等质量的土地上，每粒种子能收获五到六粒（巴拉聚克一般而言低于这一标准）。在 1801 年，每六至七户人家才有一只犁，以及少量的牛和其他劳动用家畜。[45]在维瓦莱地区，多品种栽培是一种生存策略。如果一切顺利（往往不会），农民会四处种植燕麦、黑麦、大麦，偶尔有橄榄，当然，还有我们早就知道的葡萄藤。海拔超过 550 米以上，板栗树就是"面包树"，而且时常会成为"生命之树"。

1725 年的"郎格多克三级会议"颁令"省内禁止在可能被山羊破坏的地方养殖山羊"。这道法令在随后的两年得到补充，"粮食失收，可能面临类似 1709 年的饥馑，该畜养禁令延长"。不论在哪里放牧山羊，它们都几乎遇到什么吃什么。与牛不同的是，山羊会把植物连根啃光。然而，由高高在上的权贵从蒙彼利埃遥控该法令的执行，显然是不可能的。最高法院的"山羊战争"在 1745 年再次开始，当时维瓦莱地区约有二十万头这种生命力顽强的生灵。然而，农民离不开它们，而山羊又完全适应遍布岩石的陡坡和田野，它们终于挺过了迫害浪潮。到 1789 年，维瓦莱地区山羊总数至少达到 6 万头，差不多每家一头。人们得以在山羊奶和奶酪的帮助下度日。[46]

## 暴 雨 和 洪 水

异常猛烈的暴雨使得在这片无情无义的土地上耕作更为艰辛。一连串的灾害令人吃惊：1600 年、1604 年、1608 年、1617 至 1629 年那些严寒的冬季，再加上 1628 年的瘟疫，可能有多达 30% 的人口消亡，终止了开始于 1590 年的相对繁荣时期。[47]之后，经过该世纪中叶那几十年相对好些的时期，1680 年代和 1692－1693 年的冬季极为可怕，1696 年降下毁灭性的冰雹，次年闹了洪水，然后是"极端恶性的大雾"破坏了粮食和葡萄园。1709－1710 年的冬季也很可怕，大概是有史以来最严重的，将饥荒、饿肚的乞丐，还有死亡,蚀刻在集体记忆之中。命运很残酷,第二年又是一个严冬,然后是 1717 - 1719 年的歉收。两年之后再次爆发瘟疫。瘟疫从洛拉克传播进巴拉聚克,奥东村落里只有一个人活下来。因为军队禁止任何人过河,其余的居民得以幸免于难。[48] 1727 年 7 月,毁灭性的雹灾再度降临,1728 年的收成也惨不忍睹,1747 - 1751 年大闹寒流(1748 年 1 月罗讷河甚至封冻了),1754 年 8 月冰雹肆虐,1756 - 1757 年以及 1765 - 1766 年的"小冰河期",1771 年和 1778 - 1780 年是旱灾,1788 - 1789 年寒冬接踵而至,那是 1709 - 1710 年以来最恶劣的一次。

"维瓦莱人记忆中苦不堪言的天气"指的就是这众多的气象灾害。1766 年,结冰的温度冻死了树木和葡萄藤,并摧毁了大部分的收成,"1767 年的收成令这些倒霉的人们恢复了勇气……然而前所未见的结冰的温度让大家再度恐慌和绝望起来……"一场可怕的暴雨接着"粉碎了所有的希望……在一些地方,道路全被山涧或溪流阻断"。经过这样的灾难,连向外地交换粮食的东西都没有多少了。在这样的时期,死亡率增加了一半多,而结婚人数则下降了。艰难的时期也导致了土地撂荒,特别是葡萄园。[49]

巨大的暴雨带来了洪水。17 世纪至少有 9 次(特别是在 1644 年),而在 18 世纪多达七次,几乎都在 9 月或 10 月。汇入阿尔代什河的那些小支流,尤其是德罗比河与博姆河,水位上涨迅速,它们的水流来自山溪,水位上升就意味着破坏。1772 年 9 月 25 日,暴雨和汹涌的河水破坏了"保护山坡梯田的墙壁和土壤;红、黄、赭石色的洪流留下一道道沟渠,冲走了草地、桑树、园圃、柳林和杨树,而这些植物的叶子是家畜冬天的饲料"。[50]

面对这样的灾难,教士们带领着信众举行各种仪式,请神、驱鬼、祈祷,在大自然的蹂躏下寻求庇护。他们疯狂地敲响教堂的大钟来抵御暴雨,而教区的居民保持蜡烛长明——不论价格多么昂贵,在燃烧中默默祷告。一个村庄的教士遭到教区居民的指责,说他无力阻止恶劣的天气。在奥伯纳附近的埃戎,忠实的信众拥进教堂,赞美"冰雹圣母",人们相信是她阻止了一场可怕的暴雨。[51]

一场急风暴雨粉碎了人们对来年的希望之后,各个社团向国王请求帮助。1727 年,连续遭受了冰雹、大雨和洪水重创,路易十五向巴拉聚克分拨了一些援助。弥撒之后,全体大会"依照当地风俗"举行,推选出两三个人以

"决定如何公平分配"这笔钱,生活在巴拉聚克的 97 个家庭都有份,连牧师最终也得到约一镑。[52]1732 年 7 月,冰雹砸烂了葡萄园之后,巴拉聚克又收到两百五十镑,那是国王调拨给维瓦莱地区的两万镑的一部分。两年后,在"大钟"的召唤下,"最优秀和最殷实的"巴拉聚克居民聚集在"公共场所……召开代表大会"。大会选出人来去接收那笔钱,[53]尽管王室的拨款对于暴雨之后的苦难也就是杯水车薪。秋季的暴雨令进出巴拉聚克的道路几乎无法维护。1754 年 10 月 8 日至 12 日,"汹涌的洪水给(从拉戈斯通往巴拉聚克的)道路造成了极大的破坏,以至车辆无法通行。两匹马并行都有摔倒的危险……因为道路的一侧布满掉落的岩石,而支撑另外一侧的墙壁已经坍塌"。在 1762 和 1769 年,更大的洪水再一次严重破坏了巴拉聚克的道路,包括通向河边搭乘渡船的路。肖西的山涧在几个小时内就变成了河流,把一整堵道路护墙都冲走了。[54]暴雨本身就是不稳定的农村生活的一部分,让人再次感到命运无所不在。河水快速上涨之后,在巴拉聚克见到激流从上游带来尸体也并不奇怪。[55]每个人的生活都是在持续地对抗自然界。巴拉聚克的农民再度开始尽力重建。

可怕的不仅仅是天气。旅人走在维瓦莱地区的大路上,更怕碰到土匪,甚至在连接各个村庄或从村庄通往大路的崎岖小道上都有。在 1760 年代,整个地区都被恐惧笼罩着。有些地方,村庄或小村落之间的距离是相当大的,而这些小村落正是中央高原低海拔地区的特色。事实上,从奥伯纳到努瓦尤斯之间有个小村落只比路边的歇脚处略大一点,它现在的村名仍然叫"加强防范!",听起来就让人神经紧绷。遍布岩石的维瓦莱地区和周围的森林、欧石楠丛生的荒地、小树丛和洞穴,能让任意数量的恶徒轻易藏身,乡勇的数量却寥寥可数(三十六名男子编组成队,其总部设在遥远的阿诺奈,最好的情况下也有好多天的路程)。一名王室官员在 1766 年慨叹,维瓦莱地区的人"被各种类型的劫掠和罪行压迫得步履艰难,罪犯们狂放蛮横,却甚少受到惩罚"。一年后,从整个维瓦莱地区总数四百人的部队中抽调出一个营的步兵,以协助地方当局整顿治安,但尽管如此,强盗们却仍然能轻巧地消失在山林和巨石之间。[56]

据说在旧制度时期,维瓦莱人"杀个人跟别的省份的人杀只野兔或鹧鸪一样简单"。[57]住在高海拔的农民尤其以爱争斗闻名,他们不论跟谁谈判或讨论,总要在桌上插把匕首以示区别。饮酒也导致了许多意外冲突,偶尔还闹出人命。乞丐在乡间游荡,高海拔区人数特别多,在最糟糕的时期他们就下山,突然出现在任何一个村庄,引起不安。地方上的司法机构以效率低下著称,这也助长了罪案增加,在旧制度的最后几十年里,针对居民的犯罪尤其严重。[58]

生活在无法耕作的旷野上的狼,也给一部分乡村造成了恐慌,尤其是在西部热沃当的边缘地区。仅在 1767 年一年之内,狼便在当地造成八十三人死亡,另外超过三十人受伤。在东南方向山丘背面的拉戈斯,狼攻击人的情况时有发生,一直持续到"波旁复辟"*。[59]在巴拉聚克的小教堂里,当时有那么多事情要祈祷。直到 17 世纪初,维瓦莱地区唯一的主干道就通过它的边缘,位于罗讷河右岸。这条干道与来自中央高原、穿过杜河谷地的小径交汇,还与奥弗涅大区的另外一条道路交叉,此路由维维耶至阿尔巴、奥伯纳,最终到达勒皮。维瓦莱地区内部的道路往往只比能够通行骡子的小路强一点。宗教战争使得道路维护受到重视,携带大炮的军队要依靠道路运输。1699 年的"维瓦莱三级会议"决议改善从奥伯纳通向塞文山脉的道路,这条路在"格拉台地"后面与阿尔代什河平行,经过努瓦尤斯。在 18 世纪中期的几十年里,维瓦莱地区道路的总里程增加了约五分之一。1752 年,郎格多克的总督(国王在该省的代表或省长)授权给维护道路的承包人支付报酬,他承包的若干"道路"只是山径,包括从于泽尔到吕奥姆,"途经巴拉聚克和拉博瑞",还有从巴拉聚克到圣莫里斯。[60]

在投入相当大的资金后,到 1770 年代,约有 280 里格**的道路穿越维瓦莱地区,虽然其中许多路段在冬季艰险难行甚至无法通过,而且是"路面、护墙、排水沟、涵洞不足的小径……狭窄、陡峭、复杂……护墙单薄,干垒的石料未拌灰泥"。有二百六十二座桥梁跨越溪谷、河流与沟壑。骡子承担了大部分的运输任务。[61]时至今日人们仍然可以看到巴拉聚克"格拉台地"上的石头被金属马车车轮反复碾压留下的痕迹,车轮印在石头上的轮廓就像远古的化石。巴拉聚克的农民希望出售部分的产品,但湍急的河水提供不了任何帮助。

---

\* "波旁复辟"指 1814 – 1830 年间。——译注
\*\* 长度单位,1 里格约为 3 英里或 3 海里,即 4.8 至 5.5 公里之间。——译注

　　从奥伯纳到努瓦尤斯之间的狭窄道路上,有两条陡峭的小路可以通往巴拉聚克,但要极为艰难地跋涉上 2 英里,暴雨过后,这段路程常常被阻断,没有道路可以直接通向奥伯纳和瓦隆。所谓的"王家大道"其实只是一条从圣莫里斯—迪碧通来的小路,它在萨勒与那条古罗马道路交汇,然后通过另一条艰险的小路上行至巴拉聚克。要是旅行者着急,也可以支付一小笔费用渡过阿尔代什河,爬上并穿越"格拉台地",直接前往于泽尔,然后去努瓦尤斯或拉让蒂耶尔,但对于马车而言,这条路线困难重重,往往行不通。这一切都表明,连接村庄与河边的古老小路必须维护。[62]

　　1763 年调查废弃土地时,强调了前往巴拉聚克教区十分困难,以至于当地出产的葡萄酒商人都不愿意来购买:"赶骡人很少来这个教区,因为这里太偏远了……此外,当地既无商业又无工业,穷得连绵羊都没有,更没钱向商人们购买物品,连盐都很昂贵……普拉冬和肖宗两个教区的土地耕作得很好,但巴拉聚克不行,因为那里太穷了。"用不了多久,喝不完的酒就会变苦变酸。这一可悲的情况,令"这个赤贫的教区"缺乏液体财富(除了廉价的葡萄酒),以至于缴纳税款都很难。这次调查显示,有些人不得不"离开巴拉聚克去其他地方另谋出路",这也预示了一个世纪之后的大规模外迁不可避免。[63]

　　偏远还有另一个重要的后果,即大多数婚姻都发生在本村的男女之间。这一情况在整个 19 世纪一直持续。巴拉聚克的居民中,在当地出生的比例特别高。七八个主要的家族之间进行通婚,其中一些随着时间的推移增加了若干支系,令这些家族得以延续,这个模式一直延续到今天。[64]

# 18 世纪的村庄

　　一个世纪以后,在 1734 年调查每个家庭所需缴纳的人头税(按人口数量收的税)时显示,巴拉聚克的居民里,没有"士绅、资产阶级、律师、医生、地方法官、公证人、收租人、下级武士、店主、批发商、工厂主"。有七十六人耕种的土地在一定程度上归自己所有,三个人是工匠,一百零三人是雇农,五十九人从事家务工作或者在农场打杂。[65]家庭的组织结构是家长制。兄弟和未婚的姐妹们居住在同一所房子里,直到最近的几代人。继承制度原则上归长子所有,做不到的时候就由母系继承或旁系继承。[66]

与土地的关系决定着巴拉聚克的社会阶层。[67]在顶端的是家主,"他们拥有一块田和一对健壮的牛"。接下来是农夫,"不另外做点零活就过不好",比如,时常充当一下木匠。在巴拉聚克,一个农夫拥有足够维持生活的土地——至少在最好的年景下能行,有若干只山羊,如果幸运,还有头猪。雇农或仆人是给别人工作的临时工,常常没有土地,但并不总是如此。[68]

1774年的土地税评估确认巴拉聚克只有贫困的农民,极少数人是例外。例外之中包括贵族朱利安·德·维内扎克,他居住在拉让蒂耶尔。他交的税比谁都多,超过了四镑,但这在他而言只是九牛一毛。另外只有四个人的赋税超过了三镑,但多数人少于两镑,很多人不足一镑。[69]安托万·塔斯特万是个临时工,在1789年没交人头税;而另一位安托万·塔斯特万的大名虽然在一份长长的欠债名单上脱颖而出,却很不寻常地被恭维为"先生"。在巴拉聚克一共九百七十三镑的人头税中,他支付了二十镑。(实际情况更加复杂,还有一个安托万·塔斯特万·普东,有个寡妇也叫安托万·塔斯特万。)[70]

农场工人和长工(这两者在维瓦莱地区通常是一回事)以及赤贫的人,也肯定是社团的一员,不过他们在评估税收的时候不用缴纳一分钱。在林林总总的税收中,由国王评估的土地税仍然最重要,该项税收在三十年战争(1618年至1648年)期间、1675年至1712年之间,以及1773年至1780年之间增长最为迅速。由社团指定的一名收税人会从收到的税款中抽取一小部分作为佣金。军队来强制执行和查封收成的威胁始终存在。在1740年,约瑟夫·布歇收集的金额明显不足,比标准差了五十九镑多一点(包括利息),要在4个月内付清。除了直接税,间接税——特别是盐税——也加诸农民的头上。[71]

巴拉聚克的农民,除了令人难以置信的精力和甘受摆布的耐心,还有什么办法?1686年,巴拉聚克上报,他们的社团"一直以来"只拥有荒凉的"格拉台地"。为了在那里进行有限的耕种和放牧,巴拉聚克村每年要上交其领主十二镑。[72]

1767年的一项调查确认,巴拉聚克的居民对"格拉台地"的所有权归属于整个社团。这片公共产业位于维内扎克、拉讷—圣莫里斯和从巴拉聚克通过拉尔热拉前往奥伯纳的小路之间。巴拉聚克各家的家长们宣布人们有权从每年5月直到12月20日（圣多马节）放牧大型动物，从每年12月20日到次年3月25日放牧小型动物（绵羊和山羊）。[73]此后至5月1日，不允许任何人放牧。这些人指出："根据在1422年订立的一项协议，不允许外人和游牧民在任何季节放牧任何动物，不论大小。"巴拉聚克的每位居民不能超过八头大型动物（其实没几个人需要担心这一点），而领主不能超过四十头大型动物。此外，人均饲养绵羊的数量也受到限制，领主当然一如既往地享受更高的限额。木材可以根据需要进行采伐，但不允许进一步在"格拉台地"开荒。巴拉聚克的社团花"五塞普蒂*的小麦或等值物品"的价格聘请了一人监督此协议的执行情况。[74]由国家专门提出这一问题，反映出"大革命"前的旧制度下所有权和使用权之间的复杂性与细微差别，以及用"大革命"后对私有财产的定义解读之前的时期是多么有害。"格拉台地"作为旧制度权利遗留的难题，后来成为巴拉聚克的大麻烦。

社团还拥有教堂前面的那片小广场。此外，居民声称"不用支付任何费用"就有权在河里捕鱼，并且各家只要缴纳年费以后，便有权搭渡船横渡阿尔代什河。还有，居民可以使用磨房和烤炉，当然前提是他们得向领主付费，也可能是交给从领主手里拿到收费权力的人。[75]

1734年，总督要求巴拉聚克村列明有哪些土地被其主人放弃了耕种，而当地人的回答则显示出对耕种的热情：巴拉聚克没有这样的土地。没有耕种的土地都是"根据其自然特性不能耕种，只有岩石和少量供小动物食用的草料，占整个社区大约三分之一的面积。"[76]教会在1760年代早期进行的一项调查指出，巴拉聚克生产少量粮食、少量葡萄酒、少量橄榄油和一些蚕茧。产量不高，而且往往不足。在巴拉聚克，即使是最好的年景也不怎么样。[77]

在旧制度时期，巴拉聚克是维瓦莱地区三百一十九个居民区之一。社团未必等同于村庄或教区，但与后者非常接近。[78]如果神圣与世俗区划重叠在一起，那么每个社团除了领主和总督外，还有本地的世俗权力组织。执政

---

*　塞普蒂，septier，度量或货币单位，换算值不详。——译注

官通常有两名,其中一人有时被称为村长,是主要地方官员,一般由受村里人尊重的男子担任。考虑到他们的负担以及这一职务在当地的威望,巴拉聚克执政官们的儿子可以免除一年的乡勇兵役。[79]

巴拉聚克在 1779 年有两个执政官,让·莱里斯和路易·布瓦耶。他们由"主要的居民"或"居民中最殷实的部分"——但不是社团的全体大会——推选出来,这些人包括当地知名人士、工匠和店主,也就是各种业主。虽然选举执政官至少在原则上要由领主同意,但与布列塔尼大区和北方不同,执政官的权力与领主没有那么紧密的联系。[80]

事实上执政官选举(通常安排在每年 1 月主显节星期天举行大弥撒之后)往往只是听从某位或多位领主的意愿,尤其是在那些领主们愿意积极参与当地事务的村庄。这些集会与直接民主没任何相似之处。领主的影响力相当大,即使他们不住在当地,因而不积极参与日常生活也没关系。获得王室总督的默许后,[81]每个村庄都有自己的小朝廷,这一现象在 18 世纪变得越来越根深蒂固,巴拉聚克有一小群男子能读会写(这些人差不多都趁着村里有老师的时间上过一阵学),执政官必须能读会写,书记员也是,而且要用法语做记录。地方官员就是从这个小群体里产生的。[82]

执政官通常在星期日的大弥撒后召开社团大会。他们在教堂大门上张贴通知,然后由敲钟人敲响大钟以宣告"教区主要居民和巴拉聚克管理会召开大会"(后者是一个财政管辖机构,包括普拉冬和肖宗)。有时,被称为"全体会议"的大会包括着支付王室税的全体男性家长(据我们所知,这样的集会均由男性主导,虽然偶然也会出现女家长)。

1786 年 7 月 22 日,巴拉聚克的社团在"进行会商的公共场所"举行了大会。几乎没有哪个村庄拥有会堂这种奢侈品,因此教堂便常常用于这一目的。在巴拉聚克,教堂前的广场就成为举行集会的公共广场,执政官想必是坐在阶梯上,甚至坐在教堂里。在这次大会上,执政官奥扎通知全体居民,他收到了社团今年应该缴纳的王室税收的金额。[83]

执政官的工作之一是分摊主要的税种(土地税、人头税——路易十四在1695 年设立的,给维瓦莱地区增加了四分之一的税赋——和针对所有收益的"二十一税"),将收缴的税款缴纳到税务所,落实省长下达的兵役令,向蒙彼利埃的总督报告情况(家庭的数量、收成好坏、被洪水破坏的程度,诸如此类），并确保居民分担社区的工作。他们还维持社团的治安（最为广义的用法），因而很像村长。他们还核查秤砣和量器，在一些地方更要确保周日大家都休息。此外，执政官要监督教堂、墓地和神甫宅邸的必要维护，后者一向是当务之急（也是日后纠纷的源头）。有老师的时候，他们要付他钱，还要付钱给保护收成的守卫。[84]

一份 1738 年 10 月的文件提供了巴拉聚克社团"难得一见"的日常开支。回顾 1699 年以来的费用，社团要求把村里书记员的工资从十二镑增加到二十五镑，他的工作是收缴王室税赋，抄写商定的协议，还要筹集圣餐照明的分配金额。[85]一份 1778 年的类似账单显示巴拉聚克当年的费用略高于四千三百一十八镑。这其中包含着税金，远远超过三千镑的一大笔钱以"免费赠送"的名义替省里偿还债务，还有超过七十镑用来支付在该省驻守的部队。其他费用包括教师的薪金，给三个教区的执政官一小笔以及二十镑"用于应急。"社团欠收税人十四镑（部分欠款可以上溯到 1610 年）。计算了其他费用后，已经没有节余了，不欠债就算好的了。[86]

除了税收，王室还可能在任何时候征粮。1695 年，农民把由五十位土地拥有人缴纳的粮食送到了罗讷河上的勒泰伊，然后转运至多菲内省以供给法国军队。1722 年，这个社团因为"向闹瘟疫时派驻的军队提供木材和蜡烛"，收到两百六十三镑的补偿，执政官安托万·奥扎和纪尧姆·泰西耶被要求"找几个会写自己姓名的居民来接受这笔款项并签字"。人们听从钟声的召唤，聚集在老地方"新大门"，经过大会推选，奥扎前往维维耶收钱。[87]

1698 年和 1724 年的王室法令曾提议设立小学，后一项法令要求给男老师支付一百五十镑的工资（巴拉聚克只出得起一百镑），女老师一百镑。在 1680－1740 年间，由于新教牧师一直积极鼓励忠实信徒上学校，天主教僧侣统治者于是鼓励创办更多的乡村学校。1734 年，主教指示那些由乡村当局聘请的教师与牧师合作，每日研习《教会问答》，以便"教导孩子们宗教的真理"。许多教师协助牧师完成他们精神指导的职能。在 1737 年，维瓦莱地区 59% 的社团拥有了学校，但很多上过学的人只能读，不会写。不过，许多社团找不到、留不下甚至不想要教师。在最好的情况下，教师来来去去，学校在一年之中只开几个月，所教的也只是阅读（课文则几乎全部是宗教内容）、写作、算术的入门课，外加一点宗教知识。[88]

教区的记录让今天的人们能估算一下识字率,但也仅此而已。1667年以后,婚礼必须有四名男子见证,见证人要么签名,要么声明他们不会签字。该地区在 1686 - 1690 年间,30%左右的男性和14%左右的女性可以签署他们的姓名;到 1786 - 1790 年间,这一比例已经上升到约40%的男性,而妇女的比率降至12%,低于全法国的平均值。[89]还有一点不能搞错,能够签名和真的会写字不是一回事。当巴拉聚克的安德烈·奥扎家族和圣莫里斯—迪碧的让娜·吉拉尔家族在 1787 年签署他们的婚约时,涉及一千五百镑的可观的嫁妆,而多数的见证人却不会签署自己的名字。让娜·塔斯特万于 1741 年去世时"大约 18 岁",全部两位见证人都是文盲。1753 年,教师皮埃尔·库蒂奥尔见证了许多出生、结婚与死亡。他和村里的牧师诺吉耶,往往是唯一能够签名的见证人。[90]

在"大革命"之前,法语只是偶然出现在巴拉聚克。在 17 世纪中叶,该地区才有了第一个使用法语书写的牧师。到 1760 年代,乡村牧师都会写法语了,不过还是有按发音拼写的错误。下维瓦莱地区的语言本质上是奥克语(或称欧西坦语)的一种高卢—罗马分支(除北部的杜河,那里流行法兰克—普罗旺斯方言)。即使距离不远,语言特征都可能会有所不同。圣昂蒂欧镇的人们就使用一种深受普罗旺斯影响的土语。在一个常见故事的地方化版本中,拉辛讲述拉封丹*到达他在瓦朗斯的临时住所后,向仆人要了一个夜壶,于是女仆在床底下放了一个暖炉,尊贵的客人起夜时才发觉这个误会。北方人最爱用这种故事来描述法国南部地区。[91]

# 封 建 领 主

即使领主不再居住在当地,巴拉聚克仍然有领主。在 1643 年,拉法尔—蒙克拉的夏尔侯爵通过与雅克利娜·德·洛热尔的婚姻,成为巴拉聚克男爵领地的领主。1728 年,继承了这块男爵领地的德·拉法尔侯爵夏尔—弗朗索瓦,在"郎格多克三级会议"期间,谈妥了一个好价钱后,把他的

---

\* 拉辛和拉封丹均为 17 世纪法国著名作家。——译注

大部分财产出售给巴黎一位富裕的银行家。十年后,该银行家以三十六万镑的价格,把"巴拉聚克男爵领地中有用的部分"出售给瑟里斯—弗朗索瓦·德·沃居埃伯爵,后者的家族曾经是原巴拉聚克家族的仆从。在某种程度上可以说,1738 年标志着巴拉聚克男爵领地消亡了。事实上,最高法院日益增长的权力削弱了领主们的权力,领主在很大程度上只有名义上的权威。[92]

如果说在 17 世纪封建领主很少受到质疑,那么到 18 世纪中期的几十年,这一情况已经改变。虽然维瓦莱地区贵族数量相对较少——也许只有一百五十到两百个家族,范围从挣扎的乡绅(那种只剩头衔的贵族)到强大的沃居埃家——但沉重的赋税和领主的暴敛在 18 世纪日益增长,尤其是该世纪中叶之后。巴拉聚克的领主很少——几乎从不——出现在社团,只有他们的雇员替他们收税。到 18 世纪后期,任何互惠的精神或道德引领都已不复存在。[93]

自 1760 年前后开始,剩余的领主义务得到了更为有效的执行。农民因领主所欠的实物或现金(从来没有充足过)数额庞大、花样繁多,终于被激怒。1776 年巴拉聚克进行的土地调查指出,"巴拉聚克的领主欠了由巴拉聚克管理会承担的王室税赋的三十分之一",这对大富豪来讲只是一点小钱。在不同的地方,领主的权利有很大差别。亨利四世早就许诺要让每口锅里都有鸡,但许多农民的鸡仍然直接飞到了领主家超大的锅里。1778年,有位封建权利的法律专家推断出,一份 1544 年的文件(此文件在 1705年获得确认)裁决:奥比尼亚和阿普(此地以前和以后都叫阿尔巴)的部分农民欠一个领主若干燕麦、一只羔羊、一只鸡,还要让一头牛每年替领主干几天活。一位律师证明,这些权利早就被赎回了,从而解决了这一案件,但农民极其憎恨对封建领主其余的义务。可以想见,当农夫们听说一位岁入六千镑的贵族为了多赢得一只鸡而启动繁复、昂贵的司法程序,会是怎样的民怨沸腾。无疑,任何农民家庭都会忍不住想要留下那骨瘦如柴的家禽,但这么做可是要冒风险的。[94]

封建领主的其他特权包括处罚各种侵权行为——首先是在领主直接拥有的地方捕鱼和狩猎——以及收取财产转移的手续费。此外在许多地方,农民不得不把部分收成或产品转让给领主,而且,沿用了几百年的惯例是,只能在领主的烤炉上烤面包,然后向他付费,巴拉聚克就是这样。如果领主不参与村里的日常生活,农民最恨代表他们收钱的包税人,一些包税人会从缺席的领主手中购买这些权利。收成不好时,王室的税收则进一步让日子岌岌可危。[95]

由于维瓦莱地区是"三级会议邦国"郎格多克的一部分,税收的坏消息是来自"郎格多克三级会议",而不是代表国王的总督,尽管等级会议已经逐渐放弃财权,上交给中央集权日益加强的君主制。维瓦莱地区的农民认为,这个省的税收高得不成比例,尽管当地的土地只有大约三分之一可以耕种,但这个省的税赋却高达整整十一分之一。同时,税收在 1770 年代和 1780 年代迅速增长,因为这段时期国王的财政危机在加重。此外,教会的什一税的范围也扩大到几乎所有的物产上。因此,根据一份在 1759 - 1764 年间进行的翔实的调查,"农民的收入中,只留下不足五分之二用于支付农业成本、意外事故和农民的生计"。[96]

# 反　　抗

我们已经看到,17 世纪出现了宗教战争、秋季暴雨、严冬、毁灭性的歉收、瘟疫和各种其他传染病,并削减了当时的人口。这一切的共同作用,使农民(以及其他一些人)的生活在托马斯·霍布斯的回忆录中被描写成"孤独、贫困、低贱、粗野和短暂",他自己也是那个寒冷、不祥的世纪中期的一位饱经风霜的老兵。

1670 年 5 月和 7 月,在阿尔代什河谷爆发了农民起义。经过一个严寒的冬季,有谣言说要增加高额税款,包括每诞生一个男婴、每聘用一名雇农以及购买新帽子、新衬衫、新鞋,甚至包括面包,这成为最后的反抗导火索。首先是工匠们攻击在奥伯纳的税务人员,起义波及了周围三十个教区,遭到"士绅"和富裕的资产阶级反对。一部分后者认为叛乱是受到魔鬼的引诱。反过来说,一些反抗者却可能受到"那在后的,将要在前"*或"茶壶迟早会

---

\* 源自《圣经·马太福音》。——译注

被砂锅打破"的启发。[97]

在这次农民起义中,得到公认的正义感不包含任何推翻社会结构或挑战王权的意向,不同于17世纪那些直接对抗领主或有心怀不满的贵族参加的起义。叛军要求安托万·杜·鲁尔担任领袖,他是个受人尊敬的务农的绅士,从前是军官,和一个贵族的女儿结了婚。在被一个牧羊人嘲笑为懦夫后,极为天真的鲁尔同意给五六千人担当代言人,事后他对这个决定后悔不已。叛军得到一些享有特权的土地拥有人的支持,他们高呼"打倒税吏!杀死人民的吸血鬼"!他们抢掠时戴着面罩或进行化妆,一直闹到了离巴拉聚克不远的奥伯纳小教堂。拉维尔迪约的王室军队击败了反抗者,其中有五六百人遭到流放或被发配到帆桨并用的大海船上。鲁尔愚蠢地认为他的国王会赦免他,去了凡尔赛宫。他被轰了出来,于是向西班牙逃亡,但最终还是被抓获。之后他被车裂,那没有头颅、满是伤痕的尸体被吊在路边。胆敢反抗国王及其官员的人,就是这个可怕的下场。两个月后,一支三千人的无情的军队恢复了秩序,他们散布恐怖、烧房子、抢东西,在岩石和树丛里搜索那些可怜人。

一个世纪之后,于泽尔的领主德·拉·莫特和他的妻子于1765年被谋杀,折射出另一波反对横征暴敛与司法的沸腾民怨,那种"司法正义"迟缓又昂贵,而且无疑站在权贵一方。极端复杂又效率低下的司法体系,让普通民众对三百四十六名封建领主法官及其下属官员抱怨不已,这些官员有的集中了法官、检察官、律师、公证人和书记员等功能于一身。如果说王室法庭掌管了几乎所有地方的刑事司法管辖权,领主们则保留了相当大的民事司法管辖权,这一权力在土地支离破碎、产权纠纷不断的地区尤为重要。在法国仍然有超过七万间封建领主法庭,他们通过增加民事诉讼的程序从中渔利。[98]维瓦莱地区的农民习惯于"尔虞我诈,对簿公堂",他们的土地又小又分散,地界的标记常常被大暴雨冲毁。这一大群滥用职权的地方法官自然被农民痛恨,遑论很多农民还是债务缠身。此外,一旦农民们没能按时缴税,领主则会不断地兴狱惩戒。有本1760年代写作的《维瓦莱回忆》提及:"王国里很难找到在这方面组织如此混乱、令人痛苦不堪的地区了,缺乏高等法官监督事态的发展。"[99]

维瓦莱地区在博凯尔—尼姆总管辖区之下组建了一个民事辖区,地方上的积怨汇集到遥远的尼姆,那里的法官似乎已经接管了维瓦莱地区的所有司法管辖权。贝格新城以及阿诺奈世俗法庭在 1780 年提高到总管辖区级别,使得对于"司法正义"的怨恨有所减少,但并未彻底消弭。一些封建领主法官在阁楼、破旧的建筑甚至户外主持审议。大家都认为,挣不到钱的案子他们一律忽略,只盯着那些能让他们"大把花钱的"。[100]四处游历的英国人阿瑟·杨这样描写他在维瓦莱地区的见闻:"我遇到的人普遍满意他们的政府,但对司法机构的表现却无人认同。"[101]

1783 年维瓦莱河谷低地的"武装面具"起义,就应该从这个角度去理解。连续的收成不足之后,2 月,在努瓦尤斯到圣昂布鲁瓦(现属嘉德省)之间的乡村发生了暴动。运动开始于莱旺及其周围,迅速蔓延,扩展到塞文山脉边缘的二十多个教区。一伙一伙的农民,数量在十到一百之间,或戴着面具,或男扮女装,或用木炭涂抹面颊,攻击精心挑选的地方法官、公证人、包税商和向农民放高利贷的商人。这些农民自称"穷人的地方法官",他们洗劫住宅和办公室并烧毁税务所。一个人解释说:"我们因为地方法官不公正才拿起武器;我们从来没有想要对正直的人这么做。"面具保护了反抗者的身份,并令看到他们的人产生恐惧。他们还扮演了一个象征性的角色,成为一种"恐怖的仪式,有选择性,但不血腥",是一种"愤怒的狂欢节",这一形象因为使用面具而得到加强,其外形也成为公正与惩罚的表现形式。"武装面具"迫使客栈或家有余财的农民给他们提供食宿。[102]

和一个多世纪之前的鲁尔起义一样,他们并不针对贵族特权本身,更绝无反对君主制的意思;叛军宣布他们效忠于国王(也和 1670 年倒霉蛋鲁尔的手下一样)。他们要求讨回公道,认为那些本应为国王效力的人才是叛徒。二十人因反叛被判处有期徒刑或发配到帆桨并用的大海船上,有几个人在莱旺当着几千之众被处决。不过,镇压的力度似乎比 1670 年低得多,也许是因为叛乱分子没那么暴力,而且明确了自己有限的目标。此外,在维瓦莱地区流行了千年的反抗特质也消失了,[103]只剩下绝对的贫困。

# 转　　变

在延续性超过变化的情况下度过了几百年,巴拉聚克到 18 世纪中叶迎

来了明显的转变，从而有了希望。维瓦莱地区的人口从 1730 年的 213 797
人增长到 1789 年的 263 048 人，而死亡率则从 1720 年前后开始下降，导致
人口在 1772 年到 1789 年间显著增长。相对高的生育率外加结婚年龄下降
（原先一直是男子约 27 岁，女子约 25 岁），为克服该世纪中叶的灾难性收成
提供了充足的动力。这一增长与农业革命不沾边，因为粮食生产几乎没有
增加。而栗子，特别是土豆，令维瓦莱地区的人口增长成为可能，人口数量
在这之前一直停滞，甚至在 1693 年到 1734 年间有所下降。到 19 世纪中
叶，栗树园增加了一倍，占到塞文山脉的 25% 到 40% 之间和整个阿尔代什
省的 10%。栗子和土豆是粮食的替代品，构成了农民饮食的主要部分（当
地有句老话是这么挖苦的，"有土豆，民不反"）。栗子干和栗子汤，成为冬季
饮食的重要组成部分，一些农民还能在汤里加点牛奶。栗子还为猪提供了
食物。而在 1781 年，"这一地区的马铃薯收成减少，人们在极端痛苦中呻吟
着"。塞文山脉的栗子甚至能当经济作物。[104]

　　同过去相比，在巴拉聚克出生的人数开始频繁地超过死亡人数，例如
1725 年至 1729 年。在 1742 年，二十三人死亡，多于出生的十四人。逝者
中包括寿命七天、十天、十二天和十五天的婴儿，还有一个月、七个月和十三
个月的；两个一岁半的儿童，另外三岁、四岁和五岁的各一人；三个年轻女
性，十八岁、二十六岁和二十七岁（也许死于分娩过程）。然而，出生人数在
1745 年、1746 年和 1749 年占优势。在 1781 年到 1789 年间出生数多于死
亡数（除 1787 年，那年生死各九人）。[105]巴拉聚克的人口从 1734 年约四百
人出头，增长到 1770 年代的大概五百人，和 1793 年的五百五十人左右。[106]

　　在 17 世纪，通常只有不到一半的儿童能活到五岁。到 18 世纪末，更多
的人能够活到这个年纪。然而，在 1770 年代，有人声称有十分之一的婴儿
在出生后十天会夭折。小儿霍乱和天花仍然令人伤心地带走大批的儿童的
生命，至少要等到 19 世纪初天花接种迅速推广，问题才有所好转。痘疤仍
是辨别某人的常用方式，例如在护照上注明以及警方通缉时描述的特征。
此外，维瓦莱地区的农民仍然营养不良。[107]在世纪中期之前，热病和痢疾似
乎限制着人口的增长，而且这些疾病在这个世纪的下半叶仍会不定期爆发，
比如 1764 年天花的流行。

　　不论什么东西，只要能带来好年景，农民都会相应调整策略。正如我

们所见,在 18 世纪,他们已经开始种植土豆。土豆跟板栗一样能弥补一部分粮食匮乏,对人口增长有所助益。再者,农民栽种了更多的葡萄。在 1730 年代早期,葡萄酒生产明显增加,随后又下降了。骡子驮运着成桶的葡萄酒上行至韦莱以及更远的热沃当地区交换粮食,而且它们还从下郎格多克运来油、肥皂和香料。贸易沿着阿尔代什河谷,尤其是罗讷河谷扩展。[108]

然后,人们第一次看到一丝曙光。维瓦莱地区的生丝生产在 1730 年代开始显著增加,这与里昂和尼姆的市场紧密联系在一起。1539 年,农学家奥利维埃·德·塞尔出生于贝格新城,他后来被阿瑟·杨称为法国农业之父。到 16 世纪末,他敦促种植桑树,因为蚕以桑叶为食(而且不吃别的)。这位新教贵族当时已经注意到维瓦莱地区的农民长期缺乏现金。诚然,丝绸在 13 世纪从中国传至法国,过了一个世纪就已经出现在维瓦莱地区各处。在 16 世纪,王室丝绸生产商已经在图尔和里昂出现。1600 年,塞尔形容"大地的宝藏和丝质的财富就隐藏在那里"。他说服亨利四世在杜伊勒里花园种植了大约两万株桑树(法语是 mûriers;奥克语是 l'amourier)。维瓦莱地区的丝绸行业在 1670 年前后发展缓慢。到了 1692 年,一道王室敕令禁止连根拔除桑树,在新世纪的第一年,另一道敕令又增加了罚款,其中一半给告发的人,另一半分给穷人。[109]

维瓦莱地区的农民开始成百上千、数以十万计地种植桑树。桑树轻易适应了下维瓦莱地区原有的农业结构,也同样适应了当地的土壤。和葡萄酒一样,蚕茧与生丝成为重要的经济作物,让农民有能力支付强大的外部势力,包括国家和领主。[110]1752 年,总督提出,每种植一百英尺的桑树奖励 25 镑,并很快下令从瓦隆的苗圃分发超过一万八千株树苗。王国给能够搞到籽苗的社团提供苗圃,并指导他们如何种植。与此同时,制丝工艺也迅速发展,维瓦莱地区大约从 1670 年开始了这方面的工作。1785 年,包括奥伯纳桥、奥伯纳和拉让蒂耶尔等地,类似的作坊有九十四处。制丝的发展反过来刺激了农民生产更多的生丝。这又鼓励了更多家庭从事缫丝,所需工具仅仅是"一个女人和一些热水"。生丝生产逐步成为维瓦莱地区农民家庭经济的一部分。债权和债务(如果一切顺利的话,在收获蚕虫后结算)日益成为这一经济模式和农业生产本身的一部分。维瓦莱地区很快就成了"纺织金子的不毛之地”。[111]

　　到 1770 年，桑树栽种在道路两旁、山坡上、教堂前面、土壤足够厚实的公共土地上，甚至一行行葡萄藤之间。在巴拉聚克下面的萨勒，安托万·塔斯特万把他名下的一幢大房子改建成蚕室，而他的五块土地上已经有两块种了桑树；卢安村的安托万·奥扎在当地拥有十四块土地，其中四块种上了桑树，此外，村里的一块地，其他地方的两块地也种了桑树。巴拉聚克另外一个比较富裕的人让·图卢斯，也在巴拉聚克的两片土地上种植了桑树。[112]

以前的蚕室。屋前是桑树

　　然而，几个缺点却被忽视了。桑树的兴旺是以周围的粮食作物为代价的。与栗子不同，它们不能拿来饲养动物。生丝狂潮导致许多农民进行单一栽培，并最终达到饱和，因而重组了市场结构。一些商家开始投机，“在冬季提供食品和衣物，条件是用下次收获的蚕茧支付，利用大多数生产者的苦难发财”。他们知道农民别无选择，只能有什么就要什么，因而开出不公平、低价格的合同。此外，农民必须承担购买桑树或桑叶的费用，并且跟塔斯特万一样建造蚕室。他们还要购买蚕卵，以便孵化。要做到这一点，许多人不得不以 5% 的利率贷款，在币值稳定的时代，这可相当高,有时甚至要接受高利贷者更高的利率。生丝生产可能使得下维瓦莱地区的经济更为脆弱。[113]农民的债务状况必然加剧了针对贷款人的仇视,这已经被1780年代的"武装面具"所展现了。它还可以帮助我们了解1789年人们为什么聚集在巴拉聚克教堂外,拟定"陈情表",期待着召开"三级会议"。

# 第三章
# 历经"大革命"

　　1789 年 3 月 22 日,礼拜天,年龄至少 25 岁的巴拉聚克男性居民都聚集到教堂里。这次基层议会是为了拟订社团的"陈情表",以便提交给即将在遥不可及的凡尔赛宫召开的"三级会议"。村里的书记员极尽所能,用法语誊写了大家的决议。拥有约五百五十名居民的巴拉聚克,恭谨但明确而坚定地提出了自己的要求。[1]

　　这份决议首先提到的自然是巴拉聚克那"极端的贫困"。与会的人们列举了他们所处的不幸局面的一些原因。(1)他们抱怨了税收——尤其是王室的不合理要求——对于"大部分土壤十分贫瘠"的巴拉聚克而言太高了,此外还有干旱、暴雨和洪水的蹂躏。雪上加霜的是,贵族拥有的土地一直免于大部分王室评估。(2)除了"他们的每一分财产都被迫承担的贡赋"之外,村民们要向领主缴纳起源于"封建专制主义遗产"的税赋。这些税赋包括向领主支付使用磨房和面包烤炉的款项,维瓦莱地区对此以及贵族把持的狩猎专有权怨声载道。(3)他们需要向教会缴纳什一税,但建议"只要四十分之一"的收成便应该足以"支付教会所提供的帮助和精神上的服务"。(4)巴拉聚克得不到"商业所带来的便利",它既没有市场也没有集市,而且离有这种东西的城镇很远。(5)巴拉聚克是一个男爵领地(包括肖宗教区和普拉冬教区)的中心,但其居民不得不行走至少六个小时,才能在奥伯纳找到"司法机构",因为巴拉聚克没有任何法庭。此外,村庄的闭塞意味着对某些居民犯下的罪行始终得不到惩戒。这令巴拉聚克的居民一直生活在恐惧里,以至于当地的孤儿寡母"在压迫和邪恶下哀号"。

　　这份"陈情表"最大的怨气是针对无节制的特权。与维瓦莱地区和大多数法国地区一样,巴拉聚克居民社团恭谨地要求采取措施以减轻一些"他们那可悲的苦难".[2]他们要求,贵族拥有的全部土地均应缴纳王室税收;什一税应该在整个王国的范围内统一征收,而且税率应该更合理;地方司法机构应该在巴拉聚克办案;终止收取盐税;订立宪法,以公平分担所有税收;出售或转让财产的评估费用应该废除,或者至少调整到更合理的比率;巴拉聚克有权每礼拜四开市一次,并举行两次年度大集(第一次在 7 月 25 日,村里的节日;另一次在 1 月份的圣安东尼节,他是善会的守护天使)。最后,或许也是这篇恭谨而坚定的文件里最引人注目的部分,"陈情表"提出不事先宣布、令大众周知并得到第三等级的批准,就不能征税。文件的末尾附加了"那些会签名的居民"的签字。这些签字包括了两位执政官和其他二十六个男子;这其中,有十七个家庭如今仍然居住在巴拉聚克。[3]

在巴拉聚克的会议是日益高涨的政治危机的一部分,这场危机导致法王路易十六在 1788 年 8 月宣布召开"三级会议",而这种会议自 1614 年以来就没举行过。"陈情表"就是在这种背景下拟订的。巴拉聚克已经感受法国正在发生政治巨变。让·博谢是律师和公证人,"资本家"安托万·塔斯特万是个富裕的财产所有者,住在萨勒的古罗马道路旁边,两人代表巴拉聚克参与了 1788 年 10 月远在维瓦莱地区北部罗讷河附近的阿诺奈举行的预备会议,又在 1789 年 3-4 月间去近得多的贝格新城参加会议。巴拉聚克的社团承担了他们的开支。[4]路易·弗朗索瓦·德·巴拉聚克早就离开了巴拉聚克村,当时住在普里瓦,主持了在贝格新城的贵族大会。鉴于对司法管理的普遍不满,一部分巴拉聚克人肯定已经意识到维瓦莱地区的当务之急是阿诺奈和贝格新城能否在尼姆这种大块头面前保持总管辖区的地位,对于寻求司法公正的人而言,后者路途更远。他们也可能已经知晓关于维瓦莱地区应否在"三级会议"上另派代表的争论。然而,由于地处偏远,大部分维瓦莱人"只隐隐约约地听到外界的传闻。"[5]

安特雷格伯爵(亚历山大·德·洛奈)和布瓦西·德·昂格拉成为维瓦莱地区"大革命"早期的两盏指路明灯。1789 年 3 月底至 4 月初,财政改革的问题成为该总管辖区集会的首要议题。第三等级要求三个等级绝对平等。至于巴拉聚克和下维瓦莱地区其他村庄的农民是否意识到安特雷格伯爵那维护特权的阴谋(同时又以要求维瓦莱地区自派代表来保持名望),或者布瓦西·德·昂格拉在那些改革诉求中起了什么作用,我们根本不知道。[6]

1789 年的初夏,长期干旱、收成不好以及如何应付税收和什一税,才是一直令巴拉聚克忧心忡忡的大事。巴士底监狱陷落的消息,以及额外特权受到威胁的感觉,已经抵达了这个村庄。7 月 28 - 29 日晚上,"大恐慌"(担心反人民的"贵族阴谋"引起的公众恐慌情绪)自奥伯纳席卷到努瓦尤斯,29 日波及瓦隆,然后是莱旺、拉让蒂耶尔,直至芒德。据传,贵族招募了一万到一万五千名(意大利)皮埃蒙特人或西班牙强盗,焚烧庄稼、掠夺乡野。教堂钟声急速地响起警报,从一座钟楼的尖顶传向另一座尖顶,着实吓人。不过,巴拉聚克的偏远可能连这种强大的谣言都能隔绝。粮食已经入库助长了恐慌,因为农民有东西可以烧毁或窃取了。从拉让蒂耶尔和附近村庄仓促组成的民兵配合军队一起巡逻。[7]

8 月初,在罗讷河附近的罗什莫尔的村民开始焚烧税务所。反叛发展到阿尔代什河谷,一些庄园城堡遭到袭击。在山雨欲来的情势之中,有个臭名昭著的强盗团伙借机攻击了一个附近的村庄,最后被临时组编的卫队击退。8 月 4 日,当时仍然保有自由主义声誉的安特雷格伯爵,以及没有这种声望的沃居埃伯爵,与其他人一起试图说服路易十六不要签署废除封建制度的法令,不过该法令还是在当晚执行了。在下维瓦莱地区,许多农民早已拒绝支付他们觉得不该承担的款项了。[8] 8 月 4 日晚间,巴黎终结了巴拉聚克的封建领主的权利。然而法律规定,对于领主免除的贡赋,农民需要补偿。无补偿的彻底免除直到 1792 - 1793 年才出现,但实际上则早已实施了。

1789 年 9 月 21 日,拥有足够的财产、能以现金代替一天劳役的人召开会议,选举"巴拉聚克镇的常任政治理事会"。第二天,这一机构举行会议,以创建"资产阶级民兵"并指派部队的"军官和下级军官"。被登记的 77 名男子中包括无意参与的贵族朱利安·德·维内扎克,他居住在拉让蒂耶尔,但在巴拉聚克拥有土地。卫队然后"任命"——大概以鼓掌方式选出——让·泰西耶担任队长,让·莱里斯和约瑟夫·朱利安作为副手,还选了一名旗手。莱里斯是财产高于平均水平的农民,从而在巴拉聚克算是少数。他拥有几小块葡萄园和土地。选择旗手的举动反映了对"三色旗"的认同,路易十六在首都把代表巴黎的红色与蓝色加在波旁家族的白色上。到了"大革命"一周年之际,国民自卫军至少存在于巴拉聚克的文件上,当时包括一百零五个"积极的"公民(即支付过相当于三天劳动的税款),他们有权携带武器。[9]

在革命最初那几个混乱的月份中,村里并不清楚过去曾经引导和限制他们的行政体系是否会保持不变。1789 年 11 月 12 日,"国民议会"准许"每个城镇、乡镇、教区或乡村社团"以地方政府模式进行自治。12 月的两项法令授权自治机构管理公共土地和乡村财政,不过国家仍然保持其对地方财政的控制权。自治议会、市长(村长)和中间人(在大多数地方由领主指定,代表封建领主),将与一些知名人士一起组建自治政府。委员会将由积极的公民选举产生,任期两年,每年更换一半。这样,原先的"省委员会"就变成了"自治主体",而其官员则来自"大革命"前担任职务的同一群人。当选的"基层议会"则相应地推举管理维瓦莱地区的人员。[10]

1790 年 3 月,"制宪议会"将法国划分为 83 个省。革命者在寻求合理管制法国的同时,也在试图削弱贵族的影响,那些人的特权和影响力大部分植根于地方。维瓦莱地区成为阿尔代什省(最初选定名称"卢瓦尔河源头省",后来很快被否决),正是以巴拉聚克守望的那条河命名。[11]不起眼又安静的普里瓦镇凭借其在维瓦莱地区的地理中心位置,被选作阿尔代什省的首府。巴拉聚克被划归瓦隆县,在"大革命"期间的多数时期属于塔纳格区,并最终划归拉让蒂耶尔专区。维瓦莱地区以前的社团,如今转化为三百三十四个自治村;这其中也包括了肖宗和普拉冬,两地现在均已独立。事实上,与社团相比,自治村同教区结合得更为紧密,这得益于以农活和宗教为纽带形成的自然团体和精神上的统一,并以教堂及其钟楼、神甫宅邸和墓地为中心。[12]

在巴拉聚克,没人对组建阿尔代什省有反对意见。组建巴拉聚克"自治村"也是如此,在法国南部地区,自我管理早已是传统。不过,虽然巴拉聚克很少受到封建领主的直接统治,但革命仍然让更多的男性参与到村庄管理中,官员的选择也民主化了。[13]

眼下,农民们一如既往地有更重要的事情需要操心。倾泻而下的雨水和冰雹,以及接踵而至的洪水蹂躏着桑树,摧毁了土豆和粮食。[14]这样的灾难永远会让政治靠边站。尽管如此,成立国民自卫军却绝对把村庄与国家联系了起来,这在 1791 年得到了证明,当时村民们种植了"自由树",地点大概是在教堂前门台阶下的广场上,自由树与十字架挤成一堆。

仿佛什么都没有改变,1790 年 8 月,税务委员会寄信给巴拉聚克,通知该自治村需要缴纳税款一千零一十六镑,比 1774 年的人头税九百七十三镑多一点。村长承诺本自治村将制定税收名册,然后指派专人负责核实并收取各家应该缴纳的数额。然而,眼下在乡间收取任何税费都是极为困难的,一方面是愤怒的叫骂、威胁,甚至暴力反抗,另一方面是多年的恶劣天气和糟糕的收成。此外,土匪也令人不安地频繁出现在维瓦莱地区的道路上。[15]

和税收一样,另一场势不可挡的暴雨再次提醒巴拉聚克的人们,改变是有限度的。1790 年 11 月 7 日,由积极的公民选举产生的"巴拉聚克自治村的全体会议"("自治主体"一词显然已经被遗忘了)在"惯常的地方以惯常的方式召开,确认了'国民议会'的法令,主持会议的是自治村村长安德烈·泰西耶先生"。中间人(其作用明显不再是封建领主的代表,而是召集会议)安托万·奥扎慨叹:"当时的种种不幸,严酷的四季、过量的降雨和冰雹在教区肆虐,还有阿尔代什河反复泛滥,叠加在一起,让这个社区陷入最大的苦难之中。"巴拉聚克村的全体会议估计损失高达三万一千六百镑,于是只能请求政府援助。[16]

## 《教士公民组织法》

在"大革命"期间,没有哪一个问题能像由"国民议会"通过的《教士公民组织法》这样令维瓦莱地区以及整个法国产生如此巨大的分歧。通过创建"国立教堂",进而由国家支付牧师的薪金,并宣布所有的教士必须宣誓效忠于"大革命"。这部《教士公民组织法》终于把"大革命"深入到了巴拉聚克罗马式石头教堂的大门口。如果说支持一场废除封建领主特权的革命比较容易的话,那么挑战神职人员的特权就是另一回事了。"国民公会"* 在 1789 年 11 月 2 日将教堂所属土地划归国有资产,并在 1790 年 2 月镇压了若干

* "国民公会"是法国大革命时期的最高立法机构,在法兰西第一共和国的初期拥有行政权和立法权。——译注

宗教修士会之后,于 7 月 12 日颁布了《教士公民组织法》。[17]一些身处乡间的"底层"穷困神职人员即便曾经欢迎过召开"三级会议",希图能够改善他们的物质条件,但《教士公民组织法》却熄灭了他们的热情。向神权发起挑战,有利于坚决反对变革的贵族和其他势力。[18]

1790 年 8 月 18 日,路易·巴斯蒂德·德·玛尔博斯科召集了第一次反对"大革命"的大会,地点在阿尔代什省西南角塞文山脉附近的雅莱斯平原。阿尔代什省的这个地区对于宗教战争有着极为清晰的集体记忆,又便于收到来自尼姆(法国的贝尔法斯特*)和于泽的消息,而新教徒于 6 月 13日至 15 日在尼姆屠杀了很多天主教徒。[19]大约有来自一百八十个教区的两万人参加了会议,其中有许多国民自卫军成员。反对革命的运动蔓延开,天主教徒的动乱越演越烈。1791 年 2 月,玛尔博斯科趁着多个教区再次响起警钟,又在雅莱斯召开了第二次大会。巴拉聚克没有新教教徒。但他们对新教徒的恐惧,也许可以部分解释为什么巴拉聚克没人公开支持"大革命"。[20]农民深陷债务或许也是对革命当局有普遍的怒气的一个原因。军队开进了维瓦莱地区,以便驱散迅速发展的反对革命的运动。随着封建领主的消亡,人们欢欣鼓舞,下维瓦莱地区中农民的不安也就结束了。下一次农民受到惊扰,情况将有很大的不同。[21]

1791 年 1 月,法国很多地方开始公开反对《教士公民组织法》,离巴拉聚克很近的洛拉克村和维内扎克村的牧师便鼓励大家抵制"大革命"。那一年,维瓦莱地区大多数教士都拒绝宣誓效忠。此外,一些宣过誓的教士也在布道台上公布了自己的保留意见,要么给自治领长官去信,要么在后面添加内容,以限制、修订甚至反对他们的誓词。在塔纳格区(该区新近组建,包括了巴拉聚克),最终只有三十一名教士进行了宣誓,而有一百三十八人拒绝宣誓。[22]

神职人员的蔑视助长了阿尔代什省内一些"爱国派"转变为激进分子(首先是零星的小镇里的政治俱乐部,包括奥伯纳和拉让蒂耶尔,于 1791 年年末或第二年成形)。同时,神职人员鼓励反对"大革命"的活动。一些"大革命"的支持者声称,妇女在教会的影响下,为了协助反革命,"像魔鬼那样

---

*  贝尔法斯特,北爱尔兰首府,以新教教徒与罗马天主教教徒冲突、爱尔兰共和军爆炸闻名。——译注

折磨自己的丈夫、孩子和仆人"。[23]

诺吉耶曾在巴拉聚克担任牧师长达四十年之久,拒绝宣誓效忠于国家。他时年 76 岁,年老体衰,回到位于塞文山脉的佩伊扎克的家中,申请领取退休金。塔纳格区的管理人员授予他年金五百镑,一方面考虑到他是巴拉聚克前任牧师,另一方面考虑到他在佩伊扎克教区担任过修道院院长,因此要补偿其拍卖下属礼拜堂所造成的损失。[24]

1791 年 8 月 7 日,星期天,雅克·尚庞埃在巴拉聚克宣誓效忠国家。依据新的规范,他在 6 月被教区"按照法令所规定的方式由绝对多数"推选。尚庞埃先生主持弥撒之后,住进了石头甬道对面的神甫宅邸。[25]

1792 年 4 月,法国、奥地利和普鲁士之间爆发战争,刺激了更多的抵制"大革命"的行为。7 月,王党势力在阿尔代什省的边缘被击退。在莱旺,一群人杀死了一个著名的王党分子,另有九到十个教士涉嫌鼓励反对"大革命"的活动。8 月 10 日,君主制垮台,共和国诞生,更坚定了反对革命派的决心,很快显示出对共和国的支持度有限。越来越疯狂地大规模征兵以扩充军队的举措,在乡村遭遇了冷漠的抵制,这些地区的人们一向不惜一切代价避免在任何军队中服役。一个又一个的村庄未能按照要求组建新兵队,而逃避兵役和开小差的情况则比比皆是。维瓦莱地区陷入暴力冲突,有"爱国派"攻击并焚烧庄园城堡,让人不免担心"旧制度"还会复辟。群众团体在一些城镇迅速涌现,但巴拉聚克村中不存在任何俱乐部。[26]

1792 年 10 月,巴拉聚克自治机构的头面人物奥扎、布瓦耶和拉罗什等官员,中间人里厄和村里的书记员泰西耶,"按照'村长公民'的指示"举行会议,以便"尚庞埃公民"可以再次"依法宣誓"。这位牧师真诚地宣誓"忠于国家,捍卫自由与平等,(如有必要)不惜以死殉职"。1793 年 1 月路易十四被送上巴黎的断头台,同月,两名共和国的特派员前来检查自治登记,以确保"尚庞埃公民"已经确实宣誓遵守《教士公民组织法》。他们证明了以下事实:他是巴拉聚克唯一的教士,而且"生活在那里符合所有居民的意愿"。事实上,1793 年尚庞埃在巴拉聚克是充当中间人。而且,那年晚些时候,他便放弃了教士的职位。[27]对于一个有着信仰天主教的长期传统的社会,没了牧师可是一件惊天动地的大事。

从 1793 年 3 月开始,在西部爆发了反对"大革命"的全面起义,但这进一步激化了雅各宾派,他们于是建立了以马克西米利安·罗伯斯庇尔为首的专政体系以及"公共安全委员会"。阿尔代什省的代表们在6月反对雅各宾派排斥吉伦特派,后者曾力图维护地方管辖权。1793年8月4日,当雅各宾当局下令自治地区提供存粮统计时,阿尔代什省的三百四十个自治村中,只有九十六个在两个月后作出回应。集市萧条;囤积成风。越来越多的"爱国派"分裂成联邦党人和雅各宾派。联邦党人抵制来自巴黎的中央集权式革命,而雅各宾派则支持这一做法。10月在里昂,"联邦党人起义"遭到共和国部队最为残酷的镇压。至于阿尔代什省和巴拉聚克村,"联邦主义"仍然是用来责骂那些对于"大革命"不够热情的人的词汇。

雅各宾派的胜利,使"督查委员会"(虽然在农村只存在于纸面上)倾向于反对革命的派别。1793年9月,一位"公共安全委员会"的代表(特命代表)携带着特别授权来到阿尔代什,下令镇压反对派。"恐怖统治时期"由此开始。两个月后,雅各宾专政下令关闭教堂。在"恐怖统治"期间,普里瓦于1794年8月逮捕了五百名嫌犯,并处决了五名神父和三名修女。在法国的许多地方,"恐怖统治"深入到村庄,但没有波及巴拉聚克,部分原因是没有人想告发自己的邻居。雅各宾派从1793年10月开始实施"共和历",共和国元年从1792年9月22日起始(追溯),但这一历法遭到嘲笑和无视。此外,将街道和广场名称共和化的运动也完全与巴拉聚克这样的村庄无关,因为这些地方的大小街巷从来就没名字。[28]与此同时,在饥馑和匮乏中,各地都有人指责革命者破坏十字架。据当地旨在贬损雅各宾派的传说,一个雅各宾党人在试图打烂一具十字架时,反而被基座砸断了双腿。

越来越多的教士拒绝与日渐凶狠、其实是绝望的行政当局合作,此刻,革命者正忙于应付外国军队,后者得到逃离法国的贵族支持。在巴拉聚克,有个没根据的故事,说是一位名叫培尔的牧师在1793年一直藏在教区里离教堂不远的地方。据说他还倾听过一个女人的忏悔。根据这一传闻,革命军开来,并威胁她的婴儿。有个男人于是跳出来用斧头把士兵们赶走了。第二天,来了更多的士兵,要逮捕那个救了婴儿的人,但这下"惊动了整个巴拉聚克,而且遭到了强烈抗议",以至于指挥官只好原谅那个路见不平的人。但不幸的是,他的配偶却因为惊吓而倒地死亡。[29]这样的故事大部分是虚构的,但却令公众舆论反对起雅各宾共和国*来。

## “国家财产”

1790 年设置“国立教堂”后,教会的财产也就国有化了。1791 年 3 月,开始大规模拍卖“国家财产”。大约在同一时间,第一批“指券”——匆忙印刷的货币——也抵达了阿尔代什省,这种货币以待售土地的价值作为支持。虽然阿尔代什省教会拥有的地产相对较少(相对于勃艮第或法国北部而言),但有大约两百个家庭共计约五百名逃亡者离开了维瓦莱地区,他们之中贵族或神职人员都不算多。[30]

巴拉聚克只有四片分散的土地“属于以前的巴拉聚克牧师”。“夏季入口”外面毗邻墓地的那片种了桑树。来自卢安村落的雅克·莫利耶被视为专家,1791 年 1 月他评估这四块土地的价值是五百七十七镑。[31]

在共和历二年、三年和四年,属于逃亡者的财产也被列入“国家财产”之中,反映出“大革命”日益激进。[32]朱利安·德·维内扎克在巴拉聚克拥有土地,他逃到附近的拉让蒂耶尔镇,变卖了他庄园城堡里的家具,以便迅速出走。在里昂,他加入了“联邦党人”的起义,结果被杀。弗朗索瓦·梅尔基奥尔是沃居埃伯爵,曾代表贵族参加“三级会议”,而且是维瓦莱地区最富有的逃亡者,在 1791 年 10 月前往英国。一年后,他回国参加了“流亡诸侯联军”以对抗“大革命”。除了在勃艮第的地产,他在维瓦莱地区的主要产业集中在阿尔代什河沿岸,包括葡萄园、桑树和磨房,巴拉聚克和其他许多村庄的财产也包含在内,而位于沃居埃的家族庄园城堡至今依然矗立着。[33]

逃亡者在巴拉聚克的“国家财产”包含朱利安·德·维内扎克和沃居埃伯爵的财产。拍卖会原定于 1792 年 7 月 11 日早上 9 点在努瓦尤斯开始。然而,没有买家露面。最后,用来给竞价计时的蜡烛都燃尽了,拍卖会只好改期。7 月 25 日,蜡烛再次燃尽,还是没人报价。[34]

不过,购买者很快出现了。“沃居埃逃亡者”的不动产帝国在 1792 -

---

* 雅各宾共和国特指 1792 - 1794 年雅各宾派当政时期。——译注

1793年间逐渐地消失在二十二个自治村（包括巴拉聚克）之中。安托万·塔斯特万花费一万四千镑购入部分土地；雅克·莫利耶购入生长着白橡树的荒地；皮埃尔·康斯坦花费七千镑买到"一块名叫野猪葡萄园的可耕种地，上面生长着橄榄树"，位置在河对面小船靠岸地点的附近；安德烈·泰西耶用两万五千两百镑购买了磨房，又用四百五十镑买了烤炉；路易·莫利耶花六百二十五镑买下了村里高地上摇摇欲坠的庄园城堡。[35]

　　与村长协商后，雅克·莫利耶把朱利安·德·维内扎克价值三万三千一百四十二镑的地产分割成四十六片土地、园地、耕地、草场、橡树林、胡桃树林、桑树林和葡萄园，外加村里的几栋房子。每块土地都列明其四周与什么邻接。[36]即使其财产都要被出售了，自治村的村长和其他官员仍然写信证明，四名男子拖欠"逃亡者路易·朱利安，即拉让蒂耶尔的维内扎克的粮食今年不可能付清了，因为他们根本没有粮食"。[37]

　　1794年2月在若雅克和努瓦尤斯举行的拍卖会上，蜡烛一根接一根地燃烧，直到终于没人再加价为止。大部分地段在拍卖时都没耗费多少蜡烛，但一些竞争激烈的地产则要烧掉十三根蜡烛才不再听到加价的声音。例如，第二块是河边的一小片园地。这片产业只有四十镑的价值，位于"大石"与阿尔代什河之间。一名来自拉让蒂耶尔的男子出价四十五镑。在巴拉聚克的约瑟夫·蒙特尔出价五十镑后，拍卖师点燃了一支蜡烛，巴拉聚克的克劳德·穆齐埃开价五十五镑，拉让蒂耶尔的皮埃尔·迪布瓦涨到六十镑。等拍卖师点燃第二根蜡烛时，蒙特尔提高到六十五镑。当第三根蜡烛燃烧起来，巴拉聚克的让·鲁涨到七十镑，而在点亮第四根蜡烛后，巴拉聚克的路易·布瓦耶把价格提高到七十五镑。第五根蜡烛时，蒙特尔报出八十镑。点到第六根蜡烛后，再也没人加价了，蒙特尔于是拥有了一片园地。

　　共计二十五名男子（除五人外均来自巴拉聚克），购置了朱利安·德·维内扎克的产业。让·萨巴蒂埃成为最大的买家，他收购了六处产业，其中包括最大的四片土地：一片是"在部分休耕的可耕地，有些胡桃树和桑树"，还包括了一间鸽舍和一个谷仓。点燃十三根蜡烛之后，没人能超过他报出的两千五百一十镑的价格。当朱利安·德·维内扎克在里昂被"革命法庭"枪决时，他的财产只有几处没卖掉。[38]

　　在塔纳格区，教会的财产（两百四十万镑）比逃亡者的多（一百七十万镑），但再重复一遍，巴拉聚克例外。在总体上，购买"国家财产"令那些比其邻居略强的农夫增加了资产，不过，这些土地所有者之间的差距仍然相对较小，而他们面临的挑战却相当大。此类买卖，加强了巴拉聚克的几个关键人物对"大革命"的支持，至少是温和革命。安德烈·泰西耶购买了一些土地和磨房，他在"大革命"期间担任巴拉聚克的首要自治官员。他要维护既得利益，确保"旧制度"不会复辟。让·莫兰则在村里的"国民自卫军"担任军官。路易·迪福和雅克·莫利耶有足够的财力在奥伯纳附近的阿尔代什河沿岸购买了约二十公顷的土地。[39] 出售"国家财产"的影响十分深远。废除封建主义之后没多久，封建领主的权利也终结了，沃居埃家族和朱利安·德·维内扎克的土地被出售，终结了贵族在巴拉聚克的直接影响。但从长远来看，出售逃亡者资产一事值得商榷。尽管领主们在巴拉聚克的直接影响早在"大革命"之前就已基本结束，不过安德烈·泰西耶、路易·莫利耶、安托万·里厄，以及其他农民购买的土地，却加快了家庭农业经济的转变，从生产粮食调整为生产生丝与葡萄酒。他们利用了"大革命"提供的机会。[40]

## 共和国时期的自治政府

"大革命"日益激进并且阻力越来越大，这导致巨大的变化，对巴拉聚克的自治当局提出了新的挑战。征兵、提供给养、宗教，还有与上级打交道时的混乱——那些人承受着重压而且会被任意替换，使得在巴拉聚克和革命政府之间担任协调角色的人困难重重。"指券"价值暴跌。鉴于液体财富在维瓦莱地区依旧极为稀缺，在 1792 年年初印制的五套"信心纸币"却仅仅引发了通货膨胀。这导致"指券"进一步贬值。[41] 巴拉聚克就是发行"信心纸币"充当纸质货币的城镇和村庄之一。两位官员于 12 月来到村里，检查自治机构的会计核算并监督当众销毁尚未投入流通的纸币。临走时，他们责令由巴拉聚克的官员个人承担"任何因他们的疏忽或粗心而可能导致的问题"。[42]

与此同时，自治机构的支出与这些社团在"大革命"之前相比没多少差别。必须找到资金来支付村里的书记员、柴火和照明费用——大概是村公所的开销;还要给村里的教师皮埃尔·康斯坦一百镑的工资,他本人或他的儿子购买了"国家财产";以及税收员——总开支超过两百八十四镑。[43]生活要继续,但难免受到大事件的影响。动荡的标志之一,就是新生儿数量下降了。[44]

温和改革并没有多少空间。1793年3月25日,巴拉聚克的男性公民集会选举新的自治官员,考虑到雅各宾派在清洗自治机构,大家推选安托万·泰西耶担任国家代理人一职,取代了原来的中间人。这标志着在"恐怖统治时期"实际权力从自治村转移到雅各宾派革命政府手中,至少在原则上如此。公民安托万·里厄(儿子)成为村里的书记员。在"大革命"期间,里厄一直无力支付自己拖欠贵族朱利安·德·维内扎克的粮食。而现在,他担任自治机构的官员,要对抗"大革命"带来的变化。[45]

雅各宾派的要求抵达了闭塞的巴拉聚克村。如同"旧制度"时期的总督一样,在1793年和1794年,雅各宾当局要征调粮食、栗子和新兵。巴拉聚克的全体会议推选自治村的秘书安德烈·泰西耶参加1793年6月在普里瓦举行的会议,以商讨"因5月31日及次日在巴黎发生的事件所给共和国造成的微妙的危机"(当时巴黎的无套裤汉*起来要求从"国民公会"中清洗吉伦特派)。[46]巴拉聚克的有些人可能已经走到了联邦制的边缘,但明智地缩了回来。不论如何,如果不派人参加会议,将立即引发巴拉聚克出现反对革命情绪的怀疑。

1793年4月,雅各宾派宣布"全民皆兵法令",以保卫共和国。阿尔代什省接到命令提供三千五百人。巴拉聚克和附近村庄收到"国民公会"的命令,征调五十人的连队,安托万·奥扎被推选为军士之一,他们要参加1793年4月在塞文山脉与反革命分子的战斗。他们宣誓要"誓死捍卫自由与法律",不论他们相信与否。[47]二十三名男性,大多数是十八九岁,从巴拉聚克应征入伍,参加了阿尔卑斯军团。大家都是出生在巴拉聚克,只有三人例外。除了两个裁缝以外,巴拉聚克的全体男性代表(当然,多数并不情愿)要么在巴拉聚克拥有财产并登记为农夫或种田人(表明他们拥有很少的土地)的身份,要么和那三个外地人一样,是农业劳动者。身材最高的三个人有五

* 无套裤汉指没有丝袜和套裤的底层民众。——译注

英尺五英寸(约1.65米),最矮小的那个身高在四英尺八英寸(约1.42米),估计很容易从军队里溜走,这大概也是他再也没回巴拉聚克的真实原因。[48]

几乎没有人想要复辟"旧制度"下那种向领主纳贡的情况。但人们对于来自巴黎、普里瓦和努瓦尤斯的巧取豪夺也是普遍敌视,这意味着尽管真正加入反对革命的组织(他们人数日渐增加,主要是因为躲避征兵或开小差)的人不算太多,但在下维瓦莱地区也越来越常见了;天主教徒希望牧师们能回来。在"恐怖统治时期",教堂是自治机构的办公地点。巴拉聚克这样的村庄绝对躲不开雅各宾派扑灭反对革命分子的运动。[49]

强制性的甚至是威胁性的命令空前频繁地下达。自治机构被勒令阻止几乎无处不在的囤积现象,因为"自治机构疏于确保遵守法律"。九天后,传来了警告,要求自治机构官员个人责任执行法律,逮捕逃兵("背弃了自由旗帜的懦夫")。在共和历二年,这些都是严重的指控。[50]

1793年6月1日,有一封从"塔纳格区国家代理人发给各自治机构以及监察委员会"的紧急信件,不过难以评估巴拉聚克作出了怎样的反应。因为巴拉聚克不存在革命或监察委员会。之前,曾要求各自治村每十天以书面形式详细上报为确保法律的执行采取了那些措施,但这个要求基本被无视了。"爱国派"可不应该这样啊。为了压制怨恨、消除噪音并保护共和国以及公共道德不被敌人的怒火所破坏,雅各宾当局希望了解以下事项的进展:组建公立学校,为志愿士兵制造靴子,外加落实谷物和面包的最高限价,村庄的粮食产量,逮捕的犯罪嫌疑人和逃兵的数量,由逃亡者和前贵族煽动的反革命事件,以及那些生活来源不明和"不是全心全意效忠大革命"的人的动态。[51]

1794年1月初,"公共安全委员会"派出沙托讷夫—朗东前往省里担任特命代表。这位前贵族和前军官1793年在洛泽尔省镇压了反对革命的人,现在向没有宣誓效忠"大革命"的神职人员宣战了。他在离任前还组织征调了粮食。他的继任者从奥伯纳派出国民自卫军成员搜索抗拒雅各宾当局的王党"土匪"。[52]罗伯斯庇尔倒台(共和历热月9日)并在1794年7月下旬被处决,导致雅各宾专政结束。那年的圣诞节,在有教士的地方,又开始公开做弥撒了。

不过,革命官员即便在雅各宾派倒台后还在喧嚣着下命令,但已经更没效果了。努瓦尤斯当局听到新的谣言,说在拉让蒂耶尔附近的塞文山脉边缘的一些村庄里,十字架又立了起来,教堂也重新开放,而且"以前所谓的'奉告祈祷钟'也再度敲响,很多人相信教士和他们那幼稚的行为又要回来了"。巴拉聚克和普拉冬收到可怕的消息,两天以内将有二十五名士兵分别开进并驻守在每个村子(要提供食宿),"等候进一步的命令"。接下来,"军队迫切需要"运输饲料前往军营。以法律的名义,命令拥有货车或驮畜的公民在二十四小时内前往努瓦尤斯,以便给罗讷河畔镇运送干草,并从那里运载粮食返回努瓦尤斯供部队使用。[53]

# 反革命运动和土匪行径

在共和历三年(1794 年 9 月–1795 年 9 月),阿尔代什省在紧张甚至暴力的气氛中反对共和国。许多天主教徒从未原谅雅各宾派通过的那些针对神职人员、逃亡者和逃兵的法律,也强烈反感强迫贷款。乐于合作的当局者中有一部分是王党,他们给回国的逃亡者以及不合法的教士颁发必要的文件(公民证)。在许多村庄,教区居民现在拒绝听取没有宣誓的教士主持弥撒,或接受圣礼,一部分教士只好从事其他职业。少数人正式在信徒面前撤回了誓言。特别是在下维瓦莱地区,政治仇恨如今日益加深,那些被共和派蔑称为"王党、上流王党、朱安党人(反革命叛乱分子)和土匪"的人攻击了共和派,尤其是"国家财产"的购买者和新教徒,并把这些受到攻击的人斥责为"恐怖分子、无政府主义者和吸血鬼"。在此期间,阿尔代什省的"爱国派"谴责"返回的逃亡者、执拗的教士和专制君主……是妄图吞噬共和国的猛兽"。[54]在下维瓦莱地区的一些地方,这倒真是实情。在法国西部,以及南部其他地区,反对"大革命"的大范围起义仍在进行。同时,1795 年,谷物、面包和所有食品的价格大幅飙升,带来极大的困难。"公共安全委员会"在共和历热月 9 日垮台后,接替雅各宾专政的"督政府"决心阻止阿尔代什省的敌对气氛演变成公开的骚乱。在此期间,它继续征调物资和新兵,并保证粮食供应。共和历热月雅各宾专政倒台之后释放了成千上万的囚犯,外加爆发了反雅各宾恐怖,给阿尔代什省造成了巨大冲击。

另一位官员到达奥伯纳后,获悉巴拉聚克在几天前(1796 年 4 月 24 日)发生了麻烦。应该被征召入伍的年轻男性(因为估计有以前的逃兵参与,实际人数可能更多)砍倒了五年前种下的自由之树,还不让其他新兵离开村庄,他们夺取了自治机构那可怜的金库,并在村庄的路上边跑边喊:"国王万岁!""打倒共和国和爱国派!"部队到来后才吓跑了人群,但还是有人向士兵开了一枪。开枪的那人连同其他十二名男性被逮捕。沙托讷夫—朗东宣布巴拉聚克实行戒严。村里的自治官员们被要求提供一份全村逃兵的名单并逮捕他们,然后送到奥伯纳接受军法审判。此外,他们还要解除全村的武装,只允许两个没参加叛乱的人保留武器(这显示出反叛得到了广泛的同情)。从上卢瓦尔省派来的部队在山里搜剿王党"土匪",其中可能包括一些来自巴拉聚克的人。[55]反对"大革命"的团伙在阿尔代什省多处地方攻击村庄。

政府下令阿尔代什省戒严,调动奥伯纳的国民自卫军进入山区各县搜索"土匪",例如比尔泽和蒙珀扎。六十名逃兵、十二名教士和一些藏匿"反革命分子"的人被逮捕。然而,"土匪"的数量显然比忠于共和国的国民自卫军和零星部队多。为避免刺激共和国的敌人进一步增强兵力,官员释放了一百五十名囚犯(五名教士和三名修女在普里瓦被送上断头台)。此时粮食短缺问题也变得比以往任何时候都更紧迫。[56]

雅各宾征用粮食的行为反而有助于反对"大革命"的那些人。那些购买了"国家财产"的人完全有理由入夜后躺在床上倾听任何风吹草动——比方说,一块被密史脱拉风吹落的石头——会不会代表有武装人员来报仇。那些曾支持短暂的雅各宾专政时期的强硬政府的人确实很担心。

早期雅莱斯平原上那种反对革命的情绪已经让位给了强盗行径,各个团伙只保留白色帽章*以显示政治观点。谋杀、抢劫商人与马车车夫十分普遍。尽管如此,罪犯团伙得到众多村民的暗中支持,尤其是在塞文山脉。被派来追剿"土匪"的部队衣衫褴褛,装备很差,军饷不足,士气低下。[57]

在鼓动反对"大革命"和仇视购买"国家财产"的人方面,神职人员起到了重要的作用。1796 年 9 月 30 日,有人自信地断言"全省境内的土匪已经完全被驱逐了,有十二股流氓一败涂地",这完全是虚张声势。[58]类似号称

---

　　* 三色旗中的白色代表波旁王朝。——译注

"博宗之王"的克劳德·迪尼这样的强盗,把总部设在一片山林中,得到普遍的支持,甚至享有名望,受人崇拜。

此后,每次巴拉聚克自治村召开会议,通常都是在应对当地不断升级的暴力活动。尽管必然会有意见分歧,整个村子似乎仍然团结一致地面对各种危险。没有人告密。

1796 年 5 月 1 日,巴拉聚克自治村在村公所集会,重组村里的国民自卫军,并推选安托万·里厄和让·图卢斯担任两个连队的队长。[59] 同年,自治村根据"督政府执行特派员"的命令,挑选了将参加"机动纵队"的人,基本上就是国民自卫军和一些新军官。国家代理人在 1797 年 3 月 22 日召集了一次会议,大会地点是"前教堂、现在的自治村集会场所"。大会"以法律的名义"下令公民让·图卢斯——巴拉聚克国民自卫军指挥官——"组建一支卫队",并逮捕自治村所有没有证件的人,因为怕他们是"土匪"。一伙人闯进蒙特利尔——从巴拉聚克的"格拉台地"就能看见那里,冲到一户姓布拉谢尔的家里,因为他支持革命,他们杀害了他,并彻底搜掠了他的房子。大胆的袭击事件远近村庄都有,也发生在努瓦尤斯和于泽尔。目击者担心遭到匪徒的报复,都迅速地躲藏起来。[60]

## "格拉台地"的麻烦

眼下,巴拉聚克的农民们再次有了更关乎切身利益的问题。这是与肖宗和普拉冬之间由来已久的纠纷,那两个地方都曾经是"旧制度"时期巴拉聚克社团的一部分。问题在于如何在三个自治村之间划分土地,而且肖宗和巴拉聚克在"格拉台地"上有共享的公共土地,这令情况更加复杂。一位专家被挑选出来设置新的界标。根据 1793 年 6 月的法令,如果村里有村属财产,自治村里有财产的公民即有权决定是否应该对其进行分割。同其他许多地方一样,塔纳格区的官员警告,因为"富裕的财产所有人依据他们的利益似乎反对执行法律",他们建议密切关注投票,以防有人"牟取不公正的结果"。这需要三分之二的多数,同时也要有三个自治村之外的专家随后参与。当巴拉聚克召开全体会议,讨论公共土地时,它谴责了肖宗和普拉冬的居民及其对巴拉聚克的公共土地特别是树林的破坏,那两个地方的居民继续声称有权在巴拉聚克的公共土地上放养家畜。[61]政府不久就给巴拉聚克自治村三天时间以回应普拉冬和肖宗的主张,并另外任命了两个专家划定三个自治村之间的新边界。[62]

因此在 1797 年,即使有土匪横行乡野,但保护"格拉台地"不被其他人非法放牧动物仍然是村里的当务之急,无论他们来自维内扎克、拉讷或巴拉聚克。国家代理人泰西耶和他的副手拉罗什派出六名国民自卫军前往"格拉台地",以"确保自治村的农业财产安全"。12 月 2 日的卫兵们在"格拉台地"上抓到十四只羊,并把它们带回了村公所。这批动物后来被巴拉聚克的两个人和拉讷的另外一些人领走了。[63]事情没有解决。大家争相申明对"格拉台地"的权利,令巴拉聚克再度陷入困扰。这种对公共的牧场和贫瘠农田的争夺,是农业社会的典型情况。它凸显出在"大革命"认定私人财产神圣不可侵犯的时代,对所有权的定义有多么复杂,这一概念的效用在传统的农民生活中是模糊的、不确定的。

# 内　　战

共和历四年果月 18 日(1797 年 9 月 4 日)发生了政变,宣布对王党有利的选举结果无效,阿尔代什省的新任官员更为坚定地主张保卫共和国。他们取代了一大批一直不积极恢复秩序的人,还有那些因惧怕得罪某一方而辞职的人。追捕顽固教士的行动再度开始;教堂的大钟也严禁敲响。国民自卫军的一支纵队在比尔泽那边遇袭之后,大量军队涌入当地,几个主要的反革命分子被逮捕,并被押送到勒皮或里昂处决。

阿尔代什省在共和历七年和八年(1798 年 9 月至 1800 年 9 月)陷入无政府状态,王党复苏、抢劫猖獗,职业化的土匪行径威胁到了政权。在 1798 年 9 月至 1799 年 11 月之间,针对知名共和派,尤其是购买"国家财产"的人,发生了数百件抢劫、盗窃、掠夺、纵火、殴打,甚至谋杀案件。[64]当然,官员们决定加倍征收门窗税无助于他们的事业,在农民心中他们仍旧代表着一个无神的共和国。十万火急的报告来自下维瓦莱地区的每个角落,押运途中的国家资金、地方金库或税务所遭到攻击(包括明目张胆地窃取)。按官员和支持共和国的人的说法,组织严密的"土匪"团伙,在瓦隆和其他县的行动几乎不受惩罚,有几次甚至占领了城镇。[65]

巴拉聚克的国民自卫军进行了重组。所有18岁至60岁的男性都要服役,组建了一个五十人的连队。安托万·里厄担任队长。当年稍晚的时候,里厄召集了一次国民自卫军会议。他宣布辞去队长职务,"因为我既不能读也不能写,考虑到我们要听从指挥官的命令,并且需要拥有书写能力才能答复命令,我请求由能够答复命令的公民替代我"。[66]

与此同时,"督政府"越来越倾向于用残酷的武力恢复秩序。[67]它组建了一个军事委员会,以便向阿韦龙省、埃罗省、嘉德省和阿尔代什省的土匪发动战争。尼韦将军与他那以残酷和阿尔萨斯口音闻名的副指挥官蒙绍飞,接管了驻扎于阿尔代什省的超过六百人的部队。军官同时兼任法官,并立即严厉审判那些袭击过"国家财产"购买者的人,以及可能壮大土匪队伍的农民逃兵。经过十二天,尼韦调动三支机动纵队穿越多个城镇和村庄,搜捕那些能够确认的逃兵和其他犯罪嫌疑人。

然而,攻击行为还在持续,包括共和七年攻入巴拉聚克及其周围。11月25日,维内扎克的负责人了解到,在大约清晨5点,手持步枪的盗贼在巴拉聚克附近的道路上打劫从小教堂到于泽尔的路人,抢劫他们的钱、手表跟任何值钱的物品。他派遣两队国民自卫军去追,命令他们"仔细搜索拉讷、巴拉聚克和于泽尔的山岩"。但那伙盗贼早已借着崎岖的地形消失了,并且还会回来的。虽然没有证据显示巴拉聚克本身陷入无政府状态,但土匪团伙在村庄附近活动,抢劫了奥伯纳小教堂的税务官员并烧毁了此地和洛拉克的税务登记册。至少在巴拉聚克仍然有人支持"大革命";1798年12月2日有个号称"爱国派"的人在于泽尔附近遭到抢劫。共和历热月,洛拉克、肖宗、普拉冬、吕奥姆、拉讷和巴拉聚克发生了更多的盗窃案。[68]

在1799年6-7月间精心组织的追猎行动(与当地猎人搜捕野猪的方法没多少不同)并未使攻击行为有明显停顿。6月22日,另一大群人解除了肖宗的卫队的武装,还重伤了一个购买过"国家财产"的共和派。一个在当地恶名昭彰的团伙进入巴拉聚克,重伤了村里的国民自卫军队员路易·佩伊。共和历热月,攻击更为频繁,其中包括五六十名"土匪"攻击了洛拉克

的税务所,然后迫使五六个"国家财产"购买者要么交赎金,要么掉脑袋。在
7月7-8日晚,他们短暂地封堵了普拉冬的入口并四处开枪,迫使国民自
卫军躲藏起来。不到一个星期,他们又回来了,砍倒了一棵自由之树,杀害
了昂德福·朗尚,此人的父亲是个著名的共和派,购买过"国家财产",并在
巴拉聚克拥有财产。[69]

蒙绍飞命令手下袭击肖宗及其周围地区,搜索躲藏在附近令周边村庄
(包括巴拉聚克)惶恐不安的"土匪"。他的部队原定在清晨与其他部队协调
突袭,但一个团伙趁着夜色袭击了税务员的房子。他们在一支"机动纵队"
抵达时逃离了。[70]吕奥姆受到一次肆无忌惮的攻击之后,第三次追猎行动在
1798年8月和9月进行,并拘捕了三十个人。仓皇逃跑时有几个人淹死在
阿尔代什河里。这是一场绝不留情的战争,尼韦的军队使用"木柴、干草和
硫磺"来驱赶他们的猎物,而猎物们则东躲西藏。尼韦的部队还逮捕了十
几个拒绝宣誓效忠的教士,并指控他们煽动抵抗。大胆的袭击仍在四处
继续。另外,阿尔代什那崎岖的地形,以及"多数居民那著名的性格"都有
助于王党土匪从搜捕的军队手中逃生。同时反对革命的人也受到损失,
其中包括令人恐惧的普拉东,他力大无比、杀人无数,但还是被蒙绍飞的
部队打死了。[71]

1798年12月1日,巴拉聚克的莫利耶被一发子弹打断了右臂,此人是
知名的共和派,肯定购买过原来属于维内扎克的朱利安的"国家财产"。
1799年1月,绰号玫瑰花的奥扎也受到严重枪伤,他是巴拉聚克的税务员。
当一大伙土匪趁着夜色靠近吕奥姆时,守备队长派出一支十五人的分队,给
他们的命令上写着"拿破仑到了——勇敢点",它本身显示出巴黎的变动。
交火之后,土匪们扔下一些枪支逃向河边。1799年10月,阿尔代什的代表
在巴黎的"五百人委员会"(立法院下院)陈述反革命土匪的活动,特别以巴
拉聚克为例,还提到了肖宗和洛拉克。尼韦密集的军事镇压取得了成功。
但起初这个行动没能在下维瓦莱地区为"大革命"赢得多少朋友。1800年1
月20日,蒙绍飞在奥伯纳被暗杀。[72]

在无政府状态和暴力中,几乎没有人注意到在巴黎又发生了一次政变,
即"雾月十八政变"(1799年11月9日),拿破仑·波拿巴和他的朋友们在
这次政变中掌握了权力。在阿尔代什省和其他地区用军事手段镇压王党

和土匪,实际上已经导致了内战,最终发生这样的事件似乎是一个合乎逻辑的结果。1800 年 2 月,一项法律使得省长(委任的各省首要官员)成为拿破仑中央集权的基石。第一任省长承认,政变之前"阿尔代什的情势空前严重"。[73]

代表共和国的当局陷入了极为严峻的困境中。他们缺兵少粮没有钱,几乎没人支持。在此期间,几个土匪/王党的头脑暗中试探,看能否以撤退换取停战。他们受到群众相当大的欢迎甚至是支持,其中许多人被认定与那些神职人员志同道合。在下维瓦莱地区,"那些坚定的土匪在被处决时,如果有牧师在旁,会显得狂热而又镇定。"[74] 高级地方官员仍然没有到达普里瓦,而且邮路也基本不通。地方当局仍然犹犹豫豫,不敢答应他们无权作出的承诺:以停战换和平。

尼韦的继任者费里诺将军,首先进行了一次无情的镇压,声称要处死任何携带武器的人或给"土匪"提供协助的官员,并以事实证明他不是在吓唬人。然后,他提出上缴武器就能停战。虽然仍有攻击甚至谋杀事件发生,草率地处决也在继续,但部队还是逐渐恢复了秩序。[75] 饱受无政府状态和流血事件之苦后,筋疲力尽的农民们对叛军的支持削弱了。在阿尔代什省,巴拉聚克和其他村庄最期盼和平,这个时候"很少或压根不关心统治他们的政府是什么形式,或他们有怎样的政治权利可以行使。"对政权的支持增加了。法国政府与教会之间的《教务协议》在 1801 年签署,消除了系统化抵抗的重要的借口,随着越来越多的教士返回,巴拉聚克和其他地方的教堂也再次满坐。[76] 混乱还造成了另外一个问题:"在一半的自治村里,当所谓的秘书拿出文件来,很难找到会盲目签名的人,就算他知道那是什么也不行。"一些村长坦言:"教士不向外传播他们的知识。"[77]

阿尔代什人继续逃避兵役,"仇视任何的约束,眷恋贫困的故土",一位傲慢的帝国省长如是评论。在整个革命和帝国时期,躲避征兵和逃兵人数一向保持在 30% 以上。但这之后,躲避兵役的人数急剧下降,根据一项统计,从 1802 年的几乎一半,到 1814 年的仅仅 5%,这一"成功"显然与派遣"机动纵队"搜捕开小差的人密不可分。因此,1809 - 1812 年的征兵工作相对成功。此外,虽然 1813 年面包价格上涨,阿尔代什省也没有出乱子。[78]

巴拉聚克在某些方面,至少在表面上,没有任何改变。新任牧师早已抵达。尽管社会秩序被破坏,逃亡者的财产被出售,甚至内战打响,村里的守旧习性仍然完好无损。农民一直在挣扎求存,而"大革命"所带来的巨大变化萦绕在他们身边,通过某种方式冲击着他们的生活。因为拍卖"国家财产"后在部分土地上种植了桑树,推动了生丝生产,一些农民在继续设法谋生之余,已经看到一线希望。巴拉聚克的人口从"大革命"时的约 550 人(不包括现役士兵)增加到 1804 年的 613 人(一旦出生、结婚和死亡登记在 1792 年世俗化之后,虔诚的巴拉聚克村很多新生儿极可能没有去效忠宪法的牧师以及后来的民事当局那里注册)。[79] 几乎全部人口都耕种土地。一百个户主被列为农场主(偶尔会标注着"小"字,以示特别小,从而别抱太多期望)。

安托万·法布雷古勒时年 49 岁,住在"格拉台地"上的一所石头农舍里,他的宗族已经在这所房子里生活了四个多世纪,和他住在一起的还有与他同岁的妻子、五个孩子和他的兄弟。* 他在妻子和两个孩子的帮助下耕种自己的土地(他的兄弟可能有自己的土地),还有一个儿子是泥瓦匠,一个女儿是牧羊人。最小的儿子叫让,9 岁,没上学,可能是因为过河困难,又要交钱。在巴拉聚克,有九家的户主不但拥有土地,而且还会某种手艺:一个制帽匠;一个剪毛工;两个裁缝——一个穷困潦倒,另一个则好到有个 22 岁的徒弟跟他们住在一起;一个铁匠;一个织布工;一个女人兼职纺羊毛;一个石匠,还有一个泥瓦匠。除上述之外,另有两个石匠、一个木匠、一个面包师、两个磨房工、一个泥瓦匠、一个剪毛工和一个客栈老板。让·多玛是巴拉聚克两个靠年金生活的人之一。卢安村的雅克·莫利耶拥有土地并自己耕种,还在"大革命"期间评估过以"国家财产"出售的土地的价值。六个家庭有足够的土地和牲畜,需要聘请务农长工,但只有三家请得起仆人。有几家的妻子被特别强调要照顾家庭,其中有人要剪毛和纺织。牧羊人包括十八个男孩和年轻男子及九个女孩和年轻女子。[80]

亚森特·巴耶住在神甫宅邸,并担任村里的牧师,直到他在 1831 年去世。让·里厄是最贫穷的教友之一;73 岁时,他没有土地,以打短工为生。他的妻子比他年轻十八岁,从事缝纫和纺织。他们的儿子、儿媳妇以及两个

---

\* 共和历三年的数据,下同。——译注

小孙子与他们住在一起,靠乞讨度日。玛丽·里厄因而成为巴拉聚克十九个乞丐之一。乞丐之中有几个还是户主,年龄最小的是一个4岁的女孩,最大的是65岁的男子。埃蒂安·库尔是一个裁缝,这个行当在巴拉聚克这样的穷村子里不会有多少客户,他的妻子玛丽安要去"乞讨面包"。他们最大的孩子,一个18岁的女孩,纺羊毛;另外两个孩子有10岁和7岁,乞讨,还有一个孩子只有3岁,连要饭都太小了。路易·格拉涅尔拥有一些土地,但显然是那种"小农场主",对他的贫穷情况可能估计不足。他是个鳏夫,而他的三个孩子,12岁、8岁和4岁,都被登记为乞丐。安托万·布瓦耶,36岁,是个农场主,和他的妻子玛丽-罗斯·卡迪纳尔生活在一起。他们的一个孩子有11岁大,在上学,另一个3岁。弗朗索瓦兹·布瓦耶,安托万的姐姐,一个乞丐,也与他们生活在一起。埃蒂安·鲁瑞65岁,是乞丐,他50岁的妻子和11岁的女儿也一样。

玛格丽特·夏布里埃住在附近,时年65岁,还在乞讨,而她21岁的儿子则"过一天算一天"。在这个闭塞、几乎无人手头富裕的村庄,乞讨所得必定少得可怜。

最可悲的一件事大概是,有一个17岁的乞丐叫让·鲁,是让娜·鲁的弟弟。让·鲁眼睛失明了。对于一个一无所有的人而言,巴拉聚克那纯粹的美景肯定很重要,这都看不到是多么的悲惨啊! 遍布岩石的路径和陡坡,也令他外出行乞充满危险。

巴拉聚克有两所学校。1804年的人口普查表明有哪些小孩去上学。让·佩伊,时年18岁的教师(农场主让·佩伊的儿子,也是面包师的兄弟),教十二个男孩。50岁的玛丽·鲁迪教导二十一个女孩,住在她妹妹家,她妹妹是塔斯特万家的寡妇,家里还有儿子、儿媳妇和女儿。只有一个男孩,15岁的弗雷德里克·塔斯特万上了中学(当然是去奥伯纳),他是已故的安托万·塔斯特万的儿子。有鉴于此,外加他的家庭相对富裕,为他在人口普查中赢得了"先生"的称号。

在1814年5月下旬,曾在西班牙服役的让·塔斯特万回到巴拉聚克,他带回来许多故事和一只有毛病的脚,这足疾也是他退役的原因。[81] 在1814年(第一次)"波旁王朝复辟"后,安托万·奥扎留任村长,并一直当到拿破仑的"百日王朝"之后。在第二次"波旁王朝复辟"后,时年32岁的安托万·亚历山大·塔斯特万接任村长,他住在萨勒的家族农舍里,是个成功的土地所有者,自1812年起担任副村长(他父亲一直担任村长直到1801年去世)。在6月和7月的时候,他和他的前任奥扎轮流签署死亡证明,在10月7日签署的文件上,两人都用了村长的头衔。事实上塔斯特万在5月15日羞怯地当着副村长克劳德·布瓦龙的面宣布,他的三个孩子没有在《民事记录》(民事登记册,包括出生、结婚和死亡)上进行恰当的登记。塔斯特万说,"出于应受谴责但仍然可以原谅的疏忽",他委托自己的岳父(附近的圣莫里斯的村长)进行孩子们的出生登记,但后者没有做到。现在,在证人的陪同下,他见证了他们的名字正式登记在《民事记录》上。[82]从此,这些关键的记录将由村长保管,而不是牧师,并由秘书填写。

1793年的《人权宣言》指出:"教育是每个人的需要。"丹东也曾宣布,"在共和国境内,不能放任任何人愚昧无知"。[83]然而,在"大革命"与拿破仑时期的经济、社会和政治动荡下,任何正式的命令都会大打折扣。新任省长在1801年坚持传播法语知识的重要性:"没有教育,我们只能徒劳地希望淡化阿尔代什大多数居民身上那些高卢人的旧习俗、改造他们那易怒和野蛮的天性,这一点,在所有的令法国动荡的大事件中,均被政治阴谋所利用。"[84]19世纪初,教师逐渐永久、有效地存在于巴拉聚克了。教师得到国家的认可,慢慢成为村里牧师的潜在竞争对手。学校成为教化、团结和政治效忠的另一个来源,在新世纪逐渐变成乡村生活中起决定作用的中心,给巴拉聚克带来新的挑战和新的机遇。

# 第四章

# 黄　金　树

他们的木鞋里面甚至都有蚕茧。

《南部记事》是在 1839 年出版的年鉴，它没有把巴拉聚克列入阿尔代省的名胜古迹中。非常缓慢地，巴拉聚克的绝美景色和神秘起源才吸引来若干曾经风闻过这个村庄的游客。如果省里的历史古迹巡查员奥维德·德·瓦尔戈日碰到原来那座庄园城堡"散落在岩石顶部的那些破烂碎片"，并参观了山上后来修建的别墅，会认为"没有显著的建筑特色"。阿尔贝·杜·博伊，在 1842 年编纂了《维瓦莱集选》，得到了截然不同的反响。巴拉聚克那原始的美景让人联想到撒拉逊人，而这些人慢慢或真或假地构成了巴拉聚克的往日岁月。杜·博伊是维瓦莱地区撒拉逊人"可怕的名声"的发端。"他们的名声超过了古罗马人"，即使是"村里流行的误传"，也可以归咎为"穆罕默德的子孙所携带的古老印记"。[1]

虽然巴拉聚克往昔的奥秘发人深省，但这个村庄及其周围地区则被生丝生产所改变了。所有的希望都转向了"黄金树"——桑树，它似乎能够把整个村庄从赤贫中拯救出来，因为它的叶子能喂蚕。亨利·布尔东在 1836 年受商业和农业部长派遣，报告桑树已经成为"主导……这一珍贵树种的产品是当地居民收入的唯一来源……管理方法和（树的）高度逐渐形成了固定与常用的标准，而农民用勤劳的双手总算是从那干旱的山坡上得到了一些回报"。[2]儒勒·米什莱在走访期间发现了明显的变化，在下维瓦莱地区的巴拉聚克和其他贫困村落，家庭经济转变了。他走访时正值 1844 年桑蚕收获期，而那是一个高产年。"跨越这片崎岖的乡野，阿尔代什河谷遍布岩石，要么就是桑树和板栗树，它们似乎不需要土壤，靠空气和石头就能生长。"[3]米什莱发现这个小世界全是"不起眼的石头房子,岩石堆叠在一起,农民居住在里面……这些房子非常阴郁,甚至让人哀伤,院子又小又干燥,感觉贫穷简陋……在每年这个美丽的时节,他们生产丝绸,而这个贫困的地区似乎也富有起来了。在每间房子里,在朴素的拱廊下,都可以看到一个年轻的姑娘在纺织丝线,她脚踩纺车的踏板,露出漂亮洁白的牙齿微笑着,纺织着金子"。[4]这是多么好的往昔时光啊。

在拿破仑冒险结束后的几十年间,阿尔代什省已成为伊夫·勒坎所谓的"丝绸王国"。[5]生丝生产改变了下维瓦莱地区农民的经济状况。拥有小块农田的庄户人永远都不是陈规旧习的奴隶。[6]阿尔代什省与德龙省、安省和伊泽尔省一样,依赖于法国第二大城市以及国际丝绸市场,而这个市场又受时尚变化的制约。阿尔代什省生产的丝绸于1851年赢得伦敦世界博览会一系列的奖项,四年后又在巴黎获奖。[7]

生丝生产似乎完全适应这个遍布小土地所有人的地区,其中绝大多数人与他们的家人一起在自己的小块土地上耕作,而且为了度日,可能还要替别人打工。如有需要,他们会帮助亲属和邻居,这是他们的互助传统。极少有完全依靠打短工生活的人。巴拉聚克所在的瓦隆县有两千个小于十英亩 * 的农场,只有十三个在十英亩到二十英亩之间,十个在二十英亩到四十英亩之间,只有一个大于四十英亩。[8]小块土地易手频繁,许多农民在不同的自治村拥有多片土地。极端破碎的地产一直是维瓦莱地区的特色。[9]

拉让蒂耶尔专区共有三万四千片土地(可能还有更多的土地秘密记在别人名下,以避免纳税)。80%的土地的价值不到一千法郎。当地传统是尽量维持家族土地的完整性(尽管《拿破仑法典》终止了长子继承权),这往往会导致长子从他的兄弟姐妹手中收购土地,从而令债台高筑的情况更加严重。在19世纪中叶,该专区区长说:"家族及其土地必须保持,这是农民土地所有人的执着观念,担心自己遗传下去的财产迟早会被分割。"维护务农的家族是高于一切的目标,"以保护他们自己的身份和在村里的社会地位"。如今,生丝生产则比以往的任何一种方式都更能实现这一古老的目标。[10]虽然生丝生产完全占用了从4月底到6月初甚或6月中旬的所有劳力,但它

---

* 约六十亩。——译注

仍然能够与其他农业活动结合起来。[11]

"宁栽桑树，不种杏树。"这句老话的意思是，精明地审时度势比顽固的自力更生要好。桑树非常适合维瓦莱地区种植，它很有耐力，需求不高，在透水的砾质土壤甚至花岗岩土壤，包括阿尔代什省陡峭的山坡都能欣欣向荣地生长。此外，它可以耐受当地那漫长的干旱的折磨。[12]

受到贪得无厌的里昂生丝市场怂恿，养殖桑蚕的狂潮席卷了整个阿尔代什省，尤其是 1820 年以后在塞文山脉、下维瓦莱地区和罗讷河谷下游。农民种植了成千上万的桑树——到 1840 年整个地区平均每公顷有十株——斜坡上、路边、河边、葡萄园的藤蔓之间、橄榄树林和板栗树林的行间（这些树林在 1850 年代初仍然占阿尔代什全省面积的 10%）、[13]农场的庭院里，还有公共场所。桑叶洁净墨绿，其产量在该世纪的上半叶增加了八倍。1839 年，维瓦莱地区生长着超过一百二十万株桑树，生产将近五千万公斤的树叶。以上这些，有三分之二在拉让蒂耶专区境内。此外又种植了七十万至八十万的桑树。阿尔代什省的桑树在 1835 年有两百万株，十一年后，增加了大概一倍。在巴拉聚克，现有桑树约九十英亩。一位那个时代的人惊呼："桑树随处可见；人们会以为它是土生土长的，它们繁衍的速度真叫快。"另一个人则称赞这黄金树给维瓦莱地区"半野蛮民众"带来的好处。当地的历史学家阿尔班·马宗后来回忆说："当地富裕的时候，没有人敢去招惹那高贵的桑树"，如果有人敢在黄金树下种植其他作物，土地所有者必然会想办法取消租赁合同。[14]

安德烈·西格弗里德的一位得意门生在研究"第三共和国"[*]期间阿尔代什省选举结果时强调维瓦莱地区的农民缺乏创新，显然存在误解。他把这些农民与"美洲大陆的农民企业家"或英国同行对比："人们感受到两个完全不同的人类社会，两个不同阶段的文明。"[15]事实上，令人印象深刻甚或感动的是，巴拉聚克以及下维瓦莱地区的小自耕农非常乐于调整他们的生存策略，比如他们就曾在 18 世纪随机应变地种植土豆。[16]不断与大自然那令人畏惧的障碍进行斗争，巴拉聚克的农夫们绝不是坐等"现代化"的墨守成规的囚徒。

---

[*] "第三共和国"指 1870 年至 1940 年统治法国的共和政府。——译注

蚕种孵化的数量以及所产蚕茧的重量急剧增加。在 1839 年,阿尔代什省生丝生产者培育蚕卵达到 38 934 盎司。这些蚕卵生产了 1 168 034 公斤蚕茧,每公斤价值 4.71 法郎。在 1840 年 1 盎司蚕卵大概会产生 130 法郎的收入。小生产者每年大约孵化 10 盎司蚕卵。次年,阿尔代什省生产了 1 843 070 公斤蚕茧;在 1846 年是 1 636 000 公斤;在 1850 年是 350 万公斤,这是非常例外的年份。到该世纪中叶,巴拉聚克年产蚕茧高达 10 000 公斤,"养育"桑蚕总计产生了超过 550 万法郎的收入。[17]

生丝生产需要全家老小全力以赴。男子和男孩(如果经营规模大,还包括来自山区的雇工)用手从下往上捋树枝,收集大堆的桑叶,用以饲养桑蚕。(布瓦西耶·德·索瓦热在 18 世纪后期评论道:"桑蚕不在乎收集树叶的人开工前会不会喝上一杯酒,而我强烈呼吁他们这样做。"

养殖过程从蚕卵开始(当地称为种子,因其扁椭圆形的外观类似植物的种子,特别是萝卜籽)。蚕卵在收获季由被称为蚕蛾的鳞翅目昆虫产在桑叶上面。经过十个月以后,它们开始孵化,这是一段必要的休眠期。若想孵化出桑蚕,就必须保持蚕卵的温度,人们用身体的热量,传统上由各家的祖母负责,她们在裙子或衬衫下系一个小布袋,而夜间则把布袋放在她的褥子下面。

然而,即使是下维瓦莱地区的温暖的地中海气候,蚕卵孵化时节的温度也不足以自行孵化。"养育"桑蚕的地点或建筑物叫作蚕室(在普罗旺斯语里,蚕的意思是"吃个没完 magnan"),也就是蚕的饲养场所。尽管部分蚕室是独立的,但大多数是加盖在现有建筑物的一楼之上,通过门或走廊进入,有时候则通过阁楼。入口处挂着布帘,以阻止冷空气进入蚕室内部;窗户覆盖着油纸,以防光线直射。如今的游客到下维瓦莱地区的乡村时大概以为会看见相当大的石头建筑,因为建造它们的农民很富裕,而实际上,蚕室恰恰证明了这片土地多么贫瘠。[18]

大多数蚕室为长方形,约 15 - 60 英尺长,12 英尺宽,高度在 15 英尺以上(我的这些文字就是在一间改造过的蚕室里写的)。蚕室内有一排叠放着的木头架子,就像上下铺那样,构成面积很大的平台,每层架子上都覆盖着草席和纸张,蚕虫就生活在这上面。

许多农民认为,如果外人进入蚕室,恶毒的目光就可能破坏生丝的"收成"。(奥利维埃·德·塞尔建议任何人进入蚕室的人都先喝一口酒,以便"掩盖自身的臭气"。)[19]正如农民在动手喂蚕前常常要画十字一样,请牧师祝福即将到来的桑蚕收获期也是传统,它早在 1695 年印刷种植桑树和养蚕指导之前便出现了。在下维瓦莱地区的一些地方,人们认为在蚕爬到树枝上之前直接看着它们,就会带来厄运。在罗克村,教友们带着蚕茧进入教堂,希望一切顺利;在圣费利西安,牧师要主持特别大弥撒,把"结蚕茧最多的最美丽的树枝"放置在祭坛上。[20]同样的传统在巴拉聚克山后的拉戈斯延续到 20 世纪 50 年代。虔诚的家庭挑选最漂亮的蚕茧送进教堂,以感谢上帝保佑了收成。[21]

桑蚕收获期通常在 5 月 25 日左右,此时的桑叶味道最甜美。蚕卵在孵化前四十八小时,会从灰色改变为蓝色。[22]为了孵化蚕卵,蚕室内的温度要每天提高两摄氏度,从十二度到大约二十度。此后要靠火炉燃烧白栎树木柴,维持恒定的高温。温度越高,蚕虫吃的就越多,但如果蚕室过热,蚕虫会窒息。还需要最起码的新鲜空气。[23]

一盎司(或曰三十六克)蚕卵能孵化出四万条蚕虫,每条蚕虫大约只有两毫米长,但在十五天内能变成约二十五公斤蚕茧。一旦孵化,蚕虫就开始吃桑叶。蚕虫每天的食量是其体重的四倍,而这不断进食的声音听起来就像绵绵的雨滴。它们每天必须喂养至少四次。家庭成员把桑叶放在架子上后,蚕虫就会吃掉最嫩、最可口的部分,而它们吃剩的部分则要更换至少十二次,并拿去喂不挑食的猪或用作肥料。像往常一样,没有东西会浪费掉。蚕室的架子因而必须经常清扫。

从孵化到成熟,总计约三十五天的时间,每个蚕虫的重量增加了一万倍(如果新生儿这样吃,三公斤的婴儿最终将重达三十吨)。因此,如果六盎司种子(蚕卵)孵化出来,一间很大的蚕室二十天以后就满了。在这短暂(约三十五天)但产量惊人的一生中,蚕虫要蜕皮四次。在两次蜕皮之间的阶段称为龄(因而四次蜕皮等于五龄)。第一龄历时四五天,在结束时,每只蚕虫会长到约 70 毫米。这四万只蚕虫此时已经消耗了大约 7.7 公斤桑叶。在接下来的四个龄里,蚕虫会吃更多的桑叶,其中最后两龄分别历时八九天。每只蚕虫最终会生长到略超过 50 毫米长,那么第五龄结束时,四万条就需要约 16.7 平方米的面积。

第五龄结束时,蚕虫停止进食,变得半透明,透出体内的丝纤维,然后会选择一个地方吐丝。在这三十天的生命周期中,它们已吃了几吨的桑叶。它们爬上欧石楠树枝(这种植物生长在阿尔代什省的丘陵地带),由养蚕人放好,等上两到三天,每只蚕虫就像蜘蛛一样,分泌出纤细绵长的丝纤维,纤维与空气接触后会凝固,而且,虽然吐出来的丝是数字"8"的形状,却能拉伸到 700 至 1 400 米长,甚至可以高达 2 400 米。然后,它们用自己建造的起保护作用的蚕茧(看着像小蛋白筒一样的东西,不过味道不同)把自身缠绕起来。如此保护之后,幼虫就缓慢地蜕变,经历约二十天,在强大的荷尔蒙的刺激下首先转变成蛹,然后化成蛾。

如果按照自然循环继续进行,三个星期后,蚕茧的一端会变得柔软,然后蚕蛾就挤开纤维,钻了出来。蚕蛾不能进食,也不会飞翔,只会悬挂或附着在树枝上。雄性和雌性(观察茧的形状就能区分)很快进行交配。雌性能产下约五百个蚕卵,八天后蚕蛾死亡,其生殖功能和自然循环到此结束。此后,养蚕人会留下一部分蚕卵以供第二年孵化。[24]

在蚕虫完成工作几天后,真正的"收获"就开始了。这个短暂但劳动强度极高的过程首先从把所有的树枝从蚕室搬到露天开始。家人、朋友和雇佣的工人从树枝上采摘一粒粒蚕茧,办法就是切断用以附着在树枝上的丝线。蚕茧被放置在坚固的帆布包里,然后到奥伯纳或努瓦尤斯集市上称重,并销售给纺丝厂。蚕茧生产人和买家并不在称重时讨价还价;价格是随行就市的。[25]

直到 19 世纪中叶,大多数农户都自己缫丝,随后,在努瓦尤斯或奥伯纳出售生丝。除了蚕室,养蚕还从另一方面改变了当地的石头房子,同以往相比,房子现在变成了生产工具。生产生丝的家庭,在房屋的二楼增加阳台或走廊,通常在屋外修一个带顶盖的楼梯通上去。这些带顶盖的阳台由立柱或拱廊支撑,[26]主要是用于收获和离解的场地,以及在暮春进行缫丝。阳台的好处是,在炎热的夏季较为凉爽,因为面向西南,有顶棚,正对着凉风,这原本是用来晾干无花果和奶酪的。在冬季,尽管太阳低垂在地平线上,但阳台上仍有些温暖的阳光。

如果要纺丝,就要先把一粒粒蚕茧从大堆里挑出来,而蚕茧周围的绒毛也要清除掉。妇女们把蚕茧丢进非常热的水里(80 ℃),这样能杀死蚕蛹,并让蚕蛹缩小,蚕茧就不会被蚕蛾破坏,并可以缫丝了。由于蚕丝纤维本身过于纤细,不能直接纺织,必须在缫丝的过程中把若干根丝纤维捻缴在一起,而热水能帮助完成这项工作。妇女把欧石楠的树枝当作长柄刷,刺挑蚕茧以便分离出构成蚕茧的连续纤维的绪头,并将几股这样的纤维捻缴在一起,做成更为结实的生丝。热水也有助于清除丝绪表面那胶水一样的物质。用这种方法,生丝就能卷绕起来。在一盆热水里缫丝时,丝线的粗细由合并多少粒蚕茧决定,而用树枝抽打蚕茧则能把没用的部分离解开。缫丝时会发散出可怕的气味(引述"可怕的气味和恶臭……有损健康",拉让蒂耶尔的自治议会在 1676 年禁止那一年进行纺丝工作),这是在新鲜空气中工作的另一个原因。白色的丝绪一暴露在空气中就会凝固。然后丝线就被卷绕到水盆旁边的纺轮上。在正常情况下,八到十公斤蚕茧能转变成约一公斤的生丝。收获五百公斤蚕茧(一般十公斤蚕茧生产一公斤的生丝)要耗费大概四十个人工,而这是四万条蚕虫的成果。[27]

疯狂的桑蚕收获期从 5 月初开始,持续六个礼拜后,在 6 月中旬结束。养蚕和生产生丝是整个村庄的头等大事。老人们仍记得桑蚕收获期的那份紧张,"困难的时期、地狱般的节奏……我们不为别的,其他的事情都是次要的……我们的伙食只是猪吃剩下的,洗衣服或打扫房间都要两周以后"。在一些村子里,会仿照大蚕虫的形状烘烤大条的面包。另一名男子回想到:"那种热情,没有其他的农业艺术可以比拟……我们可以说整个地区都在为了桑蚕而呼吸和生活……在收获期,一切其他的工作都停顿下来,没人卖东西、没人买东西、没人达成协议,只要能够延期的,就通通延期。"然后,所有的注意力就集中在 6 月 20 日努瓦尤斯的市集上。[28]

1854 年 5 月 21 日,巴拉聚克自治议会原本要开会,但因"正值桑蚕收获期"而作罢。同样,该地区的选举时间也要考虑桑蚕收获期的因素,这是当地的经济支柱。次年,阿尔代什省省长建议该省选举的理想时间应该是 7 月上半月,因为这时桑蚕收获期已经结束,而粮食收获尚未开始。[29]

桑蚕的护理和喂养主要听从妇女们的指导,她们一向负责室内的工作,包括在小庭院里养猪、养鸡和其他小动物。田里的工作是由男性负责的,于是,收集桑叶(带上孩子,有时雇些帮手),或者是用骡子驮,或者是大人小孩用肩膀扛着桑叶回家也成了男性的工作("唱吧、唱吧、养蚕人,收获的季节要唱歌")。成年和未成年的男子还要砍下柴火运回家,以便加热蚕室。直到19世纪末期,在繁忙的桑蚕收获期,孩子们都会辍学几个星期,最起码也要在放学后"去采摘桑叶";他们有时就睡在蚕室里面。雇工来自人口稠密的山区,多数是4月1日在莱旺的市集上聘请的,负责采集桑叶。[30]

如果一切顺利,在生丝上的投机会带来令人满意的回报。1828年,省长惊异地记录:"乡下人的富裕程度明显增加了。"[31]"阿尔代什农业协会"在1835年声称,普里瓦地区的农民在两英亩土地上,如果种粮食能收入一百五十法郎,种甜菜是三百法郎,种桑树则收入八百法郎。然而,即使在19世纪40年代的一些年份收成意外地好,"丝绸王国"仍然是一个贫穷的王国。一位来自上层的观察员在1849年写道:"阿尔代什省日益繁荣,已经软化了生活方式,并让那种极为顽固、可悲的习惯得以改变、甚至是提高。"[32]奥伯纳和努瓦尤斯的丝绸市场已经分别成为法国第二和第三大市场。在努瓦尤斯,每年成交七八百万法郎的生丝。中间商在努瓦尤斯和奥伯纳的市场上购买生丝,大发横财。[33]土地价值猛增,有些地方高达六千法郎每公顷,是大部分自耕农约二十年的积蓄。因此,顺利收获得到的利润大大超过葡萄园。难怪一个又一个家庭纷纷借钱购置蚕卵、栽种桑树或买进桑叶,还要建造蚕室。这些是坐在厨房烟囱旁那巨大的木桌周围作决定时可以预期的风险。它们都是艰难的抉择。在埃罗省和奥德省,葡萄酒是王者,而生丝生产在很大程度上是手下败将,但在下维瓦莱地区,生丝统治着经济。在1850年前后,莱旺县80%的家庭依赖生丝生产。然而,其中一半负债。[34]

在农村经济中,现金的作用越来越大。一名军官在1846年记载:"如果不养蚕,这里的人们会很不幸,连税赋和田租都缴纳不出。"[35]收获之后,如果一切顺利,村民们有力量庆贺,甚至可以买头猪。还有这样的修辞用法:"看看我的猪,地位已经不如桑树枝头的风啦。"[36]如今,每年6月下旬祈求丰收的圣约翰节上仍不免会豪饮一番,它就在桑蚕收获季之后,那时节,许多阿尔代什的农民家庭荷包里放着以前从没见过的那么多的钱。阿尔代什农民每年生产的生丝能带来八百至一千万法郎收入,而在1850年,达到一千六七百万。这样的好年景能持久吗?[37]

到19世纪中叶,阿尔代什省最重要的工业就是下维瓦莱地区乡间生丝生产的衍生产业。小型的制丝厂。把生丝纺到线轴上,准备出售给生产丝绸布料和衣服的工厂,这些工厂点缀在阿尔代什河及其支流的两岸。河流给小厂提供了动力,工厂使用蒸汽加热大盆的水,还使用机械线轴。在1827年,两百一十一座小厂生产了二十八万七千公斤的丝绸,阿尔代什省的制丝业当时是法国第一,雇用近八千名工人。在拉让蒂耶尔的奥伯纳桥,还有其他地方,如今仍然能看到当年用作小工厂的漂亮的石头建筑。[38] 在"七月王朝"\*期间,阿尔代什河沿岸开始出现纺丝厂。家庭纺丝在19世纪逐渐消失,在1850年至1885年之间,纺丝厂取而代之。到1860年,阿尔代什省有五十六间纺丝作坊,雇用了三千三百六十个工人,几乎全是女性,一年干几个月。因而,阿尔代什省的工业仍旧与乡村和乡村的生活节奏紧密关联。[39]

丝绸行业的影响可以在家庭生活和服装上看到。较为富裕之后,许多农民便有了质量更好的衣服,虽然还不是丝绸的。男子身穿灯芯绒裤子,有时还穿叫作"布拉尤(brayo)"的短裤,开襟衬衫,背心,宽檐帽,以及明显有别于城市居民特别是上流社会的木鞋。男孩穿束腰外衣,有的系着纽扣,有的敞开着;女孩穿类似的束腰外衣,但开口是裙子的式样,还有百褶裙。妇女身穿黑色或褐色的连衣裙,有时有色彩明亮的大口袋,材料是棉制、塔夫绸,偶有丝绸,而周日的弥撒则配上黑帽子。[40]

然而,即使在"七月王朝"那段太平日子里,这一切仍然令人不安地那么脆弱,仿佛厄运潜伏在不远处。1848年,努瓦尤斯的地方执法官观察到,丝绸是县里唯一的资源。他统计了采集桑叶的人数,春天在蚕室打短工的人数,自己纺纱或在制丝厂工作的人数后,评论道:"很难找到不在某种程度上依靠丝绸行业谋生的人。"农民借钱购买蚕卵,确信收获之后就能还款。[41] 在1840年,一些养蚕人和制丝厂老板已经毁在了"里昂资本家的条款上,他们借钱出来,但可以随时要求还款"。中间商们所扮演的角色则进一步把生丝生产置于里昂资本的控制之下。尽管蚕茧产量增加了三倍,工厂的总数增加了一倍以上,工厂雇用的工人数量增加了五倍、销售总额更是增长了高达八倍,但生产商失去了自主性,并受制于丝绸价格的变化:"生丝生产的命运取决于这种产品的贸易的持续加速。它能坚持下去吗?"[42]

---

\*  "七月王朝"始于1830年法国七月革命,1848年法国革命后被"第二共和国"取代。——译注

这里面有病害的风险。有位官员在 1846 年听说"这些小买卖和其他的一样脆弱,一旦蚕虫遭到疾病肆虐就完蛋"。[43] 然后就出现了毁灭性的微粒子病(来自普罗旺斯语的胡椒粉一词)。1849 年,黑胡椒状的斑点开始出现在蚕虫上:"蚕虫失去活力,食欲减退,他们的成长失去了规律。它们可能没作茧就死亡,也可能死在茧里,但也可能羽化成蚕蛾,产下受到感染的蚕卵,从而导致新一代蚕虫病情更重。"这种疾病首先于 1843 年出现在沃克吕兹省,三年后进入德龙省。而且时间非常不凑巧,这场疾病趁着 1846 - 1847 年那场摧毁了粮食、土豆和水果生产的农业危机,进入了嘉德省。病情在 1849 年首次蔓延到阿尔代什省,并在 1852 年严重打击了拉让蒂耶尔专区。至 1857 年,它已经扩散到意大利和西班牙。

大气条件(温暖的冬季和多雨的夏季有利于寄生虫)跟农民生产生丝时的疏忽都是疾病传播的部分原因。众多养蚕人早已放弃了频繁更换食料或小心挑选蚕卵的习惯。被黄金树热潮搞得晕头转向,他们开始在很小的空间里饲养过多的蚕虫,在原先只孵化一粒蚕卵的地方倒上四五盎司的蚕卵。有人试图在只有正常空间七分之一大的地方孵化超过三十盎司的蚕卵。与此同时,每盎司蚕卵生产的蚕茧则减少了两至三倍,而且蚕茧品质也欠佳。[44]

当大多数人期盼着这场疾病能很快结束时,拉让蒂耶尔专区的欧仁·维拉尔区长却眼光长远地看到大肆投机桑树的危机。[45] 1848 年,一公斤蚕茧的价格是上年的一半,而一公斤绢丝的价格则下降了约三分之一。生产过剩(因阿尔代什省人口增加而加速)、1846 - 1847 年的商业危机导致持续的不确定性都是诱因:"总爆发,信用丧失、交易中止;拥有良好信誉的债权人和债务人都发现他们借贷过度了。"[46]

维拉尔在 1852 年 1 月写下的结论是,桑树的高速扩张成为名副其实的淘金热,导致了巨额债务。"看看田里的这座房子",他写道:"它坐落在桑树林和葡萄园的中间。建造它耗费了二十年时间。年复一年,这片产业都因购买新的地块而有所增长,房子还加盖了一个新的(蚕室)。"桑树已经把庄稼排挤出农田。粮食生产和放牧都受到影响,因为对生丝价格投机时疯狂地栽种桑树。再者,很多根本不老的桑树却已开始死于神秘的原因。在这个只有小块土地的国度,犯错误的余地不大。

维拉尔继续思考,认为顺境令农民倾向于"乱花钱"甚至追求"虚荣"。他呼吁恢复"我们父辈那简单的生活方式和习惯……让我们再次多一份淳朴。农民们倾听遥远世界的回响并放弃自己的土地,没什么好处"。他认为,国家应该进行干预,以帮助穷人,但应该积极追讨那些借钱种植桑树的人所欠的债务。[47]

# 游　　客

1883 年,莱昂·韦戴尔,一位里昂的作家,来到巴拉聚克村寻找蓬斯·德·巴拉聚克的后人。他相信蓬斯是撒拉逊人的后裔,而一般认为巴拉聚克村正是撒拉逊人在公元 8 世纪建立的,韦戴尔想观察这一"种族"的后裔。[48]他相信因为出现过撒拉逊人,村里有可能存在延续了几个世纪的"阿拉伯血统"。在彬彬有礼的城里人眼中,张扬地盘踞在石灰岩上并且似乎与山岩融为一体的村庄,充满着不论在时间上还是在空间上都那么遥远的撒拉逊人的异国情调。

巴拉聚克村全貌。悬崖顶端原先庄园别墅的遗迹,在罗马式教堂附近,"新"庄园别墅在左侧角落的上方,残余的寨墙延伸到河边(现已消失),还有前景中的大房子,其中一部分是个客栈

"这是七月一个明亮的夜晚",韦戴尔回忆着,"我们的小船百无聊赖地沿着阿尔代什河徐徐而行。在皎洁的月光下,河水仿佛携带着宝石跟在后面,出现在我们面前,梦境般的光线照亮了石崖,巴拉聚克和那朦胧的方塔伫立在崖顶,俯视着它古老的核心,蓬斯(·德·巴拉聚克)就诞生在那里。满天星斗的夜空如此静谧、壮观,大自然的和谐统一抚慰着我们。紧盯着眼前那奇特的美景,我们突然变得沉默了。"对他的旅伴(他只用了 X 做代号,好像打算强调这个地方的神秘性)而言,"这片陌生而扣人心弦的乡土"似乎是"东方失落的一角,放眼四望景色惊人,天空如火一般。"他们在河边弃船登岸,沿着石头小路走向巴拉聚克唯一的客栈,那地方似乎"出奇地现代化,刷着白墙,攀爬着藤蔓,像座意大利式的别墅"。韦戴尔一个劲地赞美店主的妻子有"鲁本斯绘画的特征",一个丰满、皮肤白皙、唠唠叨叨的女子。"一个住在巴拉聚克的佛兰芒女人*!"他喊道。"完全破坏了当地的色彩与和谐!"(虽然在 19 世纪巴拉聚克没有外国人,但这位作家的评论却意外地刺激了比利时与荷兰游客在一个世纪以后踏着韦戴尔一行的足迹前来。)韦戴尔于是专心吃起了鳟鱼,配菜的茄子来自那结实女人的菜园。

午餐后,韦戴尔再次乘着小船过河,徒步走到塞尔维埃村。他在那里赞美了一通河对岸的一片白杨、赤杨和柳树林以及水中的倒影,牧场上有几头发红的奶牛在啃草,远处绿色的丘陵坡度和缓。这个看似繁华的景象强烈反衬着附近那"荒芜的沼泽,原始地被烈日暴晒着。"船夫,同时也是巴拉聚克的织布工,在河上度过了人生大多数的时光,以在沃居埃到吕奥姆之间打鱼为生("这个,总得干活吧。"他说)。他捕到什么就卖什么,卖给客栈和其他能拿点东西换鱼的人。

韦戴尔看到渔夫朗戈·埃尔丹后,确信他发现了巴拉聚克从撒拉逊人到今日之间那缺失的环节之一。他似乎是一组十足的"历史文件……他的名字毋庸置疑源自阿拉伯文化……非常适合他本人……最完美地体现了撒拉逊人种:矮小、精瘦,肢体强健,有痘疮,皮肤黝黑,短短的朝天鼻,眼睛像煤炭那样黑,黑色短发贴在额头上"。朗戈"极其酷似他在巴拉聚克的同乡们",韦戴尔已经忘记了那个佛兰芒模样的女士,亏他还吃过她的茄子

---

\* 佛兰芒在比利时北部,鲁本斯也来自那里。——译注

鳟鱼。至于朗戈,他所关心的"仅限于河流和它的居民,他每年对它们进行一次普查,至少跟那些官方数据一样精确。"这位渔夫知道他辖下居民的年龄和习惯,而且"小心翼翼地维持着长远的发展,大鱼,是留给特殊场合的"。

当夜幕降临,"村庄沉睡在蓝色阴影形成的床上……村里罗马式钟楼的顶端伫立在棕色主体上面,在天蓝色的光线里黑压压地孑然独立。月光掠过沼泽……光滑的石灰石表面亮闪闪的"。阿尔代什河,虽然在夏季又浅又窄,却映照着"晴朗的天空和浅灰色的岩石。无处不在的阴影与寂静,闪闪的阴影,潺潺的寂静"。今天它依然如此。

巴拉聚克村里的连拱小巷

韦戴尔和他的同伴再次上岸步行。村里的居民都淡然地待在岩石的房屋里。几位旅客觉得自己沉浸在往日的"遗迹中,八百年前的逝者的记忆……这些连拱小巷的两侧散发出悲哀的气息,这些房子像坟墓那样昏暗。四周寂静,唯有我们的脚步声,似乎会唤醒那些亡魂,给这片不毛之地带来生机"。他们来到教堂,然后走向崖顶,从大概一百米的高度俯瞰河流。崖顶下面,"河水在跳动的光线中变幻着颜色。极目远眺,河流在陡峭的峡谷中奔腾,参差的崖顶映衬着晴朗的天空"。河对岸的"让娜女王瞭望塔"仍然耸立在悬崖顶端守卫着。

回到村里,韦戴尔和他的朋友发现自己"陷入了连拱小巷的迷宫"。在狭窄的小巷中艰难穿行,他们来到一处不凡、陡峭、从无变化的通道:"一条带顶的小路,外观令人惊异。……任何一块石头都有六百年没动过了。这些大拱门似乎是通往幻想世界的窗口,穿过它们,乡野出现了,照耀在超自然的流光中。"

他们突然遇到一个年轻的姑娘,那姑娘"在由小立柱划分出来的一个小哥特式窗口……就像活生生的画卷,人们看不到的光源令她周身没有黑暗。她身材修长,棕色眼睛又大又柔,红唇如鲜艳的石榴花,带一点深棕色,还映照上一抹灯光的橙色……她的两条胳膊优雅地向上弯曲,正在弄散头发准备睡觉"。这两个外乡客先是一惊,然后被那女孩迷住了;而她却被吓坏了,惊恐地尖叫着,快速熄灭了灯火。韦戴尔那浪漫的想象又活跃起来,肯定会认为碰到了被叛乱的无赖骑士羁押的公主。实际上,他们只不过是惊吓到一个在准备上床睡觉时,毫无思想准备会碰到过路人的年轻姑娘。但那是19世纪80年代初。巴拉聚克似乎一如既往地偏远与贫穷。此外,如果说有些房子显得格外安静,这是因为它们是空的。巴拉聚克的人口正在流失。此刻,朗戈·埃尔丹和那位不知名的年轻姑娘都在挣扎求生存,他们的村子非常贫穷,经济急转直下,人口减少。

来巴拉聚克的著名游客(或者不如说任何的游客)并不多见。"法朗奇博士"——即阿尔班·马宗,当地那位多产作家,出版过他在维瓦莱地区跋涉的记录,引发了共鸣——是另一个诱发人们浪漫地把巴拉聚克和撒拉逊时代联想起来的人。他于1884年到达该地,本想顺着河流前往巴拉聚克,以便更好地观察"大河奔流的遍布岩石的峡谷"。他找了一个青年农民给他们带路,而打发自己的向导(这个词令人联想到北非沙漠的向导或美国西部的侦察兵)带着马匹去巴拉聚克等候他们。在狭窄的小路上,他们忍受着滚烫的岩石反射回来的令人窒息的夏季热浪,"少数的绿色橡树,一棵无花果树,在石灰岩裂缝中出现的荆棘和灌木,都没太多降温的效果"。[49]

一个渔夫,大概是朗戈,载着他们走了一小段,来到河流的尽头,然后去到"一间可怜的茅舍,挂着'客栈'的招牌",他们在那里,同以前的那位里昂作家一样,吃了阿尔代什河里的鱼,还吃了煎蛋卷和比考顿干酪——山羊奶酪——并公认这里的比考顿干酪味道比其他地区的都好,因为当地山羊吃带香味的植物。

然后,他们便犯下游客们天真、傻气的错误之一,询问是否有可能随后乘船前去吕奥姆。回应他们的当然只会是善意的笑声,以及会掉到水里好几次的断言,因为水流湍急。这之后,马宗就踏入了他也确信残余着摩尔人*风情的巴拉聚克;"如果这样的风情不存在,巴拉聚克也会发明它。"这个村庄强烈地同时折射出"封建采邑的类型与阿拉伯的营地"。马宗以当时典型的种族主义"民族学"的思想宣布,"摩尔人的类型在巴拉聚克是非常明显的。男人高大、强壮,有深色的皮肤和眼睛,卷曲的头发,而妇女的表情也带着吉普赛人的揶揄。"**在下维瓦莱地区的村庄之中,巴拉聚克似乎是"保持得最为古色古香的"。中世纪的寨墙没有任何地方遭到彻底破坏。"囚犯塔"仍在老大门附近耸立着;安插木梁的方孔依旧可见,当年人们在木梁上搭好架子,站上去抵抗对村庄的攻击。几百年之后的今天,庄园城堡属于渔民莫利耶,他的绰号叫"交土地税的水手",而那曾经是最美丽的几个房间,早已用于堆放干草。[50]

马宗探访了有防御工事的罗马式教堂,不禁感觉回到了中世纪的巴拉聚克。在那里,他批评16世纪增建的第二段中殿破坏了建筑物的和谐。他走访了施洗者圣约翰礼拜堂的废墟,它就在"夏季入口"外面,零乱的桑树从"封建领主的灰尘"中生长起来。帮助马宗摆渡到"河滩"并原地等候他们的渔民,讲述了附近有几个农工用十字镐在地上挖出了什么东西,他们本以为是富裕贵族掩埋的宝藏,但最后,只找到些骨头。如今还有这么个故事在流传:有一笔神秘的宝藏隐藏在离已经世俗化的罗马式教堂不远的地方。马宗的探访结束了,他的马驮着他离开撒拉逊人的巴拉聚克,走上了与通往吕奥姆的小道平行的道路。[51]

梅尔基奥尔·德·沃居埃伯爵的家族在巴拉聚克的土地被作为国家财

---

\* 摩尔人泛指至13世纪活跃在伊比利亚半岛上的北非穆斯林。——译注

\** 欧洲文化长期误以为吉普赛人源自北非的埃及。——译注

产而出售,在他看来,巴拉聚克的"外观可以说与非洲的村庄很相称,房屋有露台、拱顶小巷、粗劣的钟楼类似于清真寺的宣礼塔,还有废墟中的主堡,活脱脱一幅北非伊斯兰世界巴巴里海盗的图片。看到居民的话,会令这种想象完备起来"。古老的传说现在可以添加上通过科学验证的内容了。沃居埃认为,医生已经找到了一些"北非柏柏尔人的人种特征……特别是他们的关节很奇妙"。巴拉聚克很适合这一部分。"什么光! 可以说太阳的宝藏都在这里了,在烈日炎炎的正午,在这片无法抗拒的沼泽上,在凄厉的蝉鸣声中……是悠扬又芬芳的高温。""格拉台地"算是北非的沙漠,阿尔代什河沿岸的园子不正是阿拉伯的绿洲吗。[52]

在 1896 年,一位本地作家"西尔韦斯特"(保罗·古伊),坚持认为"摩尔人的类型"在巴拉聚克比下维瓦莱地区其他任何村庄都明显,"因为这里混血的情况比其他地方都要少见",他声称当蓬斯·德·巴拉聚克随第一次十字军东征抵达"圣地"时,他在东方辨认出自己的家乡巴拉聚克。[53]诸如此类,不一而足。路易·布尔丹在《区域地理论文》中提出种族论的"科学"观点,试图验证"维瓦莱地区存在一个非洲部落",并对比了巴拉聚克居民与柏柏尔人之间头发的颜色、前额的形状(包括"相当发达的眉脊")和鼻子的形状、肤色、肢体长度,等等。最后,在 1914 年,里昂的一份报纸注意到那个"极为奇异的"村庄的"原始美景"已经开始吸引游客了。[54]然而,巴拉聚克那短暂的相对繁荣时期早已结束。在韦戴尔游历之前三十多年,村里就面临了经济灾难和人口下降。

# 灾　　难

G.布鲁诺的畅销书《两个孩子游法国》于 1877 年首次出版,它几乎成为法国学校的规定读物。在书中,两兄弟履行对他们父亲临终的诺言,要探究法国的富饶以及本质上的统一,而这正是普法战争失败后的要点。男孩们在德龙省罗讷河附近的一个村庄中了解了生丝生产。两人感叹:"这样简单的小虫子能带来这么大的财富啊! 蚕能给法国整整一个省份提供生计。"他们观看年轻男子采集桑树的叶子,把桑叶背在肩膀上,而所有的桑树几乎都光秃秃的。"我们沿着罗讷河进入多菲内省和普罗旺斯地区,差不多总能在乡间看到桑树。看来,在这些地区,每户人家都有或大或小的蚕室。"他们错过了时节,没看到蚕虫,因为养殖季节提前了太多,但他们看到把蚕茧放进一盆开水里后,一个年轻的姑娘用小扫帚抽打蚕茧,以便分离出丝绪。[55]

生丝生产虽然仍然占据下维瓦莱地区农业活动的主导地位,然而自该世纪中叶以来却处于崩溃状态。命运再一次粉碎了阿尔代什农民的希望,"农业文明的三根支柱"在1850年之后的几十年间逐一折断:首先是生丝生产,然后是葡萄园,最终是板栗树。[56]

好像命运觉得蚕虫疾病还不够,更多的灾难接踵而至。世纪大暴雨在1857年的秋天接连降临,把阿尔代什河转变为毁灭的洪流。第一场洪水发生在9月10日,冲走了三座桥梁,撕裂了四处堤防,毁坏了八条道路,淹没了三万英亩土地。阿尔代什河支流的水势上涨迅猛。小河自然转变成肆虐的激流,扫清一切挡在中途的东西,高涨到荒谬的阿尔代什河卷走桑树。大水最终退去后,园子和牧场上覆盖着河沙。9月24日紧接着来了另一场洪水。狂暴的河流摧毁了二十二座桥梁、四十四个磨房、五十栋房屋和十二间制丝厂与纺丝厂,造成该地区三千名工人失业。但这还不算完。10月5日,大雨伴着闪电下了六个多小时,难怪那些狂热的天主教徒以为四十天和四十夜大雨的末日天启已经来临。* 河流再次上涨,比之前的暴雨的水位还要高,有五十人丧生。省长惊恐地看着"刚刚播种的梯田上的土壤消失了,只留下岩石;幸免于第一场暴雨的田地、园圃和牧场都被摧毁或至少严重受损。熬过第一场灾难的道路和桥梁面对第二场暴雨就没那么幸运了。暴雨切断了通讯,并卷走了少量劫后幸存的磨房"。汹涌的洪水灌入点缀在河岸上的小制丝厂,摧毁了机械,并冲走了丝绸。阿尔代什的居民陷入"难以形容的惊愕中……无数的贫困家庭就此丧失了所有过冬的生活资料"。毫不夸张地说,阿尔代什省被毁掉一半。省长和在普里瓦的其他官员以及所有的人,紧张地注视着"悬挂在山上的岩石,那些石头随时会剥落,如果掉下来,必然会摧毁房屋,砸死居民"。[57]更多的大暴雨在1859年、1863年、1867年、1872年、1873年、1878年和1890年出现,每次都在9月或10月,好像

---

\* 《圣经·创世记》中的末日景象。——译注

就是为了反复提醒阿尔代什人他们的生存多么脆弱。[58]

蚕的微粒子病给巴拉聚克和下维瓦莱地区带来了绝对的灾难。阿尔代什生丝生产大幅下降,从1850年的三百五十万公斤回落到1857年的五十五万公斤。在1850年至1861年间,生丝销售的收入从一千六百万法郎下降到四百万法郎。制丝厂的产量减少了一半。尽管优质生丝的价格一路飙升,但蚕卵不仅是品质下降,每盎司蚕卵的蚕茧产量也从约十八公斤下降到十公斤,然后于1858年降至八公斤。这种疾病毁掉了许多的养蚕人和制丝人,他们之中有很多人贷了款来建设或改善蚕室,抑或购买蚕茧。许多农民不再有能力纳税。[59]

各村的自治议会纷纷递交请愿书,内容不但充斥着绝望,也体现了那特有的决心和毅力。奥伯纳小教堂的八十户家庭的长辈们签署:"我们已经向过去几年出现的无数灾难低头认输,把它们看作上帝公正的惩罚。我们曾希望它们会结束……现在,我们充满信心地等待这些灾难结束。"阿尔代什的农民一直认为:"这是仁慈的上帝的意愿。"

在顺境中,许多人不得不借钱来购买蚕卵。他们发现,只能找高利贷借钱,这是阿尔代什的"伤口之一"。到1856年,下维瓦莱地区的一些养蚕人已经完全放弃了。在1850年至1870年间,土地价值损失了40%。[60]

帝国政府在1852年拨款资助建立一所提供健康蚕卵的作坊,并提出了一些未经实验的方法来帮助秋收。1857年,专区里一个委员会,其成员包括各种官员、大业主和商人,集会研讨问题的起因。生产者尝试过几乎所有的方法。有人把硫磺与底煤混合成粉末撒在蚕卵上,其他人试图在室外养蚕。1861年尝试的补救措施,包括各种气体、硫酸、食醋、硫酸、奎宁、糖甚至朗姆酒,[61]无一有效。大多数自耕农早已用光了他们的积蓄和贷款。此外,从种粮食变成种桑树的土地没有任何物产。单一栽培似乎令灾难雪上加霜。[62]

连续六年桑蚕收获惨淡之后,大规模的恐慌在1859年的春天爆发。许多贫困农民购买蚕卵时支付了每盎司十六到十八法郎的天价。如今,采集或购买了无数公斤的桑叶之后,他们眼看着"自己的昆虫因一种无名的疾病突然灭亡,一年来所有的期待在不到十六个小时内烟消云散"。硬通货再次成为稀缺;债务无处不在。因为大幅减产,一公斤健康蚕茧的价格飙升至三十五法郎。没收农民财产的情况达到前所未有的水平,包括巴拉聚克。种植桑树的土地的价值在此期间下降了一半,其中一些土地是农民借钱购买的;其他土地的价值下降了约三分之一。许多农民既无力缴纳不堪重负的土地税款,也无法出售他们的土地。其他人只好按更高的利率继续借钱。失业工人和乞丐的人数有所增加,包括许多山区的男性,他们通常下山来到他们口中的乐土,因为这里至少在桑蚕收获期有采集桑叶的工作。那些投资桑树的人也不再可能出售树叶了。即使是最不悲观的养蚕人如今也想知道这份生计算不算"死透了。"[63]

虽然一些地方的农民种植苜蓿以期遏制损失的大潮,但在下维瓦莱地区"饱受折磨的土壤"上迅速找到替代作物并不现实。有经济能力的农民现在从其他国家购买蚕卵。1859 年,阿尔代什省有两百五十八个自治村养蚕,其中一百一十个从意大利托斯卡纳地区、希腊、土耳其的士麦那或波斯进口蚕卵。拉让蒂耶尔专区的区长自己派人到叙利亚和希腊寻找最好的蚕卵,然后由政府分发下去,希望一切顺利。该区有五十个养蚕人组织了协会从亚洲购买蚕卵。来自黎凡特(地中海东部地区)、中国和孟加拉的蚕茧帮助丝绸工厂主填补了短缺。具有讽刺意味的是,通过这种方式,经济困境和衰退反而使得这个山村融入一个更宽广的——实际上是全球性的经济的网络中。但是长远战略不能减轻阿尔代什养蚕人的痛苦。1865 年的桑蚕收获同样是灾难性的。有一份要求减免税收的大型请愿书,由阿尔代什省、嘉德省、埃罗省,洛泽尔省超过三千五百个村长、自治议会议员和土地所有者签名,送交到参议院。一些农民连根拔起桑树种植葡萄藤。[64]

1853 年,村里生产蚕茧三千六百公斤,正好是"普通"收成的六分之一,在县里,只有两个村庄比这更差。随着冬季来临,巴拉聚克的自治议会成立慈善讲习班,让人们维修村里的道路,以协助尽可能多的人。村民捐献出三百法郎。[65]1863 年,巴拉聚克的家庭孵化了来自罗马尼亚、马其顿和(希腊)塞萨洛尼卡的蚕卵。又一次严重歉收,产出只有五千公斤蚕茧,低于平均产量的一半。养蚕人和官员都归咎于"坏"蚕卵和极热的天气。两年后(农民家庭用于孵化的蚕卵比正常情况多三分之一)的收获更加糟糕,又过了一年,情况略有好转。到了 60 年代的末期,养蚕人用于孵化的蚕卵更多了,更多使用进口自日本的蚕卵。尽管如此,产量仍令人失望。1873 年约 60%的蚕死于微粒子病。大多数人口——至少有六百六十八人（两百五十个家庭），实际上是整个村庄——仍然依靠生丝生产谋生。[66]

商务和农业部派遣路易·巴斯德调查疾病，从 1865 年至 1869 年，他在收获季节都住在嘉德省阿莱斯城附近。他的实验证明蚕虫孵化时就已经染病了，因为蚕蛾是生病的，而且发现这种病极具传染性。他认为蚕蛾很容易被最早出现在桑叶上的一种微小的寄生虫感染，并会传染给其后代。巴斯德逐步确定了如何在显微镜下鉴别健康的蚕卵，然后筛选和孵化。由此，农民家庭可以每年购买健康的蚕卵，而不用自己保存蚕卵长达十个月。[67]

1868 年，巴斯德的细胞方法第一次使用以后，终于出现了转机。到 1875 年，危机发生后的四分之一个世纪，微粒子病被击败了。然而，黄金树所带来的繁荣再也没有完全恢复。来自人造丝的竞争，从意大利和亚洲（这一来源因 1869 年苏伊士运河完工而大为增长）进口的生丝，时尚的变化，以及其他纺织品生产的扩大纷至沓来。再者，自 1870 年代中期开始的长期农业衰退造成价格下跌。阿尔代什省养蚕家庭的数量下降了一半以上，投入孵化室的蚕卵的数量下降了六分之五。土地价格继续下跌。1879 年，知识渊博的观察员马宗伤心地记述："几乎所有的小业主都有被没收财产的危险，仅仅因为他们生活极为贫困，债权人才没有采取极端行为，他们很清楚就算卖掉抵押品也不足以抵销债务。"[68] 1880 年以后，越来越多的农民把土地转向生产葡萄酒或水果。[69] 当贝格新城自治机构在 1882 年为奥利维埃·德·塞尔的雕像揭幕时，巴斯德等两万多人出席了仪式。然而，生丝生产继续下降。从前的好日子早已结束。[70]

可以肯定的是，制丝和纺丝仍对当地经济十分重要。法国几乎一半的制丝厂都在阿尔代什省，其中大多数是在下维瓦莱地区。姑娘们和年轻妇女，最小的才 12 岁，从各自的村庄走到小工厂里，工作日就在厂里凑合住宿，每天的工钱仅有一法郎多一点。她们拼命攒钱，好置备些朴素的嫁妆。[71] 1911 年，巴拉聚克有十一名妇女和年轻姑娘在小城镇或其他村庄的工厂里工作。[72] 但这对当地养蚕人没什么帮助。1889 年，主要来自（意大利）皮埃蒙特大区，甚至遥远的日本的进口的生丝，是两百六十四家制丝厂的主要原料。[73]

几十年来，在巴拉聚克（和法国南部其他地区）的养蚕人认为，要解决他们的困境就应该对进口蚕丝设置高额关税（贝格新城在 1788 年的"陈情表"里就曾反对进口国外丝绸）和进行国家补贴。1890 年 11 月，村里的自治议会随同下维瓦莱地区（以及邻近省份）许多其他自治村一起，要求对所有进口的生丝征收严苛的关税，并按比例对进口蚕茧收税，因为进口货迫使法国的蚕茧和生丝降价，给法国南部地区带来灾难。从 1892 年起，国家开始支付每公斤蚕茧五十生丁 * 的补贴，对纺丝也有补贴。五年后，巴拉聚克的自治议会表示渴望继续这种援助，并指出："对生丝生产与纺织的补贴制度已成为我们财政机制的一部分。"74

　　生丝生产在巴拉聚克和下维瓦莱地区许多其他村庄依然重要。每一年，自治议会都要任命两名成员监督在方塔进行的蚕茧称重。归自治村管辖的桑树的树叶也进行拍卖。在 1909 年，巴拉聚克仍然有一百二十三户养蚕。在瓦隆县，只有拉戈斯和吕奥姆的养蚕人比巴拉聚克多，但那两个自治村也大很多。即使是 1914 年世界大战爆发之前相对歉收，阿尔代什省的蚕茧产量仍然达到了一百四十一万九千八百公斤，收入五百五十万法郎，与该省全部粮食的价值相同。75

　　与此同时，在带顶棚的阳台上进行的家庭缫丝自 19 世纪中期的危机之后便急剧下降，到 1885 年已经基本消失。它因生丝产量减少和国外竞争加剧而被削弱。阿尔班·马宗责怪纺丝厂"扼杀了家庭纺丝……现在几乎看不到这些小规模纺丝工作了"。各家各户不再把他们的生丝带到市场上；如今主要是以日益低廉的价格出售给钻营投机的代理商。巨大的奥伯纳和努瓦尤斯丝绸市场已经空空荡荡。

　　在许多家庭的记忆里，养蚕业的复兴是那段美好的往昔岁月，"对遥远的过去的记忆总是美丽的"，一个来自拉戈斯的人如是说。农民们似乎很富有："他们的房屋内有木制衣柜，用来存放最美丽的生丝……只有价格高的时候他们才出售。……每个养蚕人都匆匆把最美丽的欧石楠带到牧师那里……这些礼物被安置在供奉圣母玛利亚的礼拜堂里，而他们销售的收入则用于维护教堂。"76 一名男子回忆，丝绸"是用金子来支付的……当我还是个小男孩的时候，就记得在我父亲身边，看着那些硬币在他们面前越堆越

---

　　* 一法郎等于一百生丁。——译注

高"。1926 年,一位来自圣勒梅兹的农民回忆说,销售生丝的利润让他家有
一年奢侈地购买了一台收割机,第二年买了台缝纫机。对另一个而言,"蚕
是用来赞美过去的,仿佛要证明那个时代更美好:每当我们谈起蚕虫,仍然
始终面带微笑。我们会高谈当年的轶事和好运"。1943 年,蚕茧的售价还
不如粪肥。[77]

# 第 二 次 打 击

即使在养蚕的太平日子里,葡萄酒生产对于巴拉聚克和下维瓦莱地区
脆弱的经济仍然至关重要。在拉让蒂耶尔专区,葡萄园占用的公顷数从 18
世纪后期至 1864 年增加了五倍。农民在砍伐掉森林的山坡上,或在阿尔代
什河边的岩地种植葡萄藤,主要酿造一般品质的红葡萄酒。财产继承导致
的土地不断细分,令酿造葡萄酒的农民数量上升。此外,该专区现在每公顷
土地能生产更多的葡萄来酿造葡萄酒:1788 年是一千八百升,1829 年是两
千四百升。[78]

葡萄园的扩大给下维瓦莱地区的小农场主带来第二个希望。连接沃居
埃到吕奥姆的新道路使得葡萄酒销售更容易。然而,命运再次残酷来袭。
在蚕微粒子病开始蹂躏之后两年,葡萄园也闹了病,首先是在努瓦尤斯县。
在 1851 年 6 - 7 月间,出现了浅灰色的真菌,首先在藤蔓上,叶子染上了铁
锈色。很快黑点开始覆盖葡萄藤干。葡萄腐烂,毁掉了一半的收获。1852
年瓦隆县拥有将近一千三百公顷的葡萄园,但葡萄酒产量比正常年份减少
近三分之一。因为湿度合适,白粉病(真菌枯萎病)迅速蔓延。到 1860 年,
已有半个省受到影响,又过了十年,这个病侵袭了下维瓦莱地区的所有的葡
萄园。正常年份的产量是每英亩一千两百升,如今只有两百升劣质红酒,虽
然有些年的灾情略好一点。似乎没有人确定用硫磺制剂清洗藤蔓的根枝是
否有效,也不知道去除受白粉病感染的藤芽会不会防止病害所产生的粉尘
落在藤蔓上。葡萄园的面积也下降了一半以上。到 1862 年,已经无法评估
县里的土地价值,因为葡萄园"在闹病以后基本无法出售"。在之后的年月
里,虽然很多土地已经恢复生产,但白粉病不时重现,使生产者陷入长期的

不确定状态。[79]

　　然而白粉病虽然有破坏性,却比下一种危险温和得多。葡萄根瘤蚜(土语叫 lou pedzord)开始攻击阿尔代什省的葡萄园。此病于 1865 年首先在嘉德省和罗讷河口省被发现,第二年出现在阿维尼翁城周围,然后在 1867年至 1868 年进入埃罗省,并北上德龙省。它渡过罗讷河,于 1869 年侵袭了瓦隆县。

　　葡萄根瘤蚜,这种疾病由小型木虱侵害葡萄藤的根和叶所导致,在该地区的葡萄园肆虐。葡萄园的总面积在 1872 年至 1890 年之间下跌了 56%。在巴拉聚克,农民于 1872 年首次发现葡萄根瘤蚜的症状。病害迅速蔓延了村里十公顷的葡萄园。没有人知道它是如何传播的又该怎样防范。到1876 年收获季,阿尔代什省超过三分之一的葡萄园被葡萄根瘤蚜摧毁。在一年之内,这种木虱已经出现在巴拉聚克的每一片葡萄园,吞噬了一百二十英亩,在 1878 年是两百英亩,1879 年五百英亩。[80]起初的担心成为现在的恐慌。匆忙组建的委员会没有答案。1874 年至 1886 年之间,每英亩葡萄园的价值下降了 60%。到 1897 年,拉让蒂耶尔专区的近一万五千英亩葡萄园已经全军覆没。这一年巴拉聚克只有约一百英亩的葡萄园能够产酒,是 1874 年的六分之一。[81]

　　为了杀死攻击藤蔓的木虱,生产者开始使用碳硫化合物还有硫酸铜治疗藤蔓,但前者在下维瓦莱地区的石灰岩地区效果不好。一些生产商试图把藤蔓整个浸泡在水里以淹死木虱,不过这在巴拉聚克不现实。在圣莫里斯-迪碧,有些农民在葡萄园喷洒人或猪的尿液,或是煮胡桃树叶的水,掺杂了祈祷的性质。人们在 1879 年发现,似乎从美国来的葡萄母树能抵抗葡萄根瘤蚜。嫁接和种植杂交葡萄藤开始带来一些好成绩。到 1891 年,大部分病变的葡萄园已经重新栽植了美国葡萄母树或美国与本土品种杂交的葡萄树。葡萄园渐渐复活,但所产葡萄酒却被认为一钱不值。[82]这一年巴拉聚克的村长报告,美国葡萄母树带来良好的结果,葡萄酒的价格也提高了。然而,糟糕的年景还在后面。虽然这种疾病再度出现过若干次,但国家补贴给予了一定的援助。到 19 世纪 90 年代中期,阿尔代什省一些地方的葡萄园已经恢复了活力。总体而言,每百升葡萄酒的价格已经上升了近三分之一,产量也在新世纪的头十年迅速增加。因此,从长期的角度来看,种葡萄的人大概比寄希望于养蚕的人更为幸运。尽管如此,危机显然尚未结束,因为桶装葡萄酒的品质尚未回归,如今的品质不断遭到抱怨。[83]

仿佛是为了再次强调农村生活多么脆弱,1890 年 9 月 22 日,经过四天有史以来最大的暴雨,阿尔代什河又一次猛涨,这次暴雨至今仍然铭刻在巴拉聚克的集体记忆中。不到五个小时,水位上涨四十英尺,比 1857 年的水平高六英尺。自治议会在头一天开了会,秘书在备忘录里记录:巴拉聚克没有人记得以前有过这样大的洪水。来势汹汹的大水冲走了磨房的屋顶,只留下损坏的墙壁和磨盘,另有无数的树木被连根拔起。河对岸有座谷仓在瞬间就被洪水冲走;几个园子覆盖了一层厚厚的碎石。沃居埃的桥梁(一共毁坏了二十八座)、磨房和五间房屋被卷走;在拉讷,新修的堤防也完了。整个专区有三十七人丧生,包括拉博姆桥的一家人。自治当局估算巴拉聚克的损失将近五万法郎。[84]

然后维瓦莱地区脆弱的农村经济遭受了第三波打击。这种疾病被称为“油墨”,一种微小的真菌把板栗树树干、树根和周围土壤变成墨水般的蓝黑色,慢慢地杀死树木,它最早于 1875 年出现在奥伯纳地区。到 1905 年,它已经传遍下维瓦莱地区(虽然没有直接影响巴拉聚克和其他低于海拔九百英尺的村庄)。面包树和黄金树一样遭受了一连串的灾害。自 1870 年代中期至1929 年间,板栗树种植面积损失了一半,至 1960 年损失达三分之二。[85]

## 被遗弃的梯田

时至今日,阿尔代什省人口数量的鼎盛时期依然是 19 世纪中叶。巴拉聚克的人口,因为轻易出现的繁荣而在 1851 年膨胀到九百零五人的顶峰。在 1861 年,该省人口达到最高点,有三十八万八千个居民。这种增长绝大多数来自农村,农村人口占 84% 的比例。人口的增长带来了农业的饱和,几乎所有的可耕地都被精耕细作。[86]

令人吃惊的是,回溯 1849 年,阿尔代什省的省长在试图解释省内居民很少外迁时,认为其原因是农民依恋自己的土地。六年后,一份学区督察员的报告算得上是对农村移民“比例如此之小”的反思。“只有工匠或从事商业的人才会离开乡村走进城市。"[87]

这位督察员的话说早了。繁荣时期在灾难中结束,逐渐导致阿尔代什省大规模人口外流,而它只是法国农村人口大范围减少的一个组成部分。法国三分之二的省 1939 年时的人口少于 1851 年。蚕的微粒子病、葡萄根瘤蚜、板栗疾病揭示了小业主经济的脆弱性。人口下降的趋势一直比较温和,但在 1896 年之后突然加快。在 1861 年至 1960 年间,阿尔代什省减少了超过十四万人,占居民数量的近 37%。"可怜又贫困的拉让蒂耶尔专区"在 1851 年达到最大人口十一万四千四百二十八个居民,而在 1911 年有八万四千零二十二人,1921 年只有居民七万一千八百五十三人。[88]山区的跌幅更是惊人。在 1906 年至 1911 年之间,即使出生率一直高于死亡率,阿尔代什省还是减少了一万四千二百人。人口大量流失开始于塞文山脉,当地损失了一半的人口,先是暂时外出,后转变成为永久移民,然后波及到石灰岩之乡。[89]

1857 年 12 月 22 日,专区长替一个贫民——时年 23 岁的莫利耶·玛丽——申请护照,外加旅费。她想从巴拉聚克去阿尔及利亚的奥兰,希望能在那里找到工作。村长塔斯特万写了一封信,支持她的要求。她带上几乎所有的家当前往马赛。维克多-雷吉斯·夏贝尔来自约安纳,从前当过兵,他前往马赛跨海去阿尔及利亚时,随身带着三百多磅重的行李,包括铁匠铺的锤子和铁砧,因为"他去阿尔及利亚是希望能在那地方吃上一口诚实的面包"。[90]

阿尔班·马宗于 1884 年探访巴拉聚克时,在行程的尾声匆匆浏览了绝大多数修建于 19 世纪的建筑物、微小的火车站、露天厕所——其实就是灌木丛,"太过时了!"他讲述了这样一个故事:自 1876 年火车开通以来,在巴拉聚克下车的乘客极少,站长会亲吻每个走下火车的人。事实上,因经济机会和人口均在减少,列车迅速成为出走而不是到来的象征。[91]铁路的出现,虽然为当地人提供了一些临时性的工作,却使得外出更容易。一个当时的人这样说道:"他们铺设轨道,然后沿着轨道离开。"巴拉聚克减少了几乎一半的人口,从 1851 年的九百零五人下降到 1861 年的八百七十八人和 1881 年的六百九十四人。1891 年,人口略微回升至七百零五人,但随后开始再次下降,1896 年是六百八十人,在 1901 年有六百零五人,1911 年还剩五百六十三人,十五年的时间减少了一百一十七人。如果 1884 年的霍乱波及巴拉聚克,此地的人口还会损失更多。[92]

那些留在巴拉聚克的人仍然继续在他们的小块土地上耕种。19 世纪 70 年代,巴拉聚克只有三个人缴纳商业税:约瑟夫·莱里斯,年长的船夫;让·皮埃尔,拥有磨房;路易·维亚内斯,经营自己的小餐馆。根据 1876 年的人口普查提供的工作分类,巴拉聚克八百零二个居民中,有七百四十八人依赖土地谋生。五年后,纳税最多的三十六人都是农民。在 1911 年,绝大多数的家庭耕种土地。此外,四十二个农业劳动者("[务农]长工"这一职业已经消失)生活在巴拉聚克,外加三个牧羊人。九个年轻妇女或女孩在制丝厂或纺丝厂工作。除去三个杂货店主和一个面包师,大约有十名工匠,还有几个妇女从事裁缝或织布的工作。[93]

如果说巴拉聚克拥有地产的家庭受大迁徙的影响较小(虽然家中的次子们也加入了出走的人流),那么阿尔代什省没有财产的人则是成群结队地离开。大多是 20 岁到 40 岁之间的青壮年男性,但许多育龄妇女也走了。他们走后留下了一个老龄化的群体,因而死亡率较高、出生率较低。[94]在一些地方,农村人口外流已经威胁到家庭和他们拥有了几百年的土地之间的联系。然而巴拉聚克有着延续了数百年的惊人的连续性,这个问题并不严重。

结婚的年龄延后了,这个事实同时反映出经济危机和农村人口外流,它反过来减少了人口出生数量。虽然巴拉聚克沿用已久的家族之间通婚仍然普遍,但有更多的村民与外村通婚。巴拉聚克现在有比以往任何时候都多的居民出生在其他地方,不过这一比率在 1911 年仍然只有约 22%,而且其中许多都是在邻村,只有三十一人来自阿尔代什省以外。[95]

1884 年,马宗归纳了阿尔代什省乡村的生丝生产和人口的全面减少:"每个人都更不富裕了;有点财力的土地所有者成为了穷人,而穷人则陷入真正的窘境。"[96]出走的人当中很多是短工或务农长工(虽然小制丝厂和纺丝厂雇用的工人有助于减缓这种下降)。他们离开后造成了劳动力短缺,农业劳动者每天的收入大约是两个法郎(如果管吃就只有一个);鉴于人手较少,雇用他们的成本也增加了。许多留下的人几乎无法掩藏他们的苦难,好比那些在两次世界大战之间的人创造了"以前的好日子"的神话,他们培育出来的令人缅怀的"黄金世纪"仅仅持续了大约三十年。[97]

到 1911 年,超过十二万出生在阿尔代什省的人住在别处。总计,出生在阿尔代什省的人口有 40% 择木而栖,在当时,似乎是只要离开当地就行。当然,有些人出走的动机不仅是绝望,也是准备寻找在阿尔代什省根本不存在的机会。因此,在一定程度上,巴拉聚克和其他村庄的人口减少也反映了农民在追寻更好生活时的适应性。[98]

20 世纪初,对离开下维瓦莱地区的人而言,马赛和里昂这些地区的吸引力扩大了。留下的老人还记得"农民走向灰色的城市的移民潮"。[99] 阿尔代什人在里昂、马赛和阿维尼翁的同乡会每年都有聚会。1912 年,"阿尔代什的巴黎女子"宣布住在巴黎的阿尔代什人召开第二十一次年度聚会。这是一个阿尔代什"共和派俱乐部"在首都举办的会议。虽然嘉德省和卢瓦尔河地区的矿场吸引力仍旧相当大,但离开阿尔代什省的人越来越多地当上了宪兵、铁路员工,在政府办公室和军队里工作。巴拉聚克有一名妇女的祖父第一次世界大战前在里昂分别干过警察和铁路工作,这些都是走出阿尔代什省的人寻找的典型职业。在 20 世纪初,每四个阿尔代什人就有一个居住在省外。[100]

右翼和左翼的报纸均谴责大规模农业人口外流。《塞文山脉共和报》在 1909 年哀叹:"无人的房屋在风中瓦解,又老又贫瘠的荒芜农场被藤蔓侵占,被遗弃的围墙现在仅仅标志着苦难和孤独的边界。这一奇观让你心碎。"《拉让蒂耶尔回声报》指责道德崩坏、家族衰落、出生率下降、高税收,以及三十年的左翼政府统治:"我们的地区受到破坏。我们建成了道路、铁路线和有轨电车,普及教育并完善农业模式,但如果我们失去了最本质的东西——我们的人民,这些又有什么意义?"《回声报》注意到"道德丧失"似乎与移民一起出现,建议每个县组建一个天主教委员会,保证移民在开始艰苦跋涉之前具备"良好的道德条件",因而不会"在道义上、政治上和宗教上丧失自我。"博内主教谴责生育率下降,并于次年谴责了农村的人口外流。[101]

浏览一下从 1903 年到 1921 年期间,在巴拉聚克寻求免税的人所作的声明,能让我们了解人口外流的情况。申请自己不应该缴纳某一税款的声明内容里包括丢失马匹,而伊波利特·雷东是因为卖掉了他的汽车(显然是巴拉聚克的第一辆),但也夹杂着其他的情况:路易·布瓦耶(1910 年)宣布"他年底一定会离开这个自治村";约瑟夫·布歇(1910 年)报告说"他的儿子六个月之前就永远离开了村子";马里于斯·穆拉雷(1910 年)要求免除

他一个儿子的一项税收,因为他"最终离开了自治村";雅克·多图埃特
(1912年)"不再在自治村里拥有任何财产,因为被没收了,而且也不住在这
里了";克莱芒·费尔南已经"离开巴拉聚克超过六个月"而且(1912年)住
在(洛泽尔省的)维勒福尔;而此前六个多月,路易·塔斯特万的兄弟已经搬
到了里昂。莱昂·莫利耶离开了他的小餐馆(1912年);路易·迪福(1913
年)在圣安德烈-克吕济耶尔给自己找了份农业劳动者的工作。路易丝·维
亚内斯,大概是客栈老板路易上了年纪的寡妇,于1913年离开了巴拉聚克;
后面登记的条目写到,在当年年底,她已经"以贫民身份死在了努瓦尤斯,没
有继承人"。离开巴拉聚克的那些人往往在村里没有自己的土地,或是有土
地家庭的旁支。[102]当自治机构决定出售原先的女校时,男校的老师吉里进
行了估价,他报告说,两幢旧房子价值不大,因为它们位置偏僻,外加"巴拉
聚克有大量房屋空置。"[103]这个世纪上半叶的巨大希望躺在了废墟里。如
今,陡峭的山坡上废弃的梯田,是大迁徙无声的证人。

# 第五章
# 黄金树的树荫下

让-马蒂约·吉贝尔，36岁的单身汉，有十二年教学经验，1833年来到巴拉聚克教书。同一年稍晚，《基佐法》获得通过，该法案得到以严厉著称的尼姆新教徒的支持，它要求法国每个自治村均应"提供适当的环境，以同时作为学校和教师生活的场所"。吉贝尔尽管已从事该工作多年，但自己没有文凭，"受的教育也不多"。他由区教育委员会任命，并得到尼姆学区教务长的批准，原因或许是因为他提供了一份品行证书，而这种文件一般由其老家或者执教地的自治村村长或牧师签署。[1]

吉贝尔的生活条件充其量勉强与那些苦苦挣扎的农民们相当。自治机构提供的宿舍就是租用的校舍，位置在"夏季入口"附近，自治村为此每年支付五十法郎。吉贝尔要依靠收集一些零星的费用度日，每名学生每月1或1.50法郎（年纪小的学生少些）。如果所有学生的父母都交钱，他应该有大约三百法郎，外加自治机构预算中的两百法郎。很难想象吉贝尔是怎样过日子的：1836年，各家应交费用中，他只收到三十二生丁（可能收到过一点实物）！他担任自治村秘书能多赚三十法郎。过了一年，四项直接税有所提高，自治机构收入增加了八十四法郎，外加政府补贴，他们可以给学校多租些房子了。[2]自治议会认为六个孩子算是"贫民"，可以免费上学（这一数量在1836年上升到十四人）。督察员记述到，在这样一个贫困地区的村庄，不可能期望更多了，而且此地当年还大闹了一场流行病，"让巴拉聚克饱受苦难"。[3]

《基佐法》提升了乡村学校校长的地位。它的效果立竿见影，法案生效后，吉贝尔立即比他的前任（土生土长的巴拉聚克人）更为常见地充当起生活大事的正式见证人。他签名的字迹明显很自信，每个签名说不定都会从能拿出点东西来的家庭收到几生丁。

一名另一个村庄的男子带我们回到他童年那窄小、拥挤的课堂上：

> 学校绝对令小学生们胆寒。教师类似于妖怪，整天忙着鞭打和惩罚学生……到了上学的时间，孩子们哭喊着，好像要送他们上断头台。大多数时候父亲或母亲不得不用力把他们拖去学校……我小村落的学校的情景犹在眼前，校舍里的长凳、笨重的桌子、光秃秃的墙壁、老师的办公桌——孩子们走上去的时候总是颤抖着，因为椅子上悬挂着可怕的九尾鞭。我们挨打的场景仍历历在目，老师伸出手掌，因为我们犯了乱动或与旁边的人说话这样可怕的错误。最大的孩子，那些"能写的"，有坐在桌边的特权。最小的只能坐在没有靠背的长凳上……一小时一小时地钉在那里，动弹不得，无事可做，也没有人关心他们。[4]

巴拉聚克的孩子通常在 6 岁开始上学，但在下维瓦莱地区，孩子平均就读的时间也就四年多一点。在 1836 年至 1837 年冬季，有三十个男孩上学，但夏天仅有十五个。[5]任何学费都会降低上学的比例。如果可以在上学与运石头、照看山羊或帮助养蚕之间选择，各家都觉得小男孩不去念书才是最明智的。

吉贝尔的小教室没有黑板，只有很少的桌子或长凳。就如一位督察员指出的那样"什么都缺"。这位新来的教师运用个别教学法教学（也就是说，叫一个学生上前，而其他人只是坐在那里），手头用来上阅读、书写和基本算术课的书本只有很少的几本，具体包括《圣经》，几本《教会问答》（教师用它们充当学习阅读的课本），一册单词拼写课本，几篇"如何书写的课文"，一卷《基督教行为守则》，若干《安贝尔箴言》，以及一套维维耶主教出版的宗教手册。此外，还有两把尺子。当督察员来到巴拉聚克，发现吉贝尔维持课堂秩序的能力与效果"平庸"，而他的教学水平也"很平庸"时，便斥责学校"经营不善"，并指出教学缺乏进展。尽管如此，吉贝尔似乎在村里人缘不错，没有人批评他的品行。但是，有人，无疑是村长，记述他与自治机构的官员关系"尚可"，抱怨吉贝尔"不论多么可敬，但关系过于广泛"。这位老师的专业可能遭受过抵制，这种抵制也许是来自村里的牧师，后者有可能认为他对巴拉聚克儿童的虔诚构成潜在威胁。[6]在 19 世纪三四十年代之间，即使在这个宗教活动相对较多的地区,年轻一代的教师中依然出现了反教权思潮。[7]此外,吉贝尔代表国家,而且人们越来越这样看待他和他的继任者,这本身不可避免地把他放到了牧师的对立面上。他那间小小的学校,不论多么差劲,却成为巴拉聚克自治议会关注的焦点,后者尽管长期缺乏资金,仍打算在当地找一处合适的地点。

# 黄金树下的巴拉聚克

让-马蒂约·吉贝尔所在的新村庄正在迅速成长。1851 年,黄金树热把巴拉聚克的人口推高至九百零五人的历史峰值。然而,几乎所有的居民仍然跟几个世纪以来一样,抱团居住在村庄里或三个分枝的村落中。五年前,在普查时,十六个家庭住在"大街"两侧,大街从萨布利埃门一直延伸到"夏季入口",十二个家庭围绕着教堂前面的小广场居住。越来越多的房子,其中一些仅仅是扩大的石头小屋,建造在村庄的外围,共有三十五个家庭和一百八十九人居住在其中。[8]塞尔维埃村落(五十二个居民)、奥东(八十八人)和卢安(五十人)仍然是重要的人口中心,这三个名副其实的小村共有一百九十个居民。

较高的出生率,外加死亡率下降,都有助于解释人口在 19 世纪上半叶增长。[9]尽管"大革命"和法兰西帝国时期动荡不安,但维瓦莱地区的人口持续上升,从 1789 年的二十五万九千五百零四人,至 1806 年的二十九万零八百三十三人,而在 1861 年到达高峰,超过三十八万八千居民。下维瓦莱地区的人口上升得更快,沿着陡峭的山坡激增的梯田就能说明问题。[10]

于是,在 19 世纪上半叶,巴拉聚克人口猛增。从 1806 年的六百五十三人增至 1820 年的七百六十二人,1836 年有八百人,到 1846 年有八百八十人,而在 1851 年达到九百零五个居民。在 1801 年至 1850 年间的大多数年份,出生人数超过死亡人数。不过,婴儿死亡率仍然非常高:1844 年共计三十三人死亡,其中十五人是不足一岁的婴儿,剩余的还包括 5 岁或以下的儿童。但是,在整个村庄的范围依旧相对的地广人稀,主要是因为"格拉台地"几乎无人居住。[11]

　　大多数婚礼还是在巴拉聚克的男女之间举行,婚礼仪式上,新郎和新娘带着由自己的家属和证人组成的长长的队列巡游全村。在其他情况下,配偶之一来自周边的村庄(通常是新郎,只有四个例外):拉讷、维内扎克、圣莫里斯-达尔代什、普拉冬和洛拉克。总计六十七对新人中,只有一个出生在阿尔代什省以外:36 岁的泥瓦匠约瑟夫·埃克斯布拉亚家在上卢瓦尔省,此人于 1835 年结婚,后面有他更多的故事。[12]

　　巴拉聚克仍然是一个农民的村庄。脆弱的农业经济几乎涉及所有家庭的所有成员,不论是与户主一起耕种,还是妇女照料房子和庭院,或年长的儿子打短工,替别人兼职或全职工作。巴拉聚克的人口增长导致工匠数量上升,有五个泥瓦匠,四个裁缝,两个铁匠,两个理发师,一个木匠,一个鞋匠和一个面包师,外加两个女缝补工和两个客栈老板。客栈老板中,一个是在萨布利埃门接待旅客的路易·维亚内斯,而另一家位于从前者通往"夏季入口"的长街上。然而,几乎所有这些有手艺的人也在巴拉聚克拥有土地或耕种土地。人口普查也计算了牧师西普里安·鲁,两位教师路易·弗罗芒坦和玛丽·拉法内尔,还有船夫奥古斯特·莫利耶,他负责把人和动物运送过河,农村警卫,还有约瑟夫·格拉涅尔,他靠在教堂敲钟和埋葬信徒为生。[13]

　　房间因为有父母和其他亲属一同居住而更为拥挤。例如,路易·莫利耶家包括他的妻子,四个孩子和他的姑姑;而安托万·弗罗芒坦家有他的妻子,三个孩子和他的双亲;安德烈·布瓦耶与他失明的妻子安,三个年幼的孩子以及他母亲一起生活。[14]

　　这次普查发现了与过去相比的变化和连续性。六名年轻妇女从事纺织,在阿尔代什河与其他河流沿岸的小纺纱厂工作。有几个人是贫民,接受"慈善机构的协助"。这些人包括安·库尔,一个自耕农的妻子,以及玛格丽特·格拉涅尔,一个短工的妻子。长者安托万·布雷的家庭包括他 38 岁的女儿罗斯,记录上说她"精神错乱,但没有危险",和她 10 岁的"私生子"(当时在下维瓦莱地区很罕见)。眼盲的男孩让·鲁我们在第三章说到过,他现年 56 岁,以编织渔网谋生。最后,还有十个"长工"——男性农业帮手(其中八人住在远离村庄的较大的农场里)——七个佣人,以及十三个家在巴拉聚克的牧羊人。

巴拉聚克的人口增长令"夏季入口"外面的小墓地挤得满满的。即使出生率逐渐超过了死亡率,但流行病仍偶尔肆虐村庄。1833 年,在霍乱绕开了拉让蒂耶尔专区后,另一种疾病出现在巴拉聚克。[15]这是一种称为热病的霍乱,导致巴拉聚克四十九人死亡。在这些受害者中,十五人不到 2 岁(包括一对夫妇的全部两个孩子),十九人超过 60 岁。七个姓莫利耶的男子、妇女或儿童死亡。这一年,巴拉聚克有六十五人死亡,而只有二十一人出生。同年,巴拉聚克只有一对夫妇结婚,婚礼颇受重视,双方分别是罗莎莉·塔斯特万,村里最富裕的家庭,和埃蒂安·布兰,他来自圣日耳曼。1834 年,三十五人死亡(对应二十四人出生),反映出这场瘟疫余波犹在。然而在1835 年,有四十人出生,只有十人死亡。[16]

这些突然发生的死亡要求有更多的空间来下葬。此外,村议会认为这场流行病的原因是"墓地散发的瘴气,它过于靠近老寨墙……随着人口增加,挖掘新墓坑的时候总会悲剧地发现尚未腐烂的骸骨"。三户人家同意把土地卖给村里用作新的墓地,这一处更靠近教堂,就在河边。然而,自治机构没能力向他们支付任何东西。新的,大概也是暂时的墓地很容易被频繁的暴雨导致的洪水淹没,而从坟墓里冲刷出来的东西更可能最终渗透到"夏季入口"下面的"泉水"里,它在 20 世纪的大部分时间依旧是主要水源。同时也距离几幢房屋过近,1853 年,其中两户人家试图迫使自治村搬迁墓地,或至少建立围墙。但眼下只能凑合了。[17]

巴拉聚克村仍然只有崎岖的小路,而没有大路。有条路叫作拉普斯泰尔勒,从简陋的波特拉庄园城堡那边通过来,走"国王大道"的旅客可以由此穿行。另一条小路,宽度勉强能通行一辆马车,环绕着老寨墙,新大门的小广场就在它外面。在这条小巷下面分布着一些带露台的园圃,顺着山坡下去就是墓地。一条小路经过教堂和教堂前面的小广场,当时那里是村庄生活的中心,此路便是"女巫缺口",它如今依旧切入岩石并从其下穿越。小路会绕开石头房子,包括一些可能是地下通道的位置。磨房在山下很远,1825年的土地调查表明有座水坝把水引导到磨房的水车上,以提供足够的动力来推动巨大的磨盘。河流沿岸的园地易受洪水侵害,特别是上游位置。

1836 年,巴拉聚克的农民种植了一百二十英亩小麦,黑麦、大麦和燕麦各二十英亩,以及土豆和蔬菜各十英亩,外加葡萄园。村里很少有公牛、母牛或马匹,崎岖地形的动物更常见:四百只绵羊,三百只母绵羊,三十只公羊,三百只羔羊,一百只山羊,一百头猪,还有五十匹骡子和两头驴,基本上都是穷人的动物。在每年屠宰的一百只动物中,肯定以圣诞节期间吃的猪为主。[18]

## 自治机构的当务之急

中央集权的国家权力通过省长和专区长传递到最小的村庄,并通过村长和自治议会实现;而在这一过程中,自治村逐渐取代教区,成为地方认同感的中心。在"波旁复辟"期间,人们并比不旧制度时期更加幻想能实施地方自治。国家的权威和乡村的贫困仍然是自治政府的两个基本事实。在大小类似巴拉聚克的村庄,自治议会在"波旁复辟"期间包括八名男子(在随后的政权下变化为十、十二、十一个人),两个人担任村长和副村长(副手)。省长或专区长必须批准各自治地区的预算。国家要求各自治议会通过表决来决定是否出资雇用农村警卫和维修村庄的道路。[19]然而,这两项义务,以及在 1833 年增加的设立公立男子学校的义务,迫使巴拉聚克村成为求助者,把国家视作资金来源,源源不断地提出请求。不过,在拿破仑帝国的最后几年以及"波旁复辟"期间,自治议会极少召开会议(往往每年只在 5 月有一次,而且 1816 年根本没有),有的时候,登记簿上只有年份,没有具体的月或日。每次都难免有一二个成员没来开会。[20]

受到"大革命"的鼓动,自治管理在法兰西帝国时期已经变得更加组织完善。旧制度下的法院书记员或村里的书记员,变成了自治机构的秘书。1806 年,雅克·莫利耶成为秘书,他 26 岁,是"土地拥有人,知道如何读写",他的父亲在"大革命"时评估过国家财产的价值。然而,自治机构必须拼凑出他那微薄的年薪。[21]三年后,阿尔代什省的省长看到自治议会的记录往往是"既不精确,又不规则",下令巴拉聚克在登记簿上填写备忘录,并送到专区里审批。会议记录从这一年开始,并一直持续,没有间断过。[22]

村长、副村长以及自治会议的委员均来自拥有财产并能够读写的一小群人,因而能在备忘录上签名(与旧制度时期一样)。这些农民可能比其他居民生活略好,但也好不了太多,除了一二个以外。除掉 1821－1823 年由雅克·莫利耶担任村长以外(他的评语是"良好的管理人"),来自萨勒的亚历山大·塔斯特万一直都高居这个职位,他是村里最富有的人。"非常效忠于政府"(虽然他父亲曾经在法兰西帝国任职,并在"大革命"期间试图保护沃居埃家族在巴拉聚克的利益),适当的财富令其生活安稳,他在1815年年底受到任命,以取代已故的安托万·奥扎。塔斯特万的父亲一直担任村长,直到1801年去世。那一次,巴拉聚克和它旁边的圣莫里斯-达尔代什都说自己有权埋葬他,因为萨勒位于两者之间。据说最后是人们让马自己走向圣莫里斯,停到哪里就埋在哪里。在这个很少有人出过远门的村庄里(而且整个世纪约80%的人口都在当地出生),让-巴蒂斯特·塔斯特万在1846年到过圣埃蒂安,而且第二年又去了一次,两年之后,他去了蒙布里松,也是在卢瓦尔河地区。通过他的护照(原则上在行省之间旅行就需要携带),我们了解到他有五英尺八英寸高(约1.72米),时年63岁,有着花白的头发和胡须,左脸颊有一道疤痕一直到口部。[23]

那一时期,塔斯特万家族是巴拉聚克最富有的。1806年8月,安特雷格的埃马纽埃尔·亚历山大·加蒙与罗莎莉·塔斯特万结了婚,他是一个富有的律师和公证人的儿子,他的兄弟是"大革命"期间"全体会议"的成员。这可不是一件小事。事实上,见证人里只有安托万·奥扎不会签名。萨勒的让-巴蒂斯特·塔斯特万,新郎的兄弟,置备了三万法郎的可观嫁妆,并以巴拉聚克的一大片牧场作为抵押品。这对夫妻同意按当地的习俗缔结婚姻契约(夫妻财产清单),罗莎莉放弃她现在和未来所有的财产。等加蒙死后,他的儿子和新儿媳将继承他在安特雷格的房屋、家具及家居用品(详细列明:一个餐具柜和二十四把椅子,十二套银餐具,十二件铜炊事用具,一座精美的时钟,四打餐巾,共计价值一千两百法郎——巴拉聚克没有其他人能这样用餐),小庭院,园圃,以及他的公证人的业务,他的儿子将子承父业。老加蒙将会退休,让他的儿子和新婚儿媳妇过上优越的生活。这样的安排非常符合旧制度时的传统,在那个时代,在继承人结婚之际馈赠是传承财产的方式之一。[24]

安托万·亚历山大·塔斯特万(儿子)是喜欢大嚼豪饮的人。一次,塔斯特万骑马去奥伯纳的市集,他开心地用剑乱砍一个陶器商人的陈列品,还用土语喊叫:"别担心,塔斯特万家会掏钱的!"塔斯特万这种爱出风头的性格很可能惹恼了专区长,后者在 1819 年找来雅克·莫利耶取代了他。不过,莫利耶于 1823 年辞职后,塔斯特万几乎不可避免地再次成为村长。[25]大多数村议会成员会一直供职到他们去世。即使克劳德·布瓦龙在 1823 年跟随莫利耶辞去副村长职务后,他仍然留在自治村议会里。三年后,亚历山大·塔斯特万再次成为村长,而雅克·莫利耶这次担任了副村长。[26]

几项直接税由省长认真监督,它们给自治村的预算提供了资金:财产税(土地和家具)、门窗税以及营业税(只有少数居民需要支付)。由于收入很少导致预算紧张:在 1813 年是 454.60 法郎,而 1844 年有 826.19 法郎(反映了村里的人口增长)。支出包括几个法郎的办公费,慷慨地对出生、结婚和死亡登记簿进行装订,订阅官方的行政报纸和不可或缺的法律公告,偶尔修理神甫宅邸,强制性捐款给瓦隆地方执法官的房租与县监狱的管理费,还要拨款支付秘书的薪金和缴纳村里公共土地的税款。最后,保养村里的时钟,费用虽然不高却很紧迫。[27]

村议会的慎重,使得 1826 年那微不足道的四百六十七法郎的预算基本足够,“鉴于自治村的资源贫瘠,只能关注那些绝对必要的项目”。1829 年,塔斯特万记述,在五年之内,他从来没有要求报销自治机构的开支,包括秘书(这个职位他仍然使用了旧制度时期的称呼“书记员”)的工资。这一年有个特例,有二十五法郎(相当于城里工匠十天左右的收入)用以应付“不可预见的费用”,还有二十六法郎用于“公共节日”。[28]

贫困冲击着乡村生活。因为自治村没有村公所,所以会议往往在某位村民的家中举行,偶尔在小酒馆里召开;村长把土地调查册保存在自己家里。考虑到如果没有村公所,巴拉聚克的自治机构很难在“不损害尊严和破坏礼节”的情况下长期维持下去,于是自治村租下一处小地方算是凑合着有了村公所。购置和维修房屋的计划则反复讨论多次却没有结果。[29]

与许多自治村不同,巴拉聚克无力出资维持教堂,这很可能激怒了巴拉聚克的牧师。显然巴拉聚克人也不太可能从教区得到帮助;教堂理事会几乎没有资金。

19 世纪上半叶,农村警卫的工资突然成为村里有史以来最大的预算项目。自治村在 1791 年首次获准聘请农村警卫,这一角色很多地方早在旧制度时期便已存在,而从 1795 年开始则必须设置,那一年特别艰难。警卫要看守田地——特别是在收获期间和收获刚刚结束的时期——和动物,以防止无论是针对私有土地还是"格拉台地"的盗窃。这在巴拉聚克不是一件容易的事,一方面村子很大,另一方面地形复杂。[30]

农村警卫还有其他理由防备外人。维瓦莱地区常有暴行,不过山里比山外地区更多。在一些海拔较高的地方,男子身背又长又粗的棍子,并把它称作他们的地方执法官。在 1821 年,激烈的斗殴甚至会导致死亡,如马科尔村的教师被两名男子错当别人而误杀,以及一个人从拉讷的集市回家的路上被打死等,"舆论哗然","点名道姓地说是格勒尼耶、拉迪耶和马利耶召集了巴拉聚克自治村的卡迪纳尔和珀莱(让)"。[31]

巴拉聚克的国民自卫军随着拿破仑下台一起不复存在。"1830 年革命"将波旁王权驱赶出法国后,它又恢复了,但依旧只存在于登记册上。一百一十一个人,仅有四条步枪。因此,没人配发制服也就不重要了。1831年 4 月,巴拉聚克的两名国民自卫军军官应该到瓦隆宣誓效忠,但谁也没去。[32]

于是农村警卫才有必要。不过,巴拉聚克的微薄资源令大多数年份缺乏足够的钱来支付两百八十法郎的年薪,然而这点钱本来就不够生活的。为凑齐这一数额,村议会甚至还要在直接税上额外收取几分钱以便贷款。这种措施必须争得村议会和十个没有进入村议会的主要纳税居民批准。[33]

巴拉聚克的农村警卫职责包括一千八百九十公顷(约三千八百英亩)遍布岩石、地形复杂的土地。他的首要工作是防止田间盗窃,特别是在收获季节,还要看护林木,禁止非法砍伐。他还负责监管小餐馆和小酒馆适时关门,如果有变故,则需向村长报告。[34]然而,虽然村里人都认识农村警卫,但他们既没有制服(不论他们自己或自治村都无力承担),也似乎没有佩戴任何代表权威的特殊徽章。

农村警卫更要警惕偷猎者或非法渔民,不过部分人在这上面并不认真负责,或假装看不见。[35]1906 年,两名巡逻的宪兵在村子上游的"格兰穆尔"发现河中漂浮着大约两百磅的死鱼,都是被打鱼人用炸药炸死的,而且因为匆匆离去,甚至没来得及捞起一部分战果。1909 年 8 月,两名宪兵进行巡逻"以制止我们的河流上的盗窃行为所造成的损失"。有天晚上,两名男子捕鱼时被发现了,就向巡逻的宪兵们投掷石块,等第二天宪兵返回河边,发现两个男人正光着身子向河里投掷炸药筒,然后从河面上捞起死鱼。尽管宪兵进行了漫长的追逐,但最终两个打鱼人还是"借助茂密的树林和陡峭的石坡"逃脱了。[36]

负担如此之重,至少相对而言,可以想见农村警卫很容易成为不受欢迎的人物。1812 年就有村民抱怨新任命的警卫一直无力阻止"格拉台地"上"毁坏"公有树林的行为,估计是周围拉讷、维内扎克和于泽尔等村子的家庭干的。巴拉聚克需要一个"孔武有力的男人,以阻止这样的毁坏,并给居民带来平静的生活"。甚至巴拉聚克的前"大革命"国民自卫军成员也参加了巡逻,这一工作令"很多居民感到不安"。长期的冲突没有得到解决。依赖"格拉台地"公共土地上稀少的植被为生的居民相信,"他们的生计"受到威胁,也觉得自己"将来会生活困苦,无力支付他们手上那点可怜的财产应该缴纳的税款。"特别是在 19 世纪三四十年代,一个又一个警卫(通常是老兵)辞职,他们无法仅凭那么少的薪水做这么艰巨的工作。[37]

这里尤其要提一下莱里斯,他在 19 世纪 40 年代无视自己的职责,而靠运送人与动物过河挣钱。在此期间,歹徒通常趁着黑夜,损坏财产、破坏收成、砍掉桑树。一次在巡逻时,莱里斯遭到一阵石块袭击,就直接回家了。这令他在村里很"不受欢迎",村议会投票一致同意暂停他的职务,不过在决议案末尾的签名中有几个名字被划掉了,仿佛是在抗议这个决定。1851 年5 月,自治议会的七名成员拒绝继续履行职责,除非解除莱里斯的职务。然而两年后,莱里斯仍然拥有这份工作。次年,村议会拒绝把他的工资列入当年的自治预算之中。[38]

在一个闭塞的村庄里,有一位农村警卫有时似乎并不够。尽管河流左岸的部分地区定居人数增加,但相当多的道路和田野——尤其是"格拉台地"——仍旧偏远。此外,深蓝色的天空到了夜里是漆黑一片,通向于泽尔的道路上还没有灯光来破坏那原始之美。这定然会让游客们犹豫不决,特别是在没有月亮的晚上,只有夏季的鸣蝉会打破这份寂静。村子里今天仍然有陡峭、凶险的斜坡,那种道路任何人都要小心翼翼。即使它当年的人口是如今的三倍,但突然出现的陌生的声音,甚至是脚步声都会令人不安,因为大家都熟知邻居们的足音。怪不得前文讲到韦戴尔和他那里昂的同伴在19 世纪 80 年代初突然到达当地时,会吓坏窗口的那个女孩,让她立即出现了可疑的反应。

在 1893 年，一个盗贼抢劫并打死了在远离村庄的房子里孤身生活的一个老人。两年后的 7 月，27 岁的无业游民约瑟夫·瓦谢首次出现在村里守护神的圣徒节上。[39]正是这种偏远的环境，使得瓦谢在 19 世纪 90 年代中期杀害了许多儿童。他连续进行了一系列可怕的性侵犯和令人毛骨悚然的凶杀，起点是安省，有人在那里发现一个 16 岁男孩的尸体被开了膛。两年后，瓦谢因在罗纳省袭击一个女人被逮捕。他供认犯下的可怕罪行，从勃艮第到阿尔代什省，包括性侵犯和杀人，受害者有七女四男；但他杀害的人有可能比此数还多四五个。受害人中包括一名 14 岁的男孩，是 1895 年在下维瓦莱地区丧命的。[40]1910 年，独居在"格拉台地"的一个女人听到了动静，结果是有个男人想要吃点东西，她给了此人后，说需要去照顾绵羊，请男人离开。结果没想到当她回家时，那个男人还在那里，并用刀子威胁她，把她捆绑起来，搜索了柜橱和抽屉，却一分钱也没找到（因为那女人什么也没有），这才离开。最后，那女人自己跑了出来，然后去通知大家。[41]

在巴拉聚克，大多数犯罪都包括盗窃。1861 年的一个晚上，有人放火烧毁了属于前农村警卫莱里斯的干草堆，造成了二百七十法郎的损失，这是相当大的数目。令人怀疑是不是报复。1892 年，两名男子在布瓦耶家大吃一顿之后，还顺便拿走了几瓶葡萄酒，遭到村民追赶。1908 年，一位老人回家时发现，盗贼进入了他的房子，还拿走他藏在木桶下的九百法郎。还有人企图自杀（一个成功的案例归因于饮酒），偶尔出现醉酒对抗宪兵的情况，一个人因猥亵被逮捕，一个 23 岁的女人在奥伯纳的丝绸工厂工作，偷偷产子后涉嫌杀婴。这都是些悲惨的事件，但还不够填满薄薄的一册警察记录簿。[42]

在 19 世纪上半叶，三大问题困扰着自治议会。首先，打破大自然的阻隔，以便改善村民销售其产品的能力，是自治机构一心想解决的头等大事。其次，就"格拉台地"上的权利与邻村之间爆发的冲突。再者，1833 年的《基佐法》以国家的名义认可了巴拉聚克的学校，给吉贝尔和他的继任者们越来越高的威信，在村里起到日益重要的作用。此外，该项法律很好地证明了村里的自治议会如何积极应对外界的变化，逐渐学习操纵它们以利自身。

维瓦莱地区的丝绸之路，从罗讷河的拉武尔特，通过普里瓦、奥伯纳和努瓦尤斯，抵达阿莱斯，经过巴拉聚克的路段长达三英里。有条路从奥伯纳到嘉德省边缘的巴尔雅克，经过拉戈斯和瓦隆，距离巴拉聚克太远，起不到任何作用。[43]前往巴拉聚克的旅客就算穿越"格拉台地"到达阿尔代什河河岸，河流本身仍然是天然障碍，它对塞尔维埃和奥东的居民也是如此。后者的居民上教堂仍然要分别到拉讷和于泽尔去，这两个地方尽管比去巴拉聚克的教堂路更远，但路途更容易。虽说在夏季低水位的时候，阿尔代什河有些河段可以涉水而过，但每年大部分时间还是要依靠渡船，只是费用很少。人们现在还能看到渡船停靠在河右岸的位置，还有一条小路连接到稍大的路上，那条大路爬上陡峭的山坡，通向"格拉台地"，并最终抵达于泽尔。1805年，渡船的经营权跟随渡船一起出售给让·朱利安。他支付了四分之一的租赁费换取了船只的所有权，那条船"状态极差"，有一只桨和一把小锁。[44]

社区资源不足，无力维护村里的道路或小路（乡间道路）。这些道路不仅连接村庄周围与河对岸的田地，而且在理论上也连接着外部世界。因此，旧制度的传统劳役规定，每户支付任何直接税的人家，每年必须无偿提供18岁至60岁之间的男性劳力工作三天。有财产的人也必须无偿提供三天的货车和驮畜。（在我们的时代，村里的居民每年要花一个上午用于填补路面的坑洞。）从技术上讲，各家可以赎买这项义务（与征兵时有钱人家的儿子抽中一个倒霉的签号时一样），但很少有谁家能够考虑这种奢侈的方法。[45]

当1837年省里首次开始考虑修建从阿尔代什省南部到贝格新城的道路时，村里的自治机构表现出极大的热情，希望造一条与河流平行，直接连通吕奥姆和沃居埃的大路。两年后，村议会成员（他们都会清晰地签名，而且信心十足）同意要求省长对新道路进行分级（从而具备使国家资金的资格），而新路将与现有的小路交汇。[46]

1846年，巴拉聚克人抱怨，他们的货物被迫接受不合理的低价，例如，在吕奥姆一年两度的大集上，每个人都知道把未售出的货物运回巴拉聚克有多困难，而且会让人彻底泄气。如果说桑树是黄金树，那么计划中连接吕奥姆和沃居埃的道路就好像是黄砖大道。*

村议会投票额外征收三生丁的税，用以支付沃居埃—吕奥姆大路款项中巴拉聚克需要承担的部分。在审议过程中，这笔款项让人大为烦恼。村

* 黄砖大道 yellow brick road 指《绿野仙踪》里面主角桃乐丝寻求出路的必经之路。——译注

议会在紧迫的现实中"仔细研究并反省了"这个议案,"巴拉聚克如此贫困,有相当数量的居民为了家人的生计必需整天工作,没有商业活动,鉴于自治村的窘境……以及缺乏通畅的道路,只能花大力气把自己的产品运送出去"。巴拉聚克把自己的希望寄托在其产品的"销路广大"上面,如果路修好了,必定如此。然而,当 1847 年测量人员要求巴拉聚克支付三十法郎,作为绘制从吕奥姆到沃居埃的道路图的分摊费用时,自治机构不得不承认它根本没有三十法郎,但会把它添加到下一年的预算里。即使修好这条新路也不算完,村里还要新开一条小路才能跋涉一英里多连接上大路。1849 年,"立法院"分配六百万法郎以协助乡村延伸、修缮和维护道路,而巴拉聚克分到了三十五个法郎的"巨款"。村议会决定用这笔钱来"改善巴拉聚克的渡船在河对岸不便于使用的小码头……由于似乎每天都会发生一些意外。"最终,在 1850 年 5 月,村议会再度增加了五生丁的直接税,以铺设一条连接新大路的小路。四年后,委员会投票设立维修四条小路的基金。即使是村里临河的部分,其中包括教堂、神甫宅邸、女子学校,以及巴拉聚克约三分之一的人口,都仍然没有"康庄小道"通往主要道路,它的居民注定了"生活在隔绝之中,抱怨他们生产出东西也没钱挣"。[47]

## "格拉台地"上的灾难

在此期间,有关"格拉台地"的长期权利之争把长年贫困的村庄拖入巨大的灾难中。[48]在法国大部分地区,公共土地提供了牲畜的牧场、采集果品的树林、可以砍伐的灌木丛以及各种能食用的植物、浆果,甚至谷草。巴拉聚克公共土地的主体是面积大约两百公顷、遍布岩石的石灰石"格拉台地",即阿尔代什河右岸高处、靠近自治村与拉讷和维内扎克边界的那片荒凉、贫瘠、石头满地的侏罗纪高原。[49]我们已经看到,"格拉台地"的所有权和使用权之间的差异从来都不重要,但在"大革命"期间,私有财产被神圣化,周围村庄的居民提出了所有权的问题。

1818 年,自治议会决定分配"被称为'格拉台地'的公用土地"。他们这样做,因为巴拉聚克"所有的"居民都有这个愿望。当时希望可以凭借农民家庭高涨的积极性,把这块价值有限、产量微薄,除了放牧和采集外没有其他大用途的原野,转化为高产的小块土地。这片公有财产应该分割成与巴拉聚克家庭数量相同的小块,以平实的价格售出,分期付款。三位正式任命的"专家"即公证人,将评估巴拉聚克崎岖的"格拉台地"的价值。巴拉聚克的其他公共土地,分散在村里五处不同的地方,最终也将被分配。土地分配似乎采取了抽签的办法。[50]村议会决定,"格拉台地"将分为两个部分:只适合放牧的草场和可进行少量农业生产的土地。如果一切顺利,每户缴纳一小笔钱款就能获得每样一块。在生丝生产如火如荼、全村似乎都看到了真正希望的时候,这一议案也反映出审慎的乐观,希望把现在仅仅用作牧场的遍布岩石的土地,转换成"葡萄园,栽种着桑树和橄榄树,外加粮食生产,慢慢地,产生可观的收入"。所得款项将用来维持和改善村里的道路。这是当初的梦想。

巴拉聚克分配公用土地的决定促成了一场法律战争。主要是来自维内扎克的家庭,也包括来自肖宗、普拉冬、于泽尔和拉讷的家庭,都声称有权在巴拉聚克几百年来都以为归自己所有的公共土地上放牧。邻村于泽尔的几个居民(莱里斯和奥扎家,几乎可以肯定与巴拉聚克同姓的人是亲戚,至少是远亲)也加入了他们。[51]

早在 1258 年,一位维耶纳·德·巴拉聚克和他的儿子便依据《巴拉聚克土地管理条例》出售了他们所拥有的土地。这份地契提及一项事实,即维内扎克的居民有权在"巴拉聚克的'格拉台地'"放牧他们的小公牛和母牛。1398 年、1601 年和 1743 年的文件也证实了这些权利。[52]

这场长期的战斗开始于 1820 年。巴拉聚克的男子有时候被称为"金色的山羊",其中一些人会扣押属于他们对手的动物,直到被迫交还给主人。[53]这起诉讼一拖再拖,但诉讼的进展和可能结果,几乎肯定导致了雅克·莫利耶村长及其副手在 1823 年 5 月辞职,巴拉聚克的居民与来自维内扎克的敌人战斗,只要对方出现在"格拉台地"就会扔过去石头。双方还互相开枪射击,农村警卫有可能杀死了维内扎克的一个农民。[54]

合议庭在 1824 年 11 月认定维内扎克居民有权在巴拉聚克的"格拉台地"上五分之一的地区放牧,同时也支持了肖宗、普拉冬以及于泽尔两名男子更为温和的诉求。法庭责令贫穷的巴拉聚克支付漫长司法较量的费用,包括维内扎克案件的 90％,以及肖宗、普拉冬与那两名爱闹事的于泽尔农民的案件的三分之二。村长轻描淡写地报告,审判结果"似乎严重损害了巴拉聚克村民的利益"。自治机构向尼姆的法院提出上诉,但后者确认巴拉聚克要承担那天文数字般的一万二千法郎债务,这超过年度预算的二十五倍。加上累计的利息,1837 年巴拉聚克的债务已达到一万六千法郎。[55]

显然,村里不出售一些没有争议的公共土地就无法还钱,至少要还一部分,以免遭到没收。在 1831 年,自治机构投票要求省长授权进行出售公共土地的准备工作。1835 年,皇家听证会最终批准他们出售土地"以令自治村的债权人满意"。[56]因此,尽管黄金树带来美好的希望,但尼姆法院的裁决,却让巴拉聚克变成更加贫穷的村庄。[57]

可是,如何使用"格拉台地"仍未完全解决。巴拉聚克一些居民故意或"出于好心"地"侵占"了一部分"格拉台地",而自治机构非但分文未得,反倒要承担税款。在 19 世纪 50 年代初,专区长曾试图推动村长整治"侵占者",迫使他们购买挪作私用的土地,并为使用权支付租金和利息。最后,在这个世纪后期,所有的土地都被售出。[58]

# 各 种 挑 战

1853 年,瓦隆县的一位财务官员来到巴拉聚克,试图确立一套法则,当地的财政虽然数字很小,但一直以来却花样百出。他注意到在公共街道、小路、广场两旁以及老墓地周围有超过四十棵桑树。然而,自治村并未从这些桑树上获益,获益的是临近的住户。采摘桑叶的人估计这些树叶每年大概能给自治机构带来二十七八个法郎的收入。但自治机构没有负责护理这些树木,而是把责任推给了敲钟人。直到 1851 年,村长才以十五法郎的价格出售了采摘这些桑树的权利。[59]

然而,塔斯特万村长和他那在法兰西帝国时代没有给三个孩子进行出生登记的祖父一样,并没有费心思提交一份报告,这在法国是弥天大罪。他仅仅记录下自己花了约二十法郎修复神甫宅邸。此外,从 1839 年到 1853 年,前任村长让·杜尔拥有的一所小房子一直充当村公所和学校。从 1839 年到 1851 年,有七百二十法郎算作教师的房租。这些钱干嘛用了? 这位县里来的官员记叙了"最可能的版本"：这笔钱已用于 1833 年瘟疫后购买急需的临时墓地了。莫利耶村长坚持，他还动用了其中一部分购买并栽种了四棵桑树，装订土地册，更换村公所房屋的窗户，并修复房子外面的鹅卵石甬道。这位官员没理由认为他们不是拆了东墙补西墙。[60]

如果有什么问题的话，那就是巴拉聚克的情况似乎更加糟糕了。当专区长在 1860 年三次到访这个村庄时，他惊呆了："在巴拉聚克，所有的工作都需要完成，教堂、神甫宅邸、学校、墓地，等等。"他叱责村长，要他与自治议会合作，采取"有效措施，改善这一不幸局面"。村庄仍然缺乏一条坚固的道路通向从沃居埃到吕奥姆的公路。在 1862 年，专区长抱怨说："这个自治村里有一种糟糕的思想状态，表现为村里的牧师和居民之间存在着不幸的分歧。我乘这次访问之机，尝试结束这一切，并呼吁每个人拿出善意，让情势冷却下来。"塔斯特万村长"是一个软弱、没有太大影响力的人"，他答应提供协助，不过专区长不清楚这么做有什么用处。由于法兰西帝国和教会之间的联盟，他建议，村议会首先专注于修缮教堂，直到有能力建造新的。"巴拉聚克居民一点点的善意就够了，"他向村长保证。毕竟村里并不追求"艺术品"。[61]

巴拉聚克处于危险的关头，遭受了势不可挡的经济危机，自治议会仍一门心思地想改善闭塞的情况，特别想借铁路之便利，还在筹划新的墓地，并终于找到一所合适办学校的建筑物，学校在村里的重要性越来越大了。所有类似的村庄都是这样。巴拉聚克请求上面——即国家——提供帮助，"寄希望于大权在握的当局，用卓越与慷慨的关怀，减轻乡村的重负"。[62]这再次体现出，不仅是中央政府的权力和声望不断增长，而且自治议会愿意其实是渴望得到援助，因为它学会了游戏规则。

法国的铁路网，根据 1842 年制定的计划，慢慢地从巴黎伸展开来。国家用给私人公司颁发筑路许可证的办法分配路线。[63]巴拉聚克的居民早就像盼望救世主一样期待铁路到来，希望会出现相对繁荣。因此，村里一方面因蚕虫疫情与葡萄园被白粉病和葡萄根瘤蚜先后侵袭，导致经济灾难，另一方面却在全力关注现代交通方式能带来怎样的好处，以及应该采取哪些步骤来改善学校（也包括找一个合适的村公所）。

1876 年，在连接勒泰伊与阿莱斯，全长七十五英里的铁路线上，巴拉聚克迎来了第一列火车。此后，每天有六趟列车通过巴拉聚克。从阿莱斯到巴拉聚克的车程是三个小时(现在开车可能不到一小时)。到这个世纪末,阿尔代什省有了九条铁路线,绵延两百五十英里,跨越、平行、穿行于当地各种雄伟的自然屏障之间。如今早已废弃的高架铁路桥(包括两座从巴拉聚克通过的)仍然见证着开通线路工程的壮举。[64]

二十年后,巴拉聚克的自治议会连同其他自治村,又把他们的白日梦寄托在另一条线路上。1899 年的一项议案要求重视生丝产量下降和该地区人口逐步减少的问题。这些自治村要求建立一条从下维瓦莱地区通往韦莱(上卢瓦尔省)的线路,那里曾经在旧制度时期从维瓦莱地区购买葡萄酒。在这条弯弯曲曲的线路上有很多陡峭、令人头晕的弯道。为了支持这一计划,巴拉聚克村议会指出,罗讷河河谷线很容易被从东部入侵的军队切断,要想挽救危局,只能寄希望于拟议中经由勒皮的山区铁路蹒跚而行。[65]

虽然在类似维瓦莱地区的地方,考虑到 19 世纪上半叶期间经济增长的情况,拓展公路网络比铁路重要,但铁路给各个村庄带来了各种新产品。即使处于衰退中,一般家庭的生活质量仍略有改善。在阿尔代什人的餐桌上,白糖逐渐取代了蜂蜜——那是穷人的糖。还有,虽然土豆仍然是穷人饮食的重要组成部分(例如,马铃薯配大蒜和欧芹,做成摊煎饼),肉类不再等到节假日或大丰收的时候才吃。[66]与此同时,有人惋惜教会在农村生活中主导价值观的角色好像在消失,由于过分强调物质生活条件,"土地的味道在减退"。[67]

巴拉聚克的墓地距离村庄不够远,不符合卫生要求。此外,它再也无法容纳村里的死者了,其中还埋葬了几个铁路工人。在 1853 年和 1875 年,自治议会讨论过搬迁墓地的可能性,但每次都被资金不足所制约。巴拉聚克甚至没有专职掘墓人。死者的家属挖坑时会见到"几乎完好无损的棺材;很多人认出自己父母的衣物,这对他们太不幸了"。[68]

最后,经过几次虎头蛇尾的行动,自治机构在 1884 年购买了土地,用来改造成墓地。他们得到当地企业家的慷慨资助,巴拉聚克人也来墓园免费劳动,而不是去修路。新墓地在 1887 年落成。六年后,它仍然缺乏三面围墙,并"易受各种亵渎"。它仍旧需要村里居民捐献资金和劳力、村议会年度预算中的少量拨款、以及出售"永久"使用权的收入,六乘四十英尺的小块土地售价特别低廉,但对各家都极为重要。[69]

从沃居埃至吕奥姆的大路已于 19 世纪 50 年代初贯通,与这条大路连接的小路有一个危险的陡坡,只有非常小的马车才可能冒险通行,限制了能够运到吕奥姆或瓦隆销售的物品。至 1895 年,要想修一条从河边穿过村庄连接上述干道的道路,其预算费用已达到两万两千六百法郎,包括购买土地的资金。国家补贴事关成败。[70]与此同时,奥东小村落仍然是孤立的,缺乏资金在一条干涸的溪谷上建一座桥。奥东离村庄的主体不到一英里远,但驾马车要走上五英里。购买土地以贯通这条道路会很复杂,涉及十五个土地拥有人。在 1902 年,通过贷款和国家补贴,连接塞尔维埃的小路得到了改善,但五年后的滂沱暴雨冲走了一座小桥,唯有再次借贷修过。[71]

经过这么多年,巴拉聚克仍然没有合适的村公所,现在是租用"夏季入口"附近的房子办公。1895 年,村议会决定把方塔的底层改造成村公所,并增加了一扇门、地砖和一个更加牢固的天花板。自治机构于是又回到村里的中世纪源头上。新村公所于 1896 年开工时还举办了宴会,但很快人们就发现它不能胜任,因为厚实的墙壁就像监狱——有几英尺厚——使得房间里昏暗、潮湿、闷热,令人难受。雨水经常从塔顶透过天花板灌下来。1911 年,村公所再次搬家,这次位于旧男校建筑旁边的一个大屋子里。婚礼、每年 12 月底举办的自治村年度招待会,还有偶然的公众集会都在这里进行,集会大厅占据了整个建筑物。[72]

帮助他人的传统(互助)在乡村生活中必不可少。1846 年人口普查时,若干乞丐的名字旁边标注了"接受慈善机构的救助"。虽然缺乏资源,村里的牧师还是尽量鼓励团结。1827 年慈善协会在神甫宅邸举行了会议,牧师克劳德·布瓦鲁当然在场,还包括塔斯特万村长和其他三个人。但是会议很简短,因为自上次会议之后一直没有收入,所以也没有花过钱。然而在当时,自治议会谁也帮助不了。两年后,村议会讨论协助西普里安·培尔的可能性,此人被形容为"限制行动自由的疯子",在巴拉聚克住了十年。原则上村议会拒绝给培尔提供任何援助,因为他不是出生在巴拉聚克。[73]"圣安东尼善会"借其年度宴会之机向穷人派发肉食,但是我们将在下一章看到,其活动在 1839 年戛然而止。亲戚朋友和街坊邻居提供的援助,在这个没什么钱的村子里仍然有必要。

从"第三共和国"开始,自治机构可以给有特别需要的居民分配非常小的金额。渐渐地,由国家组织、城镇和村庄落实的援助体系发展起来。在没有慈善协会的村庄,自治村有责任为"所有确认的贫民或没条件请医生看病和买药的人"提供医疗援助,还要协助贫困的老人和体弱多病者与残疾人士,每月至少五个法郎。自治机构成立了一个两人委员会,来逐个甄别是否提供免费医疗援助,并向自治议会提出名单。[74]

虽然收入仍然微不足道,但"第三共和国"增加了自治议会的责任。1878 年 3 月,村议会第一次一致同意把一小笔钱拨给自治村里的一个人。省长"考虑到某人的困难处境"而拨发了三十法郎,巴拉聚克的自治议会又添补了六十法郎,以便此人可以住进里昂的医院。[75]此后,自治议会受到越来越多的压力,不少家庭要求照顾有肉体和精神残疾的亲属。这样的决定无可避免地令自治议会在人们心目中更等同于共和国了,而它也的确听命于共和国。

然而有这种要求的家庭每年都有几户,令村议会难以招架,因为经费很少,村议会办事束手束脚。1885 年,有户人家请求帮助,因为有个 18 岁的智障女孩想住院治疗,但自治村只剩下一百法郎,无能为力。一名村议会成员拒绝签署会议纪要,并摔门而出,显然是出于抗议。在 1893 年,提出了村议会是否要提供资金让一个男孩住进普里瓦大型的圣玛丽收容院的问题,"众所周知,某人患有精神疾病,而且他曾经攻击他母亲、殴打他祖父,并多次发现他躺在铁轨上,有可能被撞死"。尽管专区长方面施加了压力,但自治机构拒绝帮助,认定他们家条件足够好。村议会有点虚假地记录到,男孩只袭击过他的直系亲属,而且仍然在田里帮助家人。另外两个情况更糟糕的家庭也被拒绝了。[76]

自治机构出资让一个贫困的、智力迟钝的女子在 1895 年住院,并在1906 年和 1911 年让若干患有精神错乱的男子住院。一年后,它拒绝援助一个人,因为他每年都有点收入,而他的妻子也有一些。然而,那一年有二十人获得了医疗协助。[77]1907 年,自治机构用于医疗援助的费用超过三百法郎,包括住院、交通、药剂师和医生的诊费。突发事件也令自治机构的预算捉襟见肘。1912 年,从吕奥姆请医生来巴拉聚克以确定"在利考斯特亡故的贫民某某"的死因。他时年 45 岁,而且"机能不全",在人们发现他的尸体以前,他已经走失了近两个星期。自治议会不得不支付聘请医生调查死亡原因的费用。[78]

医生出现本身就是新鲜事物。同该地区大多数人一样,巴拉聚克人仍然依赖助产士分娩,在家养病,还会找治病术士,这些人会推荐病人把鼠尾草、百里香和橡树叶搅拌在一起吃掉,或者用蛋黄和橄榄油配草药。1914年,一个人在拉博姆声称他的胸膜炎治好了,方法就是把一只活鸡砍死,然后用脑袋顶着那堆血肉整整一天。腿脚有毛病的小孩则要短途朝圣,前往附近的圣莫里斯—达尔代什。[79]

1905 年的一项法律规定自治机构必须给有需要的老人提供援助。三年后,村议会给几个人每月拨款五法郎:一名男子的记录是他一直住在巴拉聚克;一个女人在村里住了四十五年,并可以在家赡养;而其他几个人也都写明每个人在村里居住的年头。有时候省里会干预这样的请求,例如在1910 年,就坚持从符合援助条件的列表中删除五个人,因为他们的子女可以提供帮助。[80]

因此,村议会要仔细权衡每个家庭的情况。有一次,一群老人本该领取十法郎,但最后被扣除了一法郎,因为他们有住处;还有一次,它从划拨给病入膏肓的玛丽·X 的款项里减去三个法郎,因为她至少有住所、衣服。有位 X 女士没有出生在巴拉聚克,但在当地居住超过五十年,村议会还从每月给她的十法郎援助中扣除了六法郎,因为她有个孩子提供了一些经济上的帮助,其他的孩子则提供了住的地方。如果村议会没有进行此类扣减,专区长会把列表退回来修改。[81]

严冬也会引发求助。1893 年,自治议会把出售墓园小块土地所余款项的一半分配给“几家贫困、急需财物的人家”,他们在极度严寒的 1 月前来求助。

村议会还审议家中子弟豁免兵役的申请,因为缺了这样的劳动力将导致他们的家庭生活艰辛(当然,决定权在军事当局手中)。1880 年 4 月,村议会请求免除皮埃尔·X 的兵役,因为他是“家中的顶梁柱”,他父亲生病,而他的妹妹“能力有所欠缺”。儒勒·X 说“该地区歉收已有不少时间了,这令我们生活在水深火热之中”,因而要求免除他儿子的兵役。路易·D要求放过他的儿子,当父亲的已经在克里米亚战争中失去了四根手指,而他的妻子又体弱多病。村议会还支持了一位曾在阿尔及利亚战斗过六年然后又在 1870 年参加卢瓦尔军团的老兵的要求,因为他失去了一条腿,现在已经无法工作,他的家庭"生活在苦难中"。[82]

1898 年,右手瘫痪的卡米耶·朱利安请求免除他的儿子让·朱利安的兵役(政变受害者的后代),因为他是"家里的顶梁柱"。马里于斯·B 辩称,他 80 岁的老母亲只能依靠他,但只要求免除十三天的兵役。在 1900 年,村议会投票通过直接税增加几生丁,以帮助这些"为军旗效力"的家庭。五年后,它给六个预备役家庭分发了五法郎。分配的金额虽然小,但那是爱国主义以及共和国向心力的标志。1913 年 9 月,村议会支持约瑟夫·法布雷古勒提出免除兵役的请求。他的父亲时年 76 岁,无法在农舍周围的田地耕种,他们家从中世纪以来一直住在那里。法布雷古勒的土地"位于一个非常崎岖的地段,所有的农活都必须由人力完成,而现在几乎不可能找到帮工"。[83]

# 校　舍

1833 年的《基佐法》使得让-马蒂约·吉贝尔的学校成为自治机构的头等大事。在"大革命"期间,"国民公会"宣布法国的小学教育将免费对全民开放,并且是非宗教性质的,"执政府"*更授权自治村监督小学教育。然而毫无疑问,学校教育水平在"大革命"和帝国时期有所倒退。

在"波旁复辟"期间,大多数法国农村的小学仍然在很大程度上由教会组织。1816 年的一项条例要求每个自治村设立一所小学,贫民子弟可以免费读书。原则上,每个教师均应得到学区教务长起码的认可(合格证书),并应由教区或主教任命。许多乡村学校教师"几乎没有受过教育,其能力远低于委托给他们的重要职务的要求",课程也时断时续。许多村庄根本无视此项指令,因为他们无力负担学校或没这样的愿望。不少村长把教师看作能帮忙进行民事登记的人,而一些(但不是全部)牧师(包括新教牧师)则认为一个相对受过教育的外人能协助他们。[84]不过,"波旁复辟"对于小学教育的推动作用被长期低估。1821 至 1833 年间,阿尔代什省 5 岁到 12 岁儿童的

---

* "执政府"在 1799 – 1804 年期间掌握法国最高权力,它前承"督政府",后启"第一帝国"。——译注

就读率几乎上升了 10%，达到 37%。[85]

在 1831 年，奥尔良派组织的"七月王朝"已经上台一年，这时对法国的小学教育进行的评估情况显示在阿尔代什省的山区，几乎没有任何学校。实际上所有教师均只具备最低等级的许可证（第三级证书），这意味着他们能"读、写和计数"，但仅此而已。大多数教师浪费了大量的时间一个一个地教导学生——"个别教学法"。此外，未经授权、甚至是暗中组织的学校数量增加了。[86]

1804 年，巴拉聚克分别有了男校和女校。然而，1817 年时男校没有老师，女校似乎也已经不存在了。第二年，雅克·莫利耶开始教学，同时继续担任自治村秘书。从 1818 年开始，巴拉聚克的学校便一直存在至今。在村里三十五个适龄男孩当中，莫利耶教导二十五个。教学使用"个别教学法"，但此法名声越来越差，而"基督教兄弟会"* 支持的"同时教学法"则受到追捧。当时还"规划"了一所女子学校，给三十个适龄女孩中的二十五人读书用。四年后，四十五个适龄男孩中有二十五个在念书。莫利耶又教了六年。[87]

"七月王朝"扩充了法国已有的小学体系。[88]教会坚定不移地支持刚刚倒台的波旁君主，但《基佐法》削弱了教会的一些影响，成立了专区和县级委员会，以监督设立新的学校。他们要评估教师的表现，并统计将要免费就读的儿童数目。自治村可以选择成立一所私立学校，由教会或新教地区的牧师管理。省长保留指派或解除教师的权力，而不必考虑自治议会的意愿。不过，村里的牧师总是与村长密切合作，使自己实际上扮演着学校监督的角色。[89]

法国几乎每一个自治议会都因《基佐法》而召开过会议。它迫使自治村承担男教师最低工资六百法郎中的二百法郎。其余部分来自学费，由未被自治议会认定为"贫民"的学生家长支付（直到 1889 年国家才开始承担支付教师全部薪金的责任）。这点工资仅够生存，但它不能代表教师的实际年收入，许多——而且在某些年份显然是大多数——家庭无力支付或没有缴费。很多教师担任自治村秘书，略有收入，不过有人干这个差事每年才挣十几、二十法郎。少数教师在晚上教成年人阅读，其他人维修村里的时钟，还有的

---

　　* "基督教兄弟会"是从事贫民教育的法国天主教世俗团体。——译注

担任合唱团的领唱。有些人参加夏收工作。

对大多数村庄而言，由自治村给教师提供两百法郎的最低金额似乎是个很高的门槛。很多村庄只有凭借国家的少量补贴，并通过给那四项直接税分别增加上几生丁，才能担负起一所学校。阿尔代什省归类为"贫民"的学生人数通常达到三分之一，甚至会超过一半。然而，一些自治机构把父母有能力交钱的孩子也列入了贫民的名单。如果教师向专区的委员会投诉，他就要冒当告密者的危险，从而危及他在村中的地位。[90]

《基佐法》要求在各省建立师范学校，用两年的时间培养世俗教师。普里瓦的师范学校于1832年开始运作。最初的时期很艰难。一份1837年的报告批评了课程设置的弱点，还说缺乏足够的领导能力。督察员抱怨学生的法语带有"浓重的"口音。他们学习算术，也训练阅读和写作，却忽略了历史与几何。对行为不检的处罚确实非常严厉：禁止休假和饮酒。然而，那些从师范学校毕业的人会被授予肥缺，巴拉聚克自然不算在内。1836年调查阿尔代什省小学状况的那位学督走访了周围所有村庄的学校，显然发现来巴拉聚克太困难了，便完全跳过了它。[91]

督察员的评估既苛刻又悲观。在阿尔代什省的三百三十个自治村中，一百二十六个仍然没有学校。所有儿童只有约一半在念书，而一旦夏季农忙开始，这个数字还要减半。"个别教学法"持续占据主导地位震惊了督察员。学生们大量的时间目光呆滞，而教师则一个又一个地审讯他们。但是，大多数教室的面积不够，阻碍了同时教学。[92]

督察员把学校表现不佳归咎于父母的忽视。许多家庭只有高兴的时候才送子女去上学，否则根本不去，因为他们不想花钱，需要孩子们工作，或认为教育没有价值。此外，在一些地方，包括巴拉聚克，学校远离偏僻的小村落和农场。大多数孩子每学年只来五个月，而且很多人迟到；到了夏天，孩子们早就忘记冬季在学校学过的内容了。即使那些念书到11岁的孩子，其实就读的时间加起来也只有三年甚至更少。

对于阿尔代什省的学校，督察员认为只有七所"良好"，至少有三分之二"劣等"。他发现"歪歪扭扭的破烂长凳摆在石头上和潮湿、肮脏的墙边，晃晃悠悠的大桌子毫无规律地散落在教室中间，而倒霉的孩子们则一个摞着一个"。难怪教师发现很难维持纪律和有效地上课。无论校舍是租用的还是属于自治村的,阿尔代什省几乎没有专门建造的学校。在一些村子里,教室也被用于自治议会会议,教师经常充当秘书,因为他会写法语。在圣马塞尔—达尔代什,教室毗邻一家商店,店主的大嗓门吵个没完。[93]

吉贝尔和他的同事的生活条件仍然仅仅略强于从前的巡回教师。许多自治村把父母每月应该为每个孩子支付的学费减少到可笑的数额,例如二十五、四十或六十生丁。一些农民肯定嫉妒“教师独立的地位和应由我们提供的收入”,并“巧妙地运作,以图削弱教师,确保他们不会成功”。到拿破仑三世的法兰西第二帝国(1852 年至 1870 年),必须动用自治机构与省里的资金,才能保证巴拉聚克的老师的收入达到最低的六百法郎,即便如此,往往也只在理论上如此。[94]

大约有三分之一的教师没有教学资格。许多人“无能”,尽管事实上大多数教师被形容为“热心”(可以替代“有能力”的最好的词汇)。然而,许多人还是辞职去找其他的工作了。在女校任教的妇女似乎比她们的男性同行还差。一多半的女校教师没有任何证书,学校也往往是由宗教团体运行。只有三四所男校被形容为“良好”,其余都处在“可怕”的情况中。即便《基佐法》增加了学校的数量、改善了学校的质量,有个督察员还是在 1849 年指出了阿尔代什省和巴拉聚克的教师面临的挑战:儿童可能在冬季的几个月去上学,但“春天一来,村里的孩子就驱赶着不同的牲畜成群地去山坡上繁殖了;之后是桑蚕收获期,再后是下一项大事,采摘板栗。约有七个月,学校很冷清,期间只有天气恶劣的时候才再次满座”。[95]

巴拉聚克依旧没有足够的校舍,那间租用的房子实在太小。事实上,自治议会暗示这也是有些孩子没有上学的原因之一。在此期间,自治机构希望能够兴建或收购房子用作村公所和学校。但购买和维修房子的计划还是告吹了。吉贝尔的继任者不辞而别之后,菲尔曼·拉丰从 1839 年开始在巴拉聚克教学。学区督察员形容他的学校“运转良好”,不过缺乏书籍。两年后,适龄的六十二个男孩中有三十人上过学。村议会和十大纳税人不止一次开会讨论增加征收三生丁的税,以便让拉丰“有足够的生活费。”[96]当路易·弗罗芒坦接受临时任命执教时,他拖欠了三年的房租,并面临被扫地出门的情形,他教书六年,于 1849 年 10 月卸任,此时“学校的家具已经所剩无几了”。有差不多一年的时间,巴拉聚克没有老师。1850 年,曾指派过一个人来巴拉聚克,但他一直没出现过,虽然村长反复恳求,但那人无疑听说了收入只有两百法郎多而不愿出现。[97]

　　缺乏老师近两年之后,几乎奇迹般地出现了救星。伯努瓦·维塔尔,26岁,曾在普里瓦的师范学校就读,有一张文凭和两张"品行证书",一张来自他家乡普拉代勒的村长,另一张来自他曾任教的村庄。1850年3月的《法卢法案》重申每个自治村有责任维持其男校,并改善其老师的待遇(此项法令是教会的胜利,因为它要求在公立学校传授宗教内容)。维塔尔在8月抵达巴拉聚克后,就算不感到震惊,也必定对这里的条件很失望。自治机构向他作出的部分承诺无法兑现。他的课堂同时也是村长的办公室,有一个小门,难闻的垃圾味道透过门洞飘进来,"垃圾几乎就堆在门前,污染着空气"。他的住处也在同一栋建筑里。然而,委员会动用在没有老师的日子里存下的钱购买了学校的家具,自豪地记录下"为了公共教育,村议会已作出一切可能的牺牲"。当维塔尔要被调往另一个村庄时,自治机构提出抗议,这位有能力的教师是"绝对必要的……每个人都满意他的行为方式,而且自从他来到这里,孩子们有了很大的进步"。但在法国的官僚世界,即使是这样,既成事实也无法改变。[98]

　　然而,改善巴拉聚克的学校可不是容易的事情,尤其是在遭受桑蚕疾病、葡萄园又连续荒芜三年的背景下。尽管分区的教育委员会现在热情地工作,并且村长们、各自治议会和村里的牧师们似乎也认同对子女教育的重要性,但巴拉聚克仍然跟成千上万的法国村庄一样进退维谷,一方面国家要求他们提供基础教育,另一方面在残酷的现实中他们又无力认真落实。在19世纪50年代初期,缺乏资金导致另一次购买房子的尝试告吹。省长拒绝协助,声称自治村有足够的资源,而且维修的预计费用也太高了。不过,自治议会在这个问题上再次试图利用国家援助,代表其学校发出请愿。"公共教育部"拒绝了巴拉聚克追加资金的要求,类似的信件数以千计,申辩自己的村庄缺乏资源。自治村仍然因为输给维内扎克和肖宗的官司而债台高筑。村民明显"没有能力作出最起码的牺牲",虽然也认识到应该确保其子女"从长远出发,接受平民和宗教教育"。严寒的冬天和高粮价也是问题所在。村议会的呼吁是那么可悲、紧迫甚至有点愤慨,警告说自治村即将无法向老师提供住宿,无法向两所学校提供足够的设备。洛拉克和维内扎克(巴拉聚克的老对手），"比巴拉聚克富裕得多"（一种常用的腔调），却得到了帮助，而我们只有"不幸、牺牲和匮乏，让村里如此绝望"。[99]

巴拉聚克在 1802 年拥有一所女校，而且可能在拿破仑帝国期间也坚持了不少年。在"波旁复辟"早期，四十个适龄女孩中只有十五人在上学。[100]但是与对待男校不同，自治机构起初并未给女校提供帮助。1836 年，玛丽·阿尔诺，一个没有结婚、自食其力的女修士——因而不是正式的修女——得到父母给的三百法郎。在冬季的那几个月里，二十八个女孩来上了课，包括三个贫民，而夏天则有十八个女孩子。阿尔诺用《圣经》和宗教书籍上课，尽管她品行良好，但她的学校被认定"管理不善"。1841 年，玛丽·拉法内尔从韦斯奥的圣约瑟夫修道院来到巴拉聚克给女孩们上课。她也是个自食其力的女修士，只携带了一份"忠顺书"，这意味着她在修道院只待过几个月。玛丽·拉法内尔因此没有修女的头衔，也没有随时在胸口画十字的习惯。

越来越多的女孩来学校上课；五十五人（包括十五个贫民）出现在 1843-1844 学年，而在夏季也有四十人。自治机构没出过一分钱，这位老师挣的钱勉强够她和她妹妹生活。[101] 1851 年，自治机构的预算终于包括了给玛丽·拉法内尔八十法郎的工资，展示出它逐渐关注办学。1850 年，她可能仅有十法郎的薪金，而在 1852 年，她的总收入也只有两百九十法郎。1853年有几个月，男校老师维塔尔病倒，她代替他上课，并拿到了一部分他的工资。然而，当男孩和女孩在同一个房间上课时，她认为不符合规定而挑起眉毛。四年后一位督察员形容说，她"能力有限，但热心而投入，赢得每个人的尊重和友善"。然而，小小的校舍"就快彻底倒塌了"，只有两个狭小的房间，不够大的课堂里拥挤着多达六十个女孩，另一间是老师的宿舍。一个非常小的窗口透进惟一一点自然光线，在冬季很难看清楚。[102]

"公共教育部"于 1854 年拨款维修女校，但村里还短缺四百法郎。1832年村里的牧师亚森特·巴耶留下一所房子，希望用作贫困女童的学校以及女老师的宿舍。他还留下了一笔钱，每年的利息大约有一百法郎，算作老师的工钱。不幸的是，牧师的侄子没有执行他的遗嘱，自治机构于 1835 年起诉了他。经过二十多年，村议会支出法律费用六十法郎后，不得不承认它无力承受进一步控告已故牧师那倔强亲属的费用。[103]

1853 年,神甫宅邸背后的一个小建筑似乎是女校的合适位置。此地属于教会理事会,一直由圣安东尼善会使用,后来又有个短命的宗教团体("白衣悔过者")用过。1860 年,正在举办大弥撒之时,神甫宅邸的屋顶部分倒塌,连带烟囱和部分墙壁也倒了。与此同时,玛丽·拉法内尔工作出色。巴拉聚克只有四个适龄女孩没有上学。村长挨家挨户地收集金钱以及对金钱或帮助的承诺,村议会则再次贷款。作出贡献的人包括两位前政治流亡者让·朱利安和约瑟夫·埃克斯布拉亚。然而,该项目被放弃,因为房子的地点不合适,也不够大,还因为找不到一个合理的位置造厕所,也没有休息用的庭院。此外,教会理事会反对搬家,破坏了马丁神甫(在巴拉聚克任职近二十年)和自治议会之间的关系。这事给未来的冲突埋下了种子。[104]

1857 年,自治机构购买了"夏季入口"的一所房屋,它是四十年前造的,嵌在深色的石头寨墙里,综合了"在巴拉聚克这么贫困的村庄里所有可能的便利"。对寨墙进行必要的维修之后,又拓宽了大门,增设了三个露天厕所和新的松木地板,巴拉聚克终于有了一个合适的女子学校。两年后,韦斯奥的圣约瑟夫修道院根据自治议会的要求接管了学校。自治机构同意给老师提供"适当的宿舍",而家长们也会按月缴费。[105]

不过,许多儿童被列为贫民。1855 年在男校,奥古斯丁·于昂老师因为教的学生有进步受到村里的尊重;在村长和牧师开列的贫民名单中,他根据孩子父母的情况调整了十二人,包括:亨利·布瓦龙("贫穷")、路易·布瓦耶("财产被没收")、让·布雷斯("极端贫困")、安托万·弗罗芒坦("贫穷和多子女")、巴西勒·格拉涅夫("寡妇、贫穷、多子女")、卡利斯特·米拉贝尔("被家庭问题困扰")、巴蒂斯特·莫雷尔("极端贫困和家庭问题")、菲力浦·佩伊("贫民")、让·蒂邦("寡妇、欠债需要人手")以及奥古斯特·布瓦耶("非常穷")等。[106]

然而,大多数的贫民家庭还是交费的;有一年十二户里只有三家什么也没出。让·布雷斯的家里给了十一生丁。偶尔,村长和牧师会记录他们拒绝了某些人家提出把自己列入贫困名单的要求,注明"滥用优惠"。简短的注释继续讲述着故事:"境况不佳"、"极端贫困",还有桑蚕危机的残酷标志,"财产被没收"。最贫穷的女孩的名单上也提供类似的信息。1862 年,来自韦斯奥的圣约瑟夫修道院的修女接纳了八个贫民女孩,有些人的兄弟在(男校的)贫困名单上。在一个贫困的村庄里,这些人是最为穷苦的。[107]

神职人员对教育的影响仍然巨大。在法兰西第二帝国期间,许多"省议会"的议员、村长以及大多数的人口,希望男校和女校都移交给宗教界(从而免除必须出钱的人家所承担的月费)。法兰西第二共和国刚刚倒台之时,教务长也赞同这种观点,认为它"是向民众说教、并确保和平与幸福的最好和最可靠的手段"。一位老师表示,学校应尽可能靠近神甫宅邸,以便村里的牧师更容易监督学生在道德上的进步。他把"高贵"与"可敬"的人品比喻为"公务员"的"第二职业"。1853 年,阿尔代什省的教务长写道,他希望鼓励师范学校的学生练习唱歌,使"每所学校能造就四五个年轻的歌手,好在做弥撒的时候帮忙助祭"。在这十年间,阿尔代什省有三十五所新建公立学校由信教的修士执教,到 1859 年,宗教界教育的儿童,已经从 1847 年的一半,增长到 65% 的学生。虽然世俗学校的数量比由宗教界管理的多,但后者教育了更多的学生,因为他们有一些学校在城里。[108]

几乎所有的世俗教师都有或多或少的教学资格,甚至文凭,不过有些人却"可耻地无知"。来自宗教界的教师(修会成员)则大大不如。事实上,1850 年的《法卢法案》允许他们没文凭也能教学。许多妇女只在修道院住过三四个月,出来的时候有个助理修女的头衔和由某一宗教团体签发的"忠顺书",并每年展期。这东西让这些"乡村修女"有权开设私立学校,虽然严格说来她们算世俗教师。[109]

逐渐地,世俗标签的师范学校的声誉提高了,与此同时,它们承担的责任也加重了,这激怒了神职人员,其中一些人公开敌视世俗学校。牧师迫使自治议会申请宗教教师。一些自治议会在向世俗学校提供资金时相当吝啬,乐见学校由修士或修女教书。不论如何,在法兰西第二帝国期间,多数世俗教师仍然传授《教会问答》,陪同他们的学生做弥撒,并听从村里牧师的指导。虽然这将会改变,但眼下巴拉聚克大多数人还是欢迎来自圣约瑟夫的修女们。[110]

但阿尔代什省仍旧大大拖了法国的后腿。阿尔代什省约有四千多适龄儿童从来没上过学。有些超过八百人的自治村仍然没有按照要求设立女子学校,不是因为缺乏资金,就是因为找不到老师。在山区,即便不是大多数,也有很多所学校每年会关闭三个季度。有少量秘密学校坚持了下来,任教的是"游牧"教师,他们让男生和女生在同一个房间里上课,少数学校到夏天因为牧羊人回来而人数倍增,一如旧制度时期。女子师范学校尚未出现。[111]

即使到 1855 年巴拉聚克每个自治村有了至少一所公立学校,但是大部分学校条件很差,多缺少足够的桌椅板凳以容纳所有的学生。有个小村落的老师在一个旧羊圈里上课,而另一个村子的老师则用马厩,那地方同时也是他的宿舍。在阿尔代什省的公立学校中,一半的学生都免费读书,因为他们的家庭负担不起每月不多的费用。[112]

令人尴尬的是,从该地区征召入伍的士兵中仍然有很多文盲。1859年,一位官员感叹:"整座村子就找不到一个受过最基本的启蒙教育的人。他们中有一大堆人很天真地说能够阅读,但那只是做弥撒的祈祷书。"1864年,阿尔代什省的识字率在总共八十五个行省中排名第六十七,一半以上的人口仍然是文盲。[113]

1860 年,"公共教育部"要求农村学校的教师列明他们的学校、他们的学生和他们自己都需要什么。可想而知,有些答复是公式化的,有人颂扬皇帝,说他如何关心自己的子民,诸如此类,仿佛自己的岗位全靠它了(也说不定呢)。大多数人都试图利用这机会引起注意,证明自己排除万难,英勇斗争,以完成使命。教师们对选择这份职业表现出相当的骄傲,但所有人都露骨地暗示六百法郎的最低工资标准很难"因为高贵而赢得尊重,以及与学生父母之间彼此独立,因为我们不能不如此"。[114]有些父母宁愿不让子女上学,也不要沦为"贫民"的等级。而且,设立最低工资本来就会阻碍其他家庭支付任何东西,因为可以指望官员们去想办法弄钱。[115]

安特雷格的老师问要如何"才能激发孩子们尊重学校本身","校舍非但不专业,而且往往太小,不利于健康,照明、通风严重不足,校舍布局和位置都不合理。昨天,这里还有人(在婚礼上)跳舞和发誓;今天就上课用了"。在附近的沃居埃,学校只有一个小房间(略大于 12 英尺×13 英尺),闷热,挤着五十名学生,只有三扇小窗户,室内特别阴暗,部分原因是沃居埃家族的庄园城堡遮挡了阳光,以至于老师清早和傍晚都要点油灯。夏季的室内温度会达到接近摄氏 37 ℃。许多教师指出要有地图以便"让他们熟悉自己居住的地区"。一位老师问,他的宿舍那么蹩脚,如何能赢得他所就职的社区的尊重。毕竟,如果村子里最有教养的人住在这样的条件下,阅读和写作的优势又有谁能看得见呢?[116]

教师们依赖于村长和自治议会的善意,也依靠村里的牧师。一位老师说出了他众多同事的心声,经常面对"村长、牧师、县教育代表那些相互矛盾甚至反复无常的要求,并要接受小学督查员和省长的仲裁……几乎每个地方[的老师]都要与自治当局进行明争暗斗,总是担心省里的主管部门可以在任何时候、不事先通知,就把他们免职,而且就算理由只是虚妄的诽谤也无法申诉"。可是,尽管村里勾心斗角,世俗教师在法兰西第二帝国时期与村长的关系还算不错。许多人担任自治机构秘书,认真地誊写会议纪要,字迹清晰,甚至书法优雅,这至今都是法国小学教育的一项骄傲。[117]

在巴拉聚克,两所学校开始体现出差别,其他地方也有这种情况。至19世纪40年代中期,能够阅读的新郎比例急剧上升,当然反映了一定的成效。但是路还很长。1857年,一百零七名成人签署了一份清单,承诺帮助改善女校,有三十四人的签字是画了个×(32%)。在1872年巴拉聚克有八百一十七个居民,几乎有一半既不能读也不会写。1874年,九个新娘有八人是文盲,而唯一会签字的新娘的丈夫又不会写字。许多在世的父母不会签名,但所有九场婚礼的见证人都会。[118]不论如何,自治议会给两所学校寻找合理校址的决心,反映出巴拉聚克强化了自我认同,连带着自豪感,并意识到其学校的重要性——能给村里的孩子们提供最起码的教育。学校在许多方面成为国家和民族进入乡村的大门。自治议会逐渐增加投入,尽管不多,但还向国家申请补充,体现出它正融入民族国家的框架内。

## 日常生活语言之战

在出版于1877年的《两个孩子游法国》中,安德烈和朱利安来到罗讷河附近一个小农场,他们观察了生丝生产的一个阶段。他们感到孤立无援,因为他们完全听不懂大人之间在说什么。当孩子们放学后,朱利安对安德烈喊道:"这些孩子应该懂法语,因为他们上了学。太走运了! 现在我们可以一起聊天了。"当小朱利安问他的哥哥,为什么当地人都不会讲法语,安德烈回答:"这是因为他们不上学。但用不了几年,情况就会不再是这样了,因为每一个法国人都会讲我们民族的语言。"[119]巴拉聚克显然不是这样，土语仍是日常生活中的语言。1801年，省里的年鉴认定土语阻碍了"新的制度"（暗指许多乡村牧师）。在它看来，把"文明"传播到阿尔代什省的大部分地区，将取决于学校教师。[120]

1855年，一个村子里的牧师曾抱怨他教区的居民在教堂里听不懂他的话，因为"你必须跟他们说土语"。[121]让-马蒂约·吉贝尔和他后几任同事成功地把法语带到了巴拉聚克没有？"大革命"期间，雅各宾派认为法语推广取得了进展。这份年鉴抱怨说："它使我们痛心地看到，即使在最大的自治乡镇，孩子受限于不称职的教师，几乎所有人对法兰西语言的最基本元素都一无所知。"[122]牧师的布道和法官的审讯都得用土语，否则没人能懂。绝大多数的人依旧使用土语，而且没人觉得这有什么落后的。最起码，教师逐渐带来了双语体系。

国家资助的小学教育，不但日益代表了强制的国家约束，而且逐渐提供了机会，尽管它原则上要用法语授课，但法语仍然不是上课时必须使用的语言。[123]大多数懂法语的阿尔代什人只有同外乡人说话时才说法语。一名访客记载："妇女甚至比男人更反感使用这种语言。"1855年阿尔代什省小学教育的官方报告明确无误地指出，在农村，"可惜，土语仍是日常生活中的语言。可以肯定，所有的人都能听懂法语，但仍有很大比例的人不会说，只有在过去的二十五年中曾经坚持不懈地上小学的新一代例外"。教区的神职人员大概有时用法语读祈祷书，但允许孩子们用土语背诵。[124]尽管许多官员认为这将导致他们永远处于落后的状态，但实情显然并非如此。即使在1849年的奥伯纳，阿尔代什省最大的城镇之一和主要的市场，土语仍然非常流行。许多农民声称听不懂法语，很合逻辑，因为这样就省得废话了。自然，外乡人不免抱怨要特别留心才能听懂当地人说的法语，"因为他们似乎特意保留了法国南部地区的读法和重音"。当时，按照法国官方的定义，"进步"非常缓慢。到该世纪中叶，省长估计会用法语阅读和书写的男性和女性约有40%（不过山区只有8%）。下维瓦莱地区几乎所有的教师都来自阿尔代什省，而且主要来自南部。可以想象，为了学生能听懂，老师们即使在教法语的时候，也要跟他们的前辈一样常常使用土语。法语和土语之争在持续。[125]

上层阶级的城市从 13 世纪便对土语嗤之以鼻,将之定义为"难以理解和粗俗的语言"。另一个 16 世纪的定义:"那种说话的方式,被认定为下等,来自乡野。"从语源学角度,"爪子(patte)"构成"土语(patoi)"一词的词根,带着那么一丝兽性。即使是 1820 年出版的《朗格多克语-法语字典》,也把土语定义为"下层民众在口头使用的各种粗野和乡下土话的总称"。就算在今天,它仍旧被认为是"基本属于口头语言体系,在一个相对较小的特定的区域(一般指农村)使用,甚至其使用者也认为它比官方语言低等"。[126]

长期在巴拉聚克任职的牧师沙雷尔神父同该地区的许多牧师一样,来自山地。为了能够沟通,他也不得不适应下维瓦莱地区的土语——一种基于朗格多克-欧西坦语的方言。但是,这对他不难。如果学生会阅读法语,同时继续说土语,许多神职人员似乎就满足了。[127]

有人说,语言是大群人使用的方言。在法国大革命的时候,全国大概有一半的人口不在日常生活中使用法语。他们讲巴斯克语、加泰罗尼亚语、德语、布列塔尼语、佛兰芒语以及由奥克语衍生出来的诸多土语,还有其他口语。在法国大革命期间,前神父格雷瓜尔坚持认为法国公民需要讲法语,他在 1794 年 6 月提交了一份报告,火爆的标题是《论歼灭土语、普及法语的必要性和方法》。[128]"第三共和国"诞生后,试图减少宗教的影响力并将学校世俗化,这令教会觉得没理由让信徒放弃土语,转向越来越反教权的官方的语言。在许多神职人员之间,法国农村的世俗教师似乎是国家强而有力的代表,通过法语宣传国家主义。因此,在某种意义上,对村民而言,学校似乎是由外界强加的,带来了机会,但同时也挑战着教会的影响力。

不过事实上,像巴拉聚克这种乡村里的小学教师未必毫不留情地对当地语言发动过战争。教师本身就来自他们执教的地区——阿尔代什省正是如此——而且常常不得不讲当地方言或土语,以便沟通(而且其他人感觉更舒服)。此外,为了能在法国这个大背景之下在乡村和当地开展工作,他们必须继续尊重当地的地理特质,进而也就不可避免地接受了当地的风俗习惯。[129]

阿尔代什省那些响应了国家调查的教师(或那些得以保存至今的报告)强调教导学生讲法语的重要性,这倒不出意外。迪塞尼埃的老师因此在他的需求清单中列明"带棚子的庭院,教师可以用来监督儿童,迫使他们使用恰当的语言;随着时间的推移,他们将学会用法语表达自己的想法,并放弃他们的土语,那种语言太粗野了"。阅读这样的报告的人八成会以为刚才在课间休息时说土语的那个孩子其实是被迫拿了一枚厄运硬币,下一个接硬币的孩子也会不小心说土语。当然,教师很难承认他在学生"错误地"使用自己的语言时袖手旁观,甚或他自己也经常与他们一起转换到土语上,而要让孩子的父母跟他讲法语则极其费力,遑论人家是否有这个动力。法语逐步取得进展,但在许多地方非常缓慢。一位本地作家在 1906 年指出:"我们此刻正在目睹史无前例的奇观:法语正逐渐取代法国南部地区的土语。"[130]但这是一个漫长的过程,直到进入 20 世纪还持续了很久。

与此同时,让孩子上学的斗争仍在继续。教师需要在每年 6 月 18 日统计就读孩子的人数,此时离暑假还有数周,到 12 月 18 日要再次统计——现今仍是如此——而在阴沉的初冬上课的人数远高于初夏。许多家庭认为自己的孩子在第一次圣餐仪式的时候*就学够了,继续上学完全是浪费时间。一位老师抱怨说:"大多数孩子来学校时,没有任何所需物品——书本、纸张、墨水或笔。当我们叫他们去准备、去购买时,他们就糊涂了,答道:'爸爸和妈妈连一分钱也拿不出!'"

巴拉聚克务农的家庭要指望哪怕最小的孩子的劳力,要他们照看牲畜、搬运石块、除杂草,各种琐事不胜枚举。春季的桑蚕收获期需要全家出动,不论老幼,每当此时,巴拉聚克的学校就空无一人。粮食和葡萄收获也会令学童离开学校。不少老师因既成事实而在此期间关闭学校,只好少拿两个月的工资。此外,逃学——孩子离开家,但不去教室,而跑进草丛或树林去玩——在巴拉聚克一直存在,特别是生活在阿尔代什河右岸的奥东和塞尔维埃的孩子们碰到下大雨、河水上涨的时候。事实上,在 1853 年,专区长声称巴拉聚克的男校的目标之一是"从街道和公共场所弄走孩子们"。[131]

渐渐地,巴拉聚克和其他村庄缺课的人数下降了。例如,在 1882 年 10 月,缺席超过四天的学生名单如下:路易·卡迪纳尔,他就是没来;西蒙·朗戈,"整月缺课——是一个无赖";路易·马塞尔,整月"在家种地";普罗斯珀·康斯坦,十月份在外地的工厂上班。儒勒·弗罗芒坦缺课,有一天是因

---

* 第一次圣餐仪式的时间每个教堂都不同,一般在七八岁或二年级。——译注

为河水水位太高,另有十二天是在家中工作。当过河不安全时,塞尔维埃和奥东的孩子就留在家中,10 月 19 日有七人,10 月 27 - 28 日有五人(另外两人也没来,但理由是在家工作)。20 世纪早期的报告也是相同的模式。有些孩子经常留在家中照看牲畜或帮助收获(要么,如果到了日子,准备他们的第一次圣餐仪式)。[132]

一些父母可能仍然认为没有必要上学,而是遵从农民的谚语“说话是在风里播种,锄头才能挖掘田垄”。[133]然而,18 世纪 80 年代初,巴拉聚克教师的收入已经达到一个可敬的水平。迪希耶的档案有一条注释预示着会有麻烦:他被注明“面临牧师的迫害”。[134]但毫无疑问,难关已经渡过了。如今,第一次出现每个孩子都至少在学校念过若干年的情况,同时,巴拉聚克的世俗学校也日益成为村庄认同的一部分了。

## 代表共和国的学校

随着“第三共和国”诞生(1870 - 1940 年),共和主义的政治体制自此被逐步确认,因为通过选举,证明大多数人口想要这一体制。但在巴拉聚克和阿尔代什省许多地方,情况并非如此,我们将在下一章看到。世俗学校的教师因而担负着造就良好的共和派公民的责任。在接下来的四十年中,法国的学校成为反教权的共和派与教会之间的战场,后者最忠实的信徒反对世俗学校,把学校看作无神论的共和派。在这个问题上,一个新任督察员言之过早了,他认为阿尔代什省不是“被排斥或遭到冷遇”,而是无法应对挑战;他的前任,“多数时间只有一个当务之急,尽快离开”。[135]督察员们发现“他们在学校的工作奇怪地受到更有影响力的宗教界的阻碍”。此外,一些世俗教师(“我就不提地方教会的老师了,他们在任何地方都无视我们的权威”)逃避学区督察员的监督。然而,新一代合格的、取得了证书的教师来到了阿尔代什省的学校。他们之中包括师范学校的毕业生,接受过法国历史和地理的培训,而这两项都是共和主义的基本内容。购买、建造或维修学校的补贴现在也更频繁了。付费的学生仍然有四分之一的时间缺课,而免费的学生则缺三分之一的课。到共和国初期,阿尔代什省七个适龄学童中有六个在念书。[136]

《费里法》（在 1879－1886 年间一系列由下议院通过的法案，并以支持这些法案的反教权政治家儒勒·费里命名）要求初等教育免费，并强制执行。公立学校世俗化的痛苦过程开始了，目的是禁止传授宗教内容。同时，来自宗教界的教师仍然在阿尔代什省负责超过一半的学校（54%），占老师总数的 71%，教育着学生总数的 62%。一些人，特别是城里人，把付费学生和贫民分开的行为称为分裂学校，而贫困生则被安排在社区学校或曰穷人学校中。他们的教学方式一成不变，使用《圣经》和圣人的事迹教导阅读和写作。宗教界试图削弱世俗学校的基础，并且有些村庄仍然要求用宗教界的人替代世俗教师。[137]

1881 年，巴拉聚克为扩大学校，借钱买下离方塔不远男校旁边的一间小房子。房子附带的土地中间种植了一株桑树。两栋小建筑合并以后，构成了一个部分带顶的庭院和一个水塘。教室很小，大约有 25 英尺×15 英尺，天花板不到 10 英尺高。但巴拉聚克的学校第一次有了足够的通风和良好的照明。雅克·奥齐尔自己的宿舍在学校的楼上，包括四个房间和一个厨房，但没有园圃。不久奥齐尔调动到他家附近的一所学校，而富尔内这个"不开心又酸溜溜"的家伙就开始怒视村里的孩子们了。[138]

同时，"夏季入口"的女校有五十一个学生。12 月与 6 月统计的学生人数之间的差距也缩小了。学校一楼的单间教室甚至比男校的还小，通风及照明条件也不足。它既没有厕所，也没有带顶的庭院，除了老师的课本，更没有其他的书。[139]

两年后，公立学校的世俗化仍在进行当中，巴拉聚克的女子学校出现在将要世俗化的名单上。有鉴于此，"宗教教育游击队"便开始筹集资金，准备在村里办一所私立学校。就此问题，自治议会强调，因为"巴拉聚克的宗教信仰非常发达"，世俗化应该尽可能延期。对许多天主教徒而言，把学校世俗化、从墙上取下十字架，还有把圣母玛利亚的雕像更换成玛丽安的半身像——共和国的女性化身，但在批评者眼中就是个妓女——简直等同于被革除教籍。[140]

埃尔维纳·马特韦已经在给巴拉聚克的女孩上课了，她只要在教学问题上保持"中立"，就可以一直留下来教书。十三年后，1898 年，到她去世之时,尽管许多父母反对,女校还是世俗化了。第一位世俗教师玛丽·奥古斯丁·贝拉尔,在那年年底获得了国家勋章,因为她勇敢地面对了相当大的反对世俗化教育的压力。[141]

世俗化以后,女校当时有三十五个学生,但到 1899 年年初,只剩下十六人。事实上,一所由修女任教的私立学校已开始为天主教事业服务,并在 1899－1900 学年招收了二十五个女孩。次年,其入学率下降到十七人(夏季有十二人)。1900 年,保守的马里于斯·穆拉雷当选村长,村议会投票允许奥伯纳的圣约瑟夫修道院接管私立学校,召回了在巴拉聚克服务的修女们(或许她们自女子学校世俗化后一直在教《教会问答》)。村议会坚信各家有权选择自己的孩子应该接受怎样的教育。然而,在专区长眼中,这所私立学校代表着"一个永久的危险……女校已经世俗化两年了,仍需与装备精良、由修女任教的私人学校斗争"。[142]

自治议会预期女校会世俗化,便在 1897 年决定建立新的校舍,提供多得多的课堂空间和庭院,以满足两所学校,以及老师们的配套宿舍。自治机构在村中心的东边购买下间种着桑树的耕地。[143]

大约 1910 年时巴拉聚克的学校

1903 年,巴拉聚克的新学校开幕,但直到两年后才完全完工。两年后,有三十三个男孩和二十五个女孩上学,男校在一边,女校在另一边,后面是分开的庭院。教师宿舍在二楼,有两套四个房间的公寓。每扇门的上方都蚀刻着法兰西共和国的缩写 RF,新的学校代表着"第三共和国"在战前的全盛时期。[144]那所私立学校在 1905 年教堂与国家分离时已经消失。

《基佐法》颁布七十年后,巴拉聚克终于有了一所合适的学校,校舍也是专门修建的。一个火炉提供着微弱的热量,只有老学生才能享用炉火的光明,柴火由学生提供。老师,共和国的代表,受人敬畏。有些教师甚至赢得了亲情。现在很少有人怀疑小学教育是出人头地的必由之路了。"去上学,我的保罗",一个父亲教导着,"自己要专心,勤奋学习,以后你才能有出息,懒人永远不会混得开。"[145]完成小学教育并通过考试的学生能获得证书,这给孩子和他们的父母提出了一个目标。

巴拉聚克的教师站在学生面前,旁边有黑板和各种动物的图表,桌椅按照不同的年级排列着。世俗教师运用法语语法规则落实着他的职责,这些知识在当时和现在一样,必须用心学、反复练。一个学生的习题如果完成得很差,就有可能被戴上一顶写着"驴子"的愚人布帽。一名男子记得"默写课文,老师毫不留情地监视着,手里拿着戒尺在学生间巡视",口中咆哮着"七个复数形式是'×'的名词:珠宝、石子、卷心菜、膝盖、猫头鹰、玩具、虱子"。最后那个词——虱子——倒是很有用,学生按规定要留短发,以对抗这些令人烦恼的家伙(有趣的是,1880 年瓦隆县派到学校检查的医生就叫"虱子[Dupoux]"大夫)。[146]

与土语和地方发音的战争可能还在持续,至少在教师的报告里。我们很容易想象这种困难,在世纪末试图给巴拉聚克的孩子上课,要他们一方面放弃土语,另一方面要注意酒(vin)和风(vent)这两个当地常用词词尾的重音,或是数词二十(vingt)的长音(但这其实没什么用,除非是应付学区督察员可怕的突然造访)。孩子们遵循着法国小学教育的铁律,一遍又一遍地描摹着字母,至今还能练就一手漂亮的笔迹(有时其价值比写的内容还重要)。勤奋学习和服从成为道德律令,外加对闲散和酗酒的劝诫(当时的法国几乎把自己灌死)。课堂上往往讲述不服从命令可能导致严重后果的事例,所以良好的行为才那么重要。手册上响亮的格言武装了共和国的教师。一位老师受到警告远离"村里那些喧嚣的分歧",以免损害"他的权威、他的身份和他的自尊"。前往当地的市场没问题，"但他必须避免像个乡下人那样沉迷于无聊的事情，不要被流动乐手的喇叭、铃铛和鼓所吸引，或是钟声，或是被小丑的粗俗闹剧欺骗"。教师应该是共和派美德的一个典范，他或她的公寓应该简朴、整洁，而"老师的妻子［应］始终配得上他。"[147]

19世纪80年代末巴拉聚克男校有了地图，依靠其辅助，几乎从来没有离开过自己县的孩子们了解到各个行省的名字和各地的主要物产或特色：诺尔省，以矿井和甜菜闻名；吉伦特省和科多尔省有优质葡萄酒；罗讷河口省和瓦尔省，有马赛和土伦，通过港口能去北非；还有被割让的阿尔萨斯和洛林省，等待解放。孩子们记住了其他国家的名称，在19世纪80年代中期"新帝国主义"的鼎盛时期，默默点头赞许着世界地图上那些遥远的、看似异国情调的地方越来越多地标上了法国的颜色，共和国的画像无处不在，如同玛丽安把圣母玛利亚排挤出公立学校那样，学生收到指示要爱戴"美丽的法国"，背诵拿破仑获胜与殖民"和约"的日期和地点。"欧内斯特·拉维斯定义历史："你应该爱法国，因为自然令它美丽，而历史令她庄严。"巴拉聚克的学校图书馆有六十九本书，多数"状况良好"。书架上有几大明显的主题：爱国主义（《祖国》、《我们的无名英雄》、《1870—1871年战争》、《法兰西的旗帜》、《大革命》和《圣女贞德的岁月》）；探索法国和世界（《富饶的法国》、《今日叙利亚》和儒勒·凡尔纳的《八十天环游地球》）；日用书籍（《保持卫生》、《妇女在农业中的角色》和《农业概述》）；行为规范的课程（《芬乃伦寓言》、《道德实践》和《民众的美德》），以及赞美法国的变化的书（《社会转型与家庭工人》）。宗教界管理的学校里基本上看不到这些书。

19世纪最后十年，法国小学的理想课程包括选修科目，如线性绘图、土地测量、历史和地理的基本概念，以及算术和"日常生活中"的若干物理概念。现实情况则是另外一回事了。与古代高卢一样，发挥作用的教育大纲分为三个部分：阅读、写作和算术。女孩也学针线活。阿尔代什省的老师强调教导学生适当重视农业（这门课才没必要呢）。有人提出需要园地以便学生可以实践他们老师的说教，也许老师想要一块园地自己种点蔬菜。一个教师在教学中涵盖了互助，追求"成功地在他们头脑中灌输互助的概念，而它构成了社会的基础"。最近在图卢兹附近圣利斯进行了小学历史的回顾，挑选出来写在黑板上的代表性指导原则是："如果我们互相帮助，苦难的重担会轻一点。"

孩子通过计算动物和蔬菜——在农村很有感觉——学会加减,更复杂的计算也或多或少地基于真实生活,比如每月肥料的开支或预估一个农场工人的收益:"一个农场工人一天收入两法郎。一个月二十六天收入多少法郎(周日作为休息日已被细心地减掉了)?"他们学到了卫生的重要性,或许会按照建议的那样确保夏季每个星期洗一次脚,冬季每月两次。课间休息时,他们追跑着玩躲猫猫、用大理石和鹅卵石玩游戏、戏弄犹豫不决或动作缓慢的同学、唱歌(通常比在典礼上唱的诸如《工作带来欢乐》更有趣,或窃窃私语地猜测生活的真相)。纵观这一切,村里出现了"一个重要节点,就像心脏或多或少地与其他地方关联着"。[148]

巴拉聚克同时包含了男校和女校的新校舍,令共和国的概念更明确,也更受欢迎。在巴拉聚克、在阿尔代什省,以及在法国其他许多地方,这可是不容易的事啊。学校也帮着把激烈的国家政治斗争带进村庄,这场斗争最终在 1905 年达到高潮,导致教堂与国家分离。

# 第六章
# 扰攘的乡村政治

多产又口若悬河的阿尔代什史学家阿尔班·马宗于 1879 年记录,维瓦莱地区的村庄出现了新的政治激辩。他根本不喜欢这种情况。他因被指责支持教权而感到愤怒,并冒着"被现代朱庇特*们攻击"的风险埋怨道:"在过去的几年里政治无处不在,尤其出现数不清的应该与政治无关的地方和人群中——没有人觉得维瓦莱地区能不被传染。今天,已不再有任何小村落里不存在一个难以管教或怪诞的团体,也不再有人从未涉及这些内容。"在他看来,共和国政权并不"最合适我们的道德、传统和民族性格……一片国土并不依靠政治生活,而是依靠面包和富于创造力的活动。《马赛曲》固然好,但它养不活任何人。政治是烈酒,不应该滥饮到呕吐甚或丧命。看看政治给我们制造了多大的分裂,不仅在城镇,甚至底层那些最不起眼的村庄都无以幸免"。花功夫改良农业应该比阅读报纸上的政治新闻更有用吧;政治是"危险的"工具,"常会蒙蔽无助的羔羊,而且不论如何,浪费大量的精力和国家财富"。他喜爱山区清新的空气、平静的水面,如今发现在山下的下维瓦莱地区,"桑蚕、葡萄园和人类遭到微粒子病、葡萄根瘤蚜和政治这三个大敌的威胁"。[1]

## 与教士的争论

法国大革命令教会混乱不堪,没有足够数量的教士,而且他们的能力似

---

\* 朱庇特是罗马神话的主神,因反抗其父的暴政而广受爱戴,并最终统治天庭。——译注

乎也不能同旧制度时期的牧师相比。许多人几乎没有受过教育。整整一代信众只接受过零碎的宗教教育,有的甚至根本没接触过。在"波旁复辟"时期,教会当局鼓励增加小学的数量,他们把这视作一种教育孩子学习《圣经》和《教会问答》的手段。维瓦莱地区宗教团体的数量迅速增加(维维耶主教教区在法国排名第一)。该地区在"波旁复辟"时期经历了特别明显的天主教大回潮。新任主教在 1841 年抵达维维耶,他发现"这个主教教区信仰根深蒂固,只有少数例外"。他感到自豪,农村尊奉复活节的超过 90%,城里超过 64%,他的新主教教区是全法国最虔诚的地区之一。[2]

虽然村里的牧师负责在凡间解释上帝的话,但他仍然应该遵循社区的某些传统,否则有被当作外人的危险。[3]村里的教士和年轻人之间的紧张关系不是什么新鲜事。由村里的年轻人组织节日的传统早在几百年前可能就开始了,跟近代的"青年男子修道院"差不多("节日委员会"主要由青年男女组成,如今承袭着村里的传统)。巴拉聚克的守护神日(还愿节),圣抹大拉的马利亚节的庆典,在 7 月的一个礼拜天举行仪式。更有甚者,狂欢节的庆典才是考验牧师耐心界限的时刻。[4]

巴拉聚克的萨莱神父的情况就验证了教士不管多有影响力,也可能很快变成局外人。巴拉聚克有一个可能源自 15 世纪的宗教团体,即圣安东尼善会,一直在村里担负着一项宗教功能,收取约二十袋小麦和一千到一千二百升葡萄酒,在圣安东尼节前八天,小麦要碾成面粉,做成两三磅一条的面包烘烤。面包在分发之前,要由牧师来祝福。再宰上一头母牛,善会的年度晚宴就齐备了。出于这个原因,这个善会也叫"母牛善会"。不管怎样,村里的牧师要主持痛饮葡萄酒的宴席,并随后分发食物给穷人。[5]

在 1837 年,这一切并不顺利。多年以来,宴会"闹得相当过头"。萨莱于 1834 年到巴拉聚克担任牧师时 31 岁,他决定坚持原则:"在这个岗位上,我不得不进行干预,以结束这种情况。"临近狂欢季的时候,他按照主教的指示,在布道坛上警告他的教民,如果这些"过头的行为"不停止,他将拒绝祝福面包。[6]

这种威胁可不会在村里大受欢迎。一些教友提醒牧师,他的前任一直与善会合作。然后有两个成员——"代表其他人"——去神甫宅邸要求牧师归还善会捐献给教堂的大吊灯。牧师与这两位深夜访客之间的对话逐渐升温。访客们辱骂了牧师。那天深夜,有人对着神甫宅邸投掷石块,大约在凌晨四五点钟,有人朝房子开了两枪,留下铅弹的痕迹。五天后,再次有人在夜间向恐惧但顽固的牧师的住所投掷石块。教堂背后通向神甫宅邸的小园圃的大门被人扯下,并扔进深谷里的阿尔代什河。牧师仓皇败退,带着他的家人到别的村庄避难,"鉴于有若干仇视我的恶徒,表现出若干野蛮的行为,我听从了上司的意见"。

司法当局进行了调查。专区长下令巴拉聚克的村长禁止善会再次集会。萨莱神父后来回来了。[7]专区长认为牧师受到的威胁被夸大了,巧妙地减轻了对未知罪犯"破坏大门"和"夜间骚乱"的指控。他认定那两枪只是对着窗户和过道,为了吓唬牧师(这一点他们做到了)。巴拉聚克人对这一事件陷入集体沉默。善会也再次举行了一年一度的庆祝活动。然而,省长在1840年解除了杜尔的村长职务,而主教于第二年解散了善会。神甫宅邸背后的善会的房子成为自治村的财产。这小小的一步没人注意,但不论在巴拉聚克还是法国,与教会持续的冲突正在逼近。[8]

# 共和政体进入乡村

法国大革命推动地方性的效忠对象从教区转移到自治村。这一变化本身就挑战了牧师的影响力。即使"波旁复辟"(1814－1830年)是以圣坛与王位之间的联盟为基础,但复辟了的君主制却保留下"大革命"的许多变化,包括地方区划(行省、专区、县、自治村)。然而,在随后的各个政权下,乡村教区牧师的角色却微不足道。鉴于村长的责任日益增加,而且国立学校的重要性也逐渐上升,天主教教会觉得自身受到地方世俗权威的挑战。

政治分裂的迹象乃至成见,从"大革命"结束后到"1848年革命",在巴拉聚克很罕见。不过,在"1830年革命"后,忠于"波旁复辟"的亚历山大·塔斯特万村长辞职,而副村长莫利耶又被新任奥尔良派省长解除了职务,因为近来他一直缺席会议,十分惹眼。他任命了两个人,此二人的父亲均在革命期间担任过村长或国民自卫军的军官。自治议会的另外两个成员也辞职了,因为拒绝宣誓效忠新政权。[9]

"七月王朝"(1830-1848年)允许缴税达到最低额度的男性投票。在巴拉聚克,自治地区的选民(他们可以选举自治议会)范围从村里最富有的人,如塔斯特万和安托万·奥扎等,他俩分别缴纳了三百六十和两百一十三法郎,到约瑟夫·奥扎,他上缴的税金约二十一法郎。在1840年,巴拉聚克村有五十个自治选民,但只有五人有权在立法选举中投票,因为他们的税款超过两百法郎。这些人包括奥扎和泰西耶,他的父亲在"大革命"期间购买了作为国家财产的磨房。[10]

1832年,省长任命泰西耶当村长。我们在此能看到支持"大革命"和"七月王朝"与自治领的政治生活之间的联系。省长以"没有合理动机"连续缺席三场会议为由撤销了三个人的职务,不免让人猜测村议会开始遭到报复了,但也仅限于猜测。[11]杜尔在1838年取代泰西耶,不过他只干了两年。省长于是任命亚历山大的儿子,让-安托万·塔斯特万,担任村长。但是塔斯特万立即辞职,理由是"严重的个人原因"。杜尔拒绝复职。自治议会因此写信陈述对塔斯特万的信心,"他享有全体同村公民的广泛尊重"。尽管他父亲贴着"波旁复辟"的标签,但年轻的塔斯特万似乎仍然是必然的选择。然而,他和他的继任者接连辞职,令泰西耶于1844年再次上任,当时他已68岁。[12]就这样,村长来了又去,除了自治地区备忘录上的签名,在历史上很少留下痕迹。

"1848年革命"给巴拉聚克村带来了共和政体与大众政治。它开始只是在巴黎的一场政治革命,但它的背景是"四十年代大饥荒"。[13]1846-1847年的马铃薯疫病和歉收,令阿尔代什省生活困苦(1846年9月的另一场洪水更是火上浇油)。里昂丝绸需求萎缩严重伤害到下维瓦莱地区(类似1836-1837年美国的经济危机)。许多贷了款的农民原指望丝绸业繁荣,能累积资本,现在连本钱都还不出。有几个县要求抵押银行提供合理的贷款利率,反映出"当地高利贷者以及在更远处的资本主义高利贷者和中间人"对丝绸行业的压迫。当地河流沿岸小型制丝工厂的厂主从里昂的商人手中借钱,要支付9%或10%的利息,而且借款人随时可以要求还钱。

在丝绸行业内部,不公平的做法和人为压低价格十分普遍。中间商压榨制丝工厂,工厂又转嫁给(机械化或家庭)纺丝人。最底层的就是养蚕的农户,他们受时局所迫,要按中间人强加的不公平低价销售生丝。在拉让蒂耶尔专区，土地查封的情况增加了一半以上。对那些贷款人、尤其是放高利贷者的仇恨，以及对税务部门的憎恨，让人回忆起上个世纪导致"武装面具"起义的那种心情。早在 1848 年，在蚕茧和生丝市场不稳定的情况下，"可悲的苦难"统治着下维瓦莱地区。桑蚕大量收获，但蚕茧价格下降了一半。维维耶主教感叹，"穷困从四面八方侵袭我们"，并呼吁每个教区建立一个慈善委员会。[14]

正是在此环境下，2 月爆发的 1848 年革命给阿尔代什省带来了成年男子的普选权和希望，虽然那时日子仍旧过得很艰难。当年 4 月，那些想要在立法选举中投票的巴拉聚克人，必须前往吕奥姆，来回的路程要跋涉好几个小时。然而，许多村长对迫切要求他们提供选民名单的信件没有回应。无论如何，许多自治村的回信有时候要十到十二天才能到，而不是正常情况下的三四天。[15]

随着法国形成整体，阿尔代什省在 1848 年 4 月选出温和派参加"国民议会"。"大革命"诞生的"第一共和国"反对教权，在维瓦莱地区的集体记忆中没什么好印象。大多数人似乎认定"第二共和国"比较"令人欣慰"，保证财产和宗教自由，否则它也不会存在了。1848 年，天主教教会也作为政治力量重返舞台，它意图使用其在农民中的影响力捍卫自己的领域。[16] 由此，保守的天主教势力与日益反对教权的共和派之间的斗争，构成了"第三共和国"的政治格局。在此期间，阿尔代什省选出保守派与温和派，"国民议会"里只有一个坚定的共和派。在 1848 年 12 月的总统大选中，路易·拿破仑·波拿巴（拿破仑的侄子）轻松获胜，巴拉聚克两百三十二个合格选民只有六十七人劳神投了票。[17]

1848 年 7 月 30 日，巴拉聚克选出"第二共和国"的第一届自治议会，为了选出全部十二名委员，次日又进行了第二轮投票。[18]"七月王朝"最后一任自治议会中有五人进入年轻共和国的体制中。到 8 月底，新的自治议会集会选举村长和副村长。"公民"安德烈·泰西耶在第二轮投票中获得七票当选村长，以两票优势击败让·沙鲁塞。鉴于沙鲁塞家族在后来的"第三共和国"时期是闻名、坚定的共和主义者和反教权主义者，因而本次选举的结果或许与国家政治有一些关系。克劳德·莫利耶当选副村长，也有七票，他对共和国的依恋日后看得很清楚。泰西耶于几个月后亡故，省长任命年轻的莫利耶担任村长。[19]

1849 年 5 月间,阿尔代什省的八个当选立法会代表中有六名坚定的共和派,与共和国第一届选举形成了鲜明的对比。自然,新教选民帮助了阿尔代什省的左翼势力获胜。山岳派(左翼社会民主党人)进行了快速的政治组织和宣传,同样功不可没。在过去的几十年里,丝绸行业在农村的扩张已经把类似巴拉聚克的村庄纳入更大范畴的经济体系中,尽管巴拉聚克相对偏远,但村民们肯定知道最早的共和主义理想,还有后来的社会民主主义理想。[20]山岳派呼吁制止灾难性的"四十五生丁税"*,这是年轻的共和派政府愚蠢地增设的。他们反对神权的政治影响力的观点也获得支持。此外,右翼的共和主义保守派和君主派之间的分裂,也有助于左翼的成功。然而,巴拉聚克、吕奥姆和普拉冬的投票比阿尔代什省大多数地方更加倾向于保守。还有,山岳派本希望小学教师成为消除宗教影响的世俗化先锋,却因路易·拿破仑在主导共和国时有步骤地解散相关机构而失败。[21]1850 年 5 月 31日的《选举法》减少了约三分之一的法国选民总数,排除了未在同一自治地区居住两年以上的人。在巴拉聚克,1850 年 7 月的合格选民人数从两百五十五人下降到一百五十八人,到 1851 年 1 月仅有一百四十三人。[22]

为了响应反镇压游行,1851 年夏,山岳派在阿尔代什省举行了团结示威。在乡间的节庆上,有几个村庄发生了佩戴红色领带和皮带(那是非法的,因为红色会使人联想到"大革命"时期的雅各宾派)的狂欢者与宪兵之间的对抗,特别是萨拉瓦、洛拉克、奥尔涅克和格罗斯皮埃尔。这令省长确信阿尔代什省应该宣布戒严。[23]

那年夏天,巴拉聚克似乎倾向于左翼了。在 1850 年 3 月进行的补选中,共和派候选人轻松赢得村里的多数票,不过全阿尔代什省是一位君主派候选人获胜。到 1851 年 3 月,专区长打算预估选举的结果,如果在包括巴拉聚克、拉戈斯、萨拉瓦和瓦隆的县举行选举,"民主派候选人"能否得到多数票。在这四个自治村,除巴拉聚克之外,都有坚定的新教少数派。[24]

维吉耶是警方派到专区的密探(连同另外二人,每人负责一个分区),他

---

　　* 即每交一法郎直接税,还得交四十五生丁附加税。——译注

声称有一个激进的秘密团体,在巴拉聚克有一百名成员,县里另外七个自治村也有。农村警卫约瑟夫·莱里斯后来作证,说巴拉聚克的确有一个秘密团体,已经存在一段时间了,成员约五十名,这个数字更可靠,组织开会的有维克多·凯鲁什、安托万·多玛和约瑟夫·埃克斯布拉亚。传言说有秘密的沟通方法和储存的武器,这些消息总是有"绝对可靠"的来源。[25]

我们可以想象在19世纪中叶的这个贫穷、偏远的村庄,什么样的问题能令至少一部分人偏激起来。农民的意识形态往往是混杂着地方上的问题、更广泛的政治焦点与承诺,以及政府应该缔造社会正义的模糊希望。封建领主、在旧制度下对贵族的义务以及部分农民领教过的那所谓的"司法正义",仍留存在集体记忆里。米什莱回顾,在维瓦莱地区看到"那些可怕的黑色主堡,那么长时间以来一直向贫穷的人征收贡品"。在一些地方,农民仍然称国家税收为土地税,并把教堂要的钱叫什一税,而有人则害怕这些会真的回来。[26]识字率的增加可能也发挥了作用。巴拉聚克的几个山岳派是让-马蒂约·吉贝尔和他继任者的学生。

巴拉聚克山岳派的好斗还有其他迹象。1851年4月,村议会在讨论男校的合理位置时,引述了"学校面临的最大困难往往是受到不道德和煽动性的歌曲的骚扰,唱歌的人经常接触现行体制"。山岳派的宣传使得农村对教育机会的需求大大增加了。在1849年和1850年,巴拉聚克学校没开门,因为找不到教师。[27]

捕鱼是另一个问题。维瓦莱地区的农民喜爱狩猎和捕鱼。[28]大多数猎人和渔民都特别穷,无论他们打到、抓到或捕到任何东西,都会是餐桌上的大菜(前不久,巴拉聚克有名男子说起自己的婚礼,他还记得那是捕捞季的第一天,好像因为结婚浪费了一天似的)。1851年10月,巴拉聚克自治议会一致表示,从奥伯纳桥到吕奥姆之间的阿尔代什河河段应该开放捕鱼。它要求废除一条省里的法令、一系列王室敕令以及1829年的一项有关捕鱼的法律,以声张"正义",听起来像1789年村民们聚集在教堂一起制订的"陈情表"。捕鱼权可能有助于"慰藉穷苦的阶层,他们在这一地区多得是。他们没有其他的谋生手段,能有条鱼给自己的孩子就很高兴了,孩子们一无所有"。[29]

那年秋天山岳派秘密团体巩固了他们在下维瓦莱地区的基础,而巴拉聚克的自治议会则专注于"美好时代"*对穷人有点用的一个问题:"民主与友善的共和国",不论是用土语谈论,还是少见地用法语。一位来自萨拉瓦的农民说得最贴切了。他声称,等"美好时代"胜利了,"我们就不再有任何森林警卫、任何渔业警卫、也没有牧师。我们将降低税收,我们将分配公共土地"。[30]

安托万·多玛,前烟草商,在 1851 年夏天遭到官方怀疑。瓦隆的警察被责令提供多玛的信息,他们承认巴拉聚克以外的人很难了解他的情况。这次,巴拉聚克的闭塞帮助了山岳派。任何想打听巴拉聚克某人情况的人,不论是不是警察,很有可能被当作多管闲事的局外人而遭到忽视。[31]

路易·拿破仑·波拿巴下令阿尔代什省在 10 月初进入戒严状态。有组织的(而且是人所共知将会发生的)政变终于在 1851 年 12 月 2 日发动了。紧接着在巴黎出现了大规模的抵抗,但最重要的是,在中部的部分地方和南部地区爆发了 19 世纪法国最大的全国性起义,超过十万人参加。下维瓦莱地区的秘密团体大概深入了多达五十个自治村,他们为了保卫共和国,率先发起抵抗。[32]

在 12 月 6-7 日的晚上,一队山岳派的人在瓦隆县的村庄里集结,其成员来自瓦隆本身,还有拉戈斯、吕奥姆、萨拉瓦、拉巴斯蒂德维拉克和其他村庄。队伍从瓦隆出发(或许受到下列传闻的鼓舞:在绍梅拉克有个五千人的抵抗营地,正打算向普里瓦进军,而且尼姆已被山岳派夺取),沿途吸收着人员。莱旺周围也形成了类似的小团体。大约凌晨三点,抵抗分子抵达了巴拉聚克,想必是通过拉戈斯村落,也可能从普拉冬过来的。巴拉聚克的农村警卫约瑟夫·莱里斯,听到街上的声音:"他们到处砸门。我起身去看看发生了什么事,然后一顿石头击中我的房子,我房子周围全是人,但深更半夜的,我认不出来是谁。"大约五点钟,有人开了一枪,大家就消失了。至少有六名男子跟着队伍去了,携带着猎枪和干草叉。他们与来自拉戈斯和其他邻近村庄的数千人一起,注定要失败地向足足八英里外的拉让蒂耶尔专区进发。[33]

同样在大约早上五点,有数千名抵抗者的纵队抵达了拉让蒂耶尔的第一座桥。专区长听见城里的小山上回荡着"拿起武器!"的高喊,便知道他们

---

* "美好时代",la Belle 或 La Belle Époque,欧洲社会史上的一段时期,自 19 世纪末至一次大
　战爆发。——译注

来了。山岳派在遇到四十名武装士兵守卫大桥后,便转身撤退,而守军则开始追击。士兵们后来说,在追赶逃亡的人时,敌人向他们开枪射击:"子弹在我们耳边呼啸而过,但没有人犹豫过。"守军返回时带着二十三个囚犯,其中两人身上有伤。"我们追了那些闹事的六英里,始终快速前进,我们四十人对抗面前的三千人!"他们缴获了"带着血迹"的猎枪、十字镐和干草叉。[34]

在前往拉让蒂耶尔与努瓦尤斯方向的岔路口,有个从村里出来找助产士的人事后回忆到,"一群人,拿着步枪、干草叉、棍棒,还有掠夺用的麻袋",用土语唱着歌。[35]大约两百名抵抗分子跑过"格拉台地"。他们到达河边后,莫利耶和他的小船生意就好了起来——可能是他最好的一天——其实他们更可能直接跳进12月寒冷的水里游到对岸。有人看见山岳派兄弟保罗·埃尔丹与拿破仑·埃尔丹乘坐莫利耶的渡船过河。然后埃尔丹兄弟和许多其他人沿着道路一起走向村里,通过了萨布利埃门。然后,停在维亚内斯的小客栈里,那地方他们肯定很熟悉。那里更可能是莱里斯村落(以及面积广大的拉戈斯自治村的其他部分)与巴拉聚克的山岳派进行政治联络、组织活动的场所。

在此期间,军队占领了瓦隆。到这个月中旬,机动纵队像"督政府"时期那样,在下维瓦莱地区炫耀了一番武力,这一次是搜捕左翼人士,而不是右翼的。抵抗停止后一两天,巴拉聚克和其他村庄的村长收到了一封信,信里没有装腔作势,只是要求积极服从。至于山岳派,"如果他们胆敢阻碍公众自由地表达看法,以我的名义,用可怕的惩罚警告他们[原文]。"*[36]它注定会是这种结局。

在受到巴黎方面的鼓励以及拿破仑似乎牢牢掌握着全民公决这个政治工具的先决条件下,官方统计声称抵抗者有"三千名野蛮人"组织在"秘密团体的庞大网络"中,一直在准备起义,这说法也太耸人听闻了。瓦隆的警察很遗憾没有能够"处决所有这些我们今天算是认识了的流氓,而他们属于瓦隆县最赤贫的阶层"。他声称,巴拉聚克、萨拉瓦、拉巴斯蒂德维拉克、奥尔涅克和其他村庄有约七百人参与;而莱旺县、拉让蒂耶尔县、努瓦尤斯县有"一千五百名至两千名抵抗分子"。在去拉让蒂耶尔的道路上,"抵抗分子三

---

　*　援引1851年12月尼姆总检察长的话。——译注

人一排地列队前进,道路上全是人……差不多绵延四英里,堵塞得严严实实……这些人组成了配备完整军官和下级军官的大部队……他们的队列里武器充足,有干草叉、十字镐、剑和杀猪刀"。队伍抵达时,有鼓号和旗帜,他们强迫犹豫不决的人跟随他们,还许诺可以掠夺和焚烧拉让蒂耶尔。有趣的是,专区长对那四十名赶走抵抗者的士兵的记述,反映出当时甚嚣尘上的有关撒拉逊人的巴拉聚克的神话:"这些勇敢的士兵告诉我,他们其实是对阿拉伯人发动了远征!"[37]

有大量少数派新教徒的自治村是抵抗运动的中坚力量。出于这个原因,早在三个世纪之前的那场宗教战争的阴影便被当作这场抵抗运动的关键原因。参与抵抗比例高的自治村一般有40%至50%的新教徒,包括瓦隆、拉戈斯、拉巴斯蒂德维拉克和萨拉瓦,而新教牧师则被指控鼓动他的教众携带武器。在阿尔代什省,被捕男子中有40%来自有许多新教徒的自治村。1851年,新教徒占阿尔代什省人口约12%(三十八万六千名居民中的四万七千人。)[38]然而在巴拉聚克并没有新教徒,山岳派通过切合实际的社会改革方案成功地动员了普通的天主教徒。

1852年1月2日,省长解散了巴拉聚克的自治议会,并以临时自治委员会代之。[39]18日,瓦隆派出四个穿制服的宪兵骑马在早上五点来到巴拉聚克,以捉拿让·朱利安和他同名的侄子。他们被告知,那个当过兵的侄子正在另一个村里探望他的姑妈。然而,事情立刻就清楚了,年轻的朱利安"用根绳子爬到邻近的屋顶上逃走了"。让·莫利耶(绰号修道院长),前任村长的哥哥,在1月30日清晨被逮捕。让·瓦利耶和奥古斯特·加梅尔于3月14日被捕。两人都是在维亚内斯客栈的餐馆里被发现的。[40]

到了2月,阿尔代什混合委员会(由最高行政机关、司法机关和军事当局最高长官组成)听取了数以百计的案件,这些人被指控参与叛乱或被视为有政治危险,他们都是非常贫穷的人,经常被描述为"一无所有"。1852年2月18日,该委员会审了生活在巴拉聚克的九个男人参加起义的案件,其中七个人在巴拉聚克出生。维克多·凯鲁什被控"运动和自治村秘密团体的领导人之一,有才智,有危险",这位三十岁的未婚农民声明自己是无辜的,坚称是从维亚内斯的嫂嫂那里听说向拉让蒂耶尔进军的事情的,那已经是周日上午八点半或九点他来到客栈的时候了。然而,有几个人指认他是周日上午大约十点返回巴拉聚克的,同行的几名男子还携带了步枪,他脖子上系着红领巾,拿着一个瓶子,喊着:"自由万岁!"他曾经跟克劳德·莫利耶村长一起喝酒,时间是约上午九时,有七八名男子到来,多数拿着步枪。那些人里有莱里斯村埃尔丹家的人,因为脸上的麻子被人认出,但没人知道他叫什么名字。埃尔丹要他跟他们一起喝一杯酒。此人的下巴和耳朵上有些伤口,还说士兵向他们开枪,他逃跑的时候摔倒了。埃尔丹与其他人一起离开,返回拉戈斯。凯鲁什陪同他们去了村庄高处的烟草店,他徒劳地否认自己认识那一小队人中的其他人,也不知道他们为什么要去拉让蒂耶尔。他否认自己属于秘密团体,也否认有人要他加入。混合委员会最终判决他监禁在阿尔及利亚。

让·朱利安(叔叔)也否认在这些事件中起过作用,声称他一整天都在船夫莫利耶的土地上耕种,那块地在卢安,并于当晚八点回到村里。他和自己的老婆孩子然后去了他小舅子的家守夜聊天。周日上午莫利耶划船渡他过河。他去了奥东,因为他在那里拥有一小块土地,然后他看到一些武装分子前往巴拉聚克,但声称不认识其中任何人。莫利耶返回河边时,有些去巴拉聚克做弥撒的人也跟他一起搭船过河。他承认听说过秘密团体,但说自己既不属于它,也没有接到过加入的邀请。[41]他被认为"不很危险",被判决由警察监控,在1852年3月初被释放。

安托万·弗罗芒坦1月23日在普里瓦面对混合委员会。他已婚,有四个孩子,会阅读,"但磕磕绊绊"。他与邻居在午夜自奥伯纳返回后,第二天上午才得知"向拉让蒂耶尔进军"的事,那时他看到人们在逃跑,携带着步枪、干草叉和剑。他宣称一直待在家里:"我听到有人说,有巴拉聚克的人参与,跟别人一起,但我没有看到或听到任何特定的人。"(他还能说什么?)他只受到监控,因为是被头目们"领着干的",缺乏才智并且"不危险"。[42]

克劳德·莫利耶已经被解除村长职务,他也否认了对自己的指控。他说12月7日上午他在小餐馆,就像如今在巴拉聚克很多人会顺便去一下波莱特菜馆。当他去河边捕鱼时,看见一大群人从拉让蒂耶尔方向过来,其中有人还带着武器。当他从河边回来时,餐馆里全满了,还不断有人进出。他就是在那地方听见村里的枪声的。地方执法官下令释放了克劳德·莫利耶。[43]

巴拉聚克相对而言很少有外乡人(那些在其他地方出生的)。约瑟夫·

埃克斯布拉亚来自上卢瓦尔省，是少数出生在阿尔代什省外的人之一。他于 1819 年来到村里，当了两年的雇农。然后，学会了泥瓦匠的手艺。1835年跟玛格丽特·莫利耶结婚时，他不会在结婚证书上签字。现在，他们夫妻有五个孩子，长子已经 12 岁了，他跟着师傅在各地打工，包括巴拉聚克。他已经积攒下足够的钱，买入了一些土地（在 1847 年还向村里报价出售过一块）。他干得不赖，现在拥有约三千法郎的身家了。埃克斯布拉亚和凯鲁什在 1 月 4 日被捕入狱。52 岁的埃克斯布拉亚有灰色的头发和胡须，"红色的"双眼，有一只失明了，有一只酒窝，已婚，有三个孩子。他倾听着别人把他描述为"精力充沛的煽动者，但缺乏头脑"，参加了向拉让蒂耶尔的进军。混合委员会判处他"缓刑并接受'公共治安部'的监控"。[44] 混合委员作出的所有判决，都用大型、吓人的海报四处张贴。

让·朱利安，那个曾用一根绳子暂时逃脱宪兵抓捕的侄子，时年 28 岁，未婚，农场工人，"有一些财力，但是不多"，比较高大，头发是深棕色的，黑胡子，圆脸晒得黑黑的，右侧额头有一道疤痕。身为老兵，他被判入狱，然后接受监控。让·莫利耶（绰号修道院长）被指控加入了一个秘密团体并参与了进军，但于 3 月 2 日被释放。奥古斯特·加梅尔，32 岁，同样是一名老兵，现在是个"没有钱"的短工，是另一位遭混合委员会指控的出生在巴拉聚克之外的人。他来自奥伯纳之外的乌塞尔，到巴拉聚克后跟面包师约瑟夫·拉皮埃尔的女儿结了婚，并有一个小孩。他在同一天获释，曾经"跟随着抵抗团伙，既不危险也不聪明"。[45]

安托万·多玛遭到了镇压。他于 1813 年出生在巴拉聚克，时年 39 岁，农夫，已婚，无子女，曾在村里干过一段时间的烟草零售商。多亏 1845 年他去尼姆时领了护照，我们可以看到他苍白的圆脸，有些麻点，一大捧黑胡子。由于担心被逮捕，多玛在 1852 年 4 月去见村长塔斯特万，向他否认自己曾经参加过秘密团体。塔斯特万致信专区长，说他相信多玛的"忏悔"是真诚的。当着村长的面，多玛发誓服从共和国总统，并发誓再也不"参与另外的抵抗了"。然而，5 月 14 日中午刚过，两个穿制服的宪兵就逮捕了他。多玛被视为"起义领导人之一，是秘密团体活跃和危险的领导人"，他在巴黎蹲了十五个月的监狱，然后被流放到阿尔及利亚，在福佳的监狱里患了一年的热病。他在 1853 年 2 月得到赦免，然后受到监控。[46]

让·朱利安(侄子)和约瑟夫·埃克斯布拉亚遭受侮辱,被要求携带"贫民护照",由沿途提供协助,以便他们去马赛接受关押。他们俩要按规定路线,前往贝格新城、奥兰热、阿维尼翁、艾克斯,最后到马赛。朱利安(大概还有埃克斯布拉亚)从拉让蒂耶尔到奥伯纳的路途中收到六十生丁的资助,但没有客栈同意朱利安或其他任何携带"贫民护照"的人留宿。[47]这两人后来被赦免后,又受到官方监控。这意味着他们必须每八天向村长报到一次,并且每月向县地方执法官报到两次。因为两人都没有马,他们不得不步行到瓦隆,来回行程有二十六英里。[48]

维克多·凯鲁什,绰号"卡宴"(法属圭亚那首都,位于南美洲北部海岸,蚊虫猖獗,判刑最重的囚徒的流放地),似乎并未安分守己。他因为没有去瓦隆报到,于 1852 年 11 月被捕并被短暂地关押在那里。五年后,凯鲁什被当作一个"在特定时刻"有危险的人,被关进埃皮纳勒的监狱。[49]

直到 1857 年,当局终于饶恕了埃克斯布拉亚,而那两个让·朱利安也不必每月两次去见瓦隆的地方执法官了。塔斯特万村长支持了他们的请求。此外,有个宪兵来到巴拉聚克收集他们的信息。此时,村长、其他村议会成员和村民们也似乎渴望帮助这四个人。巴拉聚克人注意到"他们彻底的苦难",还有步行往返瓦隆一趟要耗费十五个小时。这四人都是家里的长辈,而且也被归类为"几个激进分子的盲目工具",现在为自己的行为感到后悔。奥古斯特·加梅尔于 1866 年在巴拉聚克去世,时年 46 岁;约瑟夫·埃克斯布拉亚两年后亡故。[50]

在官方对抵抗的解释中,山岳派被描绘为"无知到几近野蛮,因而容易操控"。许多村长仍然不明白他们的责任。小餐馆,比如维亚内斯的那间,受到指责。[51]法兰西第二共和国给巴拉聚克村带来了扰攘的政治,并在这样做的时候挑战了教会的权威。拿破仑三世试图把法兰西帝国(1852-1870年)等同于经济发展,但帝国在很大程度上要依靠与天主教教会的联盟,以保持政治上的支持。在此期间,专区长形容下维瓦莱地区的"公共生活"为"几乎不存在"。[52]一半以上的男子懒得在自治选举中投票。在非常艰难的时期,物质生存仍然是当务之急。

即便如此,巴拉聚克在 1855 年的自治选举一直备受争议。安德烈·莫利耶三年前被任命为村长,但一年后便因约瑟夫·莱里斯获准再度担任农

村警卫而愤然辞职;他"曾在村里造成了很多问题,眼下也是"。反抗 1851
年 12 月政变的运动失败后,莱里斯曾经指证过一些被捕的人,并提供了巴
拉聚克秘密团体那个被夸大的人数。安托万·塔斯特万在 1854 年被任命
为村长;他是巴拉聚克唯一的选择,因为他"在每一个可以想象的方面都是
真正的穷人"。[53]一年后,任何候选人都未获得绝对多数,因此要进行第二轮
选举,而村议会则要进行第三轮选举,省长同意最后两个人通过简单多数产
生,才能满额。省长于是再次任命塔斯特万当村长。公署主持了选举,然而
却拒绝签署选举记录。副村长康斯坦抱怨,一直有诽谤上届村议会的流言
在传播,"是图谋当选的几个人制造的"。当康斯坦贴出一封信,表达他的愤
慨时,有人把垃圾抹在信纸上。他怀疑是新当选的村议会中的一些人干的。
无论如何,政变的后遗症,以及塔斯特万身为村长不得不报告那些受到监视
的人的情况,恐怕都是形成坏印象的原因。[54]

　　于是就难以找到想当村长的人了。塔斯特万因患有"精神病"辞职了两
次,接替他的人之一康斯坦也一样。在两次选举中,大约只有合格选民的三
分之一投了票。除了走马灯似地轮换村长,另一个艰难时刻的迹象(或许还
有冷漠),就是召集村议会成员和纳税大户(在投票决定是否增加税赋时)出
席会议。1864 年,村长援引了"自治议会成员以及纳税大户的恶意"。专区
长于是痛苦地评论,巴拉聚克没有任何进步,这一点大家会记住的。1865
年,第二轮投票选出了自治议会;选举克劳德·莫利耶、菲力浦·沙鲁塞(来
自塞尔维埃,崭露头角的激进共和派),旅店主维亚内斯不免怀疑这个结果
显示出左翼回潮。[55]

　　1870 年夏天,法国愚蠢地对普鲁士及其联盟日耳曼邦国发动战争。在
战局急转直下之时(巴拉聚克有三个人死难,阿尔代什省有四百人),[56]巴拉
聚克新的自治选举在 1870 年 8 月初举行。让·朱利安曾因反抗 1851 年
12 月政变被捕,现年 46 岁,成功当选,菲力浦·沙鲁塞也胜出。这两人都
是坚定的共和派。但是,效忠于法兰西帝国的菲尔曼·樊尚也入选了村议
会,此外,还有其他一些熟悉的面孔。

　　9 月 4 日,随着战火肆虐,一伙狂热的人在巴黎宣布法国名义上成为共
和国。共和国在 1871 年巴黎公社(普通巴黎人反对保守的临时政府的起
义)后经过十年才慢慢稳固下来。争夺乡村的斗争开始了。[57]巴拉聚克自治

议会的成员在巴黎的人群宣布成立共和国的那一天宣誓效忠法兰西帝国。村议会直到 1871 年 6 月才再度开会。[58]

法国进入了"道义派共和国",因为众所周知,这个名义上是共和主义的政权,在 19 世纪 70 年代的头七年是保守派政府,根本谈不上共和思想。1877 年 5 月 16 日,总统帕特里斯·德·麦克马洪元帅虽然任命了君主派替换现任共和派总理,却在复辟君主制的初期就失败了。于是,他解散了推选自己担任总统的下议院,但再次选举的结果是共和派占多数。"5 月 16 日政变"给巴拉聚克造成了极大的政治骚动,因为村长樊尚和其他保守派支持麦克马洪。

在巴拉聚克,没有人比菲尔曼·樊尚更为"第二帝国"的终结感到惋惜了。他这个彻底的保守派于 1874 年再度被政府委任为村长。两年后,他因计划把村里的墓地搬迁到更远的位置,卷入与三个村议会成员的争论。当村议会成员指责樊尚低估成本以欺骗他们,村长把其中一人逐出了房间,另外两人也冲了出去。剩余的村议会成员于是批准了收购所需的土地。愤怒的反对派然后立即去找土地所有人,促请他们不要出售"丝毫的土地"。樊尚无视官方多次谴责,继续堂而皇之地在正式信函使用鹰徽的皇室图章,副村长和农村警卫维克多·布瓦龙则坚定地支持他。[59]

在选举期间,樊尚再也按捺不住对共和国的仇恨。巴拉聚克以压倒多数支持国会下议院的君主派候选人,投了两百二十二票,而一位新教的共和派候选人只有二十票。[60] 1877 年,当选民来到政府办公室投票时,樊尚咆哮共和国将毁掉该地区。让·朱利安(侄子)指证樊尚骚扰一名正在投票的男子,想要知道他是否会支持共和派贱民。当朱利安要求解释共和派为什么是贱民时,村长回答他们在巴黎公社的时候杀害了巴黎大主教,而且"皇帝最小的鹰也比共和派所做的一切更有价值,还有他们都是暴徒"。农村警卫发放的选票上已经写好反对共和制候选人的名字,并鼓励一些居民撕毁支持共和派候选人的海报。樊尚被停职,然后在 1878 年 10 月,一名宪兵带来他和他那得力助手——农村警卫——被解职的消息。让·莫利耶在 1851 年政变后被捕,此时被任命为农村警卫。省长解除了樊尚村长的职务,是清除曾反对共和派候选人的自治官员行动的一部分。[61]

三个月后,拉让蒂耶尔的一个法庭判处巴拉聚克两个众所周知的共和派——农夫约瑟夫·莫利耶和沙博尼耶——每人入狱六天,因为他们在樊尚担任村长期间对他"施暴"。不过,拉让蒂耶尔的法院是出了名的反对共和主义,而在专区长看来,这一切都源于樊尚的反共和仇恨。沙博尼耶曾要求樊尚停止在他的葡萄园里狩猎,因为村长的狗吃了他的葡萄。至于莫利耶,他曾要求村长确认一份法律文件上的签字,村长却推开他,"叫他流氓"。沙博尼耶然后遇到那个前警卫和欠他一些钱的布瓦龙,警卫侮辱了沙博尼耶,然后对他提出控告。[62]这种事情可能以前就发生过,但此次的政治内涵却显而易见。1877年的选举结果作废(因为许多其他地区也指责地方官员强迫支持君主制)后一年,巴拉聚克再次以压倒性多数投了保守派的票,让省长有理由认为巴拉聚克自治议会"是极端保守的"。鉴于攸关利益,两百八十个合格选民中有两百三十人出现在票站。[63]

如果说菲尔曼·樊尚在反对共和国的战斗中是个小人物,那么竞选活动则是由身居高位、有权有势的人策划的。在1879年,维维耶的博内主教致力于鼓吹反对共和派以及他们计划的公立学校世俗化观点,把请愿书送到巴拉聚克与其他村庄。博内来自洛泽尔省一个工人家庭,在三年前41岁时便担任这个职务,他"年轻,身体强壮,习惯于山里的方式",蔑视新教徒和共和派,往返奔波于自己的主教教区,宣扬反对他们,称颂教皇庇护九世在1864年的通谕《谬说要录》,这个通谕谴责了进步和现代事物。受此启发,一些教士用地狱之火威胁投票支持共和派的信众。[64]

然而,在逐步胜利的共和国把国家的政治问题传播到巴拉聚克这样的村庄时,家族和个人的对立依然在自治政治中扮演重要角色。他们如今还是如此。塔斯特万家、莫利耶家、穆拉雷家、康斯坦家、布瓦耶家,与其他家族共存、通婚、分枝、结盟,还有争斗了无数的世代,有时候长达几个世纪(而且有几个不同的塔斯特万家、莫利耶家和康斯坦家,他们之间多少都有血缘关系,让情况更复杂了)。小村落内部的团结和它们之间的对抗也不能忽略,即使是"世俗的意识形态提供了思辩的范畴"。[65]

例如,在1881年,樊尚不再担任村长,但仍属于自治议会,他指控塔斯特万(时任副村长,但当年稍后被村议会推选为村长,这一模式始于1876年)把维护村里道路的小合同分派给他儿子,而他"什么也没做过"。此外,在自治机构没有秘书的时期,任何需要信息的人都不得不去找村长,而他总是在地里干活。这就是那时乡村世界对村长投诉的主要内容,当今也是这样。[66]

次年,鞋匠西普里安·布兰强烈地谴责村长塔斯特万,声称当邻居家的水淹了他的房子时,村长拒绝让他查询土地调查簿(地籍簿)。塔斯特万认为布兰的抗议是他的敌人弗罗芒坦在操纵,因为布兰不会读书写字,还声称他这个村长是个王党分子。塔斯特万反对这样的称号,从而为我们展示了一些共和国的诉求:"我不是王党分子,原因是我有孩子,我尊重和非常欣赏共和国给我们带来的优势,不论是从教育的观点来看,还是从军事角度来看。"塔斯特万宣布,土地调查簿放在他家,是因为天气糟糕,在租来的村公所里什么也看不清,而且布兰当时喝醉了。然而,这个小纠纷使用的语言反映了日常村务的政治化。安德烈·莫利耶的土地漏水淹了布兰的房子,他也被指责为王党分子,跟塔斯特万一样;布兰签署了一封抗议信,谴责塔斯特万"是个心血来潮的家伙,和莫利耶一样是王党,而我是共和国的公民"。[67]

## 共和派庇护人的政治

共和国在阿尔代什省面临一项艰巨的任务,它成立以后,那个通过"大革命"涌现出来的共和国标志玛丽安,便与圣母玛利亚对垒了。在一个脆弱的经济被桑蚕疾病和葡萄根瘤蚜破坏的地区,宗教仍然是"这个受一系列经济危机影响而封闭的社会的锚固点"。[68]在全法国,维维耶主教教区神职人员的比例最高。1853－1862 年期间,巴拉聚克 60% 的新生女婴的名字都用玛丽*开头。在 1870 年,阿尔代什省 70% 的自治村中有修女教书,再次超过法国的其他地方。在乡村生活中,神职人员的影响仍然是巨大的,大概甚至超过法国西部。要说原因的话,缺乏强大的贵族可能使得神职人员的优势仍然较大。19 世纪 70 年代的宗教复兴加强了教会的影响,以卢尔德教派和前往卢尔德等地朝圣为标志。教会的综合功能依然强大,植根于流行文化之中。[69]依恋土语(与塞文山脉的高原土语有细微差别,石灰岩之乡"带有普罗旺斯的色彩")本身大概就被当作保卫宗教。法语保留了上流语言的声誉,

---

\* 玛丽 Marie 是圣母玛利亚 Virgin Mary 的变体。——译注

特别是居住在城镇的上流社会；"其参照点大多位于农村社区之外"。[70]

"大革命"时期激进的雅各宾派共和国与"第二共和国"时期左翼的山岳派都发起过咄咄逼人的反教权运动，集体记忆里往事历历在目，许多天主教徒认为共和国的存在就意味着他们生活方式的毁灭。反对新教徒的宗教战争的遗产难以被好战的天主教徒忘怀（还有新教徒们在"第二帝国"里的角色）。专区长在1881年记述："尽管政治理念正日益广泛地进入自治选举，政治干预几乎无处不在，但都是个人竞争的借口。"然而，一如法兰西第二共和国时期，即使在巴拉聚克和其他没有新教徒的地方，国家政治辩论也受限于地方斗争的背景。这里"教权问题占据第一位"。政治小册子和报纸成为乡村生活的一部分，即使在一般情况下专区里"不太共和主义"，但部分自治候选人如果没有特定的倾向，就会接受"共和主义的标签"。[71]在马克思主义和社会主义政党的影响相对较小的区域，右翼继续认为自己的工作就是帮助教会对抗世俗的共和派。农村基层民主建设（但仅限于成年男子普选）挑战着牧师的权威。"第三共和国"用支持中央集权来反击并削弱教会在地方政治生活中影响力。[72]

学校仍然处于战斗的核心，甚至被称为宗教战争的成果。"第二帝国"曾鼓励教会对教育的影响，等到共和国时期，教会和国家不再目标一致，村庄才接触到世俗的共和主义思想。共和主义的思想体系在公立学校中传授，削弱了教堂在社区里的地位。[73]牧师改变了钟楼的政治，在效忠竞赛中拼命反对村长和世俗教师。世俗学校提出了休戚与共的另外一种形式，削弱了古老的教区还有牧师在定义农村社区时的作用，更为社会互动提供了越来越多的机会。[74]此外，随着农村人口不断外流，共和国的学校能提供在城镇就业的适当文凭。改善社会地位的梦想，不管多简单，已经不再通过教会。虽然保守的反对派的焦点，依旧是共和派以在公立学校清除神职人员为目标，但在其内部却越来越有争议。19世纪80年代后期，宗教界数百名成员在公立和私立学校教书，仍然没有任何文凭或正式资质。[75]

沃居埃伯爵家在"大革命"时期丧失了田产帝国，他就在这个背景下展开了新的战斗。现在的对峙双方是共和主义行政机关对神职人员——"唯一的道德权威，大多数教区唯一的观念来源"。在1889年"大革命"100周年的时候，鉴于私立学校的学生几乎达到公立学校两倍之多，他估计有一半的阿尔代什人仍然没有接受共和国。[76]

　　像巴拉聚克这样的村庄出现分裂后,有了派系。一些神父拒绝给在世俗学校念书的孩子及其父母举行圣餐仪式。他们的对手嘲笑宗教教师,把"迪尼奥塔修道士教学法"称为"愚民政策"。未来"美好年代"的阵营已经划分,牧师要对抗"社会党人"和"无政府主义者"。博内主教和天主教徒联盟指控反教权人士赞同未婚同居和向十字架吐痰的现象。对右翼而言,保守的候选人和村里的教士都可以用来防止政府成为共济会、新教徒,或两者兼而有之。在库科隆,牧师宣布投票给共和派是弥天大罪,其在于泽尔的同事威胁,任何因打算"把基督赶出我们的学校"而支持候选名单的人,都别想得到临终仪式;而圣埃蒂安-德吕格达雷斯(在山区)的牧师则被人指控以"送你们的女儿去世俗学校和送她们进妓院一样"进行威吓。在艰苦的 1885 年竞选期间,一位牧师引诱一名男子谈论他对村长的看法,并在一把抢走那人的选票前告诉他,"你的'嘴很能抹黑',你一幅胡格诺派*的神气",但他的行为被村长看见了。[77]

　　神父们被指控,他们威胁将拒绝给有子女就读于世俗学校的母亲做忏悔。专区长声称教士如果不从事政治,就将遭到教会的唾弃,一如拉戈斯的情形。在拉维尔迪约,当地自治机构曾要求把学校世俗化,村里的牧师从布道坛上责难了这项决定。在阿诺奈,有二十五件纵火案件被认为是反对世俗化的人干的。[78]

　　政府在 1890 年 10 月停发了三十七个教士的薪金(法国大革命早期创建"国立教堂"后,一直由政府发放),因为他们猛烈抨击共和国,这一官方措施有力而带着挑衅性,并于五年前在竞选期间首次实施。政府于 1892 年暂停了主教的工资。附近的洛拉克在 18 世纪 90 年代是个反革命活动的小中心,当地牧师建立了一所秘密学校,"使用的借口是成立日间托儿所"。学区督察员在乡村牧师拥有的一所房子中发现了三十四个孩子。有人拿着《教会问答》或关于圣人的书,但没有其他的书籍或笔记本。[79]遭到投诉的教士当中还有卡齐米尔·塔斯特万,他在巴拉聚克出生,在安特雷格担任代牧,1892 年他被认定"敌视共和制度"。[80]

　　在这种背景下,共和派选举的胜利姗姗来迟。右翼轻松赢得了 1877 年

---

＊　胡格诺派即法国新教。——译注

的选举，在备受争议的 1885 年立法会选举中大获全胜——得益于强烈反对
《费里法》。共和派占主导地位的下议院认定选举无效，因为受到"不可接受
的"教权的干扰，但这个裁决无论如何都很可疑。第二年，有张选举海报警
告阿尔代什省的农民："在 1789 年之前，修鸽舍是一种特权，而你们吃鸽子
的权利并不比杀兔子的多。"与此相反，牧师们对"第二共和国"的集体记忆
徘徊在"红色帽子"上。左翼则赢得了重选。然而，三年后，教会的新竞选活
动扳回了共和派在阿尔代什省取得的进展。[81]

19 世纪 90 年代初，法国的许多教徒逐渐接受共和国这一事实，并且
"归附共和制"。阿尔代什省和其他地方的保守派调整了他们反对共和派的
主张，并标榜自己捍卫社会秩序。[82]1893 年和 1898 年的竞选飘荡着这样的
花言巧语，也少了些火药味，部分原因是"归附共和制"，部分原因是左翼的
分裂。1893 年的立法会选举标志着共和派主导阿尔代什省时期的开端
（1902 年的选举除外）。奥迪隆·巴罗当选众议员标志着共和国获得越来
越多的支持，他个人的声望也一样。此外，政府在一年前着手给养蚕人进行
补贴，从而提高了其支持度。共和派领导人抓住每一个机会，标榜自己关心
物质进步和小农场主的艰辛。

但是，即便"归附共和制"有助于调和天主教坚决对立的情况，但在发生
"德雷福斯事件"后，这个面具也就摘掉了。在这个只有三个犹太人居住的
行省中，天主教报纸《拉让蒂耶尔回声报》于 1895 年用反犹太主义的语气谴
责"叛徒德雷福斯"，报道在德雷福斯被巴黎的军校开除军籍之时，"犹大！"
的喊声不绝于耳。[83]

在 1899 年激进派（在社会问题上保守，而且强烈反教权）当权后，再度
提出学校和教会地位的棘手问题。那一年的报纸警告，如果"宗教党派"上
台，它会恢复在每个自治村挑选教师。这将给课堂带来"完全不称职的人，
而且常常是村里的小暴君强加的"，其结果将是"民族回归无知"。作为回
敬，乡村牧师按照主教的指示在布道坛上谴责"魔鬼的学校"。许多世俗教
师其实反对教权，而且基本上都热爱他们所代表的共和国。[84]

随着越来越多的学校世俗化，私人（或免费）学校组建起来，在 1886 年
至 1901 年之间有一百九十四所。阿尔代什省在 1897 年有三百一十四所此
类学校，同时只有一百六十三所学校完成了世俗化。到 1904 年，教堂掌管

着三百四十一所免费学校,世俗学校有两百九十九所。许多天主教的父母继续把他们的孩子从世俗化学校中领走。有些公立学校只有一名学生。1898年,在圣厄拉利的女子学校,世俗老师一个学生也没有。[85]

## 竞争的标志:巴拉聚克的新大桥和新教堂

　　1881年只有大约一半的自治机构可以算是在共和派手中,但巴拉聚克还不在此列。[86]之后,来自共和派的国家庇护显示出它可以使巴拉聚克有所变化。多少世代以来,巴拉聚克人一直梦想有朝一日阿尔代什河上会架起一座桥。1882年的法律规定小学教育强制进行,这为修桥计划提供了动力,因为大桥将极大方便每天从河对岸跋涉过河的儿童,它将结束几百年来村民乘小船摆渡阿尔代什河的历史,以及几乎每年都发生的意外事故。为给这桩大事筹款,自治机构不得不借更多的钱。国家在这里将起到至关重要的作用。代表瓦尔顿县的欧内斯特·于贡是坚定的共和派以及省议会的成员,他对巴拉聚克伸出了援手,用自己的影响力为这个项目获得大量的补贴。[87]

1884年落成的巴拉聚克横跨阿尔代什河大桥

巴拉聚克横跨阿尔代什河的大桥于 1884 年 9 月 29 日落成。农村警卫敲着鼓穿越村庄,召集大家出来欢迎于贡。这位共和派政治家希望新的桥梁将令这个虔诚、保守的村庄坚定地支持共和国。毕竟,共和国已经克服困难获得了成功。专区长祝贺巴拉聚克"倒向了共和国"。桥上一块牌匾纪念了这件不大但有说服力的事。[88]

差不多六年之后,巴拉聚克遭受了有史以来最大的暴雨。1890 年 9 月 22 日,阿尔代什河汹涌的洪水漫过了桥面。专区里有三十七人罹难,洪水暴雨给巴拉聚克造成极大的损害,全村一百户人家大约只有十户没受灾。象征着共和国的桥梁挺住了。

眼下,大桥的两端都还没有合适的道路,也没有完备的道路通到河边。1892 年,得到国家补贴和其他贷款后,后续工作开始进行。这一工程拖延了多年。直到完工之后,村民取水挖沙才更为容易。炸药炸开岩石,艰难地开辟出一条贯穿村庄的道路,在 1897 年的庆典上,巡游队伍从大桥一直走到鲁迪餐馆。于贡再一次跑来替共和国领取功劳,他堂而皇之地指出:"这项工程令巴拉聚克得以与世界各地沟通。"[89]

这座桥——共和国的礼物,具有讽刺意味地导致了修建新的教堂——

**罗马式教堂**

以前老习惯的象征。塞尔维埃和奥东的居民现在可以过河来村里的教堂，而不必绕远路去相邻的拉讷村或于泽尔村了，但参加弥撒的人数远远超出古老的罗马式教堂的容量。但是，共和国没有对建造新的教堂提供任何帮助。

一位由主教派遣的神父形容老教堂"非常小，形状相当不规则，而且所在地点交通不便"。正当大批的法国人审视着——至少是远远地——1871年巴黎公社焚烧的废墟时，巴拉聚克的自治议会承认无法制定大修计划，"因为我们没钱没资源"。村长向博内主教表示，"很遗憾不得已在一座古老的教堂里接待他，虽然它无疑饱经沧桑，但配不上居住在里面的上帝"。[90]

1883年，雷吉斯·沙雷尔刚刚抵达巴拉聚克担任牧师，他信誓旦旦地说，如果巴拉聚克能幸免于霍乱疫情，自己将建一座新的小教堂。眼下，新建教堂一事还要放放再说。信众们筹集资金以建造一个小礼拜堂——卢尔德圣母院*，这个名称反映了在"第三共和国"早期法国急剧增长的宗教朝圣活动。圣母院位于通向吕奥姆的大路分岔前往巴拉聚克的两条道路的岔路口。[91]信众们仍然需要一个新的、更大和更宏伟的建筑，以便在这个政治气候变幻莫测的世界上岿然不动。

教友贡献出约两千个工作日，在老寨墙东南方兴建新教堂。部分资金显然来自有些财富的巴拉聚克原居民。祭坛是一份礼物。小额捐赠凑齐了购买一万八千块砖的钱。教堂位置的选择考虑到便于就地取材，将平整地形时从岩层里凿出的石料用于建筑上。在1891年11月，七十人贡献了两百九十九天的工作。蓄水池与河流提供水源；后殿后面弄了个小池塘，以截留来自山边小断层的水。骡子从河滩运来沙子，如果需要更多这种强壮的牲口去河边，老教堂的钟声便会响起。一家在罗讷河的公司免费提供了石灰，并用马车运送到教堂的工地。[92]

鉴于世俗化成为一个更加爆炸性的问题，沙雷尔神父誓言要在下次"迫害"信众之前造好教堂，说不定他还补充过"在他死之前"，因为他在教堂施工的时候已经病入膏肓了。沙雷尔绘制了教堂的蓝图——其结构形式参照了他以前的教区，还指导工程并记录《施工笔记》。[93]

---

\* 卢尔德位于法国—西班牙边界，据说1858年有个女孩在城郊的山洞中看到圣母玛利亚多次显灵。——译注

到 1895 年年底,教堂本身的结构已接近完成,但内部工程还基本没开始。于是已经改作俗用的罗马式教堂里那仅有的家当,包括圣坛、几幅画、几个圣母的雕像、宗教巡游用的十字架、大吊灯、椅子,还有牧师的长袍,都随即被搬了过去。老教堂下方广场上的大型金属十字架现在树立到了新教堂墙脚的基座上,一架小管风琴是用销售彩票的收入购买的。然而,新教堂没有钟楼。它辖下的教民"耗尽了捐献的工作日和资金",因而大钟仍然位于村庄最古老的部分,挂在 12 世纪修建、摇摇欲坠的老钟楼上。十五年之后,新的钟楼才造好,建造的资金来自捐赠。[94]

**1895 年新建的新教堂。尚无 1911 年加盖的钟楼**

1895 年 10 月 17 日,共和国永恒的敌人博内主教早上七点坐火车抵达,他在通往巴拉聚克道路旁的小礼拜堂里受到欢迎,"一队青年男子,几乎都是老兵,排着整齐的队列"。还有这一地区的二十个教士跟随他,其中五人来自巴拉聚克,以及奥伯纳的圣约瑟夫修道院的二十五个修女。沙鲁塞和自治议会跟随沙雷尔和他的教民,一起列队巡游到新的教堂,然后博内主教为它祈福。[95]之后,沙雷尔和其他两个教士带领大家再次列队巡游到老教堂,把圣餐搬到了新教堂,而教友们一路颂唱。接下来是庄严的大弥撒和祈祷。沙雷尔在 12 月 11 日去世,享年 66 岁。一个星期后,他的继任者主持了新教堂的第一场婚礼。

几户人家捐献了中殿两侧以及教堂附属的两个小礼拜堂的彩色玻璃窗：佩伊、穆拉雷、塔斯特万（他家有两个教士），这些姓名在几年之后针对天主教教会的角色的政治斗争中表现十分突出。[96]最大的三口钟一直在已经改作俗用的老教堂里挂到1911年，它们有三百多磅重，是1851年12月铸造的，好像在蔑视山岳派的动员，当时的村长塔斯特万充当了它的教父。[97]

即使没有钟楼，巴拉聚克的新教堂也巍然耸立。在此期间，村里已逐渐开始赞美共和国，不过农业日历仍然占主导地位（自治议会的秘书在1885年描述新墓地的位置时，仍然采用了传统的乡间名称"levant"代表东方，"au couchant"代表西方）。19世纪80年代早期，庆祝国庆节不是在7月14日当天，而是最近的那个礼拜天，因为"要在田里干活"；自治议会的所有成员都种地。巴拉聚克现在有一个具体的原因赞美共和国了，每逢这个节日，穷人便会得到几个法郎，并在1885年点亮了村庄。[98]

塔斯特万村长已经在1884年辞职，就是大桥完工投入使用的那一年。谈到一年前他曾遇到的那些困难（他们在3月邀请博内主教来巴拉聚克进行巡视，这事显然会再次导致在政治上反对共和国），他声称自己不再受政府的信任，尽管众人都觉得他得到王党分子的同情，而他自己则不这么看，但他可能是对的。[99]"共和派名单"由路易·佩伊和菲力浦·沙鲁塞打头，全部当选。让·朱利安（侄子）也入选村议会，他曾在抵抗1851年政变时遭到逮捕和监禁。保守派内部的严重分歧才是左翼获胜的原因。人们不必极目远眺就能看到共和派的势头甚或胜利来自何处：它就横跨在阿尔代什河上。省议员于贡的描述无比精确："共和国为巴拉聚克的大桥所作的贡献并不亏本。"行省和国家提供资金，以帮助修复、维护或改善村里的道路（如1885年，共和派接管村公所一年以后，提供了三万法郎），给共和国在巴拉聚克的声誉锦上添花。[100]

1885年，在挑选新墓地的位置时，产生了政治分歧。佩伊村长扬言要禁止在人满为患的老墓地继续下葬，他提出了一个新的方位，远离村庄的核心。那块土地属于他的妻子。两名自治议会成员，邦雅曼·布瓦耶和路易·康斯坦，高声反对新墓地的位置，但村议会还是批准了。布瓦耶和康斯坦认为那片遍布岩石的土壤（巴拉聚克除此之外就没有什么了）需要大量翻挖工作,不如另找其他的地点,包括靠近河流的一处,而多数村议会成员认为那地方离村子太远了。来自七十五个家庭的九十八个人签署了一份请愿信表示抗议(二十二人签名用的×)。

村长声称,他们的反对可能与国家政治辩论有关,而签字的人有90%属于"反动的党"。那一年,教会正在发起一场凶猛又无情的运动,对抗世俗化和共和国本身。一些人把在1887年投入使用的新墓地看作共和国的又一次小胜利。[101]

国家支持还体现在另一个方面。"1851年的抵抗分子"变成了"政变的受害者",这也巩固了共和国。因抵抗路易·拿破仑·波拿巴政变而入狱的人,不论刑期多长,均有资格获得国家赔偿。1881年,省长要求那些仍然健在的人推选三名成员组建省里的委员会,审查赔偿申请。这个委员会包括省议会三名成员,其中就有于贡。委员会给予安托万·多玛一千二百法郎。约瑟夫·埃克斯布拉亚的未亡人收到四百法郎,尽管档案里记录着她现在的政治倾向"有点摇摆"。来自于贡的支持(应该用"热烈支持")一如既往地占了上风。

奥古斯特·加梅尔的孀妇已经带着四个子女再婚,并又生了两个,然后第二次丧偶。委员会因她前夫在1852年初遭受十天羁押,给了她一小笔钱。她在信里(代笔,因为她是文盲)回忆,她已故的丈夫被迫躲避警察超过三个月。信上还仔细注明她成年的孩子们是共和派。发放补偿金的时候,让·朱利安叔侄都健在。[102]

政府纠正过往的错误,并不仅仅是慷慨。省长特别促请内阁注意巴拉聚克、瓦隆、萨拉瓦和拉戈斯,"在这些地方,此项措施将有双重意义,不仅因为绝对正当,而且会在反动思想依然顽固并未放弃挣扎的环境中产生有益的印象"。[103]克劳德·莫利耶显然很有心计。政变时的村长时年76岁,是个"没有孩子又衰弱的鳏夫……我一直住在巴拉聚克……没钱养活自己,而且由于年老体弱,也没办法挣钱"。在这封文笔得体的信里,他还补充到:"再次回到这个位于君主派中心的家,我觉得就算告诉你们我会受怎样的苦也没用。那些君主派不会替我着想,只会不停地争吵,直到他们迫使我出售或丧失我最后的一点财产。"他收到三百法郎,并不多,但总算有点。[104]

亨利·朱利安是农夫,他在1892年——他父亲去世后一年——向省长抱怨自己没能成功地得到"我有合法权利的赔偿金的一部分"。现在,"糟糕的季节开始了,但愿我有权利得到共和国政府的关心,而我一直是坚定的支持者,我真心希望我的要求能得到认可,因为我真的很需要"。[105]

然而,在1885年、1886年和1888年的立法选举中,巴拉聚克的多数选票投给了保守派候选人。最后这场选举在全民风靡乔治·布朗热<sup>*</sup>的背景中举行,此人是民族主义将领,其威武的身姿威胁到共和国。[106]巴拉聚克在1888年的自治选举促成菲力浦·塔斯特万领导的保守派自治机构再次掌权。然而塔斯特万"愿意与政府当局一起前进……这是个好兆头",专区长这样理解。以上就是共和派与保守派之间在村庄层面的拉锯。[107]

在"布朗热事件"最喧嚣之时,共和派集结起来保卫共和国,巴拉聚克的男校教师与"反动的自治机构"产生了争执。不仅如此,他还要求调到一个可以充当村公所秘书多挣几个钱的自治村,因为现任村长不会聘用他。这时,于贡,那位有影响力的省议员,又站出来支持他的要求。不到一个月,这位教师就被调往韦拉,那个村子的教师则来到巴拉聚克。在一年之内,他也走了,于贡的庇护再次发威。[108]

1892年的选举标志着阿尔代什省发生了转变。在色彩鲜艳的选举海报中,巴拉聚克的选民选举产生了一个绝对共和派的自治议会,不过专区长认为其部分成员仅仅是"盟友"。接下来,村议会选举菲力浦·沙鲁塞担任村长。专区长欢呼巴拉聚克的这个结果"期待已久。从今往后,村长都会是共和派"。此外,四年前专区里选出五十五个彻底敌视共和国的自治机构,五十一个村议会则被认为共和派;而这次的选举是五十四个共和派对五十一个"反动"的村议会。[109]

坚定的共和派与保守派争夺自治机构,其背景是关于消除教会势力和教会作用的大辩论。双方分别由日益反教权的菲力浦·沙鲁塞和来自卢安村的保守派马里于斯·穆拉雷带领。奥迪隆·巴罗物色到一大笔国家补助用于改善通往于泽尔的道路,沙鲁塞凭借这个有利形势于1896年再次获得最多的选票,返回村议会,并随后当选村长。[110]

---

<sup>*</sup>　乔治·布朗热是反动政治家,在1889年声望最高时很多人惧怕他会发动政变进行独裁,然而大选失败后他选择了自杀。——译注

巴拉聚克的火车站

　　自治生活政治化的标志之一,是在 19 世纪 80 年代后期成立的"巴拉聚克共和委员会",他们有时在小火车站的餐馆开会。它是时代变迁的象征。此类组织与政府官员有着往来,官员们在支持共和国的问题上很难保持中立。1889 年,路易·罗马内———一个居住在利考斯特的财产所有人———希望能受雇去里昂当警察,这是走出下维瓦莱地区的典型举动。他身体健康,受过一定的教育,曾在军队服役,当了四年宪兵。他的三个叔叔都当过兵,其中之一还是在阿尔及利亚。阿尔代什省的省长把罗马内形容为共和派,于是找到巴拉聚克的共和委员会了解更多的情况。委员会给出一份有利的意见,并请阿尔代什省的省长将之转交他在里昂的同事。通过这种方式,地方政治也与国家支持进行着互动。[111]

　　"第三共和国"头几十年激烈的政治斗争迫使政客们走遍了阿尔代什省几乎每一个村庄。1895 年 10 月,奥迪隆·巴罗前来参观"古老"的巴拉聚克村。人们在"鲁迪餐馆"给他办了招待会,又去"布瓦耶餐厅"吃了午餐,两家馆子都位于村内,吃完饭自然免不了祝个词再讲两句话。在肖宗的一场宴会上,话题自然转到了列车能否在普拉冬停靠的问题。到 1897 年 9 月的时候,贯穿村庄的新道路终于完工了,于贡前来替政府领取功劳,随同前来的还有专区长、巴罗众议员和几个"共和派的村长"。[112]

女子学校世俗化两年后,国家的政治辩论塑造了1900年的选举。巴罗得到村民的支持,在立法选举中以微弱多数获胜。在他的干预下,这一年"公共教育部"给男校送来一些书籍,紧接着,村里就进行了自治选举。已经开工的学校工程,也因他的支持而获得了一大笔国家补贴。在双方准备选举之际,沙鲁塞意识到两个名单只有几票的差别,计算之后,决定冒险。由于有传言,说他命令其政治盟友准备把国家补偿发放给去年因冰冻导致收成减少的村民,因而他得到了温和保守派的支持。此举激怒了一些共和派,结果令穆拉雷和村里的牧师萨布莱神父双双受益。但事情还不算完,一段时间以来,沙鲁塞和邦雅曼·布瓦耶之间一直关系紧张,布瓦耶是烟草零售商(这导致他在选举之前不久辞去副村长之职,因为这份工作与副村长的职能有冲突),似乎在经营未经授权的烟草店,但他拒绝与任何"有宗教倾向"的政治对手妥协。他指责沙鲁塞——后者当时仍然会上教堂——过于爱听那聪明牧师的话了,而省长则把牧师形容为"一个远远比沙鲁塞、布瓦耶和其他人优秀的人"。[113]

在1900年,布瓦耶有一位热心的盟友让·莫利耶,上了年纪的农村警卫的儿子,此人也是1851年政变的受害者。年轻的莫利耶不知疲倦地宣称自己反对教权,还大声谴责村里的牧师。这使他在巴拉聚克树敌颇多。对那位农村警卫而言,他那45岁的儿子成天强烈批评村长,叫他不仅仅感觉尴尬。问题的复杂性还在于,尽管沙鲁塞一年前还在一份报告中赞誉了老莫利耶,说他忠于共和国,但多年来一直有人投诉他的农村警卫工作。莫利耶对吵闹的铁路工人听之任之,他们几乎每个星期天都翻山走进巴拉聚克,喝到半夜。猎人和渔夫乐得任何不会受到处罚的机会。而年轻的莫利耶也是渔民,他还吹嘘凭借自己父亲的影响力,并不害怕因为违规而被宪兵拘捕。村里的大多数人似乎都想换一个新的农村警卫。宪兵进行调查之后,莫利耶(父亲)留任。[114]

布瓦耶于是草拟了一份另有其他六个男子的选举名单,包括几位即将离任的村议会成员。因此,共和派提出了两份名单,在支持者中造成了分裂,这激怒了巴罗和省长。穆拉雷只提出一份名单,口号是"为上帝,为国家!"并赢得了胜利。这场胜利的背后是萨布莱神父,"他⋯⋯显然会控制新一届自治机构……他精明、灵活,比普通的乡村牧师更有智慧,知道如何巧妙介入公共事务,行事狡猾,自称是个共和派。"巴拉聚克人则愿意这么说,"他偷偷摸摸的"。"自由派"——也就是说,温和保守派——由马里于斯·穆拉雷(他以八票对沙鲁塞的四票当选村长)带领,开始掌权。穆拉雷代表巴拉聚克出席了借 1900 年巴黎博览会之机在首都举行的著名村镇长宴会(几乎有两万三千名自治地区官员参加)。仿佛为了庆祝穆拉雷获胜,"救赎兄弟会"来巴拉聚克进行了一次布道,结束时在一连串的凯旋门下举行了列队巡游。牧师然后组织了一个新的善会(显然是短命的),有大约四十人加入。[115]

穆拉雷于 1900 年胜利后,自治议会的会议纪要上越来越多地出现了政治冲突的迹象。穆拉雷坚持认为沙鲁塞在前一年的账目中做得不够适当,必须找个收税人员来理清头绪。沙鲁塞的账册有点放任,而且他欠自治村购买袋装石灰的钱,那是用来完成墓地围墙的。维护村里的时钟占用自治村预算四十五法郎,不过那钟已经有六年不走了。这笔钱其实是用来对学校进行适度改善的。随着双方之间的敌意日渐增加,召开自治会议的时候很难达到法定人数,在 1903 年,两次会议被迫取消,第三次则未达到法定人数。[116]

保守派赢得了 1900 年的选举,是因为共和派提出了两份名单。两年后,在立法选举之前,沙鲁塞主持宴会招待了巴罗;当保守派候选人迪克洛—蒙泰伊来村里时,他的敌人穆拉雷则是东道主。巴罗在巴拉聚克赢得了多数票。[117]当新学校的屋顶在 1902 年年底完工时,承包人为工人举办了宴会,工人们唱了《马赛曲》和《国际歌》,进一步激怒了世俗教育的敌人。1904 年,"省议会"选举和稍后竞争激烈的自治选举引来了弗朗索瓦·樊尚——反教权人士、政治家和共济会会员,他借着这两个机会来到巴拉聚克,由沙鲁塞招待。樊尚第二次到访时,"巴拉聚克的共和派选民"在他谈话后成立了一个"激进社会党人委员会";六十人当场签字,樊尚担任名誉会长。会议结束时,人们呼喊"民主和社会的共和国万岁!"尽管说在法兰西第二共和国时期,社会党似乎在鲁贝或利摩日这样有大量工人阶级的城市里能主导自治政治,但巴拉聚克村的传统可不是这样的。[118]

新的公立学校于 1903 年开业,距离七年前建成的新教堂仅几步之遥,它们代表着两个相互竞争的政治分野,同时也是不同的休戚与共的形式。新任乡村牧师阿尔贝·布拉谢尔的行为,给反教权人士提供了弹药。1902年,自治机构作出出售神甫宅邸的决定,它就位于已经改作俗用的罗马式教堂石阶和甬道的对面。那幢房子如今仍然存在,底层有四个房间,楼上还有五间,有一个地窖,一个露台,以及两幅挂毯。这份地产还包含教堂后面的一个园圃和教堂下面的一个马厩。沿路上行一段,有一幢附属的房子,在19世纪50年代原本打算用作女子学校的,现在缺少屋顶。然而,三十三个"地产所有人和巴拉聚克共和派选民"抗议购买 * 的提案,"自治议会的反动集团决定"要把村里有用的房子卖了。此外,自治议会接下来还要给村里的牧师另找一处神甫宅邸,或者给他补偿金以便他自己租房子。村议会表决通过拍卖出售神甫宅邸,而沙鲁塞和他的盟友抵制了这次会议。穆拉雷认为,要把这所房子修到可以住人会花很多钱,而销售收入则能用于修复一条道路上的一座桥梁。[119]

然后布拉谢尔神父就采取了行动。他要求自治机构支付他房屋的赔偿金。在此期间,他把本来用作神甫宅邸的一处新房子,连同其蓄水池租了出去,而自己则住在另一所房子里。沙鲁塞找到专区长抗议,认为牧师提出从1901年到巴拉聚克时起算的补偿金额足够维修老房子了。专区长责令就补偿金投票,一些村议会成员离开会议室表示抗议。[120]

虽然布拉谢尔神父与自治机构进行对垒,但1904年在阿尔代什省举行的自治选举,反映出全国性的反教权人士与教会之间的斗争。国家关闭了在奥伯纳的圣约瑟夫学校和圣雷吉斯学校,还在一年前解散了拉布拉谢"永援圣母堂"的一个宗教派别。数以千计的人抗议。《拉让蒂耶尔回声报》描述"法国军队如何挥舞利斧砍开了我们修道院的锁……1903年6月2日,是阿尔代什省宗教斗争历史上一个难忘的日子"。[121]

在巴拉聚克,鉴于新的学校快要完工,私立女子学校因为缺少学生面临关闭,1904年的选举气氛紧张,当时有个(共和派)评论:"自(1877年)5月16日以来,我们还没在巴拉聚克看到过类似的激情。"威胁和贿赂的流言满天飞,还有针对男校教师维克多·吉里的谩骂,他的大胡子很出名,也鼓吹

---

* 原文如此。——译注

共和派应该团结。一份"浓缩的共和派名单"针对着马里于斯·穆拉雷的名单,它被省里当局称为"村长的反动名单"。选举结果反映出巴拉聚克更加分裂了,坚定的共和派有七名议员当选(六人在第一轮投票当选),保守派有五个议员(两人在第一轮当选)。两三票的差异就是胜利与失败之别。穆拉雷在第一轮投票中以一百一十三票领先,沙鲁塞紧随其后,少了一票。此外,国家的政治派别的影响即使在共和派的名单上也能看到,沙鲁塞把那上面成功的候选人(以及其他人)标注上"激进社会党人"或干脆"激进"。专区长干脆咒骂反对派的名单"反动"。村长和副村长的选举反映了尖锐的政治分野:沙鲁塞当选村长,他得到七票;穆拉雷得两票;三票弃权。第一个议题尽管很小,但反映出分裂:村长认为,上届政府没有投票筹措资金来维持火车站的邮箱。于是,村议会投票恢复邮箱。[122]不出意外,新组建的自治议会再次拒绝布拉谢尔提出的补偿申请。现在轮到穆拉雷和其他三个保守派冲出会场了。[123]

教堂与国家在1905年分离,尤其是那份由国家官员在第二年提出的令人痛苦的教堂资产清查,使人们恢复了对宗教政治的饱满热情。迪克洛—蒙泰伊在1905年1月返回巴拉聚克,参加为他举办的宴会,并发表了讲话。同一年,在教堂与国家分离的时候,由沙鲁塞执掌的共和派"激进社会党人委员会"致函政府,宣布对其效忠。《拉让蒂耶尔回声报》号召天主教徒捍卫"宗教、故乡、家庭……天主教徒和真正法国人的职责是倾尽全部力量、动用一切手段,进行抗议"。[124]

这一年,有位出了名的虔诚的老妇人过世,布拉谢尔神父又因此惹事了。当她的家人去找教士准备葬礼时,布拉谢尔神父拒绝了,除非他先收到钱。但那家人几乎没什么钱,激怒之下,他们组织了一场世俗的葬礼,这在该地区是极为罕见的,立即引发了政治风潮。[125]1906年,博内主教率先对樊尚发难。他警告全体教徒:"不好好投票会触怒上帝,那样会……把故乡的命运交给敌视宗教和危害社会的人手中……要戒除随意、懒惰、突发奇想,或任何其他不能原谅的缘由,因为如果没有正当理由就放弃斗争,就是犯下致命的罪过。"在教会看来,应受永恒诅咒之处罚。相比之下,樊尚和其他坚强的共和派候选人夸口说,他们有东西可以提供给自耕农。樊尚("农民的儿子,我这辈子都跟弱小和卑贱的人为伍!")是"省议会"的一员,承诺重新审议对生丝的生产者的补贴(不这样做就是政治自杀),并"协调"教育,努力避免涉及任何教堂与国家分离的痛苦话题。迪克洛—蒙泰伊入选法国下议院。[126]巴拉聚克与许多其他村庄被一分为二。樊尚得到一百零五票,而他的保守派对手有九十九票。胜败的毫厘之差令政治较量更加激烈。

1906年,国家主导下的教堂资产清查致使阿尔代什省出现愤怒的、有时甚至是暴力的对抗。3月在博利厄,信众响应警钟的号召,坚决阻止世俗当局进入教堂。在尚杜拉,军队冲开了大门。在巴纳、维内扎克和其他地方,锁匠被叫到教堂。在普拉冬、肖宗、拉讷、圣莫里斯—迪碧、韦斯奥、若雅克和桑普宗,第一次进行资产清查的尝试没能成功。[127]而在贝里亚、圣索沃尔—德克吕济耶尔和洛拉克则出了乱子。《拉让蒂耶尔回声报》的头条新闻大叫:洛拉克教堂清查财产! 维维耶大教堂被围困!《塞文山脉共和报》对此进行了全面报道,提供了相反的观点,例如,资产清查无法在罗西埃进行,因为"一小撮有敌意的狂热分子阻止了税务机关进入教堂";或已在萨拉瓦进行,尽管乡村牧师封锁了大门;或是,它尚未在克罗德热昂展开,因为一千五百名"强盗"激烈反对——使用了"督政府"时期反对革命的词汇。[128]

在巴拉聚克的集体记忆中,已经在村里住了二十七年的布拉谢尔与一些教友把自己反锁在教堂内。一支部队和一些宪兵驻扎在学校旁边的田野里,而"部队不得不当着众人的面进行干预。有位母亲带着她的幼子来看这个过程,以让他永远记住,她认为这样的行为是一种耻辱"。斧头砸开了沉重的木门,然后税务机关的代表进去开展清查。人们一致同意大门先不进行修理,以此抗议清查。[129]

受到清查行动的鼓舞,沙鲁塞集团党人——他们的敌人如此称呼——采取了更公开的反教权立场。在沙鲁塞带领下,他的副手包括:路易·布瓦耶,村政府的年轻秘书;沙雷龙,火车站站长,他到巴拉聚克工作后,成为村里的唯一的新教徒;约瑟夫—苏格拉底·雷东,鞋匠,在里昂为若干宗教团体工作之后,已返回巴拉聚克,并在1907年接手了小火车站的餐馆,是个"无情的反教权人士"。布瓦耶24岁,瘦小、虽然没有受过教育却巧舌如簧,他是一个贫苦农民的儿子(这一点没什么不寻常的)。还有其他的人,如阿德里安·弗罗芒坦,是1851年政变受害者的后人,以及里厄兄弟,两人都是采石工人。

世俗教师和牧师之间传统对抗加剧了相互间的嫌恶。吉里,男孩的老师、樊尚的朋友,积极支持沙鲁塞和他的反教权人士名单。好战分子还有邮差,他住在吕奥姆,但每日都来巴拉聚克。他的儿子是"激进社会党"的专区议会候选人。如此一来,这个左翼的集团党人得到了因职业关系走遍巴拉聚克各个角落的人的支持。[130]

奥伯纳的记者"西尔韦斯特(保罗·古伊)"跟进在巴拉聚克的事件,他在对政治生活的记述中,尤其指出了下维瓦莱地区重要的传统:"在原始如巴拉聚克的地方,有些东西影响到我们的农民,比如严格的责任、互助、邻居之间与公民之间的让步,在私下或公开辩论时语调温和,还有万一发生冲突时也遵循的质朴的礼貌形式。"他指责沙鲁塞和他的盟友破坏这些传统。此外,他还声称,拉让蒂耶尔和普里瓦反教权的当局利用了"对政权——即最高当局——的一丝敬畏,以及司法系统,它要对保守的群众中立",以便支持沙鲁塞和他的朋友们。通过这种方式,他借助中央集权的共和派政府的力量,庇护巴拉聚克这样的村庄。"西尔韦斯特"谴责"新的革命封建主义进行压迫和剥削,用已经不再忠诚于其使命的中央集权政府当挡箭牌"。[131]

1908年自治选举差一点搞到特别丑陋。这提供了一个罕见机会,使我们能够一窥亲密朋友和亲密敌人之间的乡村政治世界。沙鲁塞村长现已公开地反对教权,外加他与省议员樊尚以及住在奥伯纳共济会宿舍的一名官员的关系,许多遵照教义行事的天主教徒被激怒了。沙鲁塞享有这个地区"激进社会党联合会"的支持。即使选举要到5月3日才举行,两派已经开始争论提名选举办公署的工作人员了,该机构将监督选举投票,并宣布填写不恰当的选票无效(直到在1913年推出无记名投票前,选民进行投票时,选举办公署的各成员明显知道某张选票是否支持某个候选人或整个候选名单)。按照惯例,办公署包括两个最年长的合格选民计票员和两个最年轻的合格选民计票员。沙鲁塞想排斥年长的多玛,他是"自由派"(在法国因而就是保守派),因为并不清楚他到底会不会读写,不过"自由派"的人说他识字。投票过程立即被"自由派"指责违规,因为他们统计票瓮里的选票是一百九十七张,与宣称的两百一十一个选民投票对不上,这一数字后来减少到两百零八张,又有一些额外的"票"被添加到这个乱局中。当沙鲁塞宣布他的名单胜选,每个人也就勉强有一二或三票之差后,保守派向省里提出了正式抗议。到了6月,拉让蒂耶尔行政法庭判决巴拉聚克的选举无效,并指出最年长的选民没能担任审核人员。在此期间,沙鲁塞仍然担任村长,新的选举计划在第二年举行,这个决定是沙鲁塞和他的朋友在1909年3月上诉到"国务委员会"后获得的批准。[132]

在这个相当遵守教义的地区,巴拉聚克于1908年举行了两场世俗的葬礼。第一场是给"公民"布雷,"激进民主派"和宗教思想自由的人,其他村庄的代表团也来参加了他的葬礼。那年年底是费迪南·佩伊的葬礼,他弟弟在自治议会任职。然而,即使在甚嚣尘上地辩论国家与教堂分离一事的时期,很多支持分离的人似乎都在继续上教堂。"西尔韦斯特"指出,沙鲁塞只在1900年前后才不上教堂,这意味着他收到了拉让蒂耶尔专区的命令,许多因为投票倾向而被算作"集团党人"的人,则出于他们的情感和习惯继续遵守天主教教义。"[133]

沙鲁塞继续出击。1908年8月28日,他挑衅性地"在整个巴拉聚克自治村境内的公用道路上……禁止所有的宗教典礼",只有葬礼例外。[134]这些措施在社会党控制的城镇中司空见惯,但在乡村实属罕见。当然,对于巴拉聚克的反教权人士而言,宗教代表团在1900年12月结束布道后(好几天狂热的宣讲和祈祷),在一列凯旋连拱下举行的列队巡游,仍然是一个判断标准。在此期间,穆拉雷也指责他的对手没能正确地记录资金使用账目。

在1909年1月,沙鲁塞任命让·莫利耶为农村警卫,他干过邮差,其父亲就是那个备受争议的前农村警卫,曾在政变后被捕,在1901年穆拉雷当政时辞职。六名在"格拉台地"拥有土地的男子曾在1906年投诉现任的加梅尔,说他们的收成因为牧羊人的疏忽,几乎完全被绵羊"蹂躏"了。安托万·穆拉雷声称,这些动物吃掉了数以百磅计的葡萄和桑叶。加梅尔失去了农村警卫的工作。[135]

1909年6月20日,选举村长那天,村长在封建主堡的底层摆好了投票桌,任命三个他的盟友,包括年轻的秘书布瓦耶和一个年长的保守派担任计票员,而沙鲁塞村长负责指挥。穆拉雷和他的盟友后来声称,投票桌摆放的位置导致无法监视计票工作。可以肯定的是,有两个宪兵在场,但并不清楚是谁首先请求他们过来的。保守派有可能这样做,他们确信自己的支持者会遭到恐吓、甚至暴力威胁。然而,村长也曾向专区长表示,害怕"煽动性集会",甚至"很担心这些家伙可能发生暴乱"。[136]当天一大早,宪兵就出现在雷东经营的火车站的小餐馆里,跟几个村长的朋友一起喝酒。

沙鲁塞写下一个简短的法令,提及"房间里情势紧张……投票开始的时候可能会出麻烦"。他后来声称早就觉得"穆拉雷名单上的游击队"会制造麻烦,他不准任何人在房间里逗留超过一刻钟,并要求每个人必须离开桌子五英尺以上。[137]在他的对手看来,村里只有五百七十六个居民、两百四十一个合格选民,投票过程不过六个小时,这样的法令似乎旨在防止对点票过程进行任何有效的监察。穆拉雷的盟友相信沙鲁塞为求获胜会不择手段,确实打算监察投票。

莫利耶进来了,他欠沙鲁塞很大的人情。穆拉雷声称那位农村警卫是拿着两张选票走向桌子的,因此投了两次票。另外一个莫利耶,马里于斯·莫利耶,发现这一情况后,在那人将(那些)选票投入票箱时,用日常生活的土语对沙鲁塞说:"他有两张票。"沙鲁塞回答:"我不知道这件事,你可以提出上诉。"等马里于斯和吉布尔当什提出强烈抗议后,沙鲁塞下令宪兵把他们赶出大厅。

四点钟到了。投票结束,居民们挤进那又小又潮湿的房间里。沙鲁塞宣布两百一十八个选民投下两百一十五张选票,三张不合格的选票作废(尽管反对派声称那些选票是有效的)。沙鲁塞进行唱票,并把唱过的票放进箱子,鉴于上次的计票不利于"集团党人"的名单,保守派便开始断言沙鲁塞把投给别人的票算作他自己的。布瓦耶声称有一张选票被算到对手那边,他可以通过笔迹分辨出是一个保守派选民填写的。计票结束后,沙鲁塞宣布在两百一十五张选票中,有一百一十八票投给他的名单,而九十七票投给他的对手,几乎跟他预测的二十票差距完全一致。

随后沸沸扬扬的纷争更是牵扯到当时激烈的政治背景。保守派相信他们因为选举舞弊才失利,进行了正式的抗议。他们宣称,事实上,在两百四十一个合格的男性中,只有一百九十七人参与投票,因而其他的选票都是编造的。他们统计了合格选民中确实没有投票的人,因为有人亡故(三例)、缺席(十三名士兵正在服役,十八个人选举日不在巴拉聚克)、生病(三人卧病在床)、或漠不关心(六例),共计四十三人。他们进一步指出,对手口称的实际投票率高得离谱(90%，尤其是 1908 年只有一百九十七张票)。"巴拉聚克选举丑闻!"《拉让蒂耶尔回声报》使用了这样的头条标题。当巴拉聚克的火车站站长在 1909 年调任时，政治已经变得如此争议不休。《塞文共和报》阴阳怪气地报道:"可惜啊，沙雷龙先生无法取悦巴拉聚克肥胖的宗教蟑螂"，指出他是通过辛勤工作才获得这个职位的，而不是依靠"我们的耶稣会会士"的青睐，而且他离开时"会受到巴拉聚克共和派的欢送"。[138]

无论如何，第二个月，省行政法庭驳回了保守派的请求，因为在小礼堂里发生的混乱似乎证明了村长的措施得当。不仅如此，官方计票结果与"自由派"的主张不冲突，82 岁的乔治已经签字确认了官方计票的记录，这严重打击了保守派的诉求。尼姆的上诉法院驳回了上诉。

巴拉聚克仍然处于严重的政治分歧中。[139]但沙鲁塞不再是明星了，甚至他的政治盟友也这么认为。自治议会没有选择沙鲁塞当代表去进行参议院选举，这是一个明确的反对信号，因为往常这个尊贵的任务无疑会由村长出马。沙鲁塞在 1910 年 8 月辞职，自 1892 年以来他一直担任村长，只有1900 年到 1904 年间中断过。对于离职他是痛苦的:"(面对着)自治议会里一大群白痴和嫉妒的人，我不可能继续担任村长了。"他再也无法指挥村议会，议员们无视他开会的召唤。沙鲁塞的妻子描写她的丈夫:"他不刻薄，他太好了，不愿意伤害任何人……与村议会缺乏协调一致，意味着他什么也干不成。"她恳求专区长接受他的辞职，这将恢复"村议会的团结与我家里的平静。请为为我和我的孩子这么做吧。互不信任是给我们造成这一切的根源"。然后，在 1911 年年初，"国务委员会"纠正了省行政法庭之前的决定，这意味着巴拉聚克在 1909 年 6 月那场臭名昭著的选举也失效了。[140]

马里于斯·穆拉雷和他名单上的所有人在 1911 年 3 月赢回了村政府。他们把办公室从 1896 年以来的方塔搬到不远处男子学校的底层。[141]选举后不久，5 月 25 日，村长取消了宗教巡游的禁令，这种活动在这个天主教村庄"不记得是什么时候开始的，而且从未引起过任何骚乱"。村议会裁撤了农村警卫一职。樊尚，现在是参议员，试图替莫利耶说话，"没有生活来源，最值得同情"，他的父亲在 1851 年政变后遭到迫害。穆拉雷在 1911 年 5 月聘请了达米安·加梅尔，使用了新的、更随意的头衔:鼓号手。[142]

巴拉聚克的左翼共和派乱了阵脚。1912 年，穆拉雷的整个名单再次获胜。两年后,在立法选举中,迪克洛—蒙泰伊获得胜利。[143]持续从巴拉聚克向外移民可能会减少左翼选民人数。在此期间,双方连续不断地用尖锐的言辞殊死控诉对方。1914 年 4 月,《拉让蒂耶尔回声报》指控"公民托马"挑衅性地在复活节前的圣周四和圣周五吃肉,还把遵从教义的天主教教徒称为"咩咩叫的羊群"。《巴拉聚克教区回声报》(给其他村庄印刷的内容也都一模一样)发表了这样的文章:《每月一圣》,《一股力量:成圣的恩典》,《是啊,我的孩子,当个牧师吧!》,《将死的法国》(因为儿童太少),等等,它在 1912 年 5 月胡吹有七十九个世俗学校的学生在零到五人之间,而在那些自治村,免费学校教育着共计三千五百二十名儿童。

　　尽管如此,共和国是否存在这件事已不再需要争辩。《拉让蒂耶尔回声报》祝贺迪克洛—蒙泰伊获得 1914 年 4 月的选举胜利时,对这位政治对手(左翼众议员)——而不是共和国——十分冷淡:"这是迪克洛—蒙泰伊先生的伟大胜利……他要求……基本的自由,包括良心自由。法国万岁!共和国万岁!"[144]对于许多右翼天主教徒而言,这在不久之前还是无法想象的。在巴拉聚克,横跨阿尔代什河的桥梁每天都在提醒是共和国取得了胜利。

# 第七章
# 历经两次世界大战

　　1914 年 8 月 3 日，宪兵从吕奥姆给巴拉聚克带来了战争的消息。亨利·迪尚，村里的传令人，背着鼓走遍了村庄及其周围的村落，宣布总动员。巴拉聚克的男人们，确信他们在"落叶之前"就能回家，很快就出发参战了。当晚的电报宣布了德国在阿尔萨斯—洛林地区发动战役的"假新闻"；俄罗斯正在备战；法国骑兵在托瑞—勒塞克奇袭了德国军队，杀死五人、打伤两人，而自己没有损失；还有德国人在隆维附近向两个 15 岁的男孩开枪的可疑故事；同时表示有信心预备役军人会留在后方，以确保收成。省里有个委员会在筹划如何向居民供应充足的补给品。三天后，法国军队进入阿尔萨斯的消息得到特别热情的欢迎，民众似乎不知道德国人正在穿越比利时，并威胁到巴黎。在此期间，政府颁布的苦艾酒禁令自然无人理睬。《拉让蒂耶尔回声报》报道了第一个在大战中死亡的法国士兵的葬礼。[1]

　　勒内·维夫拉尼代表内阁指责德国发动战争，他指出战斗在收获结束之前就开始了。这也强调了完成这项工作对于保证来年的粮食很重要，号召"法国妇女、儿童、共和国的儿女们"来落实这一任务。

　　阿尔代什省需要暂时安置战争难民，来自法国北部战区的超过五千六百人，其中有阿尔萨斯和洛林的难民（他们大约有三分之一的人只会说自己的方言），另有六百四十个比利时人。但是，战争期间只有一个比利时难民家庭被暂时安置在巴拉聚克，直到 1918 年，再也没有其他的了。

　　至 1915 年 3 月，巴拉聚克有四十三名男子参军，塔斯特万、莫利耶、弗罗芒坦、穆拉雷和迪福家族分别有三人，朗尚、米拉贝尔、迪福、康斯坦和沙鲁塞家族分别有两人。安托万·沙鲁塞和约瑟夫·朗尚等人在 8 月初前去参军；他们俩都是大家庭的长辈，而发给他们的少量财政援助也被立即交给他们妻子的手中。玛丽·穆兰是一个寡妇,她请求帮助;她的儿子应征入伍,而她只有一百五十法郎,是别人在她的小块土地上耕种所支付的费用。费罗曼娜·鲁伊索,另一个寡妇,每月收到国家的一小笔拨款,因为她的儿子阿尔塞纳去服役了。一个贫困地区的贫困村庄,自治机构没太多的办法,只有把每年的军属补助从三十法郎提高到一百法郎,然后分给有伤员的家庭。1915 年,亨利·乔治·迪福负伤住进了位于巴黎大皇宫的军队医院 8 号厅,他发了一封信,要求把他微薄的薪金寄给他的母亲。迪福于 1918 年在阿贝维尔附近丧生。[2]

战争加剧了由于农村人口大量外移导致的劳动力缺乏。士兵,后来有些地方甚至使用战俘,来帮助收割粮食。但在下维瓦莱地区的崎岖土地上,农民依靠双手谋生,许多人仍然在用他们的双肩或者骡子背着收获的产品去贩卖,当地民众怀疑外来的劳工能起多大的作用。上了年纪的男人、女人还有儿童,都去收获。然而,有一些土地和葡萄园根本无法收获,于是他们的葡萄只有等着枯萎,尽管 1916 年的情况比上一年好了点。动员令导致的直接损失(更不用提伤亡的损失)如此之大,使得巴拉聚克的大小路径也遭了殃。[3]政府的征用司空见惯。军队征用骡马(配备完整的挽具)以及一些车辆和其他牲畜,还有 1916 年六分之一的葡萄酒产量。[4]

当卡齐米尔·鲁在 1914 年 8 月初参加大战时,他 37 岁,身后是他妻子奥古斯塔·吉里·鲁——她时年 28 岁,正在怀孕——和两个孩子,一个 3 岁,另一个 2 岁。他很快就负伤了。9 月 12 日,奥古斯塔给巴拉聚克的村长写信,要求他帮助自己从县里的委员会获得一些"给他家人的援助",这个委员会专管给有男性服役的家庭提供小额援助。11 月 4 日,她去求村长帮忙,请他确认她的丈夫是"唯一的生活来源",并且他们所有的物力都耗尽了。然而,县委员会认同村长的看法,一致拒绝了她的请求,说鲁和他的家人"拥有足够的物力。卷宗中的情况并不支持相反的观点"。

1915 年年初,鲁从马赛的军队医院 21 号厅给省长写信,要求重新审查这个决定。他坚持说:"我的生存状况不允许我对这个问题保持沉默,我只是一个农夫,只有我妻子在维持我们的家,特别是在我离开的时候,我们的第三个孩子就要降生了。"

奥古斯塔·吉里·鲁的丈夫是巴拉聚克少数佃农之一,因此几乎比其他所有人都穷,她这样描述自己的生活:"我已经绝对没有一分钱来为这个家购置必需品了。"杂货店和面包店拒绝她继续赊账。"事实上,我们几乎什么也没有……因此,我们(只有)无望的痛苦。依靠我丈夫的辛勤工作,我们量入为出已经很困难了,但现在和将来我们要怎么办呢? 你们真的想迫使我们不择手段么? 我们必须穿衣吃饭啊。"她请求专区长比那些给县委员会提供了错误信息的人"更加人性化",并废止地方执法官的决定,作出对她有利的判决。她随信寄上了她家在1914年的完税凭证,只有七个半法郎。

奥古斯塔·吉里给拉让蒂耶尔"上诉委员会"主席的信很有章法,她描述了自己的生活,成为典型的案例:

"我丈夫卡齐米尔·鲁,已经在战壕里相当长时间了。在战争之前,他仅仅是一个佃农。"他们自1913年9月1日便在前村长佩尔博的小块土地上耕种,他交了税。还有,"在这片土地上没有属于我们的东西;那两头牛和其他的牲畜、农具甚至肥料都是土地所有者购买的,而不是我们,因为我们没钱。"而且,鲁跟巴拉聚克其他特别贫穷的人一样,拥有的那一丁点土地所带来的收入极为微薄,也就是六十七生丁;半块土地收入8.84法郎,是他一位叔叔留给他的,外加一个小房子。"这就是我们的全部财产。"他母亲耕种的那块土地,属于她的公公,但其收入不归他们所有。什么也不剩了:"我们那点积蓄,精心积攒起来的,早已经花完了。"没有收入,没人帮助,奥古斯塔·鲁无法耕种土地,只好任由其荒废着。"我们所有的补给品也已用完。我们有相当长一段时间什么也没有了。我的两个女儿和我(很快就会有第三个孩子)多亏我们好心的邻居才能活下来。"(又一次体现互助的长期传统。)她面前惟一的出路是出于"无情又残酷的必要性"去村政府乞讨面包。事情再也没有如此糟糕了。

地方执法官面对许多类似的请求,拒绝了奥古斯塔·吉里。然而,她信纸的边缘有潦草的字迹写道,她当时"几乎没有办法",而且家里蚕茧收成挣的那点钱大部分已用于还债。显然,家中没有人能替这个伤兵种地。她每月将获得2.25法郎,不足一整天的工资,她要靠这个养活她那两个孩子,不久之后是三个。总算还有一点吧。[5]

没有人希望看到电报局的那个男人出现在家门口。莱昂·沙鲁塞,以前在自家的土地上耕种,成为巴拉聚克第一个丧生的士兵,他于9月22日倒在默兹省。试想一下,当巴拉聚克的玛丽·格拉涅尔收到一封电报,得知奥古斯特·格拉涅尔的坏消息时,脑子里会想些什么。她不知道该想什么,于是抱着一线希望,回了一封电报,说她儿子的名字是欧仁·路易·格拉涅尔。一封回电请村长通知让·格拉涅尔先生(而不是夫人),欧仁·路易·格拉涅尔于1915年4月17日晚上11时15分,在凡尔登4号临时医院死于枪伤。随信而来的还有他们儿子的死亡证书。[6]

有些死亡证明书是跟缴税清单一起残酷地寄来的,仿佛收信人还在人世一般。莱昂·沙鲁塞的父亲写信给税务所,说他儿子已经在战斗中被打死,并提出鉴于他已经死去,将来就不用缴税了。居斯塔夫·里戈写信说他侄子不能纳税了,因为他已于1915年10月24日死亡。让—巴蒂斯特·帕斯卡的答复是,他的儿子的右臂已经截肢,还丢了一只眼睛,米拉贝尔夫人的信说她丈夫已于1916年12月被敌人杀害。[7]

巴拉聚克有二十四人在战争中被打死。其中,十六人1914年住在村里,其余人已经搬走,或是同巴拉聚克的女子结了婚。[8]最早的两个在1914年9月丧生:27岁的维克托里安·布兰,他耕种自家的土地,和德尼·布兰都在凡尔登附近被打死。马里于斯·阿尔塞纳·莫利耶刚过28岁生日不久就丢了性命,那是1914年9月在奥尔蒙峰的战斗。35岁的菲尔曼·塔斯特万在阿拉斯以北的罗克兰库尔伤重不治,1915年10月,消息传到了他母亲的小餐馆。而早在4月,他的哥哥保罗已经在默兹省阵亡。一个又一个家庭陆续收到可怕的消息,它们来自阿贝维尔、埃纳省的克拉翁讷、瓦兹河、马恩河,当然还有索姆河,来自"40区",甚至来自突尼斯。约瑟夫·雷东,前站长的儿子,1916年4月倒在苏维尔堡(默兹省)。保罗·米拉贝尔在他44岁生日之前倒在索姆省的哈里维耶,留下了妻子和两个女儿;弗雷德里克·吉里,巴拉聚克的老师的儿子,死在默兹省凡尔登附近的穆拉维尔。1917年4月,路易·吉内斯在蓬塔韦尔阵亡(埃纳省,马里于斯·布瓦耶过了一个月在离他几英里的地方倒下),这个消息直到10月份才被传达给他的家人,同时还通知他已经被葬在蓬塔韦尔的博玛莱墓地的616号。两个沙鲁塞死于战争,其中之一的遗孀,外加儒勒·德巴尔的寡妇露西·布吕吉埃,此后每月收到五个法郎,约瑟夫·迪福也一样,他的五个孩子中有一人死于前线。[9]

相比而言,稍好一点的消息有时就是儿子、兄弟和父亲因为残疾或更轻的伤势而退伍归来。在巴黎,地铁里有几个座位是留给他们的。巴拉聚克没有地铁。达米安·加梅尔拖着一条断腿回的家,这六级战伤带给他三百法郎的养老金。埃米尔·萨莱被炮弹炸伤,可以因七级战伤获得不到一百法郎。1915 年 4 月,在孚日山的梅泽拉尔(上莱茵省),一颗开花弹令亨利·里厄右臂瘫痪(五级战伤);他肯定不能重操战前石匠的旧业了。马里于斯·迪福失去了他的左眼,他每年的养老金是七百六十二法郎。埃米尔·莫利耶返回时带来了英勇十字勋章,但没带回他的左胳膊。巴拉聚克许多其他的战士与大战中的任何地方的战士一样,受的伤较轻(因而也有理由认为自己是幸运儿)。费利克斯·布兰就是其中之一,他在 1914 年 9 月负伤,送到圣布里厄修养。令人失望但在某些方面又令人欣慰的消息传到了七个家庭,他们的近亲被俘,关押地点从符腾堡州的明辛根到巴伐利亚州的哈默尔堡,乃至德国占领的埃纳省。[10]

在巴拉聚克的大后方非常稳固,然而士气很大程度上取决于农村生活的节奏和生活必需品的匮乏程度。神职人员在前线和后方的作用缓解了教士与反教权人士之间的紧张关系。战争的消息来自休假的士兵,或是奥伯纳和努瓦尤斯的市场,那些地方能找到报纸。[11]历经所有这一切之后,停战的消息终于在 11 月 11 日通过电报和纵情的教堂钟声传来。

随着战争结束,自治机构投票筹资“竖立一座纪念碑,缅怀自治村倒在一次大战的荣誉战场上的光荣的孩子们”。政府补贴的一千法郎和公众捐献增加了资金总数。原先拟议的题词是,“向为法国的死难者致敬”,后改为“巴拉聚克向其为国死难者致敬,1914 - 1919”。[12]一株葡萄藤从侧面攀爬到纪念碑顶端的十字架上,碑身上刻着巴拉聚克死于战火的二十四名男子的姓名。[13]纪念碑就竖立在新教堂入口的下方,反映出尽管战前时期政治斗争激烈,但教堂和社区之间仍保持了密切关系。虽然在教士与反教权人士之间仍然存在一些紧张情绪,但其强度下降了,可能是因为战争太恐怖了吧。1921 年 9 月 25 日纪念碑落成,但并非没有争议。新任村长马里于斯·吉布尔当什在整个战争期间一直在服役,是一个保守的天主教徒,他邀请了阿尔代什省的众议员格扎维埃·瓦拉出席仪式,他是国会下议院的右翼领袖之一,恶毒的反犹分子,在二战的维希时期留下过印记。四个自治议员以拒绝出席仪式表示抗议,仪式还包括一个庄严的大弥撒。[14]

失去亲人的切身之痛几乎无处不在。自治机构预支资金,以便让·佩罗尔的家人能够把他的遗体从阵亡地点附近的军人墓地运送回巴拉聚克,这笔费用国家会报销。[15]在战争期间,一万二千三百六十三名阿尔代什人被打死,下维瓦莱地区损失特别惨重。在圣让-德普夏莱斯,自治村二百零一名居民中有二十九人战死。拉戈斯有五十七人丧生。巴拉聚克的战死数量是其战前人口的 4%,略高于全国 3.6% 的平均水平。[16]被杀害的男性比例当然要高得多,减少了未来新郎的数量,使得战后的生育水平保持在低位。价格上涨(特别是煤炭,例如给学校供暖)和失业令痛苦的心灵还要面对艰难的时局。[17]现在向自治机构申请小额补助时不可避免地会提到在战争中失去了儿子,例如有人说他的大家庭吃饭时桌边少了一个人。[18]

第一次世界大战加速了巴拉聚克的衰退。停战协定带来了和平,但并没有结束人口外流:从 1911 年到 1921 年,阿尔代什省减少了 37 500 人,五年之后,又有 7 000 居民离开。[19]总计,该省的人口从 1911 年的 331 808 人下降到 1936 年的 273 000 人,在 1954 年下降到 249 077 人。[20]直到 20 世纪 60 年代,阿尔代省的人口才再次增加。[21]

巴拉聚克的人口从 1911 年的 605 人下降至 1921 年的 456 人,减少近四分之一,大大高于瓦隆县(16%)和整个阿尔代什省(11.3%)。移民继续前往里昂地区、罗讷河谷及马赛。除了在战争中丧生的人,在 1911 - 1920 年间,巴拉聚克的死亡人数超过出生人数(131∶57)。1937 年死亡再次超过出生,反映了人口的老龄化。一些在战争期间外出到工厂工作的年轻妇女再也没有回来。法国乡村仍在持续失血,同时人口在老化。至 1931 年,巴拉聚克的人口已下降到 447 人。五年后,更是下降到 419 人。[22]

即使其人口继续减少,而且丝绸行业也在萎缩,巴拉聚克还是迎来了惊人的变化。收音机出现在农村家庭。自治机构在给乡村通电的问题上行动迟缓,而其邻居圣莫里斯-达尔代什和拉讷已经采取了步骤。在两次世界大战期间的多数时候,灯光仍旧来自橄榄油或煤油(用旧袜子当做灯芯)。1930 年 9 月,村议会配合国家的援助批准了拨款,以支付一家公司开始施工。项目历时五年,一个接一个,旧油灯被丢弃了,到了 20 世纪 30 年代后期,许多房屋通上了电。[23]1928 年,自治机构批准设立一个电话办公室,并连接到最近的电报局。两名男子受雇负责办公室的运作，还有一个人负责送电报。[24]1937年，巴拉聚克肖宗和普拉冬一起成立了"饮用水供应跨社区协会"。给村庄供水是一项庞大的工程，成本超过一百一十万法郎，因而必须申请补贴。村子只好再等待十五年。[25]

1937年出台了有关住房的新标准的法规，而这个村庄有许多年久失修的房屋。秸秆再也不能用于覆盖房屋或马厩的任何部分，地面必须比毗邻的小巷（甬道）高1英尺，以防止洪水；泥砖或填土地面被禁止。厨房要有足够的空间、照明、通风和排水。卧室和窗户规定了最小尺寸。烟囱口必须超过屋顶至少15英寸，以减少火灾的危险。水管、水井和蓄水池必须被覆盖，并要距离肥料和化粪池足够远。法规禁止往河流或其他水源里扔动物尸体。[26]

一战加剧了生丝生产萎缩。在战争期间，蚕茧收获量下跌了一半以上，降至七十七万六千公斤。蚕茧生产继续下降。阿尔代什省的总产量在1875年是一千一百万公斤蚕茧，而至1934年下跌为九十七万五千公斤。[27]

土地的变化说明了问题。阿尔代什省桑树的数量也随着人口下降而减少，从1853年至少二百万株，降至1929年的六十八万九千九百株以及1940年的二十六万一千零三十株。第一次世界大战后不久，丝绸行业的历史学家埃利·雷尼耶竟然建议应该"让丝绸行业自然消亡，这似乎是命中注定的，我们的产品和行业跟自然演化没什么区别"。他直截了当地提问，国家权力是否应该用来维持生产生丝和纺纱？或是否应该允许这一行业的农民组成部分自行消失？因为如果没有国家的支持，必然是这个结果。[28]蚕茧产量在1925年下降到只有一千吨。20世纪20年代末，人造与合成纤维的发展伤害到这一行业。生丝生产者的数量从1913年的一万九千名下降到1938年的四千五百名，在1954年还有两千名，而1957年是一千名。另一方面，在1900年，阿尔代什省尚有五十家小纺织厂，到20世纪30年代，只有约十二家仍然存在，而小型制丝工厂还剩三百一十九座。[29]

1921年，巴拉聚克一直和其他自治村一起正式要求继续补贴以示鼓励，并证明"公共权力关怀法国最贫困地区的人口……那些绝对无法改变其农业经济的地区"，而这些村子的人口仍将继续流失。1919年，村里只收获了一千担桑叶，因为干旱，"所有的物产都歉收"。然而在1929年，巴拉聚克仍然有七十四家蚕室;这一年,它们生产了五千五百三十八公斤蚕茧。1933年,自治机构再次要求维持补贴,以尽量减缓从农村出走的速度。[30]

1938年,国家仍然为以每公斤八法郎出售的蚕茧提供八个法郎的补贴。一部分闪亮、肥美的桑叶现在拿来喂养山羊了。[31]然而,即使这样,人们还是可以找到警告牌,禁止"使用带有鞋底平头钉的鞋攀爬桑树",以免伤到树干,虽说它可能不再是"黄金",但仍然有相当大的价值。在1941年,有二十四个省立法禁止砍伐桑树。[32]

葡萄酒是现在巴拉聚克的主要产品。1919年,在葡萄园规模再次扩大之前,巴拉聚克只有九十二英亩葡萄园,1931年达到一百七十六英亩,而1940年有两百零八英亩。在1921年,阿尔代什省生产了四亿四千一百万升的葡萄酒。到1935年,阿尔代什省开辟出四万英亩葡萄园。[33]除了葡萄与一些大麦、燕麦和黑麦,农民也生产樱桃、桃子、梨、杏仁和榅桲。1936年瓦隆出现了一个季节性的每日水果市场。即使仍然用骡子驮运货物,但马匹拖拽的货车也出现了,还随处可见用耕牛来犁地。机械化耕作也渐渐出现在巴拉聚克,至1930年只有五台拖拉机和六台收割机,而到1930年代末其数量已经大大增加。但是,其他的事情并没有改变。山羊和绵羊的数量轻易超过其他大型牲畜——以及村民。[34]

然而,葡萄酒的价格仍然偏低。当政府在1931年出于生产过剩而禁止三个葡萄品种:雅克、埃贝蒙和克林顿(这些新禁令无论如何似乎有利于商人)时,许多农民非常愤怒。克林顿是一种特别有潜力的葡萄,在一些地方能自然生长,如今仍然经常有人栽培。它被认为是一种疯葡萄,因为酒劲十足。在巴拉聚克有个故事,讲的是一个人灌下很多杯克林顿酒,然后爬上三十级楼梯回他家。然而,到他家门口一共有三十八个台阶,他自然是连滚带爬地跌回地面。在罗讷河谷,只有生产高品质的葡萄酒才不必挣扎求存。第一批葡萄酒合作社逐渐出现,首先是1925年在奥尔涅克。很快就有了七家。[35]

因此,阿尔代什省整个农业的三根支柱——生丝、葡萄酒和栗子——表现不佳,而水果的价格因产量大增而一直价钱太低,无法带来高收入。在此期间,大萧条侵蚀了阿尔代什省为数不多的工业;在1931年到1936年间离开该省的人多数是工厂的工人。[36]

慢慢地,一种变化进入人们的视野,而人们终将发现它有多么巨大:游客开始出现在巴拉聚克。1932 年,吉布尔当什村长请求重新分类从于泽尔横贯"格拉台地"的道路,以便自治机构可以向省里寻求帮助。他强调一个事实:"这些小道今天有无数的汽车纵横往来,特别是游客的车辆。"次年,自治机构拿出一小笔钱帮助这一地区成立了一间旅游办公室,它的目的是鼓励各村更加欢迎参观者。20 世纪 30 年代后期,在"人民阵线"*设立带薪休假之后,独木舟便载着夏季游客从瓦隆—蓬达尔克(天然拱岩)沿着阿尔代什河漂流而下。有一对夫妇就是在人民阵线那时候骑着串座自行车来到巴拉聚克的,他们眼下仍然住在这里。在 1937 年,内政部长下令农村警卫要穿制服,以便外人不会怀疑他们的那点权力:"为了法国在国外的好名声,总不能让外国旅客回家的时候,以为我们维持秩序的组织不够完备。"[37]

巴拉聚克的闭塞,虽然不是自愿的,总算结束了。游客出现在小餐馆里。那些在村里的路边玩法式滚球游戏的人,偶尔不得不暂停,以便汽车通过。即使在 20 世纪 30 年代后期,巴拉聚克也很少有人拥有汽车。一些乘客下了火车后,便在车站骑上驴沿陡峭的山路跋涉到巴拉聚克,这种运输方式已经用了几百年。有个人在瓦尔戈日继承了一只衣橱,硬是背着它走了二十多英里的山路回到巴拉聚克。年轻人为了去其他村庄参加节庆,走许多的路也不算什么。

法语逐渐赢得了对土语的战争。如今许多老年人还记得,在 20 世纪 30 年代,他们的父母相互之间或与同龄的朋友之间用土语,但习惯于跟他们的孩子讲法语,而孩子们在学校里则沉浸在法语环境中。广泛使用的土语从 20 世纪 30 年代开始消亡。

维护村里基础设施的斗争一如既往地进行着。通往其他村落的小路仍在等待补贴。继 1928 年"气象灾害"之后,省里提供了三千五百法郎用以修复受损的道路。学校也需经常修缮。[38]自治议会起初拒绝了按照年级分班而不是按照性别分班的想法;"从道德的角度来看,把女孩和男孩安排在同一间教室里会带来严重的不便"。然后,在 20 世纪 30 年代初,学校第一次按照年级而不是按性别分了班,不过男孩和女孩休息的时候还要分开。[39]

---

\* 人民阵线是法国左翼政党的联盟运动,于 1936 – 1937 年控制议会,发起多项改革,但因经济持续低迷而下台。——译注

一个在两次世界大战之间长大的人说起了大家都有的体会,年轻人总是不知道他们拥有许多东西,至少与他们的父母和祖父母年轻时候相比。尽管这一时期日子艰难,但类似巴拉聚克这样的农业社区可能躲过了"大萧条"最严重的困难,因为小农户有能力调头进行多种栽培,而且接近于自给自足。尽管如此,巴拉聚克中的大多数人仍然极度贫困。

战后,巴拉聚克有一间杂货店,但到 20 世纪 30 年代末开了三家,外带上村还有家面包房。维亚内斯开设在萨布利埃门附近的小餐馆早已荡然无存,但另外三家小餐馆仍然吸引着客人们,其中包括一家兼营杂货的。在方塔附近,一家理发馆负责在弥撒之前给人剪头发,但理发师因为爱喝酒,所以找他刮脸最好上午去。此地还有两个鞋匠、三个泥瓦匠、两个细木匠、一个屠夫、一个时装零售商、两个裁缝,还有两个流动的酒精蒸馏商贩。各家有了更多的现金,也不那么节俭了。巴拉聚克人越来越爱前往努瓦尤斯、奥伯纳和拉让蒂耶尔每周开放一次的市集采购村里买不到的物品,而不必依靠小贩。再者,作为人民阵线向更多的法国家庭开放文化机会的一部分,流动图书馆开始每星期来巴拉聚克和其他村庄一次。

在休戚与共的名义下,并在其有限的预算内,自治议会仍然拨出少量的钱给有特别需要的家庭和个人:新生儿的母亲、老、弱和重病号,还有大家庭(巴拉聚克在 1913 年有六个这样的家庭,因此有必要少量增税)。例如,在 1920 年,村议会向四个老人、六个新生儿的母亲和一个大家庭提供援助,还不得不批准了一个小额贷款,以提供免费医疗援助。次年,它把四百二十七法郎五便士的资金分配给十个"需要协助的有需要的人",这笔钱有一部分来自出售墓地里小块土地的收入。一年后,它资助了一名因中风而几乎完全瘫痪的人,"由于他不能留在家中接受照顾,又没有生活来源,出于人道的理由应该住院"。通过这种方式,互助的传统得以延续,而此刻是在村议会的管理下。1932 年的会议纪要中写道:"自治议会秘密会晤"以考虑一项请求。这反映出批准给某些家庭小额资助但拒绝其他家庭时产生的压力。[40]村议会在 1936 年拒绝了一位老人申请的援助。虽然他的生活来源是不论怎样说都"很少",但他的女儿答应每月提供十法郎。这几乎算不上什么,但老人还有个儿子也有一些收入,因而"他的生活似乎可以保障"。村庄自身经常经受猛烈暴雨的摧残,却也多次投票拨出小额款项,以协助在法国或北非遭受灾难的村庄。[41]

　　针对教会在教育和公共地位等方面的紧张政治气氛大大缓解，原因一方面是教会在第一次世界大战期间保卫法国时扮演的角色，另一方面是教育系统世俗化、教堂与国家分离以及资产调查等事件都过去很久了。但是，共产党的崛起给阿尔代什省的右翼注入了新的动力。在第一次世界大战之后的首次选举中，五个众议员中有四人代表右翼，具体是：加亚尔-邦塞尔，此公在战争中失去了三个儿子；迪克洛-蒙泰伊，保守派斗士，现在是中间偏右；还有新兴的右翼领导人格扎维埃·瓦拉，他得票最多。在1924年立法会选举时（其中值得注意的是，所有一百六十六个合资格的选民都参加了投票），巴拉聚克给了迪克洛—蒙泰伊八十二票，而"左翼联盟"的名单得到七十六票，一场势均力敌的竞选，跟战前一样。此时，阿尔代什省只有四个众议员席位了。其中三人来自"左翼联盟"，而只有迪克洛—蒙泰伊是右翼的。然而，尽管出了瓦拉这样的人物，阿尔代什省仍然在很大程度上没有受到极右政党的影响。王党分子在大战期间出现，还有少数追随者。天主教报纸《十字架》咄咄逼人地敌视世俗的共和国，在保守、支持教权的圈子保留了相当大的影响，尤其是在山区，这倒不令人意外。在这片没有多少工业的地区，共产党赢得阿诺奈、奥伯纳等小中心，最重要的是罗讷河边的勒泰伊镇。

　　两次大战期间，虽然村里在全国性的选举上继续基本平均地分裂成两派，但是右翼的村议员主导着巴拉聚克的自治政治，这再次证明了个人魅力的重要性。在巴拉聚克，天主教的政治能量于20世纪20年代复兴。1925年3月，约一百五十人齐聚一堂，听取两个"使徒不知疲倦、口若悬河地捍卫宗教信仰自由"。巴拉聚克的牧师在会议结束时敦促天主教徒加入"天主教联盟委员会"。（《退伍军人报》对这场会议进行了不那么热忱的报道，把那两个演说家说成"两个狂徒"，召集了"邻近自治村的后备役军人"来听他们回忆宗教迫害和针对宗教界的战争，以唤起同情。）巴拉聚克的新牧师——塞尔神父——想办法令教会一直是个政治议题。他据说受到教会内进步思潮的影响，并没有追随圣莫里斯—迪碧那些王党分子的政治观念，他曾在那地方任职，但在巴拉聚克他被指责拒绝埋葬一个来自塞尔维埃的女孩，因为她的家人曾拒绝定期给教堂捐款。在同一时期，巴拉聚克有七十人属于"激进社会党"。在自治政治的背景下,全国性政党的标签仍然很是重要,这是从世纪之交开始出现的,即使村议会讨论的问题通常无关国家政治。[42]

菲力浦·塔斯特万跟他的副村长马里于斯·吉布尔当什一样,战前就出现在马里于斯·穆拉雷的名单上。1919 年,左翼的三个候选人入选村议会。而到 1925 年,仅有伊波利特·弗雷迪耶,激进社会党人,"左翼联盟"的支持者,以左翼身份当选,他还是在第二轮投票中排名垫底的。他与十一个保守的("民主与共和联盟")共和派共事。[43]在巴拉聚克再次支持迪克洛—蒙泰伊之后,保守派名单再次赢得 1929 年的自治选举,每个候选人都在第一轮投票中当选,轻松击败反对派激进社会党。1932 年也一样。因此在一定程度上,教权与反教权的长期分裂仍然会体现在选举名单的拟定过程中,尽管教会本身在自治政治中已经不再是个大的政治问题。[44]在贯穿村庄的道路上,双方都拥有自己的小餐馆。

法西斯主义的崛起对阿尔代什省动员左翼力量发生了作用,这同其他地方一样。1934 年 7 月 1 日,格扎维埃·瓦拉,这位阿尔代什省仇外又反犹的新星,在莱旺给三百余人进行演讲,其中两百余人出席是为了抗议他。继 1934 年 2 月 6 日巴黎的右翼骚乱之后,一个反法西斯委员会在瓦隆组织会议,纪念伟大的社会党领导让·饶勒斯遭暗杀 20 周年,那是 1914 年 7 月 31 日的事情了。右翼团体的小队,如"法国团结",存在于各个城镇,抗议"斯塔维斯基事件、2 月 6 日的枪击事件和共济会"。在大多数情况下,阿尔代什省的人们会饶有兴趣地关注国家的政治事件,但仍着眼于困难情况下的农事、制丝工厂的失业、葡萄酒生产的辩论,以及农产品价格过低,同时耐心地等待更好的光景。[45]

在巴拉聚克(当地似乎远离法西斯主义的威胁),保守派横扫 1935 年的自治选举。事实上,自治选举的投票率通常超过立法会选举。政治观点依旧平分秋色,但它仍然对右翼有利。[46]蒂邦是下维瓦莱地区的天主教青年会前任会长,在 1936 年的立法选举时,他首先淘汰了共产党和激进派的候选人,然后在第二轮选举中得到六十四票,而社会党人勃朗有六十三票。再一次,巴拉聚克的选票均匀地一分为二。然而,就目前情况,来自阿尔代什省的众议员支持共和国,但右翼的当地媒体仍然倾向于保守的天主教徒、民族主义者、排外主义者和反社会主义者,总之,信奉当共和国被扫地出门后"维希政权"将会拥抱的一切。[47]

可以肯定的是,人格魅力仍然在选举中发挥着重要作用。右翼在1925年自治选举中除一席外获得全胜,此后不久,巴拉聚克在专区议会选举中投了一名社会党候选人八十五票(而他的对手只有六十四票);那个获胜的社会党人的父亲是邮递员,每天带着邮件来巴拉聚克。1935年,巴拉聚克在县选举中发生分裂,每边各投了六十三票,但右翼在自治选举中的胜利,再次表明个人魅力在村政治中的作用。[48]

1939年9月2日,礼拜天,教堂的钟声响起,但不仅仅是召唤信徒来做弥撒。德国闪击波兰的战役已经开始,第二次世界大战就此爆发。从巴拉聚克动员的大多数男子被送往阿尔卑斯山,为有可能与意大利之间爆发的战争做准备。"奇怪战争"期间——即德国在1940年春天攻击法国之前的那段待命时期,有些人倒是得以休假回家。随着德国在春季开始入侵,炸弹零星落到罗讷河沿岸。比利时难民乘坐公共汽车抵达。看见巴拉聚克之后,少数人提出想换个地方。约三四十人留了下来,一部分人睡在废弃房子的地板上。渐渐地,他们爱上了这地方原始的美景,一个远离布鲁塞尔、安特卫普和列日的世界。6月初,德国军队沿着罗讷河进入阿尔代什省,炸飞了勒泰伊的桥梁。"奇怪战争"似乎不再有什么奇怪的了。从奥伯纳至沃居埃,然后到瓦隆或阿莱斯的道路上,塞满了更多来自比利时的人,以及从法国北部和里昂逃离战火的人。难民睡在巴拉聚克的小火车站里及其周围;少数仍携带着在巴黎分发的防毒面具。三架德国战机曾在巴拉聚克上空盘旋。在6月17日停战日那天,一只法国部队在拉讷扎营,巴拉聚克的人于是前往购买他们的面包,因为开战后当地的面包师去参军了。总而言之,在1940年6月,大约十五万难民抵达了阿尔代什省。到1940年9月,多数人开始了北返的漫漫归途,尽管心中不知道未来会怎样。[49]

同几乎所有的地方一样,在战争年代,农村的人口比城镇居民境况更好。这是一个匮乏、征用和黑市的时代。糖、咖啡和其他奢侈品很难找到,还有肉类,尤其是在1943年和1944年,但水果、葡萄酒和奶酪(一个女人记得用山羊奶酪交换衬衫)丰富,粮食也是。栗子再次帮助许多家庭渡过难关。似乎连水都供应紧张;有好多次,列车不得不停在巴拉聚克车站,然后火车头扔下车厢,跑到沃居埃或吕奥姆去加水,再回来汇合。1941年2月,为了应对禁止销售"驮运牲畜"的禁令,村议会宣布给商人和饲养牲口的家庭组织每周星期四八时至中午十二时,在旧的新大门前的市场,出售农产品和牲畜。自治议会在战争期间更少开会了。1942年11月,它设立了教堂守护者一职,并任命牧师担任,给他发放一千法郎的工资。[50]在1944年,唯一登记在册的商业活动是墓地售出一小块土地。

　　阿尔代什省,跟其他地方一样,有一些急于跟德国合作的人。当地维希政府的报纸给读者提供对战争和法国国家的看法,观点当然可想而知。右翼的"法国退伍兵军团"热情地支持维希政府。该协会的秘书长瓦拉,于1941年6月组织了三千人在阿诺奈游行,那是他就任犹太事物总干事之后两个月。[51]约五百名阿尔代什男子属于"民兵部队"。维希民兵穿着蓝色夹克和裤子、贝雷帽、卡其布衬衫和黑色领带。在吕奥姆,民兵闯进西奥多酒店,枪杀了抵抗组织的几个成员。多年以来,酒店老板保留着墙壁上破碎的镜子,以纪念曾经发生的事情。一百三十五个犹太人被勒令离开阿尔代什省,其中很多人于1943年9月30日在瓦尔莱班被逮捕。没有一个人回来。在此期间,《拉让蒂耶尔的崛起》"热切地捍卫"法国与纳粹携手"反对残忍和野蛮的共产主义",并向去德国工作的阿尔代什人致敬,说他们是"站在民族团结排头的农民"。这份报纸似乎在巴拉聚克没有通讯员(但在维内扎克和洛拉克有),1943年,它赞美了民兵部队——"它首先应该有助于维持内部秩序并全力反对共产主义的威胁"——同时认真地报道着贝当元帅的声明和发言。[52]在全国各地,神职人员的作用是复杂的。新教徒从一开始就反对维希政权,部分原因是天主教教会的官员对其投怀送抱。

　　巴拉聚克有些人,特别是少数在战前就一直是天主教右翼的人,可能同情维希政权。有个人在战后很久表达了他的看法,"接近教堂的人多少算是内奸",他们追随村里牧师的政治倾向,而此人调来巴拉聚克之前在圣莫里斯-迪碧就职,那地方当时是王党的温床。然而有没有明目张胆的通敌迹象,也许只是向民兵投诉——村里不时可以看到这些人——有些家庭收听英国广播公司的节目。起初,那些被认为支持维希政权的人在村里"有点被遗忘了"。双方"在战争结束后没有太多的话要说"。渐渐地,一切都基本被人遗忘或至少宽厚地融入到日常生活中。

在维希政府统治下，腔调转向夸张、不断宣传制度的"农民主义"。贝当元帅向 17 世纪初的农学家奥利维埃·德·塞尔致敬，并呼吁人们回归土地。评论刊物《蒙福特神父的阿马尼亚克白兰地》致力于保持土语的活力（刊物的名称就用的土语），出版诗歌、短文和俗话，还翻译成法文（包括 1938 年的《从巴拉聚克到阿莱斯》），它完全支持维希统治，将其等同于教会。[53]《蒙福特神父的阿马尼亚克白兰地》赞美维希政权提倡的"农民主义"价值观。它在 1941 年出版了《有田的农民》，用土语向"穷人和富人的奶妈"致敬……"我们的职业才是唯一一个真正的黄金行业。"下面是诗："可敬的阿尔代什人，让我们热爱这片土地，并跟它同在。如果我们曾出走，那就回来。是元帅要我们这样做。而元帅值得信赖。一如既往。土地将拯救法国，这次还是一样。"在 1943 年，这个评论刊物告诫农民和工人抵制"起义"诱惑、不要播种或收割不好的精神。"我们必须制止糟糕的意见和恶毒的谣言，否则一切都将被葬送。"1944 年的最后一期还在封面上刊登了贝当的照片。

《蒙福特神父的阿马尼亚克白兰地》庆祝了"天主教青年会"40 周年纪念，这一组织在 1928 年时曾经存在于三百七十二个教区的两百三十个中，包括巴拉聚克。一个人记得，在战争初期，当时他大概 15 岁，"天主教青年会"的成员在晚上聚会，地点是俯瞰老教堂的悬崖上方的房子，它据说是当年"庄园城堡"的一部分。那所房子没有电，但有个成员从奥伯纳骑自行车来，通过蹬踏小型发电机发电。宗教活动迅速让位于畅饮葡萄酒。当小灯没电之后，他们就沿着道路走到下面的广场。

吉尔贝·塞雷和法郎士·德鲁雷—塞雷从 1943 年秋季开始在巴拉聚克教学。在两次世界大战期间，他们两人都是好战的工联主义者。吉尔贝·塞雷，国家组织委员会的成员，代表了"教育联合会"内的"革命的和平主义"潮流（是号称"伤感的和平主义"的对立面）。塞雷曾在 1923 年加入共产党，但一年之后就退出了。此后塞雷一直被该党指责为反革命的"托洛茨基——中间派"成员。当他被迫在 1934 年逃往苏联时，塞雷夫妇去伊泽尔省与他接洽后，为他在阿尔代什省提供了住宿。他们与托洛茨基都认为动员农民对革命意义重大，而教师则在这项事业中承担着举足轻重的作用。"劳工联合总会"于 1938 年在南特召开大会，塞雷痛斥"妥协政治"和人民阵线,呼吁"工联主义应该独立"并重返阶级斗争的路线。战争开始时,夫妻俩正在上卢瓦尔省教书。他们被调到巴拉聚克(尽管瓦拉反对,塞雷曾于1934年在阿诺奈组织了针对他的示威),可能是因为维希当局已经把他们列入当地政治上可疑人员的名单。

1943年6月28日,两名穿短衣的男子,外乡人,引起了几个巴拉聚克人的怀疑,其中包括两名牧羊人。第二天,塞雷,他的跛脚特别明显,走下河里抓鱼,但再也没有回来。他的尸体在下游的维埃尔奥东被发现,双脚被渔网缠住,手伸展开,仿佛是被拖到那个发现尸体的地点的。几十年来,大多数人认为民兵部队该对此事负责。然而,尽管民兵组织完全能够而且愿意谋杀任何人,但塞雷可能死于他自己与共产党内正统派进行的不妥协的斗争。[54]

1942年11月11日,德国军队占领了被维希政府控制的"自由区"。但即使在此之前,阿尔代什省已经有约两百人参加了抵抗行动。"马基"(抵抗者的代号,名称来自科西嘉岛和法国南部部分地区乡间的野生灌木丛,抵抗者可以藏匿其间)于1942年年底开始在图尔农附近组织起来。继1942年11月之后,德国纳粹在阿尔代什省频繁出现,尽管大部分仅限于城镇:部队集中在普里瓦、奥伯纳、阿诺奈,还有罗讷河沿岸的小分队,共约四万人。在战争期间,装甲巡逻队偶尔驱车通过巴拉聚克,但没有人记得看到过德国士兵步行穿过村庄本身。此刻,巴拉聚克的相对偏远和不重要的战略位置反而带来了好处。

在阿尔代什省,抵抗运动包括了共产党和非共产党群体,他们组成了"秘密军",归"联合抵抗运动"领导,这一组织主要以塞文山脉为基地,但其成员就是否应该在全国起义之前攻击纳粹与维希政府内奸的问题上有分歧。通讯问题相当的大,而孤立的农舍对这一事业而言非常重要。总计有大约十五组不同的抵抗者。"法国步兵与游击队"(简称FTPF,是共产党主导的"民族阵线"的军事分枝)致力于破坏行动(从1943年年初直到登陆日,进行了一百三十九次),特别是在罗讷河附近。这些袭击导致德国指挥官在列车的前端安排了手持猎枪的法国平民。秘密军则更加谨慎,起初仅在丘陵和山区活动。到1943年下半年,这两个组织更紧密地联系在一起,在1944年6月登陆日之后更是如此。盟军飞机偶尔会空投武器给他们,比如那些落在拉讷附近的（至少二十一名盟军飞行员在阿尔代什省陨落）。[55]少数"马基"于 1943 年和 1944 年初不时来奥东藏身。抵抗者包括一些西班牙难民，他们在西班牙内战期间或之后跨越比利牛斯山逃亡。巴拉聚克的其他人充当着"偶尔的抵抗者"，比如有几个人受命去镇里的铁路边统计德国列车的数量。一个女人还记得有那么一群人总是带着他们的大酒桶，结果工作结束的时候谁也说不清有多少列车通过。

盖世太保以及民兵部队中法国内奸的压迫反而使得抵抗者的行列更加壮大了。1943 年 8 月 4 日，在山区村落庭恩，德国士兵偷袭了"法国步兵与游击队"的"马基"队伍，杀死许多人，包括一名 93 岁的男子。德国军队也屠杀过拉巴斯蒂德维拉克的一个小村落的居民，并在桑亚克处决了十个勒泰伊居民。另有一百五十人因抵抗行为被流放出阿尔代什省。

"马基"的数量，与其他地方一样，随着德国在 1943 年 2 月实行"强制劳役"而增长，这个政策要求法国工人去德国的工厂工作。抵抗者帮助逃跑的人藏匿起来。不论是在史前时期，还是"大革命"年代，抑或"督政府"岁月，石灰岩之乡的树林、溶洞和灌木丛都是庇护所。在受到征召的六千六百五十个人中，两千两百人因病被排除，另有约两千三百三十人消失在"大自然里"，事实上，一些警察在搜查的时候根本视而不见。这里面包括两个巴拉聚克人，但还是有一些人去了德国，巴拉聚克也有一名。在 1942 年，受到征召去德国工作的人中实际上只有两百四十二人出发了，这样的人在整个战争期间有两千一百人。[56]

抵抗者冒着很大的风险继续攻击，并在 1943 年和 1944 年初信心大增，让内奸付出了代价。从 1942 年至 1944 年 6 月 6 日，"马基"在阿尔代什省进行了超过两百五十次破坏，多数都是"法国步兵与游击队"干的。到处都有攻击内奸的事件。这包括处决了一个给盖世太保提供抵抗组织情报的女人，那是 1944 年 5 月在罗讷河双子城图尔农和坦莱尔米塔日。[57]1943 年 11 月，"马基"部队在图尔农开枪打死一名警察。破坏铁路的行为在罗讷河谷变得更加普遍。在勒泰伊的一个废弃水泥厂里的秘密军火库暴露了。此后不久，勒普赞一个公证人的大门口就发生了炸弹爆炸，人们都知道他是个内奸。1944 年 2 月，一个民兵在拉武尔特被枪杀，杜河的一座桥梁也被炸毁了。过了一个月，维希民兵与德军部队在勒夫埃农舍第一次跟"马基"进行了激战,战斗中有德国士兵被打死。报复来得很快,纳粹军队在田野里处决了男人、妇女和儿童。德国军队、宪兵和盖世太保在瓦隆附近的蓬达尔克(天然拱岩)周围搜查抵抗者,在队伍前面的汽车上竖立着一个"洛林十字"*,希望把"马基"引诱到光天化日之下。另一起爆炸发生在图尔农"退伍兵军团"主席的兄弟的住房外。接下来,在城北,铁路上安放的炸弹炸毁了一列火车,炸死二十五个德国人。4月初,"马基"部队向拉博姆的民兵开火,重伤了他们的指挥官。1943年7月底,有人警告德国军队,"马基"正在塞文山脉的庭恩附近等待空投武器。8月4日凌晨,德国步兵一个连包围并屠杀了他们。[58]在普里瓦,一个农民用土语向德军队列喊道:"你们可以随便开枪,野蛮人,但终有一天你们会把自己打死的。"德国人只能看着他激愤的手势,一点也不明白他在说什么。[59]

1944年6月6日,盟军在诺曼底登陆时,大概有四千人加入了抵抗组织,他们逐渐掌控了农村地区,至少在夜间,而且主要由妇女提供补给。到了8月,人数上升至七千。在夏季,成功地破坏一再切断主要的铁路线。抵抗组织的出击不论在信心还是范围方面都增加了,尽管纳粹军队的报复导致一些小规模激战,7月底在阿诺奈附近和巴纳附近都发生过。盟军的空袭摧毁了几座横跨罗讷河的桥梁,但1944年8月15日,炸弹也错误地落在圣昂蒂欧镇,造成一百四十六人死亡。

由于盟军部队从南部推进,成千上万的德国军队于是向罗纳省逃离。他们兵分两路渡过阿尔代什河。一路经由圣昂蒂欧镇抵达罗纳省;第二路经由瓦隆、拉戈斯、沃居埃车站和拉维尔迪约,他们在那地方处决了十四个平民。大约七千德国军队在阿尔代什省投降,很多人是在奥伯纳到普里瓦之间的山路上,向攻击他们的"法国内务部队"(FFI)**投降。在此期间,当8月12日一支德国车队离开普里瓦前往绍梅拉克时,"法国内务部队"的士兵抵达了普里瓦,并成立了"行省解放委员会"。普里瓦从而成为第一个由抵抗者解放的省。

在阿尔代什省有超过一千名德国士兵被打死,七千四百人被俘。有大约六百人被纳粹或民兵杀害。因此不难理解伴随着解放有多少冤仇要报,

---

　*　"洛林十字",两横一竖的十字架,法国抵抗运动的标识。——译注
　**　法国内务部队是戴高乐对抵抗者的正式称谓,意指解放法国是法国人的内政。——译注

但也有一些可能跟内奸和抵抗问题没多大关系,但具体数量只有天知道了。在解放后的肃清过程中,阿尔代什省有五百七十人面临了一定程度的通敌指控。[60]

在巴拉聚克,盟军飞机越来越多地打破了夜晚的寂静。由于盟军部队正沿着罗讷河谷推进,而德国人也已经离开,"马基"在8月6日,礼拜天,炸毁了巴拉聚克的大桥。[61]爆炸声传到几英里之外,一些人看到大桥的中央拱被破坏后泪流满面。肖宗和拉讷的桥梁也被炸毁了,还有贝格新城附近克莱杜埃捏河上的一座小桥,这么做的目的是使德国人难以摆脱盟军的追击,不论他们多么不可能会从巴拉聚克渡过阿尔代什河。

到8月20日,巴黎已经起义的消息传来时,巴拉聚克冒出来一个由四人组成的"社区解放委员会";它包括马塞尔·伊弗埃斯科,此人接替了吉尔贝·塞雷在男子学校的职位。[62]一个在当时还是小姑娘的人记忆犹新,加拿大士兵在巴拉聚克的火车站附近安营扎寨。在此期间,一些假冒的"马基"威胁和征用,吓坏了同胞们,不过他们没人来自巴拉聚克。

巴拉聚克,在8月24日,解放委员会开会"从村长马里于斯·吉布尔当什和自治议会手中接管自治权力,而对方则宣布辞职"。吉布尔当什在维希政权时期一直担任村长。有一些人批评他有点同情维希政权,民兵部队曾在战争期间搜寻过他姐夫一段时间,但却被他藏匿了起来。巴拉聚克并没有出现报复,但有一些年挺紧张的。[63]在此期间,解放委员会增加了七名成员,"以便履行村长和婚姻登记官的职能,接受四人执行委员会的领导。"这个小组自觉地承担起自治议会的职能,一致选举温和左派伊波利特·弗雷迪耶作为主席。[64]

10月10日,新省长罗贝尔·皮塞尔承认了该委员会的角色,称其为"自治代表团"。成员包括弗雷迪耶,他是受邀加入解放委员会,以消弭意见分歧的;伊弗埃斯科,属于共产党,并加入了"法国内务部队";诺埃尔·布瓦耶,自1924年以来一直担任自治议员;还有其他八人。没人在维希期间担任过自治议员。十二天后,这个小组成立了一个委员会来拟订选举名单,并通过了下一年的初步预算。它还承担了自治政府的日常工作,比如刚刚说过的成立委员会来修订选举名单,以及秘书和农村警卫的薪金。重建大桥是当务之急。但在中央桥拱彻底修复之前,要先架一条木制通道连接两岸,

以便男女老少、山羊,甚至牛都可以通行,不过通道接连尝试三次都掉进河
里。在通道架成之前,只好先搭上梯子,供人爬过没有桥拱的一段。大桥在
1945 年 8 月 31 日重新开放,"多亏解放委员会的主持"。

**1944 年 8 月大桥被破坏,后进行了重建**

　　战后的首次自治选举在 1945 年 5 月举行,只提出了一份名单,"贴着爱
国统一的标签。"[65] 它混合了温和派、虔诚的天主教徒、社会党人和共产党
人,还包括了解放委员会的四个成员。所有人都当选了,得票在一百零五到
一百四十六票之间。村议会选举弗雷迪耶和加布里埃尔·布瓦耶出任正副
村长,并很快成立了教育和公共援助委员会。同月,依靠政府资金的帮助,
自治机构举行了"胜利庆典"以欢迎几位战俘回家,包括给村里的儿童发小
吃。一个人记得,伊弗埃斯科在学校要小朋友们拿出自己的笔记本,动手写
下富兰克林·德·罗斯福,总统已于 1945 年 4 月 12 日去世。[66]

　　由于右翼的一些人在维希政权里丧失了信誉,左翼在战后得以恢复生
机。1945 年秋天,共产党人凭借他们在抵抗运动中的威信,在巴拉聚克赢
得了七十张票,比任何其他党都多;"独立与农民党"是六十票;社会党是二
十九票;而适度保守的天主教"人民共和运动"有二十七票。1946 年 11 月,
"第四共和国"举行关键的第一次立法选举,"独立与农民党"的名单以八十

票险胜共产党的七十一票,而社会党有二十四票,"人民共和运动"仅十八票。1947年的选举仍然只有一份名单,由弗雷迪耶领导,并全体当选。[67]阿尔代什省在"第四共和国"期间慢慢靠向右翼,直到1997年立法会选举才转变。

巴拉聚克即便说不上近于破产,那也是百废待兴。许多房屋被遗弃,没了屋顶。然而,真正伤害到巴拉聚克的不是战争行为,而是延续几十年的衰退。

# 第八章
# 新 黄 金 树

第二次世界大战结束后没多久,共产党报纸《战斗报》展开宣传以"鼓励那些沉沦的村庄"。它把关注焦点放在下维瓦莱地区的几个村庄。到访过巴拉聚克的记者请他的读者想象一个古老的村庄,建造在阿尔代什河边垂直的崖壁上,"河水流淌在卵石和细沙间。岩石用它们那强健的肌体附着在美丽的河流中,顺流而下的鹅卵石则与寨墙相映成趣,有人说,那寨墙是可怕的怪物造的"。在副村长布瓦耶先生的陪同下,他觉得自己此次山村之行"特受感动"。他们从河边通过萨布利埃门上行,路过一所建于 16 世纪的房子。"我们走在一条崎岖的道路上,两旁是无人居住的房屋,其中一些现在用来饲养动物或堆放饲料。"这趟"伤心之旅"继续着。道路起起伏伏,而后突然分叉。荒芜的门廊"耸立着,屋门紧闭,无尽的岩石在脚下移动,只有一只迷路的鸡被吓到"。孩子们也不来这里玩耍,"那里孤寂到如此让人受不了"。他们走进一所房子,几乎可以肯定原先是座"庄园城堡"——"人们仍然可以挽救它"——看得到深谷中河流的美景,文艺复兴时期的烟囱"令这座处于废墟中的小房子很是高贵,斑驳的墙壁上露出一些路易-菲力浦 * 的壁纸"。罗马式教堂下面的广场"凄美……四周都是冷清的门道",记者和他的向导从那地方走向"只有一部分尚未倒塌"的钟楼。一头山羊在他们前面引路,啃食着屋顶残瓦之间生长的绿草,"这让我忧心,不知下面拱形天花板的命运……人们应该等到灾难来临时才修屋顶吗?"

谁能够挽救这样一个壮美的村庄呢?那个记者希望"能有人注意到巴拉聚克,那些渴望拯救些什么的英雄们,趁我们仍然有老房子,否则就要去

---

* 路易-菲力浦在 1830－1848 年间统治法国。——译注

最美丽、最感人的废墟中白白搜寻了"。对于有兴趣来进行复原工作的救世主而言,这里没有酒店,充其量只是"在一个客栈的桌子上吃顿午饭,其实就是巴拉聚克先生的家"。另一方面,打算到访或帮助拯救巴拉聚克的人会发现一位热心提供帮助的村长,而副村长则是"最好的导游"。他在结尾写道,巴拉聚克通火车,只有二十四英里就到维维耶,那地方被夸张地形容为"法国最美丽的城镇之一"。[1]

安德烈·洛特是立体派画家和巴黎美术学院的教授,他在 20 世纪 40 年代末敦促自己的学生们走访具有美丽风景却可能彻底毁灭的村庄,并考虑在当地购房。巴拉聚克就有"墙壁开裂、屋顶坍塌、无人居住的房屋",正好符合这一情况。有个学生响应了号召,然后又来了一个画家、一个美术评论家、一个巴黎的医生,以及一个来自蒙马特*的歌手。此后二十年间,又零零星星地来了些马赛和里昂人。在河边饮水的人类终于开始比绵羊多了。

然而,法国农村人口减少的迹象随处可见。一项在 1947 年做的统计很悲观:下维瓦莱地区的石灰岩之乡,农民"因与大自然不懈奋争而疲惫不堪,放弃了父辈们遗留的土地……人类被连根拔起",雪上加霜的是全法国的低生育水平。大家庭曾经在下维瓦莱地区很普遍,现在极为罕见。每年,青年男女为了寻找工作而离开。1946 年,阿尔代什省超过 18%的人口超过 60 岁,而全法国则将近 16%。在战后的巴拉聚克,超过四分之一的人至少 60 岁。每次人口普查时,村里的居民数量都无情地持续下降,从 1946 年的三百四十七人至 1954 年的三百零一人,到 1962 年的两百四十八人,1968 年有两百一十八人,1975 年触底,剩两百一十一人。[2]

衰败的感觉非常明显。村里在 1952 年曾抗议裁撤自法国大革命第一年便在拉让蒂耶尔设立的法庭。两年后,巴拉聚克的自治机构积极捐献了一点资金以帮助维持在附近的拉讷建造的一座小型机场,该机场就位于第二次世界大战期间英国飞机给"马基"空投物资的地点。此地从未展开过任何客运服务。1959 年,阿尔代什省三百三十八个自治村中有六十八个没有设立学校;少数山区村庄仍然没有用上电。1975 年,阿尔代什省的人口密

---

*　巴黎北面的蒙马特区,因达利、莫内、梵高等画家居住,成为画家村。——译注

度已下降到全国平均水平的一半。[3]

大战结束后,巴拉聚克每天仍有两班火车把工人运送到吕奥姆的一座小厂,或拉维尔迪约一座仍然运转着的制丝厂。[4] 1951年,国营铁路公司关闭了巴拉聚克的小车站,不过火车仍旧经停,乘客可以上下。自治机构愤然抗议关闭车站,认为这将妨碍在车站发送或接收邮包,或居民提前托运他们的行李;此外,旅客只能在露天等火车。不仅如此,鉴于该村已经列入"风景如画的地方",缺少正常运作的火车站似乎不协调。尽管如此,随着该地区人口下降,火车班次必然减少。国营铁路公司在1955年关闭了阿莱斯与奥伯纳之间的冬季服务。为了打破闭塞而挣扎这么久之后,巴拉聚克再次节节败退。客运服务在1969年彻底结束。[5]

20世纪80年代末,除去沿罗讷河运送水果的货运线路外,最后一个分支路线也关闭了。现在,阿尔代什省是法国九十五个行省中唯一没有客运服务的。毗邻的洛泽尔省即使目前是法国人口最少的,也有一趟从首府芒德发出的列车。阿尔代什省在罗讷河右岸有货运线路。巴拉聚克废弃的火车站成为往昔岁月的怪异纪念碑。因地制宜,仅有的两列"火车"在夏季运送着游客:一个是古老的蒸汽火车,从图尔农开始慢慢爬上罗讷河的山丘,来到小镇拉马斯特尔;而另一列红黄斑驳的短列车只在星期日开动,"毕加索线"(天知道为什么叫这名字)从沃居埃把游客运送上几英里的路。高速列车(TGV)和舒适列车(Corail)要么因为罗讷河左岸的轨道在进行维护,要么因为有人抗议延伸从瓦朗斯至马赛的线路,被迫不时"借道"阿尔代什省一侧的罗讷河线路。一个世纪之前,人们曾经可以在里昂车站登上列车,然后在巴拉聚克下车。

永久离开村庄的人留下许多废弃的房屋。另一些房子不是没了屋顶就是有漏洞,有些屋主不愿动手维修,因为害怕这会导致额外的税赋。[6]因而部分房屋以几乎不要钱的价格销售。有个人住在里昂,他在巴拉聚克的房子一直在找买主。签署售房合同的那一天,他请了假来到巴拉聚克。有人说,他售房所得,还不够弥补请假一天的损失!

从罗马式教堂前面的广场下到河边,街道两侧只有没屋顶的墙壁。靠近老教堂的一座房子情况特别糟糕,它似乎随时会倒塌,以至于威胁到行人的安全。1950年村议会表决筹措资金来整修这所房子(收到省长的命令),

估计拥有这所房子的两兄弟最终会承担这笔款项,而且村里也开始对他们采取法律行动了。

在战后阶段,巴拉聚克的税收基础更加微小,这无助于解决财政困境。自治村必须偿还架设电力的贷款,以及维修村里的道路。当自治机构在1948年宣布墓地地块的新价格时,省长废止了议案的审议,因为巴拉聚克的最后安息的价格低于行省制定的最低限价。1951年,自治机构同意修复教堂的屋顶和排水沟,但修复彩绘玻璃窗很快就成为更大的负担。当自治议会多数人投票赞同支付该费用后,弗雷迪耶辞职了。教堂到1952年必须维修了。墓地的围墙也快要倒塌。前神甫宅邸现状可怕,它的屋顶有一半发生塌陷,并且有鉴于此,这房子已经十五年一直未能租出去了。花费高昂代价修好之前,别指望能把这所房子卖掉。村里部分地方入夜后一片黑暗,就跟1883年莱昂·韦戴尔走过那些石头路径时一样。直到1952年,老教堂下方的广场和"夏季入口"才安装了路灯。七年后,自治机构承认村里"因为电动厨房用具"需要更多的电力,并与相邻的肖宗和普拉冬一起加入另一个跨社区电气化协会,于20世纪60年代初申请贷款,以促成这些变化。渐渐地,电力延伸到外围的房子,有一幢直到20世纪90年代末才通上电。[7]

赤字开支根本没有可能。在20世纪40年代和50年代,经常费用包括秘书和农村警卫的薪金,还有小额津贴给负责打扫学校的妇女、公共电话管理员、监测道路状况并照看墓地的男子,以及受指派监管自治预算的自治机构收税人,外加给正副村长的少量补偿。[8]

自治机构还把老墓地当作园圃租出去了,租金低得可笑,每年一百三十法郎(当时价值二十六美分)。并且当在校学生的数量不足以维持两个班级之后,还出租了一套教师公寓。方塔以少量租金出租给学校的一名老师当车库,后来又用作仓库。村里甚至连必不可少的开支都很难满足,包括保持教堂钟楼上的时钟或多或少地准时运转。1975年,自治村没钱加入一个跨自治村组织以寻求改善垃圾处理的办法。直到最终与一家公司签订合同之前,自治机构一直是给村里某人一些钱以保证每周有人收走垃圾。每年七八月,垃圾清理会增加一次。[9]

早在"第三共和国"时期,自治议会就承担了给急需的家庭和个人派发小额款项的事务。通过提供最低限度的帮助这个方法,村议会替代了教堂。

对特别穷的人提供援助(如 1954 年给四个人提供了几个法郎),还有无行为能力的,年老多病的,或年轻的母亲,只要有可能就会继续。然而,在通常情况下,住院所需的款项显然超出了村里的能力范围。一直有一些援助的请求被拒绝。只要有办法,自治机构就会资助可以在家养病的人。村议会会调查家人能否提供协助,比如有个寡妇在 1963 年要求帮助,村议会认同她确实体弱多病,而且她的收入来源"微不足道",她的儿子住在别处,也不能够提供任何帮助。这种援助还可以延续,比如 1964 年有个女人为被认为"残疾,100%"。此外,仍旧有人要求村议会支持免除兵役的请求(通常也会答应),因为他离家之后会造成巨大的困难。[10]

为了艰难地维持巴拉聚克的大小道路,仍然需要贷款和补贴。从奥东、塞尔维埃和卢安通往村庄的小路的路况对于当地的居民非常重要,孩子们要通过它们去上学的。1953 年,每位成年人提供三天劳动以维护道路的古老传统终结了,这个义务被转换成一项新的税收。[11]第二年,村议会再次向国家申请维护补贴,而且希望能拓宽两个主要方向的重要道路。1960年 9 月,经过另一场可怕的暴雨,村长援引"我们的道路破败不堪,甚至被上一场暴雨后的大水冲走……道路的表层荡然无存,只剩松动的石头"。零零星星地修补远远谈不上"合理与持久的维护"。20 世纪 60 年代初的大额贷款和国家补贴,使得穿过村庄连接两条主要公路的狭窄道路得到相当大的改善。乡村道路在申请补贴时不约而同地指出,它们"常有众多游客光顾"。[12]

大战以来的岁月大大改变了土地。在世纪中叶,仍然有牛有马。几乎所有的家庭都饲养着一头或多头山羊,以提供羊奶和奶酪。那些供山羊居住的底层岩穴现在还能看到。号称国王大道的山路原先完全是土黄色的,山羊把生长出来的植物啃了个精光。山羊似乎无处不在,它们成群地下到河边喝水,然后自行回家,或自己跑到河对岸雄伟的峭壁上吃草,之后再按时回家。有些人还记得战争刚刚结束的时光,他们回忆当时没有绿色,不论长出什么,都给山羊吃掉了。巴拉聚克在世纪中叶的照片显得那么贫瘠,河对岸的悬崖完全没有一丝绿意。在老村里,山羊沿着楼梯爬到罗马式教堂的屋顶,吃生长在瓦片之间的杂草。直到 20 世纪 60 年代初,山羊仍然无处不在。山路十分明显,因为牲口们吃光了沿途的一切。现在的巴拉聚克,已经从棕色变回绿色。在"格拉台地"上，大自然已经完全"收回了权利"。除了零零星星有几头牛在吃草，它已经完全恢复了自然的状态。

猪曾经是牲口棚里的大王，也消失了。每年的圣诞节和相伴的大餐早就成了回忆。"巴拉聚克老爹"也去世差不多二十年了，他是巴拉聚克最后一个靠给人杀猪换取一些葡萄酒和几块猪肉的人。

20世纪50年代，持久改变村庄的变化出现了。给巴拉聚克提供饮用水的项目曾被大战中断，那是1937年首先提出的。在战争刚刚结束的那些年，大多数妇女仍然在河边洗家人的衣服，少数人仍然在夏日从河里打水饮用。每天早晨，十位女性从上村下到拉封丹\*，一个主要水源，以便取水。屋顶上的雨水被收集到蓄水池里，提供了大部分用水。浴室和淋浴仍是奢侈品，洗衣机还是稀罕物。1950年，巴拉聚克与肖宗和普拉冬成立了一个协会，以使这些村庄通上饮用水，三年后，他们进行了贷款。炸药轰出了管道的线路。1956年，水龙头开始出现在这里或那里，这已经差不多是自治议会首次批准该项目之后二十年了。最后，到50年代末，村里所有房屋都通了水，抽水马桶也迅速跟进。[13]

电话变得越来越普遍。1946年，村长的房子里安装了一部电话，因为他的住处离公用电话太远。到1978年，村里有了第一个电话亭，替代了原先的电话传达员，他的工作就是接听电话，并给没安电话的人家带信。[14]然后电视机出现了，在有的地方比自来水还早。第一台电视机是1958年左右出现在巴拉聚克的上村。房间里只能站着。晚上聚集过来观看连续剧的人有时都挤到庭院里了。但因为附近没有信号塔，巴拉聚克的那些电视机只能接受到很差的图像，甚至什么也收不到，直到1960年，阿尔代什省才建造了一个信号塔。自治议会热切地要求建立一座近些的信号塔（显然不合时宜），以迎接电视里的新世界，"说到电视这种文化与消遣的宏伟仪器，它可以有效地帮助我们农村的人口留在家里，从而制止农村人口外流！"[15]60年代，电视变得越来越普遍，不过眼下那个信号塔还没建造。最起码，在测量法式滚球游戏中铁球和小猪（软木靶）之间的距离时，破旧的天线最终成为近乎完美的设备。大多数人同意是电视终结了守夜的习俗，那是在万圣节

---

\*　拉封丹法语是 La Fontaine，即泉水。——译注

和狂欢节期间传统的晚间社交活动,亲朋好友围坐在厨房的壁炉旁,讲故事、吃烤栗子、打牌。虽然一些老年人感叹守夜习俗被电视取代,但也有人为这个吵闹的盒子正名,指出电视节目是很多独居者的伙伴(不过巴黎人打趣说,戴高乐将军就是看法国电视台时因无聊而死的,这话八成说对了)。大约十年前,有六七个人开始在周五晚上聚在一起玩录音机,每人轮流作东,提供场所和点心。它断断续续地持续了两年左右,但随后两个组员过世,使得这项等同于守夜的活动也停止了。

1959 年,最后一个农村警卫在服务了三十六年后退休,自治议会于是决定裁撤这一职位,因而乡村生活的另外一个长期特色也靠边站了,这份工作包括给村里的各个角落以及周围村落传递消息,站在夏季入口或罗马式教堂前面敲着鼓提醒大家开会。自治机构的秘书以及村里的雇员现在部分替代了原来农村警卫的职责。[16]

在两次大战之间的岁月,成年村民仍然讲土语。但如今它实际上已经从日常生活中消失了,只有一些非常老的居民彼此之间还用。这样的人越来越少了。[17]每个人都认得老玛丽亚,她就讲土语。她有敏锐的洞察力,童年和成年时期的大部分时间都在照料山羊,到了暮年,她统管着一个小广

玛丽亚·塔斯特万,即老玛丽亚

场——其实只有七个停车位大小,就位于她女儿(自助服务)小杂货店的前面。在过去的二十多年里,超级市场以及大卖场改变了家庭购物的模式。[18]农村商店一个又一个地倒闭。巴拉聚克人喜欢这家杂货店,许多人既去便宜的超市,也在这家店里购买一些物品。少数人还在星期三去努瓦尤斯、星期六去奥伯纳的集市购物。巴拉聚克的商店提供实实在在的服务,销售几乎每家都用的煤气罐,也有蔬菜、罐头食品、火柴、小玩具、明信片,外加饼干和糖果。它也是两个

消息交换场所之一，不过冬天没什么新闻。另一处就是波莱特菜馆了，那是波莱特·巴拉聚克经营的小餐馆，她几十年前来到村里。

在老玛丽亚去世前十年，她那敦实的身影总会出现在杂货店的两条过道里，观察谁都购买些什么，并声称她曾经在度假季节逮到一个孩子在商店里行窃。到了下午，即使在冬天，老玛丽亚都会穿着黑色的衣服，似乎老年妇女都这么穿，摆出相同的姿势，靠在商店对面那几个停车位后的石墙上。她做着针线活，但绝不会错过周围发生的任何事，同时还聊着天。她被人亲切地称为"巴拉聚克电台"，因为她知道巴拉聚克的每件事，认识住在那里的每个人。

她最感兴趣的事情之一，就是了解村民到底在多大程度上依赖超级市场而不是她的商店。每周一次，我们从努瓦尤斯、奥伯纳或莱旺的集市购买新鲜蔬菜、水果和奶酪，装在草袋里，或者用"勒克来克超市"购物袋装着大批量购买的牛奶和果汁，当小车后备箱满载着这些口袋经过她家的商店时，我们会小心观察老玛丽亚是否在守望，因为我们卸货的时候会被她看到，有一两秒钟就足够了。她商店后面的一个的老邻居则是要儿子把购物袋提过围栏，而不是冒险打开大门。"想想看"，老玛丽亚有一次私下大声地对我说："一些村民宁愿为了省几生丁而开车去超市，也不在我们的杂货店买食品！他们难道不明白，我们的小商店可能不得不关闭，到了那时候，村子该怎么办？"她说对了。而我们和其他人每天在她家都买不少东西，一方面表示忠诚，另一方面比较省事。

当然，老玛丽亚能够提供很好的意见，例如，告诉我们最上等、最可口的松露是猪撒尿不久的。阿尔代什省的松露闻名遐迩，但她知道去哪里找。她还记得半个世纪前在她婚礼上的松露煎蛋。与她那一代的许多人一样，她对距离的看法与后代人不同。老玛丽亚有一次问我们从美国来是要坐飞机还是坐火车。而看到我们准备驾车离开巴拉聚克时，她问我们要去哪里。"莱旺。"我们回答，二十五分钟的路程，在星期六早上有集市。她于是告诫我们去莱旺的事项。她有个老朋友去了那里就再也没回来。看到我们无动于衷地钻进车里开走时，她似乎真的感到惊讶。"再见！"她在我们身后夸张地大喊，好像我们要前往芬兰，又好像我们真的再也见不到她了。不过，她似乎总是很高兴看到我们，尤其是孩子们。一年冬天，她靠着商店对面小停车场的石头墙,一边做针线活一边晒太阳,告诉我们的儿子克里斯托弗——他当时只有 3 岁——翻墙时小心不要踩到她的针线活上。最后他还是踩到了毛线上,遭到责骂时,他用刚在操场上学来的法语说:"闭嘴!"(也有"走开!"之意)她喜欢他的反应,很快巴拉聚克的每个人都知道了克里斯托弗与老玛丽亚的交锋。消息就是这样传播的。老玛丽亚已经去世了。

# 耕 种 土 地

第二次世界大战后,下维瓦莱地区的农村经济发生了相当大的变化。持续的农村人口外流以及出售和出租土地,减少了小土地所有者的百分比。然而,"合并土地"这个政府精心策划的小片耕地重组计划并没有在巴拉聚克实施,尽管其目的是减少破碎程度,以改进效率和生产力。[19]

第二次世界大战给阿尔代什省的丝绸行业致命一击。该地区在 1950 年的产量只有九万零八百三十一公斤蚕茧,十一年后甚至更少,只有一万六千公斤。1913 年的一万九千名养蚕人减少到 1938 年的四千五百人,1954 年两千人,而在 1957 年只有一千人了。今天,维瓦莱地区的养蚕人只剩区区六个。巴拉聚克的蚕茧产量在 1909 年超过一万公斤,到 1951 年还不足十分之一。而用方塔门上悬挂的大秤最后一次秤蚕茧的重量是在 20 世纪 50 年代的早期。[20]国家的补贴也于 1968 年结束,它曾有助于延续这个行业的生命。"丝绸王国"在那时已经萎缩成一个"小公国",现已不复存在。

二战结束后,火车运输和生丝生产下降,阿尔代什省的水果生产却有了发展,特别是桃子,还有苹果、樱桃和李子。"长久合作社"这个巨大的水果合作社始建于 1949 年,它鼓励在该地区生产水果并推广新品种,首先就是猕猴桃。各个合作社在 1987 年控制了一半的水果产量。生产者会依据国家补贴调整自己的策略,这倒也合乎逻辑。

然而,在 1950 年,虽然约四分之三的人口仍然耕种土地,巴拉聚克却只有不到四分之一的总面积种植了作物,甚至比 19 世纪还少。那些耕种土地的人仍然挣扎在入不敷出的情况下。一名男子回忆,在 20 世纪 50 年代末,从坚硬的土地中刨土豆,要两个人工作半天才能装满一个中等大小的麻袋。

当年轻的男子和男孩溜到河边下网拦河捉鱼时,农村警卫会佯装不知。一位朋友回忆,在他 14 岁左右,大概是 1941 年前后,父亲会在半夜叫醒他。他就下到河边,检查渔网,然后骑上自行车一路跑到瓦尔莱班,把鳟鱼卖给酒店。这是艰难的谋生方式。"格拉台地"仍然占据巴拉聚克大约一半的面积。然而,拖拉机和其他农业机械变得越来越普遍,虽然土地的分布情况限制了其使用率。一张照片在多功能厅悬挂了多年,照的是 20 世纪 60 年代初,巴拉聚克老爹坐在两头牛拉的一辆货车上。

远离村庄的葡萄园

葡萄园日益成为重要的收入来源,特别是在沃居埃—吕奥姆公路东面的山坡上。多种栽培实际上已经消失,谷物和土豆生产几乎是过去的事情了。1950 年,巴拉聚克约四分之一耕地种植葡萄用来酿酒,不过生产者的人数减少了。在阿尔代什省的葡萄酒生产区,跨社区合作社大量出现,特别是第二次世界大战以后。这促进了更多引进现代生产技术的步伐,协助没有资源的小生产者(差不多是所有人)从改进技术中获益。20 世纪 60 年代,生产商意识到,想要生存就必须提高阿尔代什省葡萄酒的质量。合作社帮助说服他们选择最好的葡萄藤。1987 年,阿尔代什省的合作社生产了七千五百万升美酒,占全省总量的百分之八十五,是法国最高的比例。不过,中午能在波莱特菜馆看到收获季雇工喝酒的日子一去不返了。几乎所有的葡萄园现在都用机械收获。

随着"高贵的葡萄母树"成功推广,比如霞多丽、梅洛以及佳美,葡萄酒的质量已显著提高。而路易拉图酒庄出现在下维瓦莱地区,本身就标志着销售的全球化。20世纪90年代中期,首先是巴拉聚克和沃居埃的照片,然后是肖维岩洞的壁画,开始令一箱箱的阿尔代什霞多丽葡萄酒跟着出了名,在美国的康涅狄格州都能买到。在拉戈斯,葡萄园于20世纪80年代开始种植维奥涅尔葡萄,并生产出一种优秀的白葡萄酒,而价格只是上罗讷河孔德里欧酒的一个零头。阿尔代什的维奥涅尔酒在美国找到了市场。下维瓦莱地区从自给自足、挣扎求存的多种栽培,转变为接近于单一种植。然而,劳动力短缺、土地破碎、价格低廉仍然是问题。巴拉聚克仅剩十五个务农的家庭。他们的主要工作,就是用两百英亩的葡萄园酿造葡萄酒。[21]

巴拉聚克不剩下多少山羊了,主要是一对夫妇养的羊群,它们生产(优秀的)山羊奶酪,河对岸维埃尔奥东再度恢复的农庄也还有些,那地方羊比人多,而且羊群都在远离村庄的农场里。季节性迁移放牧仍然在进行,但徒步赶羊进山的人必须躲开警察,因为地方当局认为这威胁交通秩序。现今是汽车,而不是骡子和驴子,运送着食品以及那些与在星空下睡上几晚、制造郊游的野餐氛围有关的东西。

# 教　　堂

毫无疑问,自第二次世界大战以来,巴拉聚克教堂的作用已急剧下降。正如一位当地观察家所说:"钟楼再也没有强大的社会和心理感染力了。"或如退休后在巴拉聚克定居的牧师所说:"社会已经改变了。"在一个被认为仍然相对遵守教义的地区,那些关于学校世俗化、1905年教堂与国家分离、1906年教堂资产清查的痛苦争斗,早已被人们遗忘。[22]因此,村里的牧师在自治政治生活中的影响力比较小。

战后不久,在教友、自治村、省议会甚或国家的帮助下,新教堂逐渐恢复,还增加了燃气供暖系统,以后又添了电动大钟。[23]自治议会有时拒绝支付维修教堂的费用,让人想起村里牧师试图找它重安彩色玻璃窗的情景。多亏教堂被认定为历史古迹,才有国家资金帮助重新油漆和粉刷教堂,并在1994年引进了一套新的供暖系统。

在下维瓦莱地区与巴拉聚克有许多石头十字架,或完好或残破,然而,由于村里人口下降,即使这些有宗教传统的地方也可以感受到法国境内教堂的危机。越来越少的人参加巴拉聚克的神父主持的弥撒(第二次世界大战结束后很久,男性和女性在上教堂时还分开坐在两侧,巴黎与其他地方的游客夏日到访时,才逐渐侵蚀掉这一传统,他们可不知道有这个说法)。当然,有个女人说,第二次世界大战后,外乡人因为结婚或其他原因搬进来,巴拉聚克人口的混合削弱了对教堂的爱戴。此外,几个牧师总是激怒教友,也无助于教会的事业。有一个牧师在巴拉聚克效力了十七年,他在“维希”岁月时以支持贝当元帅的内奸政权而出名,喜欢站在布道坛上大声谴责几乎所有的休闲活动。他甚至让信众感觉不安,因为他拒绝埋葬一个与人同居的未婚女子。第二个牧师爱喝酒,在布道坛上和忏悔室内向人大喊,似乎还有其他恶习。第三个是个登徒子,他离开后,人们在他的卧室中发现一条秘道,从衣柜通到女佣的房间,这可不是好消息。一些教友开始去别的地方做弥撒。然而,有个牧师似乎热衷于基督教民主理念(与一贯保守的维维耶主教相反),总是消弭因为宗教问题导致的政治分歧。还有一个,人们记得他在布道坛上向教友们鼓吹在省和国家选举时应该投谁的票,但他很明智地没有干涉自治选举。

1970年,韦尔神父炸开教堂附近的岩层,以便扩大停车场。爆炸破坏了教堂的天花板,致使一些信徒做弥撒仰望天空时,不是在默默地祈祷,而是在担心屋顶会不会掉下来。自治机构拒绝为牧师下令的工程负责,并告诉承包该项目的建筑公司,发票应该直接送到牧师手上。当牧师带着账单去村公所时,村长告诉他,尽管自己曾经在墓地砍伐了一些柏树,但那只会令死者不安,而牧师则是激怒了活人。信徒们捐钱来还账,但是这个牧师留下了五千法郎的债务。[24]

巴拉聚克的教堂历经最具爆炸性的有关牧师的传说后坚持了下来,但自20世纪80年代中期开始,村里不再有全职牧师了(自1978年以来,法国教士的数量下降了约百分之三十)。自80年代起,村里的弥撒大约一个月做一次，教堂的大门上张贴着该地区其他教堂举行弥撒的时间表。这是如今法国乡村的常见安排。巴拉聚克听众稀疏，而且跟大多数地方一样，绝对以老年人为主（当我女儿劳拉在9岁或10岁那年，在弥撒期间走到教堂的后面，然后用法语大声评论"连女人都秃了"）。然而，当教堂被山摇地动的大暴雨侵袭，圣母玛利亚的雕像倒在地板上摔成碎片时，摆在商店和波莱特菜馆里的捐款箱很快就填满了，新的雕像得以购买。许多（但不是所有）婚礼仍然在教堂举行（最近还联合举行了婚礼和洗礼），只有在这种情况下教堂里才会人满，新郎和新娘走出来的时候，必然会点燃爆竹，撒下一小片米粒雨。教士充当"管理乐队的牧师先生"这个角色的日子一去不复返了。巴拉聚克的神甫宅邸里住着一个非常愉快、喜好结交的退休牧师。他参与村里的大事，并与每个人都相处融洽。他乐于助人，尤其是有需要的人。在他看来，教会活动应"围绕社区里需要处理的事务"。[25]巴拉聚克的教堂只是众多机构之一。毫无疑问，它早已不是政治引雷针了。

# 政　治

历史学家们有时会争论"现代"政治何时进入法国乡村的。欧根·韦伯坚持"农民"成为"法国人"的条件是现代化的媒介——他这里指的是普及教育、征兵和铁路——打破省一级的经济独立，并把法国农村融入国家。[26]按此观点，"国家"政治应该会逐渐取代"面对面"的对抗，即那种家族之间的竞争和长期积怨，例如，在村庄之间或村庄与附属村落之间。然而，巴拉聚克的自治政治如今基本上与任何政党都无关，而主要是关乎个人魅力，长期的家族对立也时常扮演着重要的角色。

两份对立的自治选举候选名单，一如第一次世界大战之前的激烈争论，一直体现着政治分裂的迹象，即使有个人魅力、家族与个人的长期分歧等因素在起作用。1953年，巴拉聚克再次回到战前那种准备两份名单的自治选举模式。六年后，拜尔当选，他是从马赛来的，候选名单是折衷的，没有遭遇竞争，再过六年，这一名单基本上没有变化。[27]1971年，拜尔再次提出一份唯一的名单，但其特点是有些左倾（令人不免猜想牧师在教堂附近的爆炸是否与此有关）。在国家政治上，巴拉聚克继续偏右。[28]

自治机构在 11 月 11 日一战停战纪念日会举行了一个小仪式。1989 年种植了一棵树以示纪念"法国大革命"（我们一些人选择庆祝废除封建主义的"8 月 4 日之夜"，而不是 7 月 14 日，有烧烤，孩子们把脸涂成红、白、蓝三色）。

自治备忘录上很少提及国家的政治事件。1961 年 4 月，自治机构鉴于阿尔及利亚"事态严重"，重申了"对共和国总统戴高乐将军（引用）的全部信心与同情"。[29]但村议会的使命是有限的——监督地方事务，在上级部门面前代表村里，反之亦然——而且专区长或省长总是有可能推翻他们的决议。事实上，省长或专区长一直有权驳回任何与上级意向相悖的议案。每页的左上角都要有专区长的签印以示批准，这令村议会与上级之间的关系十分清楚。

因此，自治机构合乎逻辑地在 1963 年一致支持村镇长大会，此次会议反对"任何破坏地方自由，尤其是对自治机构权力的削弱和压制……而那是民主的基础"。请愿书抱怨财政义务似乎逐年增加，抬高了地方税。同年，村议会对大幅度增加直接税表示愤慨，这将严重影响价值有限的（第三类）土地。巴拉聚克许多土地所有人手里的都是这种价值有限的土地，其中大部分没有耕作或者已改为葡萄园。自治机构要求设立第四类型，以便评审时可以降低等级。[30]

关于法国加入欧洲的议题，辩论并不激烈，公投充其量令巴拉聚克略为感兴趣，尽管赞成票占绝大多数。欧洲的补贴的确协助一些仍然从事农业生产的人转换了作物，例如，从水果到酿酒葡萄，或从酿葡萄酒到猕猴桃酒，但农夫们既不知道也不特别关心他们收到的补贴是来自"欧洲"还是法国。不论哪种情况，他们都是通过法国农业部拿的钱。很少有人分析欧盟逐步延伸到了多么宽广的范围，但支持它对于最终完善污水处理系统可能是至关重要的。几乎没有人知道，描述巴拉聚克景点的那些指示牌，是用来自布鲁塞尔的小额补贴支付的。巴拉聚克的人对农业抗议活动的领袖若泽·博韦发起的运动没什么兴趣，他在阿韦龙省西部三小时车程的米约象征性地把麦当劳丢进了垃圾堆。仍在务农的少数农民一般比较保守（不过在大多数情况下，教堂与这种连续性无关），他们认为博韦属于"六八届学潮"（一场

20 世纪 60 年代末的学生运动）。欧洲的"规范"令山羊奶酪生产者以及在城镇和集市上的奶酪商人不免担心。然而，欧洲偶尔也会自己醒悟。一对栽种水果的男女突然发出了手写请柬，邀请大家参加他们的婚礼。他们在一起已经超过十五年，有三个孩子，但从来没有结婚。那过了这么多年为什么又要结婚呢？有一个通知，建议果农为了符合欧洲共同体确立的生产规范，应该参加课程，但农夫的妻子可以免费听课。这难道是巧合？

在战后时期，巴拉聚克自治议会的成员均为农民，而且基本上来自在村里有地产、已经住了几十年的家族，实际上已延续了几百年。1953 年，负责火车站的让-巴蒂斯特·雷东当选，是战后几十年里的例外。1965 年选举的村议会全是农民，多数人来自在巴拉聚克根深蒂固、可以追溯到旧制度时期的家族，一些人的先辈曾在 1789 年 3 月聚集到老教堂，制订了 1789 年的"陈情表"。[31] 1977 年，第一次有女性入选自治议会。[32] 自 20 世纪 70 年代开始，才有外来的姓氏获选，而且在大多数情况下，当选人都是与巴拉聚克的古老家族通婚的。在新世纪之前，只有两位村长不是出生在村里，但他们俩都与巴拉聚克人结了婚，并且在村里住了足够长的时间，差不多算是村里人了。非巴拉聚克出生的自治议会的成员有时会遭到刻意的批评，尽管他们也是下维瓦莱地区的居民。但由于新鲜血液注入、大家庭缩小、古老的家族消失，不论是在巴拉聚克出生长大的人的数量，还是成为自治议会的成员的意愿，都明显下降了。

土生土长的巴拉聚克人与那些外乡人之间的区别仍然非常重要，而且经常被提到，特别是在自治选举中。可以肯定，婴儿出生在家里的情况早已不复存在。奥伯纳的公立医院和私人诊所都不再那么遥远。那些不是土生土长的巴拉聚克人有时也被用土语称为外乡人，但这没有敌意（不过有一些村民并不积极跟出生在其他地方的人做生意）。住在巴拉聚克的人聊起别人的出生地时说了句"平坦之国"，令人不禁想到是指法国北部或比利时，虽然没有口音佐证。那个"平坦之国"原来是圣日耳曼村，离巴拉聚克不到十英里远。一个朋友开玩笑地问一名五十年前从邻村嫁过来的女人，过了半个世纪之后，她喜不喜欢巴拉聚克，这位妇女非常严肃地回答说："有时候我会想家。"但自第二次世界大战以来，夫妇都是巴拉聚克人的比例已大幅度下降。

巴拉聚克一个老住户坚称，自第二次世界大战以来，"巴拉聚克一直没有政治分裂"，尽管事实上在战争刚刚结束的时期，政党之间的分歧还算是个问题。[33] 在1995年和2001年的两次自治选举中，再次证明了巴拉聚克的自治政治很少与国家政治有关，数以千计的其他村庄也都是这样（诚然，失业率特别高或有少数族裔的村庄经常落入极右翼的手中，这一规律就不适用了）。这当然不意味着自治政治就没有分歧，1995年的选举就是明证。村长和其他村议会成员表示他们不会寻求连任，因此不反对正在准备的一份候选人名单。其实，列明其他名字的另一套名单正在流传，虽然不是公开的，双方的谈判破裂了——即将离任的村议会和那组新人。因此，所谓的"唯一"名单被提交给选民（大家可以选择投给整个名单，或划掉任意数量的名字，填上其他人名），但遭到反对。在第一次选举那天，"唯一"名单上有七人当选，于是需要过一个星期后进行第二轮投票，剩余的人很容易当选。指责与反指责满天飞。一些人停止跟另外的人讲话，到了"圣约翰篝火节"，双方也保持着距离，胜利的一方在酒吧附近出没，失利的一方则坐在商店旁边的椅子上。很少有人跟两方面都打招呼的。

残余的嫌恶感要逐渐消退。回想起来，就连在选举中极为投入的人也很难说出1995年激烈的竞中有什么具体的分歧。它是关于个人魅力的选择。村长居伊·布瓦耶的候选人名单涵盖了在全国性政党上从支持左翼到同情极右翼的人。财政拮据、维持学校、旅游业的角色，什么地方可以建造房屋等巴拉聚克的问题基本上跟国家政治问题或党派分野无关。如果问阿尔代什的村落中有哪个群体有非常良好的组织，那就是猎人了（他们在伊斯齐内山口向迁徙的候鸟开枪，最近又在那里购买了一个旧的酒店作为总部）；在2001年选举之前，沿路常有"猎人们，去投票瓮！"的标语。

担任村长一职，至少工作很有挑战性。乔治·克莱蒙梭说过："如果你还没有准备好每天早上吃一碗蟾蜍，那就不值得进入政界。"他八成说对了。[34] 当然，村长的三个副手能够分担一些工作。副村长有时也会因为不受欢迎的决定遭到指责，但大多数指责和荣耀都不可避免地落到村长的头上。在许多时候，它就是一个吃力不讨好的局面。一村之长特别容易受到恶意流言的骚扰，那是乡村生活的主题：散布谣言、夸大或偶尔歪曲事情和别人的言论。谁也无法取悦所有人。当一位老妇人留下一笔钱给村里和村里的某人时,对于她为何有如此善举的谣言就散布开来,而她在这个地方居住了九十多年。村长应该怎样做,才能让企业把堆放在公共土地上的建筑废料清除掉?村长必须接听投诉电话,回答人们关于各种事项的问题(灯泡烧坏了,开灯的时间太晚,汽车挡住了车库,诸如此类),以及听人抱怨说上届村政府不是这样的。村长还不可避免地会被指责偏袒老家族之类。

2000年的夏天,好几个愤怒的法式滚球玩家在大半夜游行到村长家,抗议老墓地的灯熄灭了,令他们不能一直玩球到凌晨三点,不过周围的邻居可松了口气,他们打电话投诉玩家们打球时噼噼啪啪的碰撞声和喧闹的谈话没完没了。愤怒的玩家们要求村长解释他在法式滚球游戏上的政纲,他回答说没有这种政纲。然后,他问他们能不能去找时任里昂市长的雷蒙·巴尔打听一下他的政纲。

在一位居民看来,巴拉聚克的村长也许过于看中电话投诉了。另一个人说,自治机构忘了在每个小餐馆和餐厅举行活动(其实只有很少的资金可以用于此类活动)。不过还有一位批评者抱怨自治机构除了种花讨好游客之外什么也没做,应该更积极地向省里申请补贴,例如改善老教堂的照明。批评是工作的一部分,辛劳一年可以得到补助三千八百法郎(如今比六百美元多一点)。因此村长必须有其他职业,才能履行自己的职责(显然村长必须住在自治村里,不过有个副村长住在里昂,每周末返回巴拉聚克)。他们还必须热爱自己的村庄,有无尽的耐心。

不仅如此,像巴拉聚克村这种资源有限的地方,要不断地依赖跨自社区的协会(最起码要跟其他村庄联合支付以吕奥姆为基地的消防队的费用,还有自来水或是清理阿尔代什河的费用)。预算只有可怜的20%留给自治机构,未来可能会出现更多的跨自社区协会,灵活性也进一步减少。

不论在哪个村庄,能否建造房屋,建造怎样的房屋,仍然是至关重要的问题,并且会不可避免地产生争议。在上一任村长的任期内,有个外来的专家与自治议会一起制定了计划,以便划分自治村里全部土地的等级。此人有最终决定权,但村议会成员的影响是相当大的。一些土地被列为不可以建造房屋——例如,因为建筑物会破坏自然美景或通电的成本太过高昂。有若干情况,村里或村外的人买下一片土地,希望能盖所房子,结果却没被划入可以建造的范畴。偶尔有传言指控村议会的成员施加影响力,以便为他们自己的家庭牟利。有一家人生活在另外的村庄，但在这里拥有土地，尽管他们很想造所房子然后搬来巴拉聚克（尽管自治机构同样很想让他们家的孩子来上学），该计划还是把他们的地产划定为不能造房。就是否可以建造房屋的问题，一名批评者描述了村庄政治的严酷现实："村子，它只是强词夺理。"

接着的问题就是可以建造什么。曾经冒出过几个大型的混凝土仓库，成了视野里的眼中钉；虽然农民家庭都有权在自己的土地上建造与农业工作相关的设施，但此类建筑物有时候并不符合法定的标准。支持与反对的双方都向村长施压，令其再度难以左右逢源。

2000年11月，居伊·布瓦耶邀请巴拉聚克的人来村政厅开会。讨论过自治机构的财务状况，回答了问题，听取完道路在夏季被观光车阻塞的激动抗议之后，他宣布自己将不在2001年3月的选举中寻求第二任期。然后，出席会议的所有村议会成员，除去一人，也都表示不会竞选连任。村长于是在圣诞节前召开了第二次会议，以讨论相关问题。他还表示希望能够形成一个唯一的名单，并在给每个家庭的信中申明他的决定是"明确的、坚定的和最终的"。[35]

唯一的名单在吵吵闹闹甚至恶语相向中逐步形成了。名单打头的是个来自法国北部的妇女，最近才搬到巴拉聚克。她似乎挺能干，又刚刚退休，因而有时间来发挥作用。这份在巴拉聚克被称为"过得好"的选举名单包括了十一名候选人，"有男有女，来自不同的层面"，渴望"为自治村更美好而服务"，并具备"经验和能力，有信心、有热情、又现实"。他们的纲领包括"沟通"（倾听、团结和欢乐）、"保护"；包括"维护商业、学校、手工艺、社团生活，并努力吸引青年农民"和"安全"；包括改善儿童游乐场和运动场所、校车站、停车场和维修道路和"旅游"（"改善，并与当地生活更加有机地结合起来"），"通过为优先项目积极寻找资金以促发展"，并带着紧迫感提出卫生措施，在村里建造一所废物净化站。这份纲领呼吁选民支持整个名单（尽管其中几个候选人很少有人认识），结尾的时候希望"巴拉聚克将一直是法国最美丽、最热闹的村庄之一"。

人们曾努力挽留一个即将离职的副村长，不过因为意见分歧与个性不和而失败了。那位副村长召开了一次会议，提出自己的方案，其中强调急需完成适当的污水处理系统,不能继续"把所有的东西扔进下水道"了,因为对分布在村里低洼地区的那些房屋而言,这意味着"把所有的东西扔进河里"。但在同样强调了保持并吸引小生意的重要性——比如杂货店和波莱特菜馆之类("没有生意的村庄会很快变成没有生命的村庄"),以及建造公寓以吸引住户——之后,他宣布自己不会参加竞选。[36]因此,新名单上没有任何人在上届村议会工作过(除了一名女子,她曾于1995年当选,但很快就辞职了)。"长者俱乐部"似乎分裂成不同派系。一些人到学校接孩子的时候再也不相互打招呼了。有人抱怨村议会中没人代表农民(尽管在事实上,有一名当选者饲养山羊,而另一个是位农民的妻子)。于是谣言四起,某某加入(或没能加入)名单,原因都是如何如何。尽管批评不断,而且名单上其实只有一个人出生在巴拉聚克(不是候选村长),但并未出现第二个名单。选举前两周左右,有人给村里一部分人寄了一封匿名信。信上谴责"左派、投机、非常自私的一伙"打算"排斥和拒绝一些有才能、有威望的人"。它呼吁选民"考虑到那些被遗忘的:居民、商人、农民,小村落,村庄",应该替换掉选票上的四个名字。这封信除了缺乏基本的条理,未曾署名之外,它提出的人选也没有事先征询当事人的意见,因而遭到严厉批评。

直到选举当天,也没人知道是否会出现一份短一点的名单或独立的候选人。点算选票足足耗费了两个多小时(80%的合格选民投了票),因为有很多的"部分"选票,划掉了一个或多个名字,还有把票投给名单以外的人的情况。[37]总计有超过六十人得到至少一票;前村长和几个前自治议会成员得票超过二十张。[38]随着计票过程不断继续,随着人们挤进房间、聚集在门口,唱名时如果不合某人的意,偶然能听到不悦的叹息,甚至嘲骂。有个女人得到十票左右,每唱一票都有人欢呼,不过她离当选还差九十八票,但这也算是挺好的氛围了。整个名单都当选了,它再次在国家政治方面涵盖了广泛的政治见解,并且巴拉聚克有了第一位女性村长。然而,这位女村长并不认识很多村里人,这个情况,有些人认为会令她中立,但也有缺点。她作为外乡人,选举时对巴拉聚克并不太了解,十年前甚至别想获得候选人身份,这场选举本身就证明巴拉聚克改变了多少。

新的自治机构面临着一些严峻的挑战,最为重要的就是清理河流。"清澈的阿尔代什河运动"在1980年启动,目标是通过庞大的投资,在海拔较高的河段筑坝，以增加夏季的流量，并通过处理废物来改善水质，一方面利用冲积阶地天然过滤，另一方面兴建净化站。三十五个"阿尔代什自治村联名"签署，以期达到欧洲共同体规定的水质最低标准，这个标准要求人能在水里游泳。1989年，巴拉聚克加入阿尔代什河沿岸的其他自治村，目的是"保护成员自治村共享的自然资源和旅游遗产，还有维护环境"。随后，当地提议组建"下阿尔代什河水务联合会"（SEBA）。[39]经过二十多年的规划与设计，项目启动又中断，巴拉聚克仍旧是阿尔代什河中游河谷地区唯一不具备完整污水处理手段的村庄。其结果是，部分污水直接排入河流。一年又一年，净化站的建设不断推迟（最近很不巧，组织的主席因启动了昂贵的工程而被迫辞职）。现在，该项目预计要在2005年完成。巴拉聚克必须提供一百六十万法郎，而总成本约一千万法郎。[40]考虑到这一点，年轻人在夏天游泳时，都会明智地选择"格兰穆尔"以上的河段，他们从那个地方高高的岩石上跳进河水。自治村必须张贴水质测试的结果；这些结果通常婉转地报告在含有排泄物的水中，其质量算是"普通"甚至"良好"。特别是在干旱的年份，水面有时会下降很多，并且"含沙"或"混浊"，水质更可想而知。

## 学　校

巴拉聚克人口减少令其学校前途未卜。1946年，自治机构不得不讨论巴拉聚克是否要将两个班级合二为一，以及是否建立只有单教室学校（合并班）。然而，那个时候尚有四十名儿童在学校读书，情况还算乐观。[41]

小学始终是村里人共同努力的核心部分，因此也是自治机构的当务之急。多年来，村议会开会讨论拨款维修年代久远的校舍（建于20世纪初），以及加固围墙里的小操场。省里有微不足道的补贴，用于油漆、重做木工以及修理天花板、门窗、露天厕所，粉刷，并购置新的课桌、椅子、地图和一块黑板，并越来越重视书籍。自治机构还出钱为贫困的孩子购买学习用品。[42]渐渐的教师的公寓也更加适宜居住，不过后来只保留了一套。厨房进行了改进，并于1958年增加了一个抽水马桶。然而在1961年，需要修整、改善男女生的厕所时，却没有足够的钱。[43]屋顶在1979年急需修缮，并且在巴拉聚克庆祝法国大革命 200 周年时（村里至少有一部分人要庆祝），学校的天花板似乎到了崩溃的边缘。这又要设法筹集六万法郎。[44]

还有更为严重的挑战潜藏着。1961 年，学区督察员要求省里的学校主管机构把巴拉聚克的两个班级——一班男孩和一班女孩——改造成一个男女混合的单教室学校。在当时，两个班中的孩子已经下降至三十二人；次年只剩二十五人。更致命的是，村里学前儿童的数量只有四个。督察员一旦作出决定，自治议会就没什么办法可想了。[45] 1970 年，巴拉聚克的合并班只有八个孩子，而且没有迹象表明数量在不久的将来会增加。在学生人数回升之前，巴拉聚克的学校第一次似乎有可能无法存在下去了。[46] 在 1990 - 1991 年度，学校只有九名学生在读，八个女孩和一个男孩。第二年，当我的女儿劳拉开始上一年级时，学校里并没有给我的儿子克里斯托弗上的幼儿园。布瓦耶村长在 1996 年把社区的学校称为"令人担忧的问题"。

由于国家通过资助"参与"学校活动的情况减少，努力筹集资金变得更加重要。学校的赞助人在 12 月的一个星期天下午举办了乐透赌博，算是一种游戏，奖金要捐献出来（最好还是别中）。也有抽奖的形式（彩券）以筹集更多的资金。人们还能购买可口的蛋糕和水果馅饼，以及葡萄酒、茴香酒和软饮料。这次活动吸引了村里不少人，尤其是在校儿童的家长，还有一对姐妹，她俩在中奖方面有神秘的窍门。此外，冬季里还有一次，餐馆老板做了薄饼和华夫饼干，搭上饮料销售，将收入捐给了学校。

每个人都同意学校的重要性，它是社会生活的焦点和身份象征。它仍然是所有年龄段居民常用的参考坐标。我们的老师雅克·安贝泰什自从1988 年来到当地起就是社区生活的关键人物，现在已成为这里受人高度尊重的成员。[47] 村庄没有能让大家自然地聚集起来的广场，父母们就利用四点半接孩子回家的时候聊聊情况。甚至那些以往常常意见不合的家族与个人，在学校的问题上也取得了共识。

该地区的小学教师（其他地区也一样）通过游戏与远足，教育孩子们了解自己的家乡。巴拉聚克的孩子们因而在村里搜寻化石，参观岩穴（在发现肖维岩洞几个月前，他们到过瓦隆，离那个大发现的地方不远），并学习操纵独木舟或皮艇。雅克的前任还把蚕茧带到学校，给孩子们看当年下维瓦莱地区主要的生活来源。

圣莫里斯-达尔代什、拉讷和沃居埃的学校被"重组"成一所学校,各村以前那独立的学校现在是六年制小学的校舍。巴拉聚克还保留着自己的单教室学校与它的合并班,而在下维瓦莱地区和整个法国,其他的学校则完全关闭或"重组"了。在 1996 年的研究得出的结论是,曾在合并班上跟随同一位老师念过一年级到五年级的学生,或者在一个班级里念过多个层次的学生,比"普通"学校的学生效果稍好。然而在法国各地的村庄,许多单教室学校在 20 世纪 70 年代和 80 年代被迫关门。圣莫里斯-迪碧就是个例子,它在 1856 年有七百七十一人,1911 年剩三百八十七人,1931 年有两百九十人,而现在则不足一百人。到 20 世纪 90 年代末,学校关闭。在关闭时,老师只有五名学生,其中三人是他的孩子。同样,拉博姆在 20 世纪 50 年代初有三所学校(两个公立和一个私立的),现在都没有了。单教室学校的倡导者认为,关闭它们并不真正省钱,因为运送儿童去其他学校上课的成本要由自治村支付。[48]更有甚者,如果失去了小学校,村庄自己的生存也就处于危险之中了。

对一个村庄而言,要生存就需要一座教堂、一所学校、一家小餐馆和一间杂货店,以及一些社团生活。在巴拉聚克和成千上万其他的村庄,19 世纪的学校在某些方面不仅代表国家渗透到当地的生活(法语针对土语及方言,或者自由的玛丽安对抗圣母玛利亚,这些我们已经看到了),也是国家提供的机会(最起码的教育,并因而得到就职的机会,往往在城镇或其他地区担任政府工作)。当然,正如我们所看到的,教堂苦苦地抵御世俗学校,一些追随者甚至反对世俗的共和国本身。不过从长远来看,在 19 世纪,国家资助的学校帮助削弱了传统的法国乡村。

而眼下,这种关系在某些方面已经颠倒过来。巴拉聚克维持其学校的努力在一定程度上代表着村里试图保护自己,以防因国家的决定而削弱它自身的存在。单教室学校能够帮助村庄保留其乡野身份。社区意识存在已久,但在一定程度上正在消失,又被电视催化。因此学校的意义就更加重大了。合并班很特别,不仅因为巴拉聚克很幸运,在过去的十三年中(之前也一样)有一个好老师,也因单教室学校的父母们也大量参与运作。大点的孩子帮着教导年幼的孩子。狗,偶然还有猫,也以它们自己的方式参与进来。学校就是家庭的一种延伸,举个例子,学生称呼老师时用你,或者干脆叫他

的名字,而不用"老师"(这显然比较可取;我在巴黎见过有人一本正经地用
"您"称呼他们的猫),这种家庭气氛并未妨碍雅克维持课堂纪律。对那些还
记得以前的教师的人而言,这可是个大变化,对我们来说,这是个好变化。
此外,雅克一直是村里各家的非正式顾问,延续了可以追溯几代人的一项传
统。由于教会的影响力一直在衰落,其实 20 世纪 80 年代中期最后一个全
职牧师就走了,这个角色变得更加重要。[49]

　　家长们与教师碰头时,最后总是会结束在一瓶阿马尼亚克白兰地上。
我们最亲密的朋友就是通过村里的学校结识的,参加有关的会议和规划,并
参加乐透彩票及其他的学校活动。在 6 月下旬或 7 月上旬,大多数涉及学
校事务的家庭会一起去野餐,有大量的茴香酒、葡萄酒、芬达汽水、食品,还
有法式滚球游戏。算上以前的学生及其父母,我们的人往往多到可以租一
辆大轿车。近来,参加这个非常愉快的午后游的人数日渐稀少,而且开着小
汽车去景点也不如昔日那么趾高气扬。每年来的人越来越少,而老人们(比
我们的孩子入学早的家庭)抱怨说,现在的家长也不如以前投入了。

　　学校的生存,从长远来看,将取决于每年上学的儿童数量。为了增加这
个数字,第一步是建立一所幼儿园(以前一些要求接纳学前孩子特殊请求都
得到了同意)。为了能够接收 4 到 5 岁的孩子,还必须招募一个助手,以便
在另外的房间里照看最小的孩子;给合并班上课的老师要给不同的年级备
课和授课,尤其是准备上中学的四年级和五年级学生,实在精力有限。接受
学前儿童增加了学生的数量。在 1997－1998 年度,学生人数曾达到十八名
儿童,第二年学生数量高达二十三人,然后在 1999－2000 年减少到十二人,
过了一年还剩十一个。[50]

　　学校食堂(小吃部)在 20 世纪 90 年代初便早已消失了。正因为如此,
几个在奥伯纳或努瓦尤斯工作的母亲获得许可,把孩子送进当地的小学,从
而减少了巴拉聚克学校的就读人数。此后,雅克老师宣布,村长将出席一次
家长晚会。会议刚开始的时候,气氛因他在场而有些不同,老师以不同寻常
的正式礼节向大家介绍"村长先生"M.穆拉雷。会议讨论的是开设食堂的
各种方式。村长立即消除了紧张气氛,半开玩笑地指出,我们开会只是讨论
如何以最佳方式欺瞒国家。国家、学校和村庄之间的关系可以说是被颠倒
了过来,学校不再代表国家,而是村庄试图维护的乡村生活的中心之一,想

方设法建立食堂就是这样的努力,至少可以暂时绕开行政法规和规章的限制。有了这种想法后,父母们便开始考虑如何为巴拉聚克的学生提供午餐。有一段时间,五位母亲轮流给不回家吃午饭的孩子准备饭菜,要么送来学校,要么叫孩子们去家里吃。最后,为了符合官方规范,自治机构出资帮助把学校的一间地下室改造成食堂,并与吕奥姆的一家餐饮公司签订合同,每天送餐,于是午饭不可避免地包括了土豆泥。食堂在 1996 年年底落成。第二年,自治机构聘请了一名年轻女子负责托儿所,以便要上班的父母可以让孩子放学后留下来玩耍。[51]

　　1996 年秋天,我们的老师病倒了。另一个村上的代课老师来到巴拉聚克。但她毫无疑问出师不利。在教室里见到一只大死鸟(大猫头鹰)或许会让她感到惊奇,那是落在电线上触电身亡的。当天的课题就是讨论鸟。她刚来的时候,有次跟家长们开会时说,走进这里的学校,就好像回到了 19 世纪,结果把大家得罪了。事情后来好多了(也不得不如此,有一些孩子在背后叫她“反对女士”),她最后喜欢上了巴拉聚克。

　　1998 年,几乎是不可避免地,巴拉聚克的学校终于要与“格拉台地”另一侧的于泽尔的学校重组了。父母们应邀来与一位学校督察员“讨论”此事。于泽尔的学校也有一名代表出席。他解释说于泽尔的处境相当可怜,他的村庄不甘心只是充当在奥伯纳与努瓦尤斯之间的公路上的一条“过道”。早在 1912 年,省长便解散了于泽尔的自治议会,因为它如此严重地分裂成两派,几乎无法做事。现在的情况或多或少还是那样。前一年,公立学校只有一个学生,是村长的儿子。在这次会议上,督察员解释了合并的基本原则,当然这将有利于所有人。虽然他即将调任其他工作,但还是耐心分析了所有细节。有几个疑问,但不是很多。(我夫人)卡罗尔·梅里曼问她旁边的人我们是否要投票,这个问题让大家投来惊异的目光。这是法国,当然早就作好决定了,于是付诸实施。

　　与于泽尔的学校合并后,我们的小娃娃去他们那边念书,而他们的大孩子来巴拉聚克上学,算是成败参半。第一年,五名巴拉聚克的学前幼儿搭乘小巴穿过“格拉台地”去于泽尔。这两所学校都有出色的教师,而增加的几个年龄较大的孩子也令巴拉聚克的学校兴旺起来。但一些新生可相当棘手。我们的老师在巴黎具有挑战性的社区有超过二十年的教学经验(他还记得早晨学生们急匆匆地冲进校门,后面有丢了东西的店主在追赶),说合并后的第一年是他职业生涯中最困难的一年。2000 年 11 月,发给于泽尔的父母们的公告把巴拉聚克的学校的外观描述成"灰色又阴郁",真是帮倒忙。于泽尔的一些家长开始送子女上私立学校,他们在合并前就这么做了。但村长说得非常好:"最重要的是维持学校。"在巴拉聚克,每个学年结束时,村长、老师,还有其他所有人,都会计算新学年的学生人数,不论是继续上课的或是刚入学的,而现在于泽尔的数字也纳入了预测之中。官方的报告自然认为"(两所学校的)教学合并完全配合了国家教育部和学生家长的意愿",引人关注的是把"教育部的意愿"放在前面。巴拉聚克的学校仍然存在。然而,合并似乎削弱了学生家长的积极性,也许是因为学校与村庄的关系有所疏远。雅克·安贝泰什在 2000 - 2001 学年结束时退休。尽管学校与于泽尔的学校合并,又任命了新老师,但其未来仍然不明朗。

就在雅克退休之前,他的学生们的家长和自治机构为他举办了几次正式活动。最后一次活动在学校举行,就在他 2001 年 7 月 2 日退休前几天。学生们为他准备了歌曲和诗词,演出在多功能厅进行。巧合的是,刚刚当选的自治机构购买了大约两百个新的塑料垃圾桶,全都带轮子,以便提供给有需要的人。因为狭小的多功能厅是唯一的存放地点,孩子们不得不在垃圾桶周围演出。当家长(以及前家长)们挤进房间时,有人只能站在栏杆后面观赏,而孩子们则将那些灰色的垃圾桶当作森林的道具。轮到表演时,孩子们就从树木后面挥舞着手臂冲出来。活动很成功,还为雅克特设了鸡尾酒时间。巴拉聚克,一如既往地用手头那点有限的资源做到了最好。

# 新 黄 金 树

在 20 世纪 50 年代之前,尽管人民阵线立法给了大家一个月的假期,但来巴拉聚克的游客人数非常少。有个女人于 1949 年在巴拉聚克购买了房屋,她回忆当时在河里游泳的人都会"被当成疯子"。德国人的侵略令一个比利时难民来到了巴拉聚克,她立即爱上了这个村庄,后来她沿着萨布利埃门的道路买下几所小房子,并出租给其同胞。为了提供住宿,她说服一些居民用"福米卡厨房"替换木制橱柜和桌子,这个品牌已经出现在沃居埃了。弗雷迪耶村长鼓励重建和保护村里的房屋,并向能够妥善维护房屋的人出售。在战后的年代,小汽车滚滚而来,但马路上仍然可以摆放餐桌。同样,玩滚球游戏的人只是偶尔不得不走到一边,以便汽车通过。在 1947 年,自治议会指出,村中心没有停放汽车的场所,连调头的空间都没有,这给"越来越多来我们老村旅游的游客造成了严重困难"。三年以后,村长必须设立在村里停车的规则,禁止在公共场所或沿街停车,并限速每小时十二英里。[52]

到 1955 年,自治机构最终投票出资修复罗马式教堂,它"见证了过去"。那座摇摇欲坠的钟楼已成为巴拉聚克的象征。两年后,两个巴黎人捐钱进一步维修老教堂。[53]巴拉聚克在 20 世纪 60 年代迎来了更多的游客,它也被《米其林指南》授予一颗星*。1978 年,《读者文摘》精选版将巴拉聚克列入一百个"法国最美丽的村庄"。令人吃惊的是,它把村庄的特点描述为新教徒和天主教徒对立,每个宗教派系都有它自己的小餐馆、杂货店,诸如此类。"鉴于在旅游旺季的需求",公厕于 1979 年建成。[54]"法国最美村庄协会"始建于 1982 年,当时有一百三十八个会员村庄("它们不论轮廓、房子正面和屋顶的颜色,都与周围的乡野和谐一致,产生一种特殊的感触")。[55]在阿尔代什省,沃居埃、阿尔巴(后改名为阿尔巴拉罗曼),以及罗讷河附近的圣蒙唐被邀请加入协会。

穆拉雷村长在 1984 年庆祝大桥百年之际发表了简短的讲话,保证永远欢迎游客到访巴拉聚克,人们可以在这里享受"安宁,其居民的人性化安宁,并且凭吊古迹",这位村长的祖父在第一次世界大战前领导保守派担任过两任村长。越来越多的人接受了他的邀请。游客人数在 20 世纪 80 年代末和90 年代可能翻了番。在"新"教堂的留言册上提到最多的话题(除了偶尔有人写下"教堂就是教堂。雕像就是雕像。室内的空气就是比外面凉爽"。)就是巴拉聚克那相对的安宁。有一则留言强调了村里的"人性尺度";另一个写下"一个迷人的村庄,生活的好地方";但有人说(一个比利时家庭)"你们的村庄令我们梦想……是一次难忘的偶遇";还有说"地球上有天堂,阿尔代什是乐土"。[56]

* 最高三颗星。——译注

　　旅游,替代了桑树,成为新的黄金树,在某种意义上拯救了阿尔代什省。如果说千百年来自然似乎常常占了巴拉聚克居民的上风,村民们现在终于把下维瓦莱地区大自然的特殊礼物变成景点,吸引着游客和金钱。阿尔代什河的河谷成为受到青睐的景区。出租独木舟变成一个利润丰厚的业务,特别在瓦隆-蓬达尔克到圣马塞尔-达尔代什之间,那是阿尔代什河峡谷地段。如今,七八月之际,成千上万的游客来到瓦隆附近,乘坐独木舟向阿尔代什河下游"漂流",而宪兵要负责指挥河面的交通。宾馆、饭店、小餐馆、农家客栈,还有最重要的野营,都数量激增。[57]荷兰人与比利时人成群结队,离开他们的平坦之国,来阿尔代什省崎岖的土地上扎营住两个礼拜,甚至个把月。[58]在阿尔代什,大多数比利时游客被认为够体贴,而且够大方(有个比利时人抱怨:"这里有很多比利时人,但来自列日的就太稀罕了")。荷兰游客的名声则是相对吝啬。当地传说(也许并不公平)他们的汽车里塞满了各种物品(尤其是荷兰啤酒和奶酪),以便在假期享用,因此只需要在当地购买生菜、面包之类的。在20世纪70年代末,荷兰家庭在塞文山脉购买住房;但那个阶段很短暂,早已结束了,不过现今人们仍然可以偶尔看到要他们回老家去的涂鸦。为了物尽其用,连巴拉聚克老车站的房子都修整好以接待夏季游客,不过要想在附近不断有汽车呼啸而过的地方休息,还真得是聋子才行。德国人也来巴拉聚克,尤其是在复活节期间,但人数就少多了。

　　阿尔代什省在1956年共有七家乡间度假别墅,1965年有五百八十六家,1976年达到九百家(四分之三由农民或农业自治村拥有)。随着新的黄金树顺利接班,一些蚕室也被改建成度假别墅。[59]巴拉聚克在20世纪70年代末,有一群年轻人开始重建维埃尔奥东,那是河右岸的一小片房子,一个多世纪以前就被放弃了,因为住在那里的人都搬到了大悬崖顶上更加安全的奥东去了。他们成立了一个协会,叫"疯子与狂人"(用的古法语),他们饲养山羊、生产奶酪,并为年轻人建造了一个夏季中心。维埃尔奥东现在声名大噪,全年对学生开放。此外,它每年的业务超过一百万法郎。

　　与此同时,在1962年到1975年之间,阿尔代什省第二居所的数量翻了一番。这一数量持续增加,现如今已占全省房屋总量的约16%。然而,在特别有吸引力的村庄中,这一比例要高得多,巴拉聚克今天远远超过一半。诚然,有一些业主就是村里人。但来自其他国家的业主越来越多,特别是比利时、荷兰和瑞士。其他几个比利时家庭购买了房子,而"夏季人口"有片很小的地方就被开玩笑地称为比利时区。[60]

　　一方面当今的田野上的树木比过去很多世纪都要繁茂,另一方面这里的房屋也比以往任何时候都更加混杂。米歇尔·卡拉是一位关于维瓦莱农村地区的专家,也研究此地的建筑,痛斥"第二居所的入侵"。他感叹说,村庄与农场房屋有一些已经伫立了几百年,新建筑缺乏原始感。下维瓦莱地区的石屋已经从"农耕的工具"改造成"快乐的目标"。带顶的阳台原本集居住与工作的功能于一身,而现在不是被拆除,就是被覆盖了起来,例如,大型凸窗把它变成了完全不同的东西。卡拉认为乡村建筑与延续农民的特点相关:"这些房子见证了我们的过去,丝毫不亚于修道院或庄园城堡。"他坚持应尽可能地保留丘陵的山坡,房屋要适应地形,而不是相反。一所突兀的房子可以摧毁"一个景点或一座村落的魅力和价值"。他呼吁要清醒地与下维瓦莱地区的传统协调一致。他的一位同事质问:"破坏历史的人,糟蹋乡野的人,会下炼狱吗?"卡拉呼吁保护这份遗产:"这片土地生病了。病源是旅游、是投机、是农村人口流失,而它将死于这些疾病。如果一个地区无法理解问题所在并纠正它,也会死亡。"[61]事实上,最近出了本有关另外一个村庄的回忆录,它最后一章的标题就是"一个没有农民的村庄"。[62]

　　保护主义者已经在反对电力和电视的战斗中失败了。[63]但是,只要有可能,电线就会埋入地底——比如穿越"格拉台地"的公路,还有通往河边那条惊心动魄的车道。白色的电视卫星天线伸出红瓦的屋顶,我们家也一样,看上去仿佛薄荷糖圈。当"最美村庄协会"最近派员到巴拉聚克评估如何接待游客时,他们延续了巴拉聚克的成员资格,但对几乎处处可见的众多卫星天线有所保留。

　　巴拉聚克的老村作为古迹得以保留(虽然国家并不赞同这一标签),因此改变村庄的外观必须得到省一级的批准。但是即便有些房子成交时相对完好,一些新来的外地购买者还是会用根本不合适的材料把它改建成可怕的第二居所,完全不会考虑村庄的演变背景。值得庆幸的是,大部分这样的房屋(包括一所德国乡村风格的)知趣地远离村中心。

　　作为村长,居伊·布瓦耶(任期自1995年至2001年)努力倡导巴拉聚克及其周边地区的旅游业,他是个极富善心的人。他鼓励有关巴拉聚克的文章出现在当地报纸《多菲内日报》上,出现在里昂的大销量报纸《进步报》、《马赛日报》、《日内瓦论坛报》以及比利时和卢森堡的报纸上。有一年的 12 月底,他通过演讲表达自治机构的愿景之际,指出卢森堡有个小镇的镇长给巴拉聚克送来良好祝愿以及一些椅子。1997 年,省里电话簿的封面采用了一张巴拉聚克的照片,非常漂亮。新的村议会致力于"给休闲和渡假的游客提供便利"![64]

新一届村议会的优先事项之一就是"鼓励并使居民善于发展乡村度假别墅、客房和露营区"。[65]自治政府开列了一份清单,村里有二十七个供出租的场所("巴拉聚克……阳光、河水、大自然、运动、休闲、娱乐,在保育良好的环境中感受自然"),附带的"旺季、普通和淡季"价格,依据房间大小而定。每周租金从相对合理的一千八百法郎到五千四百法郎不等,最大的出租屋则是吓人的"时令价",它总是出租给德国游客。自治村的秘书要在电话里提供许多关于出租业务的信息。

一个特别自治委员会(即包括一些来自村议会之外的人)举行会议,商讨如何"建造新的建筑"用于接待游客,以及使村里更整洁;一些麻烦事,如"汽车残骸"和"在'格拉台地'乱丢垃圾"等也要研究。其他步骤包括:在四个露营点设立信息牌和规划额外的停车区,"用鲜花点缀村庄"的活动鼓励居民在窗台上摆放花盆(口号是"一个窗口一盆花"),清理"夏季入口"附近施洗者圣约翰小教堂的废墟,还有罗马式教堂后面的小园圃,严格执行 1988 年制定的禁止不正规露营条例(即在"官方"规定的营地以外露营)。我们房子拐角处的路灯摇摇晃晃地悬挂在小巷上方,只有一个陈旧的依云矿泉水塑料瓶保护着,后来自治机构做了个精致的灯罩。[66]

新任村议会投票征收旅游税,由向游客出租房屋的人缴纳(成人每人每天两法郎,儿童一法郎,不足 10 岁半法郎,4 岁以下的儿童、旅游团和残疾退伍兵免税)。三年后,这项税收给严重不足的自治预算增加了三万五千法郎,是村里营业税的两倍。

巴拉聚克和其他村庄一样,由企业家们建立了夏季出租房屋。(有些事情难免不受控制:有张建筑许可证是修建一个小型车库,而它奇迹般地转变成一个乡村度假别墅。)在巴拉聚克,这可能令那些希望长年居住下来的家庭一房难求,因为业主坚持按照夏季租金收费。巴拉聚克房屋的价格,特别是租金,迅速上升。许多待售房屋的价格已经让本地居民无力负担。在 2000 年春天,一所预构建的房子在市场上价值一百万法郎。这样的房子被越来越多的外国人抢购,对大多数这种人而言,他们与村庄的关系每年就那么几个星期。当一个巴黎人决定卖掉自己的房子时,她打电话问我是否认识富裕的巴黎人或美国人,并开出了天价(后来价钱降下来,并出售给朋友)。此外,因为年租金不合适,自治机构试图吸引永久居民的行动,特别是有学龄儿童的家庭,有时会失败。自治村拥有两套廉租房,都位于一座漂亮的老建筑里,但它们都比较小。自治机构在离村庄很远的地方拥有土地,可以建造廉租房,但给这里供水的成本巨大,令人望而却步。此外,尽管农村生活有吸引力,但附近工作岗位不足,也给留住有小孩子的家庭造成了障碍。[67]自治机构一直希望吸引一两个家庭在"格拉台地"上养羊,并劝说在那边拥有产权的人同意新来的人去放牧。

主要由于有大量退休人士居住在村里,巴拉聚克的人口从 1995 年的两百八十二人跃升至 1999 年的三百三十九人。巴拉聚克已经部分成为宿舍村(卧室村)。有些人去奥伯纳和其他小城镇上班,或在一家地区性残疾人机构工作。这有助于扭转一个多世纪以来的人口下降趋势。[68]此外,随着与丝绸行业相关的小工业逐渐减少直至消失,工作结构日益依赖于服务行业,特别是旅游业。[69]

夏季旅游令村里的人口膨胀到约一千人,使得自治村那有限的资源严重紧张。驱车前往巴拉聚克的人会看到路牌上写着他们正在进入法国最美丽的村庄之一。"最美村庄协会"出版了一本这些村庄的指南。巴拉聚克与沃居埃和阿尔巴一起被列为有特色的村庄。

特色村的街道理应有名称,以便游客可以根据地图转悠。实情似乎很奇怪,这么个有着悠久历史的地方,房屋的位置只是简单粗略地按照村里的区块进行划分:沙佐特、老村、弗里古来,诸如此类。诚然,从萨布利埃门到"夏季入口"之间的长街出现在 1846 年的人口普查上,名叫"大街",因为它是村里最长的道路。那些小巷在村民口中都是"以前有个铁匠铺的"或"通往某人的家"。19 世纪和 20 世纪的人口普查没有记载街道的名称,即使当时的人口超过九百人。我们家的收信地址是"巴拉聚克,梅里曼,邮编:07120"。有时候,电话簿中会在姓名旁标注上区块,那不过仅仅是"村里"或

"老村"，要么就是"夏季入口"。邮递员认识所有的人，就连夏天也能从容不迫。（有个健忘的同事从斯特拉斯堡给我写信，信封写了一半就显然忙别的事了。有一天，我收到那封信，地址上只写着"巴拉聚克，约翰"）

"特色村协会"坚称其景点必须有街道名称，这也再次证明保护美丽的乡村一事做到了什么程度，法国人把这叫作城市想象中或城市化偏见的农村生活。毕竟城市的街道都有名字，而随着法国农村人口持续萎缩，大多数游客均来自城镇。给早就存在了几个世纪的小巷和通道命名，其目的之一就是使游客能按照地图上推荐的行程，更容易地在村里游览。

自治机构创造了以前从未存在过的街道名称，那些名称令人联想起消失了几百年的贵族家庭，或有着自然的含义，一座山丘、一处斜坡、老教堂附近。然而，街名的牌子不是城里用的蓝底白字，巴拉聚克的是浅棕色底上蚀刻绿字，这种颜色搭配显然是巴黎艺术家的手笔。因此，游客购买的地图上都标有街道的名字，但那什么也说明不了。每个迪士尼乐园的道路也有名字。旅游业在这两种情况下都创造出虚假的文化遗产。

因此，巴拉聚克发现自己有了如下一些名称："庄园街"、"方塔街"、"游吟诗人纪尧姆街"、"寨墙巷"、"河滩街"（向旅游致敬）、"岩穴通道"、"石棺通道"和"渡船街"。有些在巴拉聚克住了一辈子的居民，听到游客提及这些名称，他们自己便会上前询问这些地方在哪里。村里那些埋怨夏季旅客明显增加的人，不愿意看见铭牌上写着原本不存在的街道名称。他们指出造铭牌的钱可以干别的，而这些牌子还可能被偷走。毕竟，打孔的雇员不会钻很深的洞，搞不好就跟贴花似的。有个人说，每块铭牌要三百到五百法郎，那公司的老板肯定乐开了花。此外，即使是出生在巴拉聚克的老年人（尤其是他们），似乎也被它们难住了。那条主要道路被冠以"蓬斯·德·巴拉聚克大街"，可那位领主九百年前就命丧第一次十字军东征了。当地有个眼神不好的妇女，很自然地认为铭牌上写的是"巴拉聚克大桥"。* 剧场甬道通往旧墓地（那地方也是儿童乐园和法式滚球场，就看你的取舍了）。我在 2000 年 9 月给一张铭牌拍摄了照片，但第二个月我返回时，发现那个牌子已经被人偷走了。

---

\* "蓬斯"法文为 Pons，大桥法文为 Pont，很接近。——译注

**新设的路牌"剧场甬道"**

　　住在巴拉聚克的人都有理由为它那非凡的美景感到骄傲,而且很多人也因为游客沉醉其中而高兴。不过,现在对夏季游客数量的抱怨比几年前也多了不少。一位居民指责在报纸和电视上的宣传("广告太多了")。巴拉聚克其实最吸引家庭旅游,到处都是带着婴儿车和狗的家庭。然而,商人们都觉得8月份的人群有所不同。"看看去年夏天发生了什么事,孩子们在8月的一个晚上弄坏了公厕!"一个人说。"到8月就不一样了。"他坚持认为人们不再可能认识夏季里的每一个人了;"它是精心培植的旅游。"他如今正打算卖掉房子搬家到别的省去,找一个一年四季都安宁的村庄。一位在村里出生的女人也抱怨旅游业的"雪崩效应",而且根本不熟悉每年7、8月间来巴拉聚克的人,她还记得早年与夏季来旅游的那些常客共度的"好时光"。[70]不过,另一名女子哲学性地指出:"每个人都该适应时代。"

　　为应对旅游业的急剧增长,又有几家小餐馆和餐厅会在旺季经营几个月。现今所有餐馆都只在旺季营业。1994年,巴拉聚克有各种营生二十三家。在20世纪90年代初,有一家比萨/鸡蛋薄煎饼店开在主路旁边。后来又开了一家"桑树"餐厅,在主路上就能看见。不要忘记,它的店名选的是土语,不是法语。这个名字倒是把新旧两种黄金树联系在了一起。它的霓虹灯招牌在下面的道路上就能看到,紧挨着黄黑相间的迷你高尔夫球场大广告牌。村里商店的旁边,有卢·西加卢提供小吃、便餐和卡拉 OK。又出现了各种小商店,出售"当地"物品。路边有家铺子提供色彩丰富、品质良好的餐具垫和普罗旺斯香草。一对巴黎夫妻开了一个"工匠之家",销售的物品中包括他们自产的陶器。一对诺尔省的夫妇原先出售瓷器,后来在周围的集市上贩卖小石头和珠宝,最终在"夏季入口"他们家附近的岩洞里开了店。他们把自己的店铺称为"矿物空间",还挺吸引游客的。有那么两三年,他们在 5 月举办"工艺品集市",吸引了一些手工艺人、画匠,以及那些拥有"来自当地田野的产品"的人,而且这个定义极为宽松。有乐手演奏,小吃部当然还会出售饮料和香肠。巴拉聚克的孩子们借机举办了一场车库销售。然而,成功一次之后,阴雨天气连续破坏了两年的集会,于是这"工艺品集市"便消失了。

"矿物空间"开张不久,便遇到了恶性竞争。一个女人在吕奥姆有个商店,但她把小汽车停在街上,把家里的车库改造成"自然空间"。然后,每家商店的海报开始依次消失。两个宪兵出现了,但他们觉得这是小事一桩,调查情况时露出淡淡的微笑和厌烦。不管在哪家商店,人们都能买到廉价的宝石和珠宝首饰,这些产品大部分与下维瓦莱地区没什么联系,甚至彻底无关,不论是法国西南部的比亚里茨,还是北部的查尔维尔-梅济耶尔都有同样的商品。有些在村里销售的产品是印度尼西亚制造的。

自然,当地商人和其他企业家也并不总是看法一致。此外,新的黄金树并没有令所有投资旅游的人获益,一些本地人发现,除了几个人明显不同之外,大多数在巴拉聚克开店的人并不参与乡村生活。然而,随着更多的商店与餐馆开张,旅游消费的馅饼难免被分割成小块。残酷的现实是游客开始缩短假期并减少花费,巴拉聚克自然受到损失。他们花时间晒太阳或游泳(而且每年差不多都淹死一个),但许多人——即便不是大多数——基本不会购买物品,最多买一张明信片、一杯啤酒、一块冰淇淋。第二对制作陶器的夫妇在巴拉聚克度过一个令人失望的夏天之后就放弃了。不过一个小商店刚刚开业——"巴拉聚克服装活动"。

　　旅游增加了巴拉聚克一些家庭的收入,但并未惠及全体。它令那些有房可租的人获益,买卖也好了起来。它也带来了一些根本性的问题。除了春季和夏末的老人是乘坐大轿车旅游之外,几乎所有的游客都是开小车来的。夏季每天有数百辆汽车涌进村里,堵塞了主要道路,那些道路有的地方过于狭窄,无法两车并行。巴拉聚克因此从贫困孤立的状态变成了人太多,但只在夏季的几个月。尽管有路牌警告大轿车不要试图绕行陡峭、蜿蜒的公路去大桥,但每年夏天至少会有一辆被卡住,将其他车辆堵成长龙,从村里一直过了桥,延伸到河对岸的山上。通往河边的路旁,只要有空地就几乎停满了汽车,使别人更加难以通行。河边建造了一个停车场,为此还夷平了一小片葡萄园,但也只是暂时缓解了问题。于是又增加了两个停车场。此外,汽车在桥上不能并排行使,因此经常看到两个谁也不愿让步的司机在僵持。有一次,两辆比利时汽车(真是无巧不成书)在桥中间对峙,这两个司机都不肯服输(也许一个来自瓦龙地区,另一个是佛兰芒人,谁知道呢)。二十分钟后,长串被堵的汽车延伸到人们视野的尽头。直到过路的行人开始谩骂那两个司机,危机才得以解决,有个比利时女子冲到离她最近的司机面前喊"给比利时丢人"。拖车拉着在阿尔代什河上"漂流"用的独木舟,也是一大威胁,它们在村里左右摇摆画着龙,似乎从一侧反弹到另一侧,无论有没有老人、孩子或其他人在场。主要道路上的路牌提醒旅客,巴拉聚克有个"水上基地",给人的印象是马赛和土伦的港口就在前面不远处。位于萨勒的旧石头农舍附近曾是当年罗马军团前进的路线,那地方现在则是露营地和独木舟租赁处。

　　巴拉聚克仍然没有一个适当的中央广场。造好新教堂后,老教堂前的小广场日益不受重视,而且越来越多的房子建造在村子外围。大桥修好后,1897 年又修了贯通全村的道路,路边就是小杂货店。二战结束后,村里贷了款来扩建这条道路,形成一片并不够大的小广场,用作每年 6 月下旬"圣约翰篝火节"庆祝的活动空间,到时候儿童和青年人会来这里跳过篝火(有些年纪大些的人也要跳)——这是传统的祈求丰收的仪式,也能帮助人们摆脱一年的厄运——大人们就坐在小吃部或这个小广场边缘的椅子上。这几年,有个音乐节目主持人负责音乐和搞笑。1989 年,村里购置了位于新教堂和村公所之间的土地,作为新的公共场所,同时还能停车。这个广场在夏季举办过一二场舞会,新一届自治议会就任时也在这里举办酒会。[71] 数年前,塞尔维埃有一次单独庆祝"圣约翰篝火节",主办了一个面包节,启用了村落里的旧烤炉。但巴拉聚克与大多数村庄不同,仍然缺乏可供人们聊天的场所,虽然杂货店和最热闹的小餐馆只要开门营业,就算是这样的地方。缺乏乡间会场的情况使得村内的生活支离破碎,旅游业的冲击更令这一状况雪上加霜。

旅游业带来了其他的问题。游客尤其是年轻游客,特别吵闹。年轻人爬上罗马式教堂的钟楼,并在夜间高声谈笑。波莱特菜馆是唯一全年营业的小餐馆,从复活节到9月份,室外的露台吸引了相当数量的游客。有半年的时间,一个小房间充作餐馆,里面摆着一个小吧台、若干凳子和几张餐桌。令人高兴的是,故意破坏财产的情况十分罕见,但也随着旅游业的增长日渐频繁,这些行为包括撕扯各种指示工匠铺和商店位置的路牌;半夜拿走波莱特菜馆的椅子,并把它们丢在街上;以及在晚上用铁棒损坏公共厕所的设施。人们一致倾向于责怪"年轻人",也有人认为是"拉让蒂耶尔来的团伙"。村长在1998年夏天的年度公告上说得很委婉:"为使旅游旺季顺利,为使常住人口与游客和谐相处,必须相互关注、理解,并遵守纪律。"[72]

波莱特菜馆

巴拉聚克的预算仍然极其有限,每年只有一百万法郎的费用,还要偿还贷款(最近是购买学校旁边的土地,用作额外停车地点,并抱着一线希望有朝一日可以用来扩建学校)。历经这么多世纪之后,巴拉聚克依旧是这个地区最贫困的乡村之一,至少就其预算而言。[73]

巴拉聚克的公有土地上没有收入,但仍需纳税。[74]自治机构仍然负责保养巴拉聚克的小道和山径,并跟 19 世纪的前人一样梦想能把通往于泽尔的道路重新归类为省级公路,以便得到若干补贴。多功能厅曾经充作教室,容纳第二个班的学生,直到学生人数下降,但如今这个房间对于巴拉聚克这样的村庄而言太小了,与小小的普拉冬相比更是黯然失色。那片小足球场上仍然遍布岩石,并会被洪水淹没,没有多大用处。村里的大钟因为电气问题,有时不工作。而那座时钟则不时会卡在下午三点左右。

除去一些表象,旅游业并没有显著增强巴拉聚克的财源。只有向游客出租房屋或经营露营地的人才需要支付旅游税。而接待游客并维护村庄需要大量的资源。自 1989 年开始,自治机构开始雇用一名全职人员看护大小道路。巴拉聚克的露营地相对较小,又没有酒店,除了最低限度地"欢迎"游客,根本没有多余的财力。[75]那四片小露营地往往挤得要爆棚(超过规定人数的旅游者因而就不用缴纳度假税了)。虽然要一处一处地确定某个地方是否可以建造房屋,但巴拉聚克可以增设三处露营地,这将增加收入。目前正考虑在"格拉台地"上设立一处"四星级"的露营地,不过尚在早期酝酿阶段。村长在 1999 年向省里抗议,并在阿尔代什省村镇长年度大会上提出,由国家资助巴拉聚克用于发展旅游的经费只有可怜的七千法郎(约一千美元),这个数额是 1993 年确定的,以后就被冻结了。而附近的其他自治村收到的款项比这多了二十倍。[76]在 2000 年 12 月的会议上,当村长解释为什么旅游业的蓬勃发展没能使巴拉聚克的库房得益时,一名男子大吼道:"我们要想办法叫他们出钱!"

在巴拉聚克,旅游和垃圾齐头并进,一如其他地方。每年的大多数时候,垃圾车每星期清扫村庄一次,一般是礼拜天晚上或者礼拜一早晨,而在7、8 两月的"旺季",则要增加一个班次。但游客不论是停留一小时、四小时或是一个白天,必然遗留下冰淇淋包装或啤酒罐;那些住一个星期、两个星期或者一个月的,则积累下大量丑陋的黑色塑料垃圾袋,这些东西必须有地方丢弃。我无声地抗议法国垃圾袋的高昂价格,每次从美国回来时,都会把在社区超市买到的非常便宜的垃圾袋成捆地放进我的手提箱。海关检查站从来没有盘问过我,所以我也从来没有解释为什么要带大卷的垃圾袋到法国,而且不论如何,我不认为法国政府会因为美国向从布列塔尼进口的鹅肝和青葱增加一倍税收而报复性收取垃圾袋的税。

在 1995 年,自治机构还在不少地方设置着若干大型垃圾箱或垃圾桶,并明确标识它们是"途经的**游客**专用的"——注意黑体字——并认识到"村庄的清洁是向游客表示欢迎的重要标准之一"。一些居民于是在夜间或清晨偷偷把垃圾袋丢在这种垃圾箱里,不用几个小时它们就装满、散落在外并引来蜜蜂和苍蝇,最终是猫和狗,尽管村公所努力不懈地提醒大家不要让他们的狗溜进村里,但也无济于事。("我们的呼吁没人听")

我绝对不想被人发现违反自治条例。于是我曾不止一次地在清晨驱车运送几个大黑口袋前往桥边的绿色垃圾桶,那口袋很像尸体袋,而我则担心有人会发现是我家的红色"雷诺 19"犯下的罪行。但是,我并非唯一偶尔做坏事的人,外加游客人数持续增加,自治机构只好取消了这种垃圾箱。如此一来,村里只有几个关键位置摆放了少量非常小的垃圾桶,而且开口也很小,比塑料"橙皮水"瓶和冰淇淋包装大太多的东西就塞不进去了。人们无奈之下,有时把垃圾袋留在汽车的后备箱里,希望在垃圾的臭味熏到车里人或渗出的汤水弄脏手提箱之前,能在附近的自治村找到一个垃圾箱。(有一次,我发现一个垃圾箱后,忘情地高呼"圣莫里斯有垃圾箱!"这可不是一个小发现)

自治机构继续努力,以促进旅游业。河边安装了一个漂亮的新电话亭。为了迎接从沃居埃-吕奥姆公路上驾车而来的游客,还建造了一个与下维瓦莱地区农村建筑风格一致的石头棚子。它看起来不错,但什么用处也没有。老主堡曾经在 19 世纪充当了几十年的村公所,现在则摆放着几块介绍巴拉聚克历史的牌子。到了夏天,一二个年轻人会在方塔"问讯处"工作,那里有个简明历史展览:"巴拉聚克的千年历史",不过仍然漏雨。他们提供村庄的地图,现在都标有街道名称了。一名女讲解员每周两次带领游客游览村庄,描述关于中世纪乡村生活的夸张故事,并赢得阵阵掌声。1997 年在村公所外面为"夏天的游客"举办过两场并不十分成功的鸡尾酒会,因为没几个游客或居民前来参加，这个想法后来被放弃了。17 世纪的时候，人们在古罗马道路附近发现了一具 5 世纪的石棺，它如今保存在里昂的高卢-罗马博物馆，1999 年自治机构仿制了一个石棺放在村政厅外边，并举行了庆祝仪式。2001 年 8 月，村长特别感谢了参加"面包和葡萄酒节"的游客。

"高岩协会"为夏季安排了一些文化娱乐。大部分活动集中在旧罗马式教堂。从老教堂顶部看到的风光是一流的，而巴拉聚克的象征，那破旧、迷人的钟楼，则吸引着所有的游客攀爬光滑的石头楼梯上到它的顶端。从 7 月中旬开始，在该协会的帮助下，旧罗马式教堂得以向成千上万的游客开放（"新教堂"也吸引了许多游客，其中有很多人离开时以为他们看到的是旧罗马式教堂）。为了让游客在光秃秃的教堂里有东西可看，"高岩协会"（主要是一两个成员）在那两间中殿里举办了一个展览。展览于 7 月中旬开幕，首先在教堂里简单地介绍艺术家，然后到下面的广场上喝酒。总体上，展览分为两部分，各占据一间中殿。第一个常常是一位艺术家的绘画或雕塑，往往由住在巴黎的协会成员从首都请来巴拉聚克的。那些油画、素描和雕塑都可以出售，但很少能够成交。在过去，第二殿有时举办主题展览，如"第一次世界大战时期的阿尔代什"，"阿尔代什省的丝绸业"，"从昨天的餐桌到今天的美食城"（我的最爱），"从世纪初至今的帽子和雨伞"，"往日的盥洗用品"（由村民提供的老旧物件），诸如此类。由于协会得到省议会的少量补贴（自治议会也有补贴），每天都有协会成员（2001 年共有六十名会员）统计来看展览的人数，进来很短时间的人也算，比如来躲避太阳的（我自己的原则是他们必须两只脚都踏入大门才算；狗通常不应该算数，但偶然也会被统计上）。在 1996 年，有关阿尔代什省饮食展览吸引了近一万人次的游客。这种展览令游客们从而有了文化方面的活动，哪怕只有几分钟也好。此外，教堂也是举办音乐会的好地方，通常都是经典曲目，尽管偶尔会有只鸟从听众的头顶掠过。该协会每年还组织"文化之旅"，去一个有趣的景点，如维埃纳省的古罗马小镇、里昂或马赛。不幸的是，大多数巴拉聚克的常住居民对于这些年度展览不感兴趣，也没几个人加入这一协会。

20 世纪 90 年代初，一对来自诺曼底的教师夫妇发起了"巴拉聚克洞穴协会（ABC）"，目的是提高对巴拉聚克史前文明及其遗迹的欣赏，从而促进文化旅游。他们调查并绘制了那些史前遗址的位置，并定期印制公告。他们还制定了一系列长短不一的漫步或远足路线,覆盖了巴拉聚克的各个部分,主要是在"格拉台地"上面,那里有史前的岩穴和石板墓,还包括一个"巨人的坟墓"。"巨石阵大环"要艰苦跋涉六英里之远;"环绕巴拉聚克的植物圈"长达一英里半,沿途郁郁葱葱,共汇集了至少二十八种植物,包括野生芦笋、藜芦和百里香。然而,路边的一些小指示牌却经常遭到破坏。

"巴拉聚克洞穴协会"的组织者策划的儿童暑期活动,也包括成年人,活动内容是下午进行洞穴探险,偶然也由当地史前文明专家开讲。协会在 6 月举办年度舞会,出售马基塞鸡尾酒(一种白色的桑格里厄汽酒,以水果、朗姆酒、苏打水和汽酒调制)、啤酒和可乐,以筹措资金印制远足路线图和购置洞穴探险的设备。不过,在 2000 年夏天,协会没举行舞会。其组织者抱怨,世界上没有两个人的协会,他们承担了几乎所有的工作。该协会只有少数村里的长期居民参与,似乎濒临消亡,这对巴拉聚克的文化旅游是个打击。然而,该协会寄予希望的新任自治机构却更加令人鼓舞,在 2001 年举行了年度舞会,勤快的酒保们销售了大量的马基塞鸡尾酒。

巴拉聚克将永远存在,独享那份梦幻般的环境。然而,新的黄金树并不见得能确保未来。再来看看米歇尔·卡拉的话:"最重要的一点是要继续耕种土地,人们能够赖以为生……夏季涌入的游客,永远无法补偿全年缺少的人口。"即便鼓励人们购买乡村房屋是保护"农村建筑遗产"的唯一途径,但这可能换来"我们的地区与坟墓为伍、回归荒野"。[77]

还有一种风险,简单地说就是当农村遗产受到威胁的同时,一个虚假的、崭新的遗产正在被编造出来。《米其林指南》当然对法国遗产景点的确定很是严谨,巴拉聚克仍保持着它的那颗星(其实应该评为二星的),然而别忘了,指南同样授予欧洲迪斯尼乐园星级,这东西不但跟法国六边形本土上的遗产毫无共同之处,而且不久前还被政府部长恰如其分地形容为"文化切尔诺贝利灾难"。

不仅如此,追求利润的旅游业会损害最美丽的遗产景点。在普罗旺斯地区,越过罗讷河向南,壮美的雷伯城堡在 19 世纪末 20 世纪初曾经是当地复兴的中心,现在都快被改造得类似普罗旺斯乐园了。阿维尼翁在某些方面简直可怕。最近,有人突发奇想,要在"肖维岩洞"(这个地方将只对少数专家开放)附近建造"岩穴乐园"(这个想法大概来自于吕奥姆一个叫作"礼物乐园"的礼品店)配属游乐设施和临摹的岩穴绘画。

熙熙攘攘的夏季旅游给人们留下完全错误的村庄印象,他们仅仅看到漂亮的石头蚕室便可能猜测巴拉聚克以及周围村庄很富裕。其实每年的大部分时间里,这座村庄冷冷清清。卡拉以巴拉聚克为例,说明夏季与其他季节之间的不一样:"村里没有人。这是片荒漠。如果你从 10 月到 4 月来巴拉聚克,就是这样。"[78]

巴拉聚克的人口状况并不乐观,超过三分之一的居民(一百十五人)属于长者俱乐部。它每月在多功能厅碰头一至两次。有一年春天,一小队成员还去加泰罗尼亚旅游过。留在巴拉聚克的年轻人相对较少。不久前,极少数儿童年满 13 岁便离开了当地的小学校,有的拿着毕业证,有的没有。现在去奥伯纳就读公立中学或某种专业学校是家常便饭。越来越多的年轻人参加中学毕业会考并拿到中学文凭。为数不多的年轻人会去上大学,而他们更有可能离开巴拉聚克到别的地方去工作。对其中大多数人而言,巴拉聚克没他们想要的东西。有一段时间,村里 11 到 18 岁的孩子中,马蒂约是唯一的男孩,他后来在康涅狄格上学,跟我们一起住了一年。他曾经不理解我对巴拉聚克的痴迷(不过现在年满 18 岁,他已经改变看法,非常欣赏它的魅力了)。"在巴拉聚克无事可做!"他曾经说过。"一共两百八十人:两百个老太太,五十个老头,剩下三十个或多或少算是年轻人!"青少年的数量在 20 世纪 90 年代有所增加,但他们无处打发时间。1999 年,近 40% 的居民至少 60 岁。教堂的钟声过于频繁地缓缓响起,提醒巴拉聚克的人们又有一个居民去世了。[79]

旅游旺季之外,杂货店只在上午营业。由于面包房在 20 世纪 70 年代就关门了,沃居埃的面包店每天清早把面包送到杂货店来。这家店在冬季一直营业,类似于公共活动中心,因为有些老年人没有办法离开巴拉聚克去购物。有个屠夫每周开车来村里一二次,在二三个地点逗留,按下喇叭通知大家。一辆满载日用杂货和针线布匹的卡车每年也会出现几次。流动图书馆是装在小巴上的,它的服务开始于"人民阵线"时期,其书目还算丰富,可供借阅,现在每个月都还来村里几次,每次逗留约一个小时。如今已经没有餐馆在旅游旺季之外营业了。

在一年的大部分时间里,波莱特菜馆每天上午开门,顾客天天一样,出现的时间也基本不变,偶然会来个送货员,但它从午餐时间到下午五点休息。之后,玩贝洛伊特扑克的那些常客就来打牌了,一直到七点或七点半,星期五或星期六晚上大概会多玩一阵(现在的问题是,是否很快就会凑不齐玩牌的四个人了)。围桌而坐的人会讲些陈年往事。有个人被称为"省长",因为他曾在马赛省工作过,但因非法出售许可证之类的问题被开除了。弗朗索瓦·密特朗总统就职不久的时候,他偶尔会宣布晚上不能玩牌了,因为有飞机来接他与总统共进晚餐。但直到深夜,他仍然坐在桌边。

周日中午会来几个人喝一杯。没有比这里更舒适的地方了,但所有人似乎都在捱时间,等着第一车游客到达。在过去的几年中,晚上出现的人数也有所下降。几个忠实客户的照片,都是波莱特的已故友人,现在挂在墙壁上。2001 年夏天,一位第二次世界大战结束后没几年就在巴拉聚克定居的男子去世了,他留下钱,以便参加完葬礼的朋友们能来波莱特菜馆喝上一二杯茴香酒。现在波莱特也即将退休,谁来掌管这许多房子的钥匙啊?杂货店也在 2001 年 9 月底关门了,眼下还没有继任的人选。村里召集了公开会议讨论这个问题,反映出大家的关注。那家全年销售本地产品的商店,主要是销售葡萄酒,暂时决定代售从附近的面包房送来的面包(从而把有些令人担忧的两大生活必需品面包和葡萄酒的销售结合了起来),这只是部分地缓解了问题。

逢年过节,村里人的确有机会聚集在一起,但有些节日是在夏季。还愿节,是教堂的守护神的节日,因此也是村庄的节日,安排在 7 月的第三周。要举办一场舞会,但参加者大部分是游客。有一闪一闪的灯光,音乐有时由音乐节目主持人播放,有时是录音带,小吃部外孩子们欢快地跳跃着。春末要举办一场"乡土饮食会",偶然来个艺人表演。村里也有些人唱歌,其中几首还是土语的山歌。现在它比过去几年规模小多了,因为参加的年轻人越来越少。到了 11 月,会有一次就着烤栗子吃的便餐,而足球俱乐部(没有球队,但赞助 8 月份在遍布岩石的场地上进行的一系列小比赛)和法式滚球游戏协会——其成员大部分不再玩球了——则在附近的小镇的餐馆里组织聚餐。零星的装饰提醒大家圣诞节快到了,但村庄却更加冷清,因为很多外来的家庭都回法国北部的老家了。

绝大多数永久居民现在居住的区域,在 19 世晚期和 20 世纪初还没有太多的房屋。在过去的几十年间,有些居民挑选远离村庄的位置建造了舒适、宽敞的现代住宅。冬天的那几个月里,老村部分似乎空无一人,老教堂离老广场不远的地方只有两所房子有人居住,而那一带曾经是村中心。

2001年夏天,一个居民把他的房子卖给一个瑞士家庭,他的祖先曾抵制1851年的政变,但他本人是六个月大的时候才第一次来村里,并且在里昂工作多年之后才搬回巴拉聚克。冬天太孤独了("我独自一人")。2001年夏天,波普尔·加梅尔搬走了,村里十分悲伤,他是巴拉聚克最受爱戴的人物,不论冬夏他的长发飘飘、胡须蓬松,是小餐馆不可或缺的一部分,很多人说他不会真正离开的,但他搬走后,人们表示关注巴拉聚克的未来,而且都有些悲观。如果说在19世纪和20世纪初叶,丝绸行业、葡萄酒酿造和板栗种植代表了下维瓦莱地区农村生活的三大支柱(有人说教堂算第四个),那么在过去的二十年间,巴拉聚克小规模但人性化的三大支柱就是学校、小餐馆和杂货店。未来,其中任何一个似乎都没有存在的理由。一位居民谈到波普尔搬家的问题时,言词激烈地指出"这是最后一击",而波莱特则绝望了,"巴拉聚克完蛋了",至少是他与许多人记忆中的巴拉聚克完蛋了。可悲的是,这些是法国许多乡村的墓志铭。

一个定居多年的居民最近抱怨,说现在是"人人为自己"。人们经常听到如今的乡村生活远远没有过去紧张,也许因为今天大多数人口都远离村中心。电视和电话在这个问题上又是经常受到指责。没有真正的村庄广场,也可能不利于人们像以前那样频繁地聚集在一起。"世事无常",一个女人如此感叹,坚持说早在1989年我们庆祝法国大革命200周年时,就已经可以感觉到不同了。

然而,应该珍惜的传承之中,就包括存留于邻里、朋友、亲属之间的信赖感。在其漫长的历史中,互助一直非常重要。有汽车的人会帮没汽车的人购物,甚或送老人去医院看病。互助这一词汇仍在使用,因为它还有一定的意义,就像学校的作用,这种团结互助使人们克服过他们之间的分歧。1998年,有个喜爱结交的人得了重病。一天,有人在小餐馆说他家的葡萄藤该修剪了,第二天,几个人凑齐了午餐的食物,希望能来些人帮忙。第三天早上来了五十个人,这些人中有的彼此之间好久没有相互搭理过对方了。中午刚过,全部工作已经完成。最近还有一桩事情,一个男人狩猎时跌倒,干不了活了,小餐馆外出现了一块牌子:请大家帮忙照看葡萄藤。[80]巴拉聚克仍然是个好地方。

　　法国的乡村在奋斗求存时,另一个传统也阴魂不散,或许令人既惊讶又放心。维瓦莱地区,治病术士总是受到尊敬,巴拉聚克依旧有人相信他们的本事。一个治病术士住在老村,一向受人尊敬,直到去世。最近当选第一副村长的女人就是个颇为有名的治烧伤术士。几年前,一个朋友曾被电动工具切出个大口子,他不肯去看医生,反而上山去找治病术士,那位老人伸出手,没有触碰伤员,就令伤口愈合了。前不久,马蒂约在美国就读期间长了几个皮肤疣,他在那边尝试了各种治疗方法也不见成效,然而回到法国后,疣就消失了。我问他怎么弄的,并半开玩笑地说是不是去找了治病术士。不,他没去找过治病术士,而是打了那人的手机。

　　巴拉聚克,改变了。

# 注　　释

**Preface**

1. Laurence Wylie, *Village in the Vaucluse* (Cambridge, Mass., 1974[first published in 1954]). Among others: Susan Carol Rogers, *Shaping Modern Times in Rural France: The Transformation and Reproduction of an Averyronais Community Village* (Princeton, 1991); Pierre-Jakes Hélias, *The Horse of Pride: Life in a Breton Village* (New Haven, 1978); Roger Thibault, *Mon village* (Paris, 1982); Thomas F. Sheppard, *Loumarin in the Eighteenth Century* (Baltimore, 1971); Harriet G. Rosenberg, *A Negotiated World: Three Centuries of Change in a French Alpine Community* (Toronto, 1988); Gérard Bouchard, *Le Village immobile* (Paris, 1972); Patrice Higonnet, *Pont-de-Montvert: Social Structure and Politics in a French Village, 1700—1914* (Cambridge, Mass., 1971); Liana Vardi, *The Land and the Loom: Peasants and Profit in Northern France, 1680—1800* (Durham, N.C., 1993); Gillian Tindall, *Celestine: Voices from a French Village* (New York, 1996); Deborah Reed-Danahay, *Education and Identity in Rural France: The Politics of Schooling* (Cambridge, England, 1996).

2. See Christopher H. Johnson, *The Life and Death of Industrial Languedoc 1700—1920* (New York, 1995).

3. Peter Jones, "Towards a Village History of the French Revolution: Some Problems of Method," *French History*, 14, 1 (March 2000), p.80.

**Chapter 1**

1. Quote from *Notre France* by Michel Carlat, *L'Ardèche traditionnelle* (Poët-Laval, 1982), p.135. Stone from the quarry in nearby Ruoms forms the base of the Statue of Liberty in New York Harbor.

2. Michel Carlat, *L'Ardèche: Les Chemins du coeur* (Voreppe, 1990).

3. Vicomte E.-M. de Vogüé, *Notes sur le Bas-Vivarais* (Paris, 1893).

4. See Jean Cottes, Jean-Marie Chauvet, et al., "Les Peintres paléolithiques de la Grotte Chavuet, à Vallon-Pont-d'Arc (Ardèche, France): Datations directes et indirectes par la méthode du radiocarbone," *C. R. Académie de sciences de Paris*, t. 30, series II (1995), pp.1133—40; Jean-Louis Roudil, *Préhistoire de l'Ardèche* (Soubès, 1995), p.32.

5. Pierre Bozon, *La Vie rurale en Vivarais* (Valence, 1961), p.254.

6. Maurice Allignol, *Balazuc et le Bas Vivarais* (n. p., 1992), pp.16—19. The area near the Tower of "Queen Jeanne" and the Combes, dominating the *gras*, seem to have been principal sites of habitation, as well as Frigoulet, on the left bank of the river.

7. Bozon, *La Vie rurale*, pp.56—70.

8. Evoked in Paul Perrève, *La Burle* (Montferrat, 1994).

9. Elie Reynier, *Le Pays du Vivarais* (Vals-les-Bains, 1923), pp.47—51.

10. About 30 percent of the Ardèche's population lives there, on only a tenth of

its territory. At the northernmost part of the department are Annonay, the largest town in the Ardèche, and Tournon to the south on the Rhône.

11. Paul Joanne, *Géographie du départment de l'Ardèche* (Paris, 1911), p.20.

12. Carlat, *L'Ardèche: Les Chemins du Coeur*, p.89.

13. Bozon, *La Vie rurale*, pp.48—49; Pierre Bozon, *L'Ardèche: La Terre et les hommes du Vivarais* (Poët-Laval, 1985), p.43; Reynier, *Le Pays du Vivarais*, pp.90—91, 103—04.

14. Charles Forot and Michel Carlat, *Le Feu sous la cendre: Le paysan vivarois et sa maison* (St.-Félicien, 1979), p.44.

15. Bozon, *L'Ardèche*, (Poët-Laval, 1985), p.7.

16. Jean Volane, *L'Ardèche pittoresque* (St.-Etienne, 1989; first published, 1899), p.5.

17. André Siegfried, *Géographie électorale de l'Ardèche sous la IIIe République* (Paris, 1949), pp. 19—20; Carlat, *L'Ardèche traditionnelle*, p.71.

18. Vogüe, *Notes*, p.49.

19. Bozon, *L'Ardèche*, p.49; BN, Collection Languedoc-Bénédictins, XIV-XVI(24), noted that the region's forests were now viewed as "an illusory resource, nonetheless the Vivarais is alarmed by the lack of wood .... The forests are becoming precious and are disappearing."

20. Carlat, *Architecture rurale en Vivarais*, pp.60, 173; Alain Molinier, *Stagnations et croissance: Le Vivarais aux XVIIe-XVIIIe siècles* (Paris, 1985), p.34, notes that during the July Monarchy, the Ardèche stood eighty-first, thus almost last, among departments in the numbers of doors and windows, with only sixty-eight per hundred inhabitants.

21. Michel Carlat, *Architecture populaire de l'Ardèche* (Poët-Laval, 1984), p.66.

22. Michel Carlat, *Architecture rurale en Vivarais* (Paris, 1982), pp. 204—06; Reynier, *Le Pays de Vivarais*, p.30. In 1876, thirty-one inches of rain fell on Joyeuse in twenty-one hours.

23. See Bozon, *La Vie rurale*, pp.183—86. However, Vogüé certainly exaggerates when he dubbed it "an example of rural democracy, a little French Switzerland" (*Notes*, p.145, n.1). See Wylie, *Village in the Vaucluse* for his analysis on the role of the family in "Peyrane" (Roussillon).

24. Carlat, *Architecture rurale*, pp.82, 129, quoting H.Gaudin: The house "submits itself to the natural lines of the countryside to which it adapts with remarkable suppleness .... Adjusted, shaped, it marries the lay of the land [and] becomes part of the countryside, integrated into it, by establishing a compromise with the milieu."

25. The construction of vaulted rooms of stone (often built stone upon stone, without mortar) itself reflects the fact that peasants of the Bas-Vivarais had relatively little access to solid wood for use in houses (Carlat, *Architecture rurale en Vivarais*, p.184).

26. Bozon, *La vie rurale*, pp.230—33.

27. Forot and Carlat, *Le Feu sous le cendre*, p. 40; Carlat, *Architecture populaire de l'Ardèche*, p.74.

28. Régis Sahuc, *Le Fils du pauvre: Mémoires et portraits* (Le Puy, 1994), pp.23—24, 74; Carlot, *L'Ardèche: Les chemins du coeur*.

29. Carlat, *L'Ardèche traditionnelle*, pp.75—76.

30. Carlat, *Architecture populaire de l'Ardèche*, pp. 71—72, 116; Carlat, *Architecture rurale en Vivarais*, pp.69, 76—81.

31. Forot and Carlat, *Le Feu sous le cendre*, p.32.

32. Sahuc, *Le fils du pauvre*, p.219.

33. Louis Bourdin, *Le Vivarais: Essai de géographie régionale* ( Paris, 1898 ), p.102.

34. Carlat, *Architecture rurale en Vivarais*, pp.160—68.

35. Reynier, *Le Pays de Vivarais*, pp.90—95. This description owes much to that of Bozon, *L'Ardèche*, pp.222—32. Bozon traces the origin of the term *gras* to the root of *Kar = la pierre* (p.223).

36. Fonds Mazon.

37. Michel Rouvière, *Paysages de pierre, paysages de vie* ( Chirols, 1991 ), pp.4, 77.

38. Michel Rouvière, "Le Gras de Balazuc, Vinezac, Lanas," unpublished paper, 1998, pp.5—6.

39. BN, Collection Languedoc-Bénédictins, XIV-VI(24), (written after 1766).

40. Pierre Cornu, *Une Économie rurale dans la débâcle: Cévenne vivaraise, 1852—1892* ( Paris, 1993 ), pp. 5—8, 35—36. See Jean-François Blanc, *Paysages et paysans des terrasses de l'Ardèche* ( Annonay, 1984 ), 288—91; MR 1248, ( Military survey ), 1846; Bozon, *La Vie rurale*, p.38; Ovide de Valgorge, *Souvenirs de l'Ardèche* (Paris, 1846), p.300.

41. Volane, *L'Ardèche pittoresque*, quoting from Bourdin, *Le Vivarais*, p.191.

42. Carlat, *L'Ardèche traditionnelle*, p.5.

43. Volane, *L'Ardèche pittoresque*, p.8, quoting Boiron, *Lettres Ardéchoises*.

44. Carlat, *Architecture rurale en Vivarais*, p.33.

45. Forot and Carlat, *Le Feu sous la cendre*, pp.39—40.

46. Charles Ambroise Caffarelli, *Observations sur l'agriculture du département de l'Ardèche* (Paris, [Year IX]), p.92. See Marie-Noël Bourguet, *Déchiffrer la France: La Statistique départementale à l'époque napoléonienne* (Paris, 1989).

**Chapter 2**

1. It now stands in Lyon's Gallo-Roman museum.

2. Volane, *L'Ardèche pittoresque*, pp.157—61; Jean Boyer, "Historique de Balazuc," unpublished paper, available to visitors to Balazuc, attributes the founding of Balazuc to *des gens d'Emir Yousouf*. An offshoot of this story has Charles Martel choosing Balazuc as capital of a vast seigneury, with which he rewarded, along with Largentière and its mines, Wilhelm d'Hastafracta, first seigneur de Balazuc; Allignol, *Balazuc et le Bas Vivarais*, p.157, has d'Hastafracta restoring a primitive chapel that had been vandalized by the Saracens, adding the altar made of limestone. He also claims without evidence that the first Christians of Balazuc worshiped in the fourth or early fifth century.

3. The trefoil shape of a window or two sometimes been described as reflecting Saracen influence. The windows most likely represent an imitation of Renaissance style in the sixteenth or seventeenth century.

4. See Gérard Cholvy, ed., *Histoire du Vivarais* (Toulouse, 1988), pp.10—58.

5. Jean-Pierre Gutton, *La Sociabilité villageoise dans la France d'ancien régime* ( Paris, 1979 ), p. 23; Cholvy, ed., pp.59—60, 66—67; Michel Noir, *1789, Des faubourgs de Paris aux montagnes d'Ardèche* ( Paris, 1988 ), pp. 15—17; Monique Bourin-Derruau, *Villages médiévaux en Bas-Languedoc: Genèse d'une sociabilité (xe-xive siècle)*, 2 vols. (Paris,

1987)，vol.2，pp.333—36.

6. That *zuc* sounds like *souk*, which can mean "market" in Arabic, provides some comfort for those seeking Saracen origins for Balazuc. Baladunum could be written *Balazunu* (*Balasu* in Languedocien).

7. Bozon, *La Vie rurale*, p.88.

8. Volane, *L'Ardèche pittoresque*, p.157, dates the arrival of the first seigneurs about A.D. 1000. Pons de Balazuc left with his friend Raymond d'Aguylen (or d'Agiles), chaplain of St.-Gilles, count of Toulouse. Together they began to write an account of the conquest of Jerusalem, *L'Histoire des français qui prirent Jérusalem*. Gérard and Pons are sometimes credited with ordering the construction of the walls of Balazuc.

9. Boyer, "Historique de Balazuc."

10. Chauzon and Pradons were separated from Balazuc in the seventeenth century, although remaining part of what became the *mandement de Balazuc*.

11. Allignol, *Balazuc et les Bas Vivarais*, pp.147, 269; Boyer, "Historique de Balazuc." In 1367 Jean de Cacello, curé de Balazuc, was invested before Pierre de Balazuc, chevalier (Vicomte L. de Montravel, "Balazuc" [1902], n.9, p.440). The Balazucs were suzerains of Vogüé, Vinezac, St.-Maurice, Rochecolombe, and St.-Montant.

12. J. H. M. Salmon, "Peasant Revolt in Vivarais, 1575—1580," *French Historical Studies*, p.5.

13. Noir, *Des faubourgs de Paris*, pp.18—19. Salmon, "Peasant Revolt in Vivarais," notes (p.3): "Most of the Bas-Vivarais had been under the temporal administration of the bishop of Viviers, whose overlordship had been steadily eroded by the southern barons since his acknowledgement of the royal suzerainty of Philippe-le-Bel." In 1320—22, the Vivarais became a *bailliage*, with two courts of justice dependent on the senechal of Beaucaire.

14. Cholvy, ed., *Histoire du Vivarais*, p.82.

15. Ibid., p.89. The États included the seigneurs of baronies, such as Balazuc, and representatives of thirteen towns (in later centuries, a number of royal officials were added and the bishop was subtracted). The king chose the *bailli* (chief judicial official), from among nobles.

16. Noir, *Des faubourgs de Paris*, pp.21—22. The *estimes* corresponded to the *terrier* in the north, an inventory of property rights, etc. See Montravel, "Balazuc," pp. 435—42. This account draws on Maurice Allignol in *Balazuc et le Bas Vivarais*, pp.507—51. The *estimes* included forty-three declarations made by fifty families. Jean Régné, *La Vie économique et sociale et les classes sociales en Vivarais au lendemoin de la guere de cent ans* (Aubenas, 1925), pp.8—9, gives sixty-two as the number of taxpaying families. The *estimes* mentions a chapel along the old Roman road, perhaps the site of the quartier Estrade, and another at "*le territoire de Cham-Sant-Geli*," or Champ Gely. The sale or leasing to other nobles of these obligations may in the long run have put peasants under harsher seigneurial domination, because the purchasers could claim seigneurial judicial authority.

17. There were (at least ) 30 oxen, 16 cows, 33 cattle, 53 pigs, 13 mules (the brothers Yccard were maîtres muletiers), and 26 donkeys in Balazuc, along with 1,290 goats producing milk, cheese, and butter.

18. Carlat, *L'Ardèche traditionnelle*, pp.61—62. In some cases, the shepherd

took goats or sheep every day and returned them at night.

19. Allignol, *Balazuc et le Bas Vivarais*, pp.540—41.

20. See Régné, *La Vie économique et sociale*, p.20.

21. In 1345 Albert de Balazuc had added Montréal to the family name by marrying Pelette de Montréal, although by then the barony of Balazuc included only the parishes of Balazuc, Chauzon, Pradons, and St.-Maurice-d'Ibie.

22. A point Peter Jones, *Politics and Rural Society: The Southern Massif Central, 1750—1880* (Cambridge, England, 1985), makes for the lower Massif Central in particular.

23. Cholvy, ed., *Histoire du Vivarais*, p.77.

24. See Michel Joly, *L'Architecture des églises romanes du Vivarais* ( Paris, 1966), pp.24, 51—55. Allignol claims (*Balazuc et les Bas Vivarais*, p.45, note 8) that the church of Balazuc "is in all likelihood the only church in France to have as its foundation a megalithic construction."

25. Allignol, *Balazuc et les Bas Vivarais*, pp.418—20.

26. C 1141 ( 2 Mi 547 ). Henceforth (unless noted otherwise) all archival documents cited are from the Archives Départementales de l'Ardèche in Privas. Jean de Balazuc became known as *brave Montréal* for his efforts.

27. Salmon, "Peasant Revolt in Vivarais,": "When the peasants rose against the garrisons and the seigneurs they associated with them, they were acting out a kind of spontaneous judicial process against those whom they saw as murderers, robbers, and infractors of royal peace edicts"(p.27).

28. BN, Collection Languedoc-Bénédictins,

I(103); Cholvy, ed., *Histoire du Vivarais*, p.127. By contrast, "*une foule de petits seigneurs*" led the Protestants. Neighboring Uzer was on a list of villages with Protestant churches in 1562.

29. C 1051, letters of May 30 and July 9, 1628, and "Comptes avec pièces justificatives des dépenses et avances faites par les communautés d'Antraigues, etc." Joanne, *Géographie du département de l'Ardèche*; Cholvy, ed., *Histoire du Vivarais*, etc. Guillaume de Balazuc served as one of the royal lieutenants during this military campaign.

30. At the beginning of the twentieth century, only the Gard had more Protestants than the Ardèche.

31. Cholvy, ed., *Histoire du Vivarais*, p.111.

32. Molinier, *Stagnations et croissance*, p.281.

33. Gutton, *La Sociabilité villageoise*, pp.19, 112, 245; Molinier, *Stagnations et croissance*, p.85.

34. See Carlat's discussion, *Architecture rurale en Vivarais*, pp.147—48. A newly completed house was feted by a meal(as elaborate as material conditions permitted)known as the *reboule*.

35. Molinier, *Stagnations et croissance*, p.81. Cholvy notes(*Histoire du Vivarais*, p.138)that 55 percent of the *communautés* in the Vivarais had two *consuls*. A *communauté* was an artificial administrative unit that most often corresponded to a village, if not always to a parish.

36. A sol(or sou)was equal to a twentieth of a pound, and a denier was worth one two-hundred-fortieth of a pound.

37. Institutions, such as hospices and religious orders, that organized assistance for or even welcomed the poor were far from Balazuc. See "Ardèche charitable ... Ardèche solidaire," *Mémoire d'Ardèche et*

*Temps présent*, 70(April 2001). The poor person was seen by some as a *misérable honteux*, by others as the living image of Christ.

38. François Thomas and Marthe Thomas, *Le Vivarais*(Paris, 1947), pp.83—84.

39. Montravel, "Balazuc," pp. 435, 441—42. Curés identified in various documents formally witnessing ceremonies or taking oaths include Philippe Faget, 1460; Tristan Bechard, 1493; Pierre Pastelli, 1529; Thomas Bigoge, 1610; François Salel, 1647; Claude Roussel, 1651; Jacques Volo, 1687; and François Champalbert, 1693. In 1651 the noble Jean de Montand was canon and prior of Chapelle sous Aubenas, and archdeacon of Balazuc, Uzer, and Chauzon. Sauvan, originally from the parish of Lablachère, signed his will on December 13, 1739, asking to be buried in Balazuc and making his nephew his heir.

40. Molinier, *Stagnations et croissance*, pp. 317—18; Carlat, *L'Ardèche: Les Chemins du coeur*, p.23.

41. Carlat, *L'Ardèche traditionnelle*, p.128.

42. Gutton, *La Sociabilité villageoise*, p.256. However, the *communauté* of Balazuc included the villages of Chauzon and Pradons. Between 1644 and 1801 only about 8 percent of the population of the Vivarais lived in towns(Cholvy, ed., *Histoire du Vivarais*, p.141).

43. Molinier, *Stagnations et croissance*, pp.158—63. In the Vivarais as a whole, 60.8% percent of the farms were worked by the peasants who owned them, compared with 51 percent for France as a whole. Molinier has studied thirty-five parishes in the Bas-Vivarais (primarily the lower or edge of the Cévennes) during the early modern period. There the average parcel of land was 1.89 hec-

tares; 33. 2 percent were less than a single hectare.

44. Molinier, *Stagnations et croissance*, p.115. Volane (pp.120—21), however, says that about 23 percent of the land of the department was cultivated ( 10 percent formed meadows, 8 percent orchards, 3 percent vineyards, 18 percent in forest, and 37 percent in moors). Cholvy, (*Histoire du Vivarais*, p.121) notes that the average farm in the Bas-Vivarais was about ten ares in size(only about three thousand square feet)and describes the revival of agriculture in the 1590s following the first wave of the wars of religion.

45. Cholvy, ed., *Histoire du Vivarais*, p.146.

46. Molinier, *Stagnations et croissance*, pp. 58—59; Reynier, *Le Pays de Vivarais*, p.210.

47. Molinier, *Stagnations et croissance*, p.245. Beginning in 1648, the États du Vivarais began to consider periodically how much money could be allocated in assistance to *communautés* hit hard by calamities. These amounts, to be sure, were negligible, rarely compensating for more than 2 or 3 percent of losses(Molinier, *Stagnations et croissance*, p.12). A third of the 460 people in the parish of Jaujac died of cold and hunger during the winter of 1709—10.

48. See Pierre Goubert, *Louis XIV and Twenty Million Frenchmen* ( London, 1970)and Goubert, *Les Paysans français au XVIIIe siècle*(Paris, 1998); Molinier, *Stagnations et croissance*, pp.11—27.

49. C 1511; Molinier, *Stagnations et croissance*, pp.40—41, 172—74; Jolivet, *La Révolution en Ardèche* p.41.

50. Molinier, *Stangations et croissance*, pp.22—25, 303; Reynier, *Le Pays de Vivarais*, pp.22, 52.

51. Molinier, *Stagnations et croissance*, pp.31—33.

52. C 1242. The procès-verbal was signed by " Gaunan *curé*; Auzas *consul*, Teissier *consul* and Constan [certainly the clerk or *greffier*] ...en presence de nous soussigné Jean Maurin collecteur de la comm. (té) de Balazuc," December 14, 1728.

53. C 1254, letter to *consuls*, January 20, 1734, signed by Tastevin, mayor; Teissier and Auzas, *consuls*; Pays, *greffier*; Vallier, Teissier and Auzas, Brun, Boyron, Barthélemey Mollier, Roudil, François Roux, Antoine Rieu, Antoine Boyer, Claude Leyris, Claude Boucher, Pierre Daumas, and Jean Constant.

54. C 843, December 17—18, 1754, September 18, 1756, and October 17, 1762, accounting of extraordinary repairs, September 1, 1763.

55. After a swift rise in the river in 1824, three men noticed a body in the water near the mill. The dead man, certainly drowned by a sudden surge of the river, was about sixty years of age, of normal height (that is, about five feet one inch tall), with a round face and prominent nose, black hair, and a gray beard. On his last day, the man, "known to be a beggar, wore a dark jacket and short pants, and had with him a sack for his belongings" (October 26, 1824, report inserted into municipal council register).

56. Molinier, *Stagnations et croissance*, pp. 55—56; Noir, *Des faubourgs de Paris*, p.72.

57. Emannuel Le Roy Ladurie, *The Peasants of Languedoc* (Urbana, Ill., 1976), pp. 265—69; Cholvy, ed., *Histoire du Vivarais*, pp. 135—36 and 154—55; Gérard Sabatier, "De la révolte du Roure(1670)aux Masques armés(1783):

La mutation du phenomène contestataire en Vivarais," in Jean Nicolas, ed., *Mouvements populaires et conscience sociale, XVIe-XIXe siècles* (Paris, 1985), pp.121—47 (quote, p.128); Mémoire, BN, Collection Languedoc-Bénédictins XIV-XVI(24).

58. Salmon, "Peasant Revolt in Vivarais, " p.6, and Molinier, *Stagnations et croissance*, pp.389, 141—42.

59. Cholvy, ed., *Histoire du Vivarais*, pp.143—55.

60. Albin Mazon, *Notice sur Vinezac* (Privas, 1897; reprinted Villeneuvede-Berg, 1987); AD Hérault, C 4019, June 29, 1752, noting that the repairs had been successful. Molinier, *Stagnations et croissance*, p.168.

61. BN, Collection Languedoc-Bénédictins, XIV-XVI(24), *Mémoire sur le Vivarais*; Reynier, *Le Pays de Vivarais*, p.138.

62. C 1361, October 27, 1787. Thus, in 1787 Teyssier of Balazuc received sixty pounds "for the price of the crowning of the wall of support for the port of Balazuc." A route went from Ruoms through Lagorce, near its distant *hameau* of Leyris, and then, near Vogüé, went off toward Villeneuve-de-Berg.

63. C 18, July 27, 1763. The report noted that the land survey was "in pretty good shape, dating from 1615 and rebound not long ago."

64. André Chambon, *Paysans de Vivarais* (Vals-les-Bains, 1985), p.143, shows the extraordinarily narrow geographic range of marriages of the peasants of a village in the Bas-Vivarais during the Ancien Régime, only three occurring beyond the range of twelve miles, the two most distant in Viviers.

65. C 81, list of inhabitants of the Vivarais paying the *capitation* (1734). Balazuc, Pradons, and Chauzon paid a

total of 551 pounds. The survey counted "about four persons" per family (counting widows and those unmarried), 166 households for the three villages. Balazuc had a notary, but he did not necessarily live there. The position of notary was extremely important in Languedoc, a *pays* of Roman and thus written law, and all transactions had to be signed publicly before a notary to be binding. Allignol(*Balazuc et la Bas Vivarais*, p.550)refers to another survey, the *estimes*, of the early seventeenth century, which counted 138 households and at least 820 people, but this surely counts all three villages, as does Alain Molinier's figure of 150 households in 1644. Molinier, *Paroisses et communes de France: Dictionnaire d'histoire adminstrative et démographique*, *Ardèche* (Paris, 1976), puts the number of households in Balazuc in 1687 at 72.

66. Marie-Hélène Balazuc, *Mémoires de soie*(Robiac-Rochessadoule, 1992), p.132; Molinier, *Stagnations et croissance*, pp.346, 352; Jones, *Politics and Rural Society*, pp.95, 100, notes that until the Revolution, within the context of Roman law, the transmission of property could be arranged "by immediate and irrevocable donation during the lifetime of the donor; by testament; and by donation to a nominated heir upon his marriage," the most common arrangement. Roman law did not impose primogeniture. Jones remarks that patriarchical and stem families were essentially the same in the region.

67. The land survey known as the *compoix* became essential for the assessment of taxes and for the historian. The *mairie* of Balazuc possesses two *compoix*: a register of 939 pages, subsequently noted to be a *compoix*, "*sans préambule ni répertoire*," sometime before 1677 and probably from at least 1617; and a *compoix terrien*, 1776, with subsequent notes adjusting the amounts (reflecting sales of land, inheritance, assessments now "*à la décharge de*," ["the responsibility of,"]and so on)each head of household owed, until year IV of the republic.

68. Molinier, *Stagnations et croissance*, pp.144—45.

69. Mairie de Balazuc, register of the taille. Heads of household who were relatively well off included Antoine Tastevin, Jean Boucher, and André Auzas, each of whom was assessed more than three pounds. In May 1789 the syndic of the Vivarais levied twenty-six pounds and nine deniers on all "*négocians*, *marchands en gros et en détail*, *fabricans de toute espèce*, *hôtes*, *cabaretiers*, *etc*. [wholesalers and retail merchants, manufacturers of all kinds, innkeepers, cabaretiers, etc.]," indicating that there were at least such people in Balazuc.

70. 1Z 532, "*Capitation* list for 1789."I have here not separated from Balazuc seventeen people listed as paying the *capitation* in Chauzon (and presumably Pradons), including the village priest. In 1776, eleven Tastevins who were heads of household, eight Auzas, and six Molliers could be found in Balazuc.

71. C 42, ordinance of June 27, 1740. In 1780 the taille represented 76.8 percent of direct taxes and 31.7 percent of the deniers *royaux*, *provinçiaux et diocésains*. In order to pay it, many villages went into debt, some having to sell communal land. Cholvy, ed.,(*Histoire du Vivarais*, p.151)notes that in 1750 such indirect taxes represented 58 percent of the take in the diocese of Viviers.

72. Allignol, *Balazuc et le Bas Vivarais*, p.543. In 1636 a notarial act granted Georges Tastevin the right to sell meat, establishing limits on the prices he could charge. He could pasture animals on the common land. No one else could slaughter animals in his house or sell meat. If anyone did so, he could be hauled before the senechal court at Nîmes.

73. Jones, *Politics and Rural Society*, p.45. See also Jones, "Common Rights and Agrarian Individualism in the Southern Massif Central 1750—1880, " in Gwynn Lewis and Colin Lucas, eds., *Beyond the Terror* (Cambridge, England, 1983), pp.121—51, in which he notes (p.123) that in the south, where Roman law had been the rule, collective agricultural practices could be found in the region. Jones argues that "demographic pressure within a closed economy did more to focus attention upon the commons and collective practices than any number of legislative pronouncements" (p.127). Albert Soboul long ago emphasized the solidarity of the *communauté* of the Ancien Régime, suggesting that collective practices, particularly those relating to common lands, accentuated the capacity for resistance to seigneur, church, and monarchy. Among his implications was that the Revolution, by sanctifying private property, undercut the solidarity of the village, accentuating social divisions (Gutton, *La Sociabilité villageoise*, p.115, and Jones, "Common Rights, " pp.121—22).

74. 2 O 187 and C 991, October 23, 1768. Some signed the document; "the others [were] illiterate." Yet a deliberation of the principal inhabitants, dated April 25, 1779, stated "with unanimous voice" that Balazuc owned no common land (C

991 and 2O 187, deliberations of April 25, 1779), Boyer and Leyris, *consuls*. The contradiction probably comes from the fact that the *communauté* paid the seigneur an annual fee for use of the *gras* and wanted to avoid paying any taxes on the land.

75. A. D. Hérault, C 3014. In 1644 villagers paid four seigneurs for the right to fish in the river ( 8J 26/10 [ Fonds Reynier]). Some seigneurs were more lax than others, but the leasing out of rights sometimes led to harsher conditions because those who purchased the leases wanted to make money.

76. C 17, procès-verbal, November 16, 1734.

77. Régné, *La Vie économique et les classes sociales en Vivarais*, p.17; Molinier, *Stagnations et croissance*, pp.155—56, notes that the annual revenue for each inhabitant in France at the end of the Ancien Régime was 126.95 francs, while it was 104.45 in the Vivarais. Probably about half the land that could be cultivated in Balazuc at the time consisted of vineyards.

78. On problems of defining a village, see Jones, "Towards a Village History of the French Revolution," *French History*, 14, 1 (March 2000), pp.67—82. He defines ( pp. 68—69 ) villages as "small, nucleated settlements containing individuals who worked a fixed agricultural territory. Place, physical space, and community were thus superimposed; indeed bounded together by the common disciplines of crop rotation and collective vigilance against the incursions of marauding seigneurs, " a definition more closely corresponding to the cases in northern France.

79. Gutton, *La Sociabilité villageoise*, pp.86—90; Régné, *Histoire du Vivarais*,

vol. 3, pp. 72—73, drawing upon BN, Languedoc-Bénédictins, XIV-XVI (25). The goal of the decree of June 1787 was to increase the responsibility of *communautés* for following directives from the state. It mandated the election of municipal assemblies. In most parts of France, it was barely applied. These municipalities gave way to those established by the Constitutional Assembly in 1790. In some places seigneurs or even the departing *consuls* named them.

80. Gutton, *La Sociabilité villageoise*, pp. 69, 77; Cholvy, ed., *Histoire du Vivarais*, pp.138—39. Jones, "Towards a Village History of the Revolution," p.77, makes the point that *la plus saine* part of the population should not give the idea that a majority necessarily participated in decision making but rather represented relatively "well-to-do heads of household and property-owners."

81. See Robert Schwartz, "Tocqueville and Rural Politics in Eighteenth-Century France," unpublished paper, quoting Turgot's mean and probably wrong description of French villages as "a congery of huts and country folk as inert as their huts"(p.2).

82. Gutton, *La Sociabilité villageoise*, pp. 81—82; Jolivet, *La Révolution en Ardèche*, p. 45. Schwartz portrays peasants in the village he has studied in Burgundy as differing "from the hapless, down-trodden victims portrayed in Tocqueville's account of rural society" (p.21).

83. Mairie de Balazuc, deliberation of July 22, 1786, and July 13, 1788. Similarly, on July 13, 1788, "after Mass," another such meeting agreed to pay the collector Antoine Chabasset more than eleven pounds. AD Hérault, B 1214 and B 1217, contain documents(kindly noted

by Peter McPhee) detailing a bitter dispute between Pierre Lapierre, *exacteur des tailles de la paroisse de Balazuc* in 1688, and Claude Daumas, *consul*, who apparently failed to collect the taille. The dame of the barony of Balazuc, widow of the *maréchal de camp*, who lived in Balazuc, in 1702 gave the figure of the taille paid in the *mandement* of Balazuc at eighty-three hundred pounds.

84. Molinier, *Stagnations et croissance*, pp.83—84; Gutton, *La Sociabilité villageoise*, pp.86—87, 95—99ff.

85. C 43, État des dépenses ordinaires de la communauté de Balazuc, 1910—1938. The *montant des impositions* is given as 3,079 pounds, 3 deniers and 6 sols.

86. C 54, 1778, "preamble of the tax roll levied on the communities of B.P. and C., diocese of Viviers ... deliberation of the ordinary council of the community, July 12."

87. C 1063, "State of grain transported to Le Teil by the inhabitants of Balazuc, 1695—97," signed, Tastevin, *maire*, January 8, 1695. Presumably those from whom the grain was requisitioned were reimbursed. C 1239, letters, of February 20 and 26, 1722.

88. Gutton, *La Sociabilité villageoise*, pp.102—06, notes that in the diocese of Reims in 1774, only 10 percent of *communautés* had a school; Molinier, *Stagnations et croissance*, pp.393—405; Cholvy, ed., *Histoire du Vivarais*, pp.155—57. In 1737, 59 percent of the *communautés* in the diocese of Viviers had schools. Molinier, "Les Difficultés de la scolarisation et de l'alphabétisation sous la Restauration: L'Exemple ardéchois," *Annales du Midi* (1985), p.129. Balazuc may have had a school for girls, but we simply do not know.

89. Molinier, *Stagnations et croissance*, p.405; "Les Difficultés de la scolarisation," pp. 129—30, remarks that the Bas-Vivarais, particularly the edge of the Cévennes Mountains and the edge of the Rhône River did a little better. Compared with rates in France of about 27 percent for brides and 47 percent for grooms at the time of the Revolution (Isser Woloch, *The New Regime: Transformations of the French Civic Order, 1789—1820s* [New York, 1994], p.174). On March 2, 1698, Suzanne Dalmas was baptized, before her godmother, godfather, and parents. Only the priest, Champalbert, signed.

90. B 138(1787), 6MI 188, contract of September 18, 1787; 5Mi 19. When the body of Jean Vernet of Mercuer washed up in the river on August 6, 1752, Courtiol, Nogier, and Louis Tastevin signed their names, and Louis Pinchon could not. In 1750, Nogier, the priest, was the only one of nine witnesses who could sign his name attesting to the five deaths that year.

91. Jones, *Politics and Rural Society*, pp. 73, 123; Carlat, *L'Ardèche traditionnelle*, p.136; Noir, *Des faubourgs de Paris*, p.37. The spoken language of the Mountain, in contrast, reflected proximity to Auvergne.

92. Allignol, *Balazuc et le Bas Vivarais*, pp. 451—52, 622. The banker was Bonnier de La Mosson.

93. Molinier, *Stagnations et croissance*, p. 141; Noir, *Des faubourgs de Paris*, pp.77—87; Jones, *Politics and Rural Society*, pp.75, 162—64. Despite the resurgence of aggressive seigneurialism, the authority of the seigneur over the peasantry was less in Languedoc and Provence than in much of northern France. Two adages nicely draw the difference: If in northern France it was said, "*Null terre sans seigneur*," much of the Midi had it "*Nul seigneur sans titre*" (Gutton, *La Sociabilité villageoise*, p.155).

94. Jolivet, *La Révolution en Ardèche*, pp.16—17; Schwartz, "Tocqueville and Rural Politics," p.3; Mairie de Balazuc; Noir, *Des faubourgs de Paris*, pp.91—93.

95. Noir, *Des faubourgs de Paris*, pp.77—87; Gutton, *La Sociabilité villageoise*, p.171.

96. BN, Collection Languedoc-Bénédictins, XIV-XVI(24); Jolivet, *La Révolution en Ardéche*, pp.18—19; Jones, *Politics and Rural Society*, pp. 155, 158. The taille was assessed according to calculations of revenue and population density that had been determined in about 1530.

97. Quoted by Sabatier, "*De la révolte de Roure*,"p.122. See Cholvy, ed., *Histoire du Vivarais*, pp.135—36. This prophetic aspect was found in earlier revolts in Romans in the Dauphiné in 1580 and in the Rouergue in 1627.

98. Michael Sonenscher, "Royalists and Patriots: Nîmes and Its Hinterland in the Late Eighteenth Century," doctoral dissertation, University of Warwick, 1977, p.387; Gutton, *La Sociabilité villageoise*, pp.18, 173—76; Cholvy, ed., *Histoire du Vivarais*, cites the murder of sieur de Pierreplane in 1757.

99. BN, Collection Languedoc-Bénédictins XIV-XVI (24). That the Vivarais was under written law may have made the peasants more litigious.

100. Jolivet, *La Révolution en Ardèche*, pp.21—22; Noir, *1789, Des faubourgs de Paris*, p.7. See also BN, Collection Languedoc-Bénédictins, XIV-XVI(24).

101. Noir, *Des faubourgs de Paris*, p.126.

102. Sabatier, "De la révolte de Roure, 1789," p.134, adding with reference to 1670, "It seems impossible that the traumatic nature of past revolts not be inscribed in popular collective memory" (p.138). See Sonenscher, "Royalists and Patriots," pp.422 and 995 ff. Sonenscher places the revolt in the context of the evolution of the seigneurial system's being transformed "into a parasitic relationship with commercial capitalism," contributing to "the monetarisation of social relations," a revolt undertaken by those victimized by the network of rural credit. Rebels sought a "re-affirmation of local control over an area which had fallen outside of the traditional means of enforcing sanctions." See John Merriman, "The 'Demoiselles' of the Ariège, 1829—1831," in Merriman, ed., *1830 in France*(New York, 1975).

103. Cholvy, ed., *Histoire du Vivarais*, p. 116—17, 152—54, and Maurice Boulle, *Révoltes et espoirs en Vivarais 1780—1789*(Privas, 1988), p.12; Sabatier, "De la révolte de Roure," pp.121—47. Sabatier notes(pp.124, 128)that the *masques armés* were more moderate than the "followers" of Roure in 1670, who had pillaged several churches, killed a priest, and "profaned" several cadavers. He concludes that by the time of the *masques*, "the societies of order had succeeded the society of order." Riots had become part of the rules of the game, and a millenarian content was no more (p.144).

104. Molinier, *Stagnations et croissance*, pp.202—05, 207—09, 233—40; Jones, *Politics and Rural Society*, pp.12—13, 54; *La Vie rurale*, pp.82—87; Cholvy, ed., *Histoire du Vivarais*, p.147, notes the production of grain rose only from 350,000 quintaux in 1690 to about

385,000 in 1789. The growth in population was less than that during the period 1644—93, a time that drew to a close with harvest failure and probably also the departure of Protestants. The birthrate stood between 36.7 per 1,000 and 40.1 per 1,000 toward the end of the Ancien Régime, mortality falling to about 32 per 1,000(Cholvy, ed. pp.141, 144). Earlier age of marriage and sturdier clothes may also have contributed. A "confraternity of the chestnut" exists in the Ardèche today. The difference between recipes for "the *crique*[potato pancake] of the poor" and "the *crique* of the rich" is today the addition of *crème fraîche* in the latter. Chestnuts were sold as marrons de Lyon, particularly to France's second city.

105. 5Mi 19.

106. Molinier, *Paroisses et communes de France*. In the early 1760s a survey of Languedoc gave Balazuc 203 households and a population of 903, but these totals certainly would have included Pradons and Chauzon and seem far too high; BN, Collection de Languedoc-Bénédictins, XIV—XVI(24), "État de lieux qui forment le bas pays de Vivarais[Survey of the Bas-Vivarais]."

107. Molinier, *Stagnations et croissance*, pp.271, 320.In 1789 the average person consumed 137 kilograms of bread, 47 kilograms of potatoes, 32 kilograms of chestnuts(considerably less in Balazuc), 20 kilograms of fruit, 2.8 kilograms of dry vegetables, and I kilogram of sugar. Vaccinations had knocked out smallpox in France by 1809.

108. Molinier, *Stagnations et croissance*, pp.212—17, 228; Jolivet, *La Révolution en Ardèche* p.4. In the late eighteenth century the Vivarais produced the equivalent of about 200,000 hectoliters of

wine. In 1730, an ordinary year, it exported 65,000 hectolitres of wine, and in 1780 it produced two-fifth more than could be consumed locally. In 1768 the diocese of Viviers imported about 4.5 million pounds of goods and exported a little more than 1 million pounds.

109. 12M 81; Bozon, *La Vie rurale*, pp.131—33. Olivier de Serres quoted by Élie Reynier, *La Soie en Vivarais* (Largentière, 1921), pp.14, 12—21; Hervé Ozil, *Magnaneries et vers à soie: La Sérciculture en pays vivarois et Cévenol* (Lavilledieu, 1986), p.41. A document from 1361 relates the purchase by a merchant from Anduze of slightly less than two quintaux of cocoons from Privas.

110. Chambon, *Paysans de Vivarais*, p.140; Bozon, *La Vie rurale*, p.130; Molinier, *Stagnations et croissance*, p.175.

111. Sonenscher, "Royalists and Patriots," pp.260—61, 315; Noir, *Des faubourgs de Paris*, p.32.

112. Mairie de Balazuc, "États de section, 1791."

113. Molinier, *Stagnations et croissance*, p.210; Reynier, pp.44—57. Ozil, *Magnaneries et vers à soie*, pp.41—42; Jacques Schnetzler, "Uneéconomie fragile," *Mémoire d'Ardèche et Temps présent*, 24(November 1989), pp.7—14.

## Chapter 3

1. L 1637, District de Tanargue, population of communes, n.d.(1793 ?); B 142 (2MI 76). See Jolivet, *La Révolution en Ardèche*, pp.80—90. There was, to be sure, a formulaic aspect to the cahiers, models of which had circulated.

2. In nearby Largentière 116 men signed a petition in 1787 asserting that "the people complain bitterly that those who pay more than half of the taxes" were represented by only one person on the Conseil politique de la Ville, while the nobility had three representatives and the "bourgeoisie" two. Whether this lively debate had any influence on Balazuc, we do not know (see Jolivet, *La Révolution en Ardèche*, pp.46—48).

3. Brun, *consul*; Thoulouze, *consul*; and Pays, Rieu, Tastevin, Lauriol, Auzas, Rieu, Mollier, Charousset, Fromentin, Boulle, Boyer, Teyssier, Fabregoulle, Constant, Auzas, Mollier, Courtiol, Mollier, Pays, Marcel, Tastevin, Guérin, Boyer, Laroche, Tarterrey, and Boucher.

4. B 141, *Mémoire touchant les états généraux de France*, 1788, Vivarais. Jean Boyer suggests that Tastevin and Boucher may well have written much of the *cahier de doléance*. The spouse of Antoine Tastevin was Thérèse Dubois-Maurin, sister of a deputy of the Bas-Vivarais to the Estates-General. Only the Tastevins of Salles had the right to have a *pigeonnier* (dovecote).

5. Jolivet, p.2.

6. Noir, *1789*, *Des faubourgs de Paris*, p.134, quoting d'Antraigues: "The Third Estate is the people and the people form the base of the state. They are the state itself."

7. Jolivet, *La Révolution en Ardèche*, p.133.

8. Pierre Ladet, ed., *Entre Coiron et Tanargue: Aubenas sous le vent de l'histoire* (Privas, 1991), pp.127, 205; Cholvy, ed., *Histoire du Vivarais*, p.165; Jolivet, *La Révolution en Ardèche*, p.142.

9. Mairie de Balazuc, "Liste des citoyens actifs de la communauté de Balazuc"; L 901, "Listes des citoyens actifs et éligibles, 1790—91"; L 968, "Liste

civique de la garde nationale de Balazuc du 15 juillet 1790"; document also found in Balazuc.

10. Jolivet, *La Révolution en Ardèche*, pp.157—58.

11. Several villages that had been within the Vivarais were attached to the Haute-Loire, and several that might have become part of the Gard to the south joined the Ardèche.

12. Molinier, *Stagnations et croissance*, p. 82. The Vivarais had included 320 *communautés* and 350 parishes. See Peter Jones, "Towards a Village History of the French Revolution."

13. Woloch, *The New Regime*, p.35.

14. Chambon, *Paysans de Vivarais*, p.164.

15. Mairie de Balazuc, August 15, 1790; L 968, mayor, August 15, 1790; Jolivet, *La Révolution en Ardèche*, pp.200—08.

16. L 897, list of declaration of losses, 1790. That of Balazuc was signed by "*Teiyssier maire, Brun officier, Toulouze officier, Marcel notable, Scabaiter aussi notable Constant notable Boyé notable, Auzas notable, Auzas procurer de la commune, Tastevin, greffier-commis.*"

17. See Jolivet, *La Révolution en Ardèche*, pp.209—311, and Cholvy, ed., *Histoire du Vivarais*, p.168. The law of November 27, 1790, required priests to swear obedience to the Civil Constitution.

18. See Timothy Tackett's definitive study *Religion, Revolution, and Regional Culture in Eighteenth-Century France: The Ecclesiastical Oath of 1791* (Princeton, 1986).

19. See Sonenscher, "Royalists and Patriots," who sees the events at Jalès as a "product of a specific perception of a relationship to Nîmes" based on the commercial network that stretched into its hinterland (p. 254). The Catholics of Nîmes paid the Protestants back in 1815.

20. Sonenscher, "Royalists and Patriots," places emerging differences between "royalists" and "patriots" in the context of "the different places occupied by 'royalists' and 'patriots' within a developing structure of commodity exchange" (pp.532—33).

21. Jones, *Politics and Rural Society*, pp.75, 172—73 ("when some of them next took to the field, it was to defend the old order"); Chambon, *Paysans de Vivarais*, p.169.

22. Jolivet, *La Révolution en Ardéche*, pp.236, 269—78; Thierry Chailan, "Les Réactions à la Constitution civile du clergé dans le district du Tanargue," pp.187— 200, in *Églises, pouvoirs et société en Ardèche(milieu xviiième siècle-milieu XIXème siècle)* (Ucel, 1993), p.191. Of the twelve parishes that made up Balazuc's canton of Vallon, none of the curés took the oath in 1791; 6 did in 1792, and 11 in 1793. In the Ardèche overall, 279 priests took the oath(some albeit with reservations), and 246 refused outright(Cholvy, ed., *Histoire du Vivarais*, p.168, gives a figure of 158 out of 195 taking the oath in the diocese of Viviers late in 1790 or early in 1791). Allignol's views on the whole history of the Revolution and, for that matter, the subsequent history of the Church may perhaps unfortunately be summed up by his account of the war of the radical Jacobin republic against the clergy: "Here the horror of the Nazi concentration camps was surpassed"(*Balazuc and le Bas Vivarais*, p.633)!

23. Jolivet, *La Révolution en Ardèche*, p.261 n.

24. L 560, "Nogier ancien curé de Balasuc[*sic*]," January 27, 1792, and

deliberation of May 9, 1792, April 18, 1792. A list of priests in 1792(L 974)still lists Nogier as the curé of Balazuc. L 1566(1793)indicates that Nogier had paid his taxes.

25. L 559, Champanhet's petition of September 30 and deliberation of December 16, 1791, in the " Registre des délibérations du directoire du département de l'Ardèche, livre 1" lists his salary at one thousand pounds.

26. Mazon, *Notice sur Vinezac*, pp.120—43; Cholvy, ed., *Histoire du Vivarais*, pp.166—67.

27. L 967; procès-verbal of August 7, 1791, signed by Champanhet, curé; Teyssier, mayor; Leyris, officer; and Auzas, procurer; L 267; " extrait des régistres des délibérations de la commune de Balazuc," June 27, 1793, year II, signed Jean Leyris, mayor, and Joseph Charousset, François Laroche, muncipal officials, as well as Jean-Louis Boyer, Jean Maurin, Louis Mollier, Jean Pays, *notables*; Jacques Christophe Champanhet, procurer, and André Teyssier, secretary/scribe, " *assemblé en conseil général dans la maison commune*"; L 544, list of priests who "abdicated" their functions following the decree of 2 frimaire. By the revolutionary calendar, his resignation came on 14 germinal, year II.

28. See Jolivet, *La Révolution en Ardèche*, chapters 10, 11, and 12, statistics from pp.472, 478, and 496.

29. Allignol, *Balazuc et le Bas Vivarais*, p.636. This is a nice story, but Allignol provides no sources.

30. Cholvy, ed., *Histoire du Vivarais*, p.169. The auctions ended in the year IV and, by placing responsibility in the hands of *commissaires départementaux* following an assessment of the value of property, made sales more difficult.

Jolivet ( *La Révolution en Ardèche*, p.487) gives a lower estimate of the number of émigrés, 200 to 210.

31. Q 195, Jacques Mollier, January 31, 1791. A somewhat disjointed letter written by Deputy Pamplone on May 6, 1790, sent to Balazuc concerned the administration of *biens ecclesiastiques*, "counting on your friendship for me" to see that "divine services" not suffer. The letter suggests that the proceeds of the small amount of ecclesiastical property went to Pamplone.

32. Michel Riou, "La Vente des biens nationaux dans le département de l'Ardèche," in *Communautés d'Oc et Révolution française* ( Largentière: Imprimerie Humbert et fils, 1987), vol.2, pp.77—89. The decree of June 3, 1793, authorized the sale of property belonging to émigrés.

33. Riou, "La Vente de beins nationaux," pp.81—82. The comte de Vogüé returned to France in 1801 and died in 1812 at the age of eighty, with nothing left of his lands in the Ardèche; his family received forty-five hundred francs in 1828 from the *milliard des émigrés*. John Markoff, *The Abolition of Feudalism: Peasants, Lords, and Legislators in the French Revolution*(University Park, 1996) cites a report from the Ardèche in March 1792: "There is a decree which orders the demolition of all the towers of the châteaux because they are no longer regarded as anything but houses" ( p.223, n.33).

34. Q 195; Q 248, suggests that two previous dates, December 30, 1791, and January 16, 1792, had also brought no bidders; Q 270, sale of July 25, 1792; Q 282, Bournet, procurer syndic, July 11, 1792("the year four"[ *sic* ]); Q 486, registered 26 thermidor, year IV.

35. Q 316; Riou, "La Vente des biens nationaux," p.84. This huge sum suggests that more than one purchaser was involved, which was actually illegal but fairly common.

36. Q 47, Q 283(procès-verbal), Q 486. Purchasers were to pay a tenth of the price within a month and a tenth with accumulated interest each subsequent year until all was paid. Jacques Mollier himself purchased land at Salerne for 205 francs, which was to be paid for over twelve payments, and property in Grospierres that had been owned by the priory there.

37. L 1212, 25 nivôse, year III, signed in the *maison commune* ( probably already the church) by Leyris, *maire*; Laroche, *officier*; Maurin, *notaire*; Teyssier, *agent national*; Pays; Boyer, *notable*, Mollier, *notable*.

38. Q 486, Q 270, and Q 316(on 15 and 16 pluviôse and 18 germinal, year II). Two of those who purchased land— François Tendil of Lagorce and Claude Laurent of Largentière—never did pay for the property, which was subsequently sold off. F20 161, decree of 30 frimaire, year XIII. Sabatier's purchases were made on his behalf by Louis Auzas and Jean Pays.

39. Mairie de Balazuc, "États de section," 1791, with subsequent notation; Ladet, *Entre Coiron et Tanargue*, p.205.

40. Riou, "La Vente des biens nationaux," p. 89: "[I]t would be these enriched peasants who, at the beginning of the nineteenth century, would develop the great speculative adventures, vineyards and raw silk." A Tastevin purchased 150,000 pounds of property in the middle valley of the Ardèche(p.88).

41. Ladet, *Entre coiron et Tanargue*, pp.381—83.

42. L 1212. Of three thousand pounds in bills, only six hundred had not been issued.

43. L 1637, District of Tanargue, "State of local taxes, the year II, established on 18 messidor," slightly more than 284 pounds.

44. État Civil. Birthrates fell from twenty in the years II and III, to thirteen in the years IV and V, and eleven in the year VI, rose to fifteen in the year VII, and fell back to a mere four in the year VIII, before the birthrate rose to thirty in the years IX and X. Apparently only two marriages took place in the year VIII.

45. L 1212, extract of procès-verbal of the registry of the commune of Balazuc, 5 germinal, year II. Signed by Leyris, mayor; Teyssier, national agent; Charousset, officer; François Laroche and Mollier, notables, as well as Boyer, Pays, and Jacques Mollier, serving as secretary.

46. L 267. Teyssier was reimbursed for his journey.

47. L 1607, procès-verbal of organization, April 17, 1793, "l'an 2 de la République."

48. L 1212, "État des hommes, armée des Alpes ... commune de Balazuc." A list of national volunteers(L 939) from the district of Tanargue in 1793 included one from Pradons and seven from Lagorce, but none from Balazuc, as "currently in service of the nation," May 5, 1793.

49. Jolivet, *La Révolution en Ardèche*, p.564, notes ( p. 558) that the sale of Church property encountered little active resistance.

50. L 877, letters of 16 and 23 prairial and 5 ventôse, year II.

51. L 877, including 2 nivôse, year II, letter to the municipality and agent municipal of Laurac; Jolivet, *La Révolution en*

*Ardèche*, p.279.

52. Cholvy, ed., *Histoire du Vivarais*, pp.174—75.

53. L 1167; L 877, letters of 16 prairial and 16 and 17 messidor, 5 ventôse, 14 ventôse, 2 nivôse, 28 nivôse, 18 frimaire, year II; Mairie de Balazuc, letter of departmental administration, 17 frimaire, year III.

54. Claude Jolivet, *L'Agitation contrerévolutionnaire dans l'Ardèche sous le Directoire* (Lyon, 1930), pp.10—14, 17; Donald Sutherland, *France 1789—1815* (New York, 1986), pp.310—11.

55. L 1212, including letter of 7 floréal, year IV; L 252, 13 thermidor, year IV. A general added that "several of those arrested were not armed ... and was assured that they did come to Balazuc without bad intent. They have all been sent before the justice of the peace."

56. Cholvy, ed., *Histoire du Vivarais*, pp.173—75.

57. Ibid., pp.178—79.

58. AD, Paul Delichères, "Notes de Delichères sur l'histoire d'Aubenas pendant la Révolution"; F1cIII Ardèche 10.

59. Mairie de Balazuc, procès-verbal, thermidor, year VII. The reorganization may have reflected a conservative drift in Balazuc.

60. F7 3652(2); Jolivet, "La Revolution en Ardèche," pp.60—75. The Montréal attack came on 4 fructidor, year V. The law of 10 vendémiaire, year IV, made communes responsible for damages in demonstrable cases of negligence.

61. L 877, Directory of Tanargue, 3 messidor, year II letter of 28 nivôse, year II, and procès-verbal of *conseil général* of Balazuc, 8 thermidor, year II. This issue had long antecedents. In 1780 "*les officiers ordinaires de la baronnie de Balazuc*" heard six witnesses in a dispute over the right to pasture animals on the *gras* (L 931). A decree of August 14, 1792, authorized the division of common land "but offered no guidance as to how this was to be accomplished." The decree of June 10, 1793, authorized a municipality to hold a general assembly of all inhabitants to debate and vote (with a third of those eligible to vote required) on the selling off of nonwooded common land into equal parcels (Jones, "Common Rights," p. 131). In 1813, Napoleon, short of revenue, simply seized the *biens communaux* (see Woloch, *The New Regime*, pp.151—53).

62. L 877, 16 messidor, year II; L 931, 8 thermidor, year II, signed by Laroche, *officier municipal*, Teyssier, *agent national*, Leyris, *maire*, Boyer, Mollier, and the secretary clerk (name illegible).

63. Mairie de Balazuc.

64. L 1561; see also Howard G. Brown's excellent article "From Organic Society to Security State: The War on Brigandage in France, 1797—1802," *Journal of Modern History*, 69 (1997), pp. 661—95. The law of January 18, 1798, aided the repression by defining highway robbery and breaking and entering by more than two people as capital crimes.

65. F1cIII Ardèche 10, commissaire of executive authority, 9 fructidor, year VII; municipal administration of the canton of Aubenas, 15 fructidor year VII; commissaire of the executive authority, 27 fructidor, year VII; minister of interior, 7 thermidor, year VII; F7 3652 (2); Jolivet, *La Révolution en Ardèche*, pp.82—84.

66. Mairie de Balazuc, thermidor year

VII. The Guard then named Antoine Vital, first lieutenant, to replace him and Jean Leyris, a former *consul* who had been elected to be an officer in September 1789, to serve as lieutenant. In the years V and VI, André Teyssier served as mayor and Antoine Brun as his deputy, with a note indicating that "the same should remain in place." In the year VIII, Tastevin de Salles became mayor, and Rieu *fils aîné* his deputy (3M 44).

67. Brown, "From Organic Society to Security State," argues that this strategy, however brutal and in contradiction to what was still a nominally republican regime, gave the "new administrative and judicial structure of France an opportunity to take hold in rural communes" such as Balazuc (p. 662), a process that continued until 1802.

68. L 1561, procès-verbaux, 12 ventôse, year VII.

69. L 1561, Tribunal civil et criminel, "État des assassinats et vols commis depuis le 15 prairial de l'an VII"; Nivet, report on 20, 21, 22, and 23 messidor, year VII.

70. L 1561, petition from twenty-five men from Chauzon complaining about Monchauffé's methods; report of Sihol, 2 ventôse, year VII. .

71. Flc III Ardèche 10, L'Administration centrale du département de l'Ardèche, 12 nivôse, year VII; Nivet, report 16 messidor, year VII, to 16 nivôse, year VIII; F7 3652(2).

72. FlcIII Ardèche 10, L'Administration centrale du département de l'Ardèche, 16 nivôse, year VIII; Bulletin de la police générale, 25 vendémiaire to 1 brumaire, year VIII; Jolivet, *La Révolution en Ardèche*, pp. 85—92; Howard G.

Brown, "Bonaparte's 'Booted Justice' in Bas-Languedoc," *Proceedings of the Annual Meeting of the Western Society for French History*, 24 (1998), quote from page 4 of the original unpublished version. In the year VI the electors of the canton of Vallon included André Teyssier, Jean Toulouse, Antoine Fabregoule, Antoine Brun, and Antoine Auzas (L 269, Assemblée primaire du canton de Vallon, 1 and 2 germinal, year VI).

73. FlcIII Ardèche 10, report of prefect, 28 prairial, year VIII.

74. FlcIII Ardèche 10, L'Administration centrale du département de l'Ardèche, 24 ventôse, year VIII and prefect (Charles Caffarelli), 1 nivôse and 2 brumaire, year IX.

75. Cholvy, ed., *Histoire du Vivarais*, pp.180—84; AN, F20 161 prefect, 15 floréal, year XIII. See Brown, "From Organic Society to Security State," pp.661—95. Tristan Blanc, a well-known bandit from Uzer, was executed in 1802, and the band of Claude Duny, the "king of Bauzon," lasted until 1805.

76. Cholvy, ed., *Histoire du Vivarais*, pp.179—81; F7 3652(2), commissaire du gouvernement, 1 pluviôse, year VIII.

77. FlcIII Ardèche 10, prefect, 27 prairial, year IX.

78. FlCIII Ardèche 10, prefect, January 12, March 12, and October 6, 1813; F20 161, prefect, May 9, 1811; Alan Forrest, *Déserteurs et insoumis sous la Révolution et l'empire* (Paris, 1988). Molinier, *Stagnations et croissance*, p.391; 1802, 46.7; 1805, 16.6; 1806, 29.1; 1807, 17.1; 1813, 15.7; 1814, 4.9 percent. F20 161 gives different figures, but the same trend, for a total of 2,039 *réfractaires* during the period of 4,922 draftees; 38 percent in 1801—02, 18

percent in 1805, 13 percent in 1809. Most were rejected for insufficient height, followed in order of importance by various infirmities.

79. There were 653 inhabitants in 127 households(about 5 persons per household).

80. Census of the year XII (Mairie de Balazuc). Balazuc also then had a *propriétaire-officier de santé*, Joseph Salel. Those with servants included Jacques Mollier, who also had a rural domestic and a shepherd living in the household, and the family of the late Antoine Tastevin, who employed three domestics and two servants.

81. Mairie de Balazuc, May 23, 1814.

82. F1bII Ardèche 2 and État Civil. Tastevin was born in 1782, Boiron in 1777. With a personal fortune estimated at twelve thousand francs, Tastevin was by far the wealthiest man in Balazuc; in the region, among mayors only that of Charbonnas, a marquis, had a greater fortune(by almost four times).

83. Woloch, *The New Regime*, pp.178, 180—83. The ambitious Lakanal Law of 27 brumaire, year III (November 17, 1794) proposed the first national system of primary education.

84. *Annuaire du département de l'Ardèche*, year IX, pp.60—63.

**Chapter 4**

1. Ovide de Valgorge, *Souvenirs de l'Ardèche*, p.57; Albert du Boys, *Album du Vivarais* (Grenoble, 1842), pp.11, 223.

2. Élie Reynier, *La Soie en Vivarais*, p.86.

3. Quoted by Charles Blain (Albin Mazon), *Quelques scènes et récits de l'Ardèche*(Aubenas, 1981), p.65.

4. Quoted by Carlat, *Architecture rurale en Vivarais*, p. 105. In Michelet's account, a passerby says to one of the girls spinning, "What a shame, innocent fairies, that the gold you spin is not for you!"

5. Yves Lequin, *Les Ouvriers de la région lyonnaise* (Lyon, 1977), vol. I, p.34.

6. For an elegantly presented but often attacked view on modernization, see Eugen Weber, *Peasants into Frenchmen: The Modernization of France, 1880—1914*(Stanford, 1978).

7. Philip E. Ogden, "Industry, Mobility and the Evolution of Rural Society in the Ardèche in the Later Nineteenth and Early Twentieth Centuries," in Philip E. Ogden and Paul E. White, *Migrants in Modern France: Population Mobility in the Later Nineteenth and Twentieth Centuries* (London, 1989), emphasizes the control of the industry by Lyon capital (p.124).

8. 12M 181, agriculture survey of 1852. See also AN F11 2697, 1862. In the canton of Vallon in 1852, only 39 property owners lived outside the canton, 100 who lived in the canton did not cultivate their own land, while 1,250 cultivated their own land and another 650 worked their own land and that of someone else.

9. Bozon, *La Vie rurale*, pp.175—76. In Vinezac in 1850, 80 percent of the peasants had less than five hectares, including moor and there were only 21 *ouvriers agricoles* for 196 families of *cultivateurs*. In the year XIII, Louis Duffaud, *cultivateur* living in Audon, sold to Antoine Boyer, *maréchal à forge* living in the village, a parcel of land forty-four ares(*ou mille et douze toises anciennes*)for 150 francs(2E ML 631).

SIZE OF FARMS IN THE ARDÈCHE,
MID-NINETEENTH CENTURY
(Reynier, *Le Pays de Vivarais*, p.121.)
77,000 EXPLOITATIONS RURALES

| | |
|---|---|
| More than 40 hectares | 1,400 |
| 10—40 hectares | 10,000 |
| 1—10 hectares | 35,500 |
| Less than 1 hectares | 28,000 |

10. Eugène Villard, *De la situation des intérêts agricoles dans l'arrondissement de Largentière* (Nîmes, 1852), pp.11—14, 18—19, 22—25; Jean-Luc Mayaud, *La Petite Exploitation rurale triomphante* (Paris, 1999), pp.186—87.

11. Cholvy, ed., *Histoire du Vivarais*, p.199.

12. *La Belle Lurette*, 8 (Summer 1997), pp.8—12; Cholvy, ed., *Histoire du Vivarais*, p.199. See particularly Reynier, *La Soie en Vivarais*, pp.3—8.

13. Cholvy, ed., *Histoire du Vivarais*, p.197.

14. 12M 76, prefect, January 18, 1840; 12M 179; Bozon, *La Vie rurale*, pp.130—34; Ozil, *Magnaneries*, pp.45—49. Leaves sold for about twelve francs per quintal. The smaller black mulberry trees are valued for their oil, for their fruit, and as a natural medicine.

15. Siegfried, *Géographie électorale de l'Ardèche*, p.30.

16. Mayaud, *La Petite Exploitation*, p.115; Cholvy, ed., *Histoire du Vivarais*, p.196.

17. 12M 76; 12M 179. Each kilogram thus yielded about thirty kilograms of cocoons per ounce of eggs.

18. Hervé Ozil, "La Sériciculture en Ardèche: Survivance d'une production?," doctoral dissertation, Université de Lyon II, 1983, vol.III, p.173.

19. Carlat, *Architecture rurale en Vivarais*, pp.88—92, 145.

20. Forot and Carlat, *Le Feu sous la cendre*, vol.1, pp.233—34, 484

21. Ozil, *Magnaneries*, pp. 75—98, 154—63; Bozon, *La Vie rurale*, p.136.

22. This account draws on information provided by "Visite de ma magnanerie," by M. Monhomme, Les Mazes, Vallon-Pont d'Arc.

23. Balazuc, *Mémoires de soie*, p. 96. During stormy weather, some *éducateurs* burned thyme to freshen the air.

24. However, the producers had to make very sure that the butterflies did not leave the cocoon because if they did, they would cut the silk thread.

25. In 1847, the spinning factory of Mazellier in St.-Privat, beyond Aubenas, drew about 5 percent of its raw silk from Balazuc, Lanas, Rochecolombe, and St.-Maurice (Yves Morel, "Les Maîtres du fil: Uneindustrie textile en milieu rural: Le moulinage ardéchois au XIXe siècle," doctoral dissertation, Université Lumière—Lyon II, 1999, p.195).

26. In witness to the nuances and bewildering variety of patois, a *couradou* in Balazuc and Vallon was known as a *couderc* in Rochecolombe, five miles from Balazuc, a *placet* in Grospierres, a *barda* in St.-Andéol-de-Berg and St.-Paul-le-Jeune, and in some places an *onto* (Carlat, *Architecture rurale en Vivarais*, p.76).

27. Ibid., p.158; Reynier, *La Soie en Vivarais*, p.88. The fluff was sometimes carded, spun, and given to weavers to make *bourrette*, a tough fabric.

28. Balazuc, *Mémoires de soie*, p. 90. Peasants placed the spinning wheel in the shelter of the covered balcony.

29. F1bII Ardèche 4, prefect, May 25, 1855.

30. Ozil, *Magnaneries*, pp.33, 131—57.

31. Bozon, *La Vie rurale*, p.260.

32. Annet Reboul, *Moeurs de l'Ardèche au XIXe siècle* (Valence, 1849), p.183.

33. Reynier, *La Soie en Vivarais*, pp.100—08.

34. Bozon, *La Vie rurale*, p. 269; Cholvy, ed., *Histoire du Vivarais*, p.199.

35. MR 1248, 1846.

36. Bozon, *La Vie rurale*, p.137.

37. Reynier, *La Soie en Vivarais*, pp.90—91; 15M 1, prefect, February 28, 1849; Ozil, *Magnaneries*, pp. 49, 131—46; Morel, "Les Maîtres du fil," p.161.

38. Reynier, *La Soie en Vivarais*, pp.95—96; Morel, "*Les Maîtres du fil*," pp. 455, 457, notes, "to send one's daughter to a silk-throwing factory was in some way to admit inferior social status."

39. Bozon, *La Vie rurale*, p. 137; Cholvy, ed., *Histoire du Vivarais*, p.201. In 1846 the department produced 282, 272 kilograms in *soies ouvrées*, sold for about twenty-two million fancs. By 1848 ten to twelve thousand workers, mostly women, were employed in silk throwing or spinning workshops.

40. Forot and Carlat, *Le Feu sous la centre*, vol.II, p.685; Albin Mazon, *Voyage le long de la rivière Ardèche* (Aubenas, 1885); Reboul, *Moeurs de l'Ardèche*, pp.184—87.

41. Ozil, *Magnaneries*, p. 45. See Reynier, *La Soie en Vivarais*, p.9. In 1846, the canton of Vallon alone produced between 200,000 and 250,000 kilograms of raw silk, and the canton of Joyeuse more than 300,000 kilograms.

42. Cornu, *Une économie rurale*, pp.44—45.

43. MR 1248. The harvest in 1845 had been mediocre because a long winter had been followed by drought in the spring, retarding the growth of leaves and forcing *éducateurs* to throw out part of the *graines* already hatched.

44. Ozil, *Magnaneries*, pp. 72—75; Cholvy, ed., *Histoire du Vivarais*, pp.205—06.

45. Villard, *De la situation des intérêts agricoles*, p.21ff.

46. 12M 76; Villard, *De la situation des intérêts agricoles*, pp.30—31.

47. Villard, *De la situation des intérêts agricoles*, pp.13, 30—34. He noted that many transactions were hidden to avoid the payment of money to the state. Reflecting the official mood of the post-coup d'état of December 2, 1851, he added that any help from the state should resist subverting the principle of private property, "this indispensable basis of human societies."

48. Léon Védel, *À travers le Vivarais: Balazuc et Pons de Balazuc* (Lyon, 1884), pp.7—13.

49. Mazon, *Voyage le long de la rivière Ardèche*, pp.61—62.

50. Ibid., pp.36, 63—68.

51. Ibid., p.69. In 1884 Mazon met some children on the bridge of Ruoms and again believed he had stumbled onto descendants of the Saracens (Balazuc, *Mémoires de soie*, p.9).

52. Vogüé, *Notes sur le Bas-Vivarais*, pp.49—52; Balazuc, *Mémoires de soie*, p.66.

53. *Le Courrier d'Aubenas*, February 29, 1896, written by "Sylvestre" (Paul Gouy). A sonnet made the connection for his readers: "When Pons de Balazuc, having left for the Crusade/Rode under the hot Oriental sun,/In a harsh valley near Tibériade/he believed that he was again seeing his fief and his native manor./He recognized the Saracen tower, across the way/On the crest of the

rocks, the door, and its arcade,/The rustic dwellings around the esplanade,/The meager olive trees on the burned flanks of the valley."

54. Bourdin, *Le Vivarais*, pp.131—32; *L'Exprès de Lyon*, January 8, 1914. Those who wanted to erect a monument to Pons de Balazuc desired a festival of appreciation that would also elaborate "the cult of the past and respect for religious and patriotic traditions." No one from Balazuc was involved, but the association reflected the influence of the Touring Club and the Automobile-Club de France(*Le Rèpublicain des Cévennes*, February 27, 1909).

55. G. Bruno, *Le Tour de France par deux enfants*(Paris, 1877), pp.162—66.

56. See 15M 1, survey of 1848.

57. F1cIII Ardèche 11, P07, prefect, June 6 and August 2, 1856, September 12 and October 1, 8, and 10, 1857, April 10 and July 7, 1858. An undated note indicated that in January 1858 more than eight thousand workers had been let go during the past three months and that there were thousands of beggars, with only about 40 percent of workers employed and more factories closing every day.

58. 12M 76, Mayor Tastevin, June 23, 1857, petition, and mayor of Lagorce, June 16, 1857, prefect, October 1, 1857; Bourdin, *Le Vivarais*, p.105. In the canton only Ruoms and Vagnas produced more kilograms of cocoons than Balazuc.

59. Ozil, *Magnaneries*, p.51; Cholvy, ed., *Histoire du Vivarais*, p. 205; Balazuc, *Mémoires de soie*, pp.32, notes (p.48)high rates of suicide and problems with alcholism among peasants, at least in Labeaume. She remarks that within households, growing financial problems

may well have strained relations, for example, between mothers-in-law and daughers-in-law. In France production fell from 24 million kilograms during the period 1846—52 to 5.5 million kilograms in 1865 and less than 2. 4 million kilograms in 1876, barely 10 percent of the total twenty-four years earlier.

60. 12M 182, cantonal statistics; 12M 76, Mayor Tastevin, June 23, 1857; petition, and Mayor Dumas of Lagorce, June 16, 1857. Yet only Ruoms and Vagnas produced more kilograms of cocoons than Balazuc. The petition of La Chapelle-sous-Aubenas attacked "abuses invented one by one by the greed of certain purchasers of cocoons and of silk," including price-fixing and a mysterious *retenue* of 1 percent called "by the ridiculous name of the gift," and, more recently, another *retenue* of another percent, unfairly assessed in anticipation that some of what they purchased would be flawed. The worst examples were in the vicinity of Aubenas, where the Tribunal de Commerce was "composed almost entirely by judges themselves involved in the commerce of cocoons or of silk." See Cholvy, ed., *Histoire du Vivarais*, pp.205—06.

61. Pierre Bozon, *La Vie rurale*, pp.372—73.

62. Subprefect, October 20, 1856, January 15, April 23, and July 4, 1857. Jones, *Politics and Rural Society*, "[T]hedangers inherent in a rural economy geared increasingly to monoculture became painfully evident"(p.58).

63. Flc III Ardèche 11, prefect, July 26, 1856, April 26 and July 27, 1859. In 1855, the Société ardéchoise d'encouragement à l'agriculture was founded and published a review, but had little impact.

64. Reynier, *La Soie en Vivarais*,

pp.114—35; Cholvy, ed., *Histoire du Vivarais*, pp.205—07; Reynier, *La Vie rurale*, pp.372—73; Ozil, *Magnaneries*, pp.52 ff; 12M 76, prefect, March 25 and April 26, 1859. The pébrine then moved east into the Italian states beginning in 1853 and reached Illyria in 1857, Macedonia in 1861, Bucharest in 1864, and the Caucusus in 1865. It eventually spared only Japan. No one from Balazuc apparently produced eggs in 1868, but a year later 160 inhabitants were listed as doing so. In 1871 the figures were 281 producing cocoons and 132 producing *graines*.

65. Mairie de Balazuc, nonclassified, prefect's decree of September 14, 1893.

66. 12M 81. Subprefect, July 4, 1857. Harvest in 1865: 4,000 kilograms; in 1866, 6,000. The 1869 survey reported that there were 160 producers in Balazuc. Figures from the 1873 harvest indicate sales of 14,900 kilograms of cocoons totaling about 96,400 francs(at 7 francs per kilo for cocoons from French eggs and 6 francs for imported *graines*), which if we take 186 as the number of households involved in the production of raw silk, gives an average return of 518 francs per family. One hundred sixty families were *petits éducateurs*, and 26 were more than that.

67. Ozil, *Magnaneries*, pp.60—61. Pasteur saw that silkworms were infected with the disease from birth. They could not be saved, but if they became infected later, they could still "spin a good cocoon, but the chrysalis and the butterfly are carriers of a germ that becomes active in the eggs."

68. Quoted by Cornu, *Une économie rurale*, pp.142—43. Land values fell by 40 percent in the canton of Joyeuse from 1852 to 1882.

69. Bozon, *La Vie rurale*, p. 374;

Cornu, *Une économie rurale*, pp.129—30. The number of families producing silk fell from 40,300 in 1872 to 17,510 in 1914. The quantity of eggs placed in incubation in the Ardèche fell from 178,000 in 1882 to 47,219 in 1902 to 29,470 in 1914. However, those who persisted enjoyed better yields than before because of improved hygiene and better spacing in the *magnaneries*. In Labeaume, there were about 200 producers in 1900, 150 in 1918, 108 in 1930, 66 in 1940, 50 in 1950, and none at all in 1966 ( Balazuc, *Mémoires de soie*, p.88).

70. Cholvy, ed., *Histoire du Vivarais*, p.206. The price of indigenous cocoons continued to fall steadily, from 7.60 francs per kilogram in 1857 to 4.74 francs from 1876 to 1880, 3.71 francs from 1886 to 1890, and reached only 2.87 francs during 1896 through 1900. The Ardèche retained its place in the production of French raw silk, producing with the Gard half of France's total of 8.5 million kilograms of cocoons, 2.4 and 2 million kilograms, respectively, in 1909, while neighboring Drôme produced 1.5 million.

71. 15M 1, survey of 1873. In 1905, when the Balazuc municipal council asked the railway company to build a shelter near the now-empty railway station, it complained that thirty or so women workers were "exposed to the cold of winter and the burning sun during the summer" as they waited for the train that would take them to the workshops of Lavilledieu.

72. Municipal council minutes, November 19, 1905 ( henceforth a footnoted date without other indication refers to a municipal council meeting); census of 1911.

73. Reynier, *La Soie en Vivarais*,

pp.131—55; Morel, *Les Maîtres du fil*; in 1913, 23.5 percent of spun silk in France came from the Ardèche, 40 percent from the Gard, and 9.7 percent from the Drôme. There were 381 *moulinages* remaining in the Ardèche in 1912.

74. November 30, 1890, and November 28, 1897; Cholvy, ed., *Histoire du Vivarais*, p.206. Beginning in 1892, two representatives of the municipal council were chosen as observers for the weighing of the cocoons from the scale attached to the old donjon tower.

75. 2 O 187; Reynier, *La Soie en Vivarais*, pp.2, 147. In 1909 peasants in Balazuc put 320 ounces into incubation, producing 13,852 kilograms of cocoons, a yield of 43 kilograms per ounce.

76. Blain (Mazon), *Quelques scènes et récits du Vivarais*, pp.63—66.

77. Ozil, *Magnaneries*, vol.III, p.176.

78. Michel Rouvière, *Paysages de pierre*, p.4; Cholvy, ed., *Histoire du Vivarais*, pp.194—97; 12M 53, 12M 55, 12M 181. In an average year, wine brought about fifteen francs per hectoliter.

79. 12M 55, Int., August 9, 1852, prefect, n.d., and notice of July 7, 1854, January 22 and October 24, 1857, and April 22, 1861; 12M 181, 1852 statistics; F11 2697.

80. 12 M 53. The number of hectares of vineyards in the Ardèche fell from more than thirty thousand in 1872 to seventeen thousand in 1890; the number of hectoliters of wine produced dropped from 375,000 in 1862 to 7,500 in 1884!

81. 12M 54, survey, Cholvy, ed., *Histoire du Vivarais*, p.206. A hectare of vineyards was worth twenty-five hundred francs in 1874 and one thousand in 1886. In Balazuc, some peasants planted grain in what had been vineyards. In 1940, 36,000 *viticulteurs* worked 20,700 hectares(Reynier, p.197), and only 15 had more than 20 hectares; 15 had between 10 and 20 hectares; 224 between 4 and 10 hectares; 3,000 between 2 and 4; 3,300 between 1 and 2 hectares, and 26,000 less than 1 hectare!

## THE PHYLLOXERA IN BALAZUC

| YEAR | HECTARES OF VINEYARDS | HECTARES DESTROYED | HECTARES "INVADED" | HECTARES REPLANTED |
|------|------|------|------|------|
| 1874 | 300 | 60 | 260 | |
| 1878 | 200 | 100 | 180 | |
| 1885 | 250 | 75 | 225 | 2 |
| 1891 | 130 | 20 | 300 | 110 |
| 1893 | 235 | 20 | 58 | 80 |
| 1894 | 160 | 60 | 110 | 100 |
| 1896 | 240 | 239 | 1 | 15 |
| 1897 | 50 | 195 | 1 | 49 |

Source: AD Ardèche, 12M 56 and 12M59

82. 1Z 233, prefect, September 8, 1891, March 26, 1894, and October 29, 1906.

83. 12M 58, Tastevin, September 4, 1891, and Charousset, September 22, 1892, and August 27, 1894; prefect, September 8, 1891; 5M 45, subprefect, October 10, 1894; 12M 186; 12M 192; Cholvy, ed., *Histoire du Vivarais*, pp.206. In 1900, Balazuc had 54 of 60 hectares of vineyards in cultivation, 60

in 1902, and 68 hectares in 1908.

84. September 23, 1890.

85. Pierre Bozon, *La Vie rurale*, pp.381—82; Cholvy, ed., *Histoire du Vivarais*, p.207: "The convergence of these crises is not accidental. It reflects the fact that the equilibrium of the old agricultural economy had been broken by overpopulation. Above all, this prevented both individual enrichment and the evolution of methods of production and exchange." To be sure, it may have been providential in that improved standards of living brought considerably less dependence on chestnuts for food.

86. Bozon, *L'Ardèche*, pp.57—58.

87. 15M 1, prefect, February 28, 1849; F17 9322; Ozil, *Magnaneries*, pp.52—63. Ogden, "Industry, Mobility and the Evolution of Rural Society," pp.121—22. Pierre Gourinard, "La Part de l'Ardèche à la mise en valeur de l'Algérie," *Revue du Vivarais*, 73(April-June, 1969), pp.91—93. The density of population per square kilometer fell from 59.4 in 1851 to 37.3 in 1921.

88. The canton of Vallon fell from its peak of 10,910 people in 1856 to 5,721 in 1946, losing 41.9 percent of its population. See Reynier, *Le Pays de Vivarais*, pp.85—86.

89. Cholvy, ed., *Histoire du Vivarais*, pp.209—10.

90. Gourinard, "La Part de l'Ardèche," pp.92—93.

91. Mazon, *Voyage dans le Midi de l'Ardèche* (Aubenas, 1884), p.69.

92. Fonds Mazon; Chareyre to Mazon, August 27 and September 27, 1884. Mazon believed the village's perched location brought fresh air. Of Balazuc's two major sources of fresh water, one, "reputed to be very good," was below the river; the other, the "fountain" six hundred feet farther away, near the river, was supposed to have water that was "heavy" (others used the cistern of the presbytery, believed to offer the best water). Mazon believed that the cisterns were a potential source of infection. One person stopped drinking the water when he noticed "little insects going here and there," using it only for cooking. However, a relatively dry winter, leaving empty cisterns, seemed to explain in part why Balazuc escaped the epidemic, which killed fifty-three in Vogüé and forty-four in Ruoms.

93. Censuses of 1876 and 1911; *Annuaire*, 1870 and 1888; *Almanach*, 1905. The exception in 1875 was Jean Cartoux, *maréchal*. In 1888 there were two *cafetiers* (one of whom had a *tabac*), two *épiciers*, a *marchand de graines de vers à soie*, a *courtier en savons et huiles*, a mason, two millers, a shoemaker, and a blacksmith. In 1905, there were seven cafés or restaurants. In 1911, of 152 households in Balazuc, 105 were headed by proprietors-cultivators, 10 by property owners, 3 by *rentiers*, and 4 by tenant farmers. In addition, of 10 heads of household without listed occupations, almost all had a son living there who worked the family land.

94. 10M 91, census of 1911: Bozon, *L'Ardèche*, p.65; Cornu, *Une économie rurale*, p.125; 6E 23/1, État Civil. Deaths outnumbered births in Balazuc during the period 1863—72(130 to 117), equaled each other during the following ten years(119 each in 1873—82), and, after an excess of 30 births in 1883—92, took precedence again by 109 to 75 in the 1893—1902 period. Those married in 1823—25 had an average age of twenty-five years; in 1843—54, it was thirty, and in 1883—85, grooms averaged

thirty-four years of age, their spouses twenty-eight years. One sign of the exodus was that the average size of household in Balazuc fell to 3.70 in 1911.

95. Census of 1911: 123 of 563(21.8 percent), including Chauzon (9), Vinezac (8), Pradons (6), Lanas (6), and Montréal, Ruoms, Laurac, Uzer, and Lagorce, 2 each. Six had been born in Marseille, 2 in Lyon, and 1 in Paris. The Gard led the way among other departments.

96. Cited by Cornu, *Une économie rurale*, p.127.

97. 12M 181; Cornu, *Une économie rurale*, p.151. A *valet de ferme* earned between one and three hundred francs per year; a servant between fifty and one hundred francs, including lodging and food.

98. Reynier, *Le Vivarais*, p. 154. By contrast, only 31,500 residents had not been born in the Ardèche, with the Drôme, Rhône, and Gard leading the way. In 1911, 24,000 Ardéchois lived in the Drôme, 22,000 in the Rhône, 16,400 in the Gard, 9,000 to 10,000 people each in the industrial Loire, Marseille and the Bouches-du-Rhône, and the Seine, 5,500 in the Isère, 5,400 in the Haute-Loire, and 4,000 in the Vaucluse.

99. Sahuc, *Le Fils du pauvre*, p.255.

100. Bozon, *La Vie rurale*, pp. 282—303; Bozon, *L'Ardèche*, pp.65—66; 1Z 344. During the last half of the nineteenth century, the Bas-Vivarais had a lower birthrate than other parts of the Ardèche(in part because of Protestants). Only about 10 percent of those living in the Ardèche in 1914 had been born elsewhere, and by 1939 the percentage had risen only to 15 percent, the majority from neighboring departments. Of those

born in Balazuc in 1875 for whom we have places of death, two died in Marseille and one in St.-Ambroix in the Gard. Of those born ten years later, deaths occurred in Sète, Marseille, Paris, and the Isère.

101. *Le Républicain des Cévennes*, December 18, 1909 and *L'Echo de Largentière*, March 5 and July 16, 1910; Cholvy, ed., *Histoire du Vivarais*, p.254.

102. Mairie de Balazuc, " Registre d'inscription des déclarations."

103. Mairie de Balazuc, October 30, 1905.

**Chapter 5**

1. F17 * 83 and T 499, "État de l'instruction primaire, 1833."

2. T 211 and T 499; 2O 184, mc, May 10, 1836. In Bessas, the fee was 75 centimes per pupil; in Lagorce, 1.50. The average pupil spent three years in school in Labastide and four in Lagorce, which was largely Protestant, and only one in Bessas.

3. 2O 184, May 10, 1836. The municipality paid fifty francs to rent the house that served both as the school and the teacher's lodging(T 43).

4. Jean Peyrard and Jules Joly, *En Ardèche, notre école au bon vieux temps* (Lyon, 1993), p.32.

5. T 211; Alain Molinier, "Les Difficultés de la scolarisation et de l'alphabetisation sous la restauration: l'exemple ardéchois," *Annales du Midi*, 97, 170 ( April-June 1985), p.148.

6. F17 * 83. Sharif Gemie has emphasized the isolation of the teachers he studied in the Rhône(Sharif Gemie, "'A Danger to Society'? Teachers and Authority in France, 1833—1850," *French History*, 2, 3 [September 1988], pp.264—87).

7. Molinier, "Les difficultés de la scolar-

isation," p.146, n.33. Cardinal Bourret, an Ardéchois, affirmed that "few dioceses were as religious as that of Viviers. The taking of the sacraments there was universal."

8. The land survey(*cadastre*) was drawn up under the supervision of an inspector for direct taxes, with the assistance of three inhabitants of Balazuc and two "experts" in the value of land(July 25, 1826). It divided land into land that could be cultivated, vineyards, meadows, woods, moors ( *landes* ), pastureland, willows, gardens, and houses, and within each category, it established the quality and the approximate value of the property. Land on which mulberry trees were planted was considered agricultural land; olive trees were counted as vineyards. Twenty-five houses stood outside the village itself and its hamlets, including one at Coste la Beaume, two at Savel, two at Retourtier, one at Mourre Frais, two at Chaussy, two at Les Plagnes, one at Les Costes, two at Couzamas, two at Montagussonon, three at La Gardette, and seven at Croix-du-Bois.

9. Birthrate: 32 per 1,000. Death rate: 24.8 per 1,000.

10. Bozon, *La Vie rurale*, p.259. The population of the Bas-Vivarais rose from 29,561 in 1801 to 51,521 in 1861; Rouvière, *Paysages de pierre*, *paysages de vie*, p.14; État Civil. In 1823—32, births 151 and deaths 122; in 1833—42, births 168 and deaths 154(this included the disastrous year of 1833); in 1843—54, births 188, deaths 146(6E 23/1). Thus the average age of death(twenty-six in 1823 and thirty-four in 1824; twenty-nine in 1843 and twenty in 1844) misleads because of the large percentage of children who did not survive their first year.

11. 5M 51; Bozon, *La Vie rurale*, pp.260—68. Other figures: 596 in the year IX, 611 in the year X, 629 in the year XI, 783 in 1826, 787 in 1831, falling briefly to 780 in 1841(a result of the epidemic of 1833).

12. Of sixty-seven couples marrying in 1813—15, 1823—25, and 1833—35, thirty-seven marriages brought together a bride and groom from the village(État Civil).

13. Census of 1846(Mairie de Balazuc). At the time of the 1846 census, 133 of 174 heads of household were *cultivateurs*, and 2 were laborers(some of those counted as cultivators were also day laborers, who probably did not own the land they worked). Also, 3 widows and 3 other single women headed families. Three men were comfortable enough to be listed as *rentiers*, and another simply as a property owner. *Rentiers*: André Teyssier at the Marché aux oeufs; Jean Antoine Tastevin at Salles; and his son, Jean Antoine Tastevin, at Portelas. A list of electors from July 1850 in the Mairie de Balazuc included 75 *propriétaires*, 64 *cultivateurs*, 1 *rentier* (Jean Tastevin), 3 masons, 2 blacksmiths, 2 innkeepers, and a handful of other trades.

14. Census of 1846(Mairie de Balazuc): 156 households and 880 people. The average household included 5.64 people.

15. Jean Cheyron, *Epidémies du choléra en Ardèche*(Largentière, 1985), p.3

16. État Civil.

17. September 4, 1839, February 20, 1842, n.d. [May 16, 1847], August 1, 1852, May 28, 1853; Jean Boyer; letter, March 7, 1853, Caveny, attorney in Largentière, to Mayor Mollier, December 19, 1853. In 1852 the three owners of the cemetery land apparently had still not been paid for the

land in which some of their neighbors now lay.

18. 12M 179; Bozon, *La Vie rurale*, p.131. Villagers consumed nine thousand kilograms of meat per year. This meant that the average person consumed about twenty-eight pounds of meat annually. This in itself reflects increased prosperity, contributing to a decline in mortality and population growth. Balazuc's mulberry trees produced about forty-five thousand kilograms of leaves each year.

19. See Woloch, *The New Regime*, p.428.

20. For example, a note, n. d. (July 1831) says that "Jean Vallier, Henri Constant; François Gineys; and Jean were in great indigence" and would not be included on the tax roll.

21. July 20, 1806. Woloch writes(*The New Regime*, p.155): "Thus was the old-regime legacy of governmental 'tutelage' over the communes renewed by the Directory, carried to an extreme by Napoleon, and perpetuated under the Restoration."

22. Prefect, June 20, 1809, following the law of 28 pluviôse, year VIII.

23. Mairie de Balazuc. Tastevin's fortune was estimated as between six and twelve thousand francs.

24. 2E ML 631; Jones, *Politics and Rural Society*, p.100.

25. Jean Boyer; May 18, 1823.

26. July 22, 1823, and June 7, 1826.

27. May 10, 1812; May 5, May 14, 1813; May 22, 1817; May 8, 1822; May 12, 1824; May 15, 1828; May 9, 1830; and June 6, 1835. The cantonal municipal receiver oversaw the municipal budget. Thus a circular of the minister of the interior in 1821: "You must never forget that the communes are merely usufructuaries of the wealth and property in their possession.... Guardianship essentially belongs to the [national] government" (Woloch, *The New Regime*, p.151). The secretary's salary was thirty francs in 1825 and forty francs in 1844. Maintenance of the clock cost twenty-two francs early in the Restoration, forty francs per year in the first years of the July Monarchy.

28. May 12, 1825; May 15, 1828; May 10, 1829. In 2000 the mayor of Balazuc refused to accept the thirty-eight-hundred-franc annual payment (about five hundred dollars) awarded to a village mayor. In 1834 the municipal council had to add a few more centimes even to pay back thirty-two francs still owed for the collection of taxes in the village over the past four years(July 13, 1834).

29. February 6, 1842, noting that it was "indispensable" to find a suitable place for the council to meet, suggesting the purchase of a building for eight hundred francs; May 16, 1847; June 29, 1848. However, the meeting of May 9, 1845, referred to gathering in the *maison commune* instead of "the ordinary room for its sessions."

30. Woloch, *The New Regime*, pp.156—58. Supplementary communal levies were authorized in 1805. Balazuc also had some sort of night guard, refered to as the *piéton*.

31. F7 9632, minister of the interior, January 31, 1821; reports of August 15, 1823; February 15, May 15, and October 4, 1826.

32. Mairie de Balazuc; F7 437, prefect, March 19 and June 4, report of September 6, 1831, and July 2, 1831.

33. For example, July 12 and November 22, 1818; May 9, 1830; and May 9,

1832. On July 13, 1834, the commune had to undertake a loan for a mere 224 francs to pay the rural guard. After 1814 the ten leading taxpayers were to approve the mayor's budget (Woloch, *The New Regime*, pp. 153—54 ), confirmed by the law of May 15, 1818.

34. 1MP 34, Int., October 30, 1865. 1M 34, article 36 of the law of April 19, 1829, noted in a circular from the minister of the interior, January 10, 1865; Article 5 of the law of February 28, 1872; Law of April 5, 1884, and minister of the interior circular of April 25, 1889. Rural guards were technically judicial officials; after 1830 they took oaths, before justices of the peace.

35. 5M 32, police for the canton of Vallon, July 15, and gendarmerie report, July 27, 1861.

36. *L'Echo de Largentiére*, August 7, 1909.

37. May 10, 1812; May 15, 1814; December 3, 1815; April 15, 1832; August 1, 1834; April 14, 1837, May 16, 1846; and mayor's decree of May 9, 1845, naming Vianès, the innkeeper, as rural guard.

38. May 28, 1851; November 6, 1853; June 6, 1854.

39. Jean Boyer places Vacher in Balazuc.

40. Angus McLaren, *Trials of Masculinity: Policing Sexual Boundaries 1870—1930* (Chicago, 1997), pp.159—64. The story is told in the film *Le Juge et l'assassin* (1979), which considers the relationship between the judge and the killer. Vacher was born in the Isère in 1869, one of eleven children in a very poor family. He claimed to have been bitten by a rabid animal and tried to strangle a brother at age twelve, before an abbreviated, disastrous stint in a monastery. Following brief employment as a papermaker, he went into the army, where he suffered "the sexual conflicts he experienced in dealing with males." Dismissed on convalescent leave, in Besançon he shot and wounded a woman who had had the good sense to turn down his request that she marry him.Medical experts declared him sane, and he was guillotined on a public place in Bourg-en-Bresse on the last day of 1898.

41. *L'Echo de Largentière*, August 13, 1910. Jean Boyer's account of this is somewhat different. He has the woman claiming to have been raped but an investigation decided that both were "joyously" drunk.

42. 1Z 311, based on records 1897—1925, July 22, 1905; *Le Républicain des Cévennes*, April 23 and December 17, 1892; January 6, 1912; March 19 and April 23, 1892; *L'Echo de Largentière*, August 26, 1906, August 7, 1909, and December 24, 1910. In 1856 thieves stole from the mayor himself, as well as two other *agriculteurs* ( 1Z 245, Tastevin, August 4, 1856).

43. F20 161, "Situation du département de l'Ardèche pendant l'an 13."

44. Mairie de Balazuc, dated l brumaire, year XIII. In 1853, Claude Mollier *dit* Prieur, asked permission to operate a boat for his own use, including attending the land he owned on the right bank of the river(subprefect, March 5, 1853).

45. October 12, 1836, July 7, 1844, and May 9, 1845. October 12, 1836, July 7, 1844, and May 9, 1845. Such labor obligations were authorized by virtue of a 1797 law, an 1802 decree, and the law of July 28, 1824, as described by Woloch, *The New Regime*, pp.166—70.

46. August 12, 1839. The council also rejected the idea of contributing to the financing of either of two other roads

being considered along the Chassezac River, neither of which had anything to offer Balazuciens.

47. November 15, 1846, n.d.(May 16, 1847); September 17 and October 12, 1848; July 1, 1849; and May 5, 1850; December 19, 1853; 20 184, subprefect, August 26, 1854. Not until 1843 did a coach link Aubenas and Alès via Joyeuse. To be sure, few councils were able to resist the temptation to exaggerate village misery in the ill-placed hope of avoiding taxes. Residents of Audon and Servière were criticized for not contributing to the construction of a suitable path from Balazuc down to the new road, which after all was on the other side of the river.

48. Jones, *Politics and Rural Society*, p.42. The Vivarais "remained subject to a variety of collective practices which the Revolution challenged but failed to destroy." The law of 1837 allowed "the sub-division of commonland into small leasehold plots(p.144)."

49. 2O 187, "biens de la commune de Balazuc," n.d.(about 1820), noting 137 hectares, whereas other documents refer to 200 hectares. This land was estimated to be worth two hundred francs per hectare. In addition, less than half a hectare of vineyards could be found there (worth, in principle, a thousand francs per hectare, but cultivation had been abandoned "for a very long time") and on a tiny patch of cultivable land. The marquis de la Fare and then the comte de Vogüé had owned some of the *gras* during the eighteenth century, some of which had been sold as *biens nationaux*.

50. November 29, 1818, September 20, 1819, and August 18, 1822. Common land could be found in Croix-du-Bois, Chazotte, les Costes, and the Serre Bar-baud, Serre Rimbaud, and Serre Lauriol. In 1822 one of the Constants participated in the drawing and "accepted a parcel" of land on the Serre Chastagnon, even as the municipality awaited official authorization to go ahead.

51. On Februay 16, 1820, the council asked the mayor to take "all necessary actions ... to bring to an end any trouble that could be brought by this commune (Vinezac) against that of Balazuc, whose possession of the place in question should be free and exempt from any limitations of usage." Mayaud( *La Petite Exploitation*, p.115) writes, "The community of a village is equally an agricultural community, at the same time the agent organizing work, the organ regulating collective uses, and the instrument managing collective property."

52. Rouvière, "Le Gras," pp.2—3. Another act in 1599 by the Senechal of Nîmes maintained these rights. The animals of Balazuc could drink from the *fontaine de Loda* and the pasture near it. Vinezac brought forward documents from 1422, 1398, 1599, and 1624 giving its villagers the right to pasture their animals on the land Balazuc intended to divide and sell ( February 16, 1820 ). Bozon, *La Vierurale*, pp.98—100, discusses the dispute, noting that in 1485 the men of Uzer gave those of Balazuc the right to lead their animals to drink from the fountain of Beaumegiraud, while another in 1548 allowed them to take their animals to drink from a stream but not to cross into Uzer.

53. On November 9, 1820, the council rejected the claims of Antoine Rieu and Philippe Constant. Two inhabitants of Balazuc claimed that the experts had overlooked the fact that they had possessed "from time immemorial" land on

the Serre Chastagnon on the *gras*, which was to be included in the sale.

54. 2O 187, subprefect, May 22, 1820; Mazon, *Notice sur Vinezac*, p. 153, relates the alleged shooting; May 18, 1823, the resignation of Jacques Mollier, mayor, replaced by Jean-Baptiste Alexandre Tastevin.

55. May 12, 1825. The council also undertook a lawsuit against Jean Constant for "usurping" rights held by the commune on the *gras*, as cited by the rural guard in 1822, noting that the village had held rights on the *gras* "from time immemorial." Lanas had dropped out of the contest. Michel Rouvière refers to a second decision rendered by the tribunal of Largentière on August 14, 1825.

56. May 15, 1828, February 17, 1829, and May 16, 1831; September 20, 1835; May 15, 1837. On July 28, 1828, an expert submitted a report on the advantages of the sale to the commune. In 1836 the prefect estimated that the sale should produce 15, 580 francs, which would be payable by the purchasers with interest within four years(1Z 535, February 25). Royal authorization came on February 2, 1835, for the sale of slightly more than 201 hectares to 133 households.

57. Purchasers in principle were to pay within four years, at 5 percent interest. After the sale, Balazuc still held parcels of land in Croix-du-Bois, Chazotte, les Clos, Charousset, Louanes, and les Plagnes. The tax inspector on November 27, 1853, counted seven *usurpateurs*, including Jean-Baptiste Tastevin, André Auzas, Jean Pays, Jean-Baptiste Thibon, Jean Ranchin, and Joseph Lapierre, the baker.

58. 1Z 535, subprefect, December 27, 1843, report of tax official, November 27, 1853, and expert, December 13,

1853, and May 21 and August 1 and 6, 1854; Mairie de Balazuc, subprefect, January 10, 1854, and July 7, 1858. During that decade and the 1860s, accusations of usurpation of the communal by residents of neighboring communes flew about. In 1882 the municipality hired an "expert" to try to make some sense of the whole mess, amid complaints and legal contests. The sale of some of the remaining common land led to enormous confusion; the municipality continued to pay taxes on land that had been purchased by its residents. Five years later the adminstration annulled all prior arrangements. Finally, in 1898, an authorized surveyor took charge, and the municipality forced those purchasers of communal land to pay back taxes the commune had been paying on the land (December 26, 1886, October 23, 1887, and June 5 and August 24, 1898; Jean Boyer).

59. 1Z 535, Fleuvaux, tax collector, of Vallon, September 27, 1853.

60. Mairie de Balazuc, April 10, 1853, and n.d. The meeting of June 2, 1854, voted that 390 francs be allocated to reimburse Dours. The sum of 913.86 francs for the cemetery was owed to Pays, Tastevin, Perbost, Constant, Auzas, and Dours. Mathieu Valladier of Vallon was finally paid off in principal and interest in 1850.

61. 1Z 233, subprefect of Largentière, July 26, 1862, January 29, 1863, December 9, 1865, and March 21, 1866. In 1840 even the most basic repairs to the church had been estimated at two thousand francs, but the church council had only four hundred francs(1Z 801, Mayor Teyssier, March 6, 1846).

62. 1Z 570, November 4, 1860.

63. Gordon Wright summarizes in *France*

*in Modern Times* (New York, 1995),
p.150: "The state first took on more
than half the construction cost by provi-
ding the land, the roadbed, and the
bridges and later shifted to a kind of
cost-plus arrangement by which it guar-
anteed to the private firms a fixed return
on their investment."
64. November 18, 1894. Telegraph
service began from the small station
in 1894.
65. December 10, 1899. The Freycinet
Plan of 1879 created a plan for state-sub-
sidized construction of secondary lines,
some of them of marginal utility, how-
ever, viewed by those competing for
them as essential to their region and
town. On winners and losers, see Chris-
topher Johnson, *The Life and Death of
Industrial Languedoc 1700—1920*, espe-
cially chapters 6 and 7.
66. A sad account of a meal in 1897 near
Issarlès: "[T]he children are seated near
the chimney, where potatoes are cooking
in water. The latter are emptied into a
strainer to drain, then put on the
table. The father crushes them with a
blow of his fist, grinds salt with the aid
of a bottle, and each person takes a
salted potato from the table. A little milk
for everyone and dinner is over" (Carlat
and Forot, *Le Feu sous la cendre*,
pp.37—39).
67. Roger Ferlet, *Le Vivarais d'antan*, 2
vols.(Valence, 1981—82), p.65; Bozon,
*La Vie rurale*, pp.278—79.
68. August 15, 1875, providing a list of
the leading taxpayers of Balazuc.
69. August 15 and September 28, 1884;
2o 184, subprefect, August 25, 1854;
August 15 and November 9 and 23,
1884; May 3, 1885; May 16, 1886; De-
cember 7, 1892, and November 18,
1894. Louis Constant and Benjamin

Boyer refused to go along with the pro-
posal, claiming that the terrain was in-
appropriate. In 1890 Marie Boissin still
had not been paid for the land she had
sold. The municipality took out more
loans for the cemetery (T 322,
subprefect, September 14, 1994, and 2O
185), for example, those cemetary plots
sold to Henri Cartoux, December 8,
1890(42 francs), Philippe Ranchin, Jan-
uary 31, 1914(105 francs), etc.
70. August 20, 1895. In 1869 the munici-
pality borrowed forty-five hundred
francs from the *caisse vicinale* (a fund
for village roads and paths) in order to
improve the path down to the Vogüé-
Ruoms road, but apparently the money
was not actually paid to Balazuc.
*Propriétaires* who had sold adjoining land
to the commune still had not been paid
by 1871.
71. May 5, 1895, November 23, 1902,
February 16, 1902(the 6,232.40 francs
would be financed 15.45 percent by the
commune, 24.25 percent by the depart-
ment, and 60.20 percent by the state);
October 20, November 24, 1907, March
15, 1908, and January 26, 1913.
72. 2O 186 (dossier titled "Tour priso-
nnière"); architect's report, February 22,
1895, and estimate; subprefect, April 1,
1895; March 3, 1895, January 31,
1897, and May 7, 1911. On September
2, 1898, the municipality sold the
building in the *quartier* of the Portail
d'Été that had housed the municipal
council for 150 francs.
73. V 53; May 4, 1827; May 10, 1829.
74. By virtue of laws in 1879 on medical
assistance to the poor and another law in
1893; September 10, 1893; January 30,
1895, and November 19, 1905 and
circular of Ministry of the Interior, July
29, 1905. This included small indemnities

for travel to see the nearest doctor available, five miles away in Ruoms.

75. March 3, 1878.

76. August 23, 1885; June 9, July 23, and August n.d., 1893. In the end, following a survey undertaken by the gendarmerie, the father agreed to pay half of the cost, with the department chipping in as well.

77. June 23, 1895; September 23, 1906; February 19, 1911; February 25, 1912; July 21, 1912.

78. February 10, 1901, and February 9, 1908, October 15, 1912, and *Le Républicain des Cévennes*, October 5, 1912.

79. Balazuc, *Mémoires de soie*, p.147.

80. October 23 and November 15, 1908; August 7 and November 13, 1910.

81. December 3, 1911, March 17, 1912, and February 9, 1913. Of course, political considerations may have come inevitably into play (particularly during the first decade of the twentieth century, when the Charousset and Mouraret factions were at war), but we have no evidence of this.

82. April 13 and 30, 1880; May 3, 1885; May 16, 1886; February 19, 1893, February 25 and March 17, 1894; February 18, 1896; and August 8, 1897.

83. November 13, 1898, July 14 and August 19, 1900, and April 12, 1903; June 13, 1900; October 6, 1901; November 18, 1906; and September 17, 1913.

84. F17 10374, report of the Commission de l'Instruction Publique, 1817; a report in V 51 notes that Balazuc had one boys' school with twenty-five pupils. Balazuc was part of the academy of Nîmes until mid-century, that of Grenoble thereafter.

85. Raymond Grew and Patrick J. Harrigan, *School State, and Society: The Growth of Elementary Schooling in Nine-teenth-Century France—A Quantitative Analysis* (Ann Arbor, 1991), p.31. F20 741; Cholvy, ed., *Histoire du Vivarais*, p. 218. In 1821, the percentage of children twelve years of age who could be considered at the primary level stood at 29.9 percent in the canton of Vallon, 22.5 percent in the Ardèche. An ordinance of 1824 gave ecclesiastics considerable leeway in overseeing primary schools. Cantonal committees established by the Ordinance of February 29, 1816, had little impact.

86. T 498 SP Largentière, April 21, 1831; 10T 8, report of October 25, 1831; T 576.

87. État Civil(4E 23/4). Mollier was succeeded by Jean Besson in 1826 and Joseph Avias two years later. The literacy rate (of those able to sign their names) for conscripts in 1827—29 stood at only 32.9 percent in the Ardèche, 37.2 percent for the canton of Vallon (Molinier, *Paroisses et communes de France*, p.49).

88. Stephen Harp writes, "Intervention by the French state ... took over a patchwork of local and religious institutions and transformed them into a primary school system" (*Learning to be Loyal: Primary Schooling as Nation Building in Alsace and Lorraine, 1850—1940* (De Kalb, Ill., 1998), p.7. See F17 10260.

89. Ibid., pp.33—35; F17 11345, inspector, August 28, 1834; Molinier, "Les Difficultés de la scolarisation," p.135. The 1816 ordinance established a cantonal committee, then presided over by a priest, to watch over primary schools and encourage the establishment of schools in communes that did not have them. Molinier also notes that the number of communes without any school had fallen from 164 communes in 1821 to

82 by 1833.

90. AD Gard, 10T 8(1831—33), report of August 6, 1833; F17 10260, J. Bouvret, February 16, 1841.

91. T 495, November 9, 1833; F17 9632, report of 1837, notes "especially stuttering and what is known as *le sésérément* ('s' for 'ch' et 'z' for 'g') as the two vices that most need to be fought, but in theory more than in practice." By the late 1830s the number of schools had jumped to 532, with 23,850 pupils, of whom more than 8,000 were admitted free(F17 10260).

92. F17 9370, inspector's report, Airolle Condujorgues, August 1836. During the winter, 8,742 boys between six and sixteen but only 482 girls were in public schools. However, if children in schools run by the church were added, 11,524 boys and 9,085 girls were receiving some education(6,160, a third, were carried on the list of indigents). Yet with 42,591 school-age children in the Ardèche, this meant that more than half(21,982) did not attend at all. Moreover, only about half of these(5,459 boys and 4,658 girls) attended during the summer months. Of 212 schools, 117 still used the individual method.

93. Molinier, "Les Difficultés de la scolarisation," p.141, drawing on F17 83; T 211.

94. T 211. August 12, 1841, indicates that in Balazuc 143 families "would be able to pay for their children's schooling"; October 24, 1852. The inspector calculated that the average teacher in the Ardèche earned 495 francs per year, barely enough to survive—if parents provided 295 francs in fees (1Z 765, May 9, 1845, May 18, 1846, February, 1, 1846; October 6, 1848; T 3290, authorization of February 3,

1849).

95. F17 9313, "Rapport général sur la situation de l'instruction primaire dans le département de l'Ardèche en 1849"; Molinier, "Les Difficultés de la scolarisation," pp. 142—44; Jacqueline Roux, "L'Enseignement primaire dans l'Ardèche sous la monarchie de juillet: La contribution des congrégations religieuses à l'enseignement elémentaire," in *Eglises, pouvoirs et société en Ardèche (milieu xviiième siècle-milieu XIXème siècle)* (Ucel, 1993), pp.125—26. Actes du Colloque de Charmes-sur-Rhône, April 4 and 5, 1993. By 1847 the Ardèche could boast 502 primary schools in 330 communes, 226 public and 276 private. Only 25 communes still had no schools.

96. August 12, 1841; May 16, 1847; and May [n.d.], 1838, and December 12, 1839, set the monthly sum parents were to pay at 1, 1.50, and 2 francs, F17 11369 and F17 11373. The combination of the 200 municipal francs, departmental allocations, and whatever parents managed to pay(180 francs his first year) raised Lafont's income to somewhere near the minimum of 600 francs.

97. July 14, 1832; February 10 and August 28, 1834; December 12, 1839; February 3, 1850; 1Z 535, prefect, August 21, 1834. The house belonged to Joseph Leyris; February 6, 1842, indicates that no purchase had been made and identifies another possible acquisition.

98. August 4 and November 4, 1850, and April 20, 1851; 1Z 773, Mayor Tastevin, January 2, 1851. Vital taught fifty-six boys, but only twenty in the summer. The familes of thirty paid, and twenty-six were admitted free, as "indigents."

99. Mairie de Balazuc, plan signed by the

architect Frey, August 6, 1853; *agent-voyer*, February 4, 1852; subprefect, February 7, 1852; January 12, February 12, 1852, September 20 and 25, 1853, November 6, 1853, January 19, August 20, February 20, and September 24, 1854; SPL, April 9, 1852; 2O 184, sale, May 14, 1855, minister of public instruction, July 31, 1854; T 209. When the mayor proposed the 1855 budget, which included funds to acquire the house belonging to Charousset ( of Largellas ), the council members and leading taxpayers turned it down by a vote of ten to eight.

100. F17 10382, "État de l'instruction primaire," December 8, 1821.

101. T 499; T 212. The Pelet Law of June 23, 1836, authorized the title of *institutrice communale* if the municipal council allocated a salary. Twenty-eight female orders were established or returned to the Vivarais between 1796 and 1839, including fifteen communities of St.-Joseph, among them those of Aubenas and Vesseaux ( p. 220 ). The school inspector in 1850 considered Marie Raphanel's "letter of obedience" of "no value."

102. T 209 and 211, "État de situation des écoles primaires," 1836—37, 1839—40, 1841—42, 1843—44; T 175, 1851; 1Z 773, prefect, February 1, 1854, and Deputy Mayor Constant, November 1853; n. d. ( May 16, 1847 ), February [?], May 19, 1852, September 25, and November 6, 1853; T 74, ·subprefect, December 6, 1853.

103. November 11, 1832; 2O 188, members of the Charity Association, June 6, 1835, voted unanimously to begin a lawsuit; January 19, 1836, and subprefect, January 9, 1836; August 20, September 10 and 24, 1854, and February 22, 1857, and November 7, 1858. Père Baille had left the village his house at the Portail d'Été. A suit began the following year ( November 7, 1858 ), with 193 francs paid to the lawyer who handled the commune's suit.

104. 1Z 520, letter of Tastevin, Mollier, Cartoux, Auzas, and the village priest, November 14, 1860; January 19, 1854. T 175 and T 209. In all, 105 people contributed 321 francs in cash or work, themselves and their mules. Mairie de Balazuc, plan approved by the subprefect, May 10, 1856; 20184, agreement September 20, 1856, mayor, January 4, 1856, subprefect, March 23, 1854, and April 10, 1857; prefect, June 21, 1854, architect, June 24, 1854, and council, September 25, 1854; list of subscribers; mayor, October 13, 1858; notarial document, July 28, 1860; March 25, 1862; 1Z 520, mayor, November 4, 1862.

105. 2O 184, procès-verbal of hearing before the justice of the peace of Vallon, March 15, 1857; subprefect authorization, April 10, 1857, and act of sale, registered July 15, 1857; T 216; August 26, 1859. The house then had two floors, a *cave*, a stable, and an attic. [ It was purchased from Antoine Tastevin *dit* Julien. The latter had debts, owing money to Louis Vianès, innkeeper and grocer; two men in Vallon; a wholesale merchant in Lagorge; and Auguste Perbost of Balazuc, by virtue of an old marriage contract ( November 20, 1856 )]; T 27, mayor, September 5, 1858. Parents were to pay 1 or 1. 50 francs, depending on the age of the pupil. In 1866 the girls' school had twenty-three paying pupils and eight indigents.

106. February 18. 1855. In contrast, an inspector in 1857 described Huond as "routine-minded, sick, can no longer teach in this school."

107. Mairie de Balazuc. Huond, who was in his sixties, "ingenious and honorable." feu ill with an incurable illness and left his post in 1857. A colleague in Vallon wrote to ask the prefect to facilitate the payment of his last salary, because Mayor Tastevin had not taken any action (1Z 773, subprefect, November 18, 1857; letter of Cherité, October 22, 1857).

108. F17 9374; F17 9279, report of rector, June 1854; F17 9374. T 209, 1853—54); Cholvy, ed., Histoire du Vivarais, p.244. In 1879, the percentage of boys in their schools had risen to 46.6 (compared with 20.2 in France as a whole) and of girls to 77 (compared with 54.1 in France).

109. T 212, inspector, January 27, 1850; F17 9314 (1853); F17 9319 (1855); F17 9317, February 8, 1855. Of those 45 in public schools, 18 were lay teachers, and 27 nuns; of the 78 teaching in private schools, 50 were lay Catholic teachers, 24 were nuns, and 4 Protestants. Presumably a good many of the lay teachers had letters of obedience from convents. During the 1853—54 school year, of 123 women teaching in primary schools for girls (public or private), only 19 had brevets, 49 had letters of obedience, and 55 had only provisional authorizations given by departmental authorities or none at all.

110. F17 9322, inspection, 1855. See Robert Gildea's excellent Education in Provincial France, 1800—1914: A Study of Three Departments (New York, 1983).

111. F17 9322, 1859, despite the fact that in many places the school fee had been lowered.

112. F17 9336, 1858 and F17 9322 (1855, 1859, 1865); F17 9374, "Rapport au Conseil académique." Of 216 instituteurs armed with brevets in 1859, 76 had received them from the école normale de Privas. In 1877, only 16 candidates, all from the Ardèche, entered each year (Cholvy, ed., Histoire du Vivarais, p.241). The raw silk disaster may have helped convince municipalities to be more generous and increased the interest in schools.

113. 10M 28, 1872, subprefect, March 31, 1859.

114. F17 10779. The minimum salary was raised to seven hundred francs in 1862 after five years of service and in 1875 to nine hundred francs.

115. F17 9319, inspection académique, arrondissement of Largentière, 1855; BB30 382, procureur général of Nîmes, July 9, 1867.

116. F17 10779. See Jean-François Chanet, L'École républicaine et les petites patries (Paris, 1996).

117. In 1912, 158 teachers served as secretaries out of 346 communes in the Ardèche (T 246, inspecteur d'académie, October 23, 1912).

118. According to a document in the Mairie of Balazuc, 382 people could neither read nor write (47 percent), 141 could read but not write (17 percent), and only 295 could both read and write (36 percent). These statistics are very approximative and a little misleading because they include children below school age. A decade later, in 1884, in five marriages, only 1 bride and 3 grooms could sign, but all the witnesses save 2 could do so.

BRIDES AND GROOMS WHO COULD
SIGN THEIR MARRIAGE
CERTIFICATES IN BALAZUC

| YEARS | GROOMS (percentages) | BRIDES (percentages) |
|---|---|---|
| 1813—15 | 50 | 36 |
| 1823—25 | 21 | 14 |
| 1833—35 | 45 | 14 |
| 1843—45 | 62 | 31 |
| 1853—55 | 35 | 35 |
| 1863—65 | 77 | 32 |
| 1873—75 | 70 | 37 |
| 1883—85 | 75 | 45 |

Source: État Civil.

119. Bruno, *Le Tour de la France par deux enfants*, p.161, taken from Bernard Salqucs, "Écrits et litérature occitans du Vivarais," in *La Langue d'oc en Vivarais et Ardèche*, *Mémoire d'Ardèche et Temps présent*, 52-I(November 1996), p.42.

120. *Annuaire du département de l'Ardèche*, year IX, pp.60—61.

121. Peyrard and Joly, *En Ardèche, notre école*, p.vii.

122. *Annuaire du département de l'Ardèche*, year IX, pp.60—61.

123. See Chanet, *L'École républicaine et les petites patries*.

124. F17 9322, 1855. Jones, *Politics and Rural Identity*, p.122. "French suffered an enormous disadvantage in the competition with patois .... Only when more peasants spoke French ... would the balance tip against the vernacular. This did not happen until the 1880s at the very earliest." In Jones's words, the clergy "hovered between the two languages." A survey undertaken in 1864 revealed that in the Ardèche, 13 percent of the population could not speak or write in French. This figure misleads because patois remained the language of everyday life.

125. Reboul, *Moeurs de l'Ardèche au XIXe siècle*, p.288; MR 1248, "Mémoire sur les environs de Privas et Viviers," 1846; 15M 1, February 28, 1849.

126. Georges Massot, *La Langue d'oc en Vivarais et Ardèche*, in, "Genèse et histoire de la langue occitane et des idioms vivarois." *Mémoire d'Ardèche et Temps présent*, (November 1996), p.19.

127. See Jones, *Politics and Rural Society*, pp.127—28, 160—61.

128. See David Bell, *The Cult of the Nation in France: Inventing Nationalism, 1680—1800* (Cambridge, Mass., 2001).

129. Chanet, *L'École républicaine et les petites patries*.

130. F17 10779; ["Sylvestre"], "Le Patois vivarois," *Annales du Vivarais*, 14(1906), p.272.

131. BB30 382, PGN, October 11, 1859; F17 9279, rector reports, May 1852 and October and November 1853; V 51, December 24, 1882; 1Z 773, subprefect, December 6, 1853. Some of the parents asked that their children be transported across the river at no charge, but the fee charged for crossing the river in the *bac* was minuscule; Mairie of Balazuc, reports from the 1880s.

132. T 70; Mairie de Balazuc; in September 1844, seven girls were still "at home." During the 1882—83 school year in Balazuc, of 427 half days possible at school, boys were absent 2,828 times of 17,565 possible "presences"; girls did better, 2,748 absences out of 22,842 half days(16 and 12 percent respectively).

133. Peyrard and Joly, *En Ardèche, notre école*, p.xxxxviii.

134. T 209. The girls' teacher took in 200 francs from the municipality and 320 francs paid by parents and hoped for an additional 50 francs as "eventual salary."

135. T 70, inspector, October 23, 1879.

136. F17 9253, July 3, 1877; n.d., 1880; Cholvy, ed., *Histoire du Vivarais*, p.242; Jean Debard, "Premiers écoliers de Saint-Pons," in *Le Chemin des écoliers*: *L'Enseignement en Ardèche*, I, in *Mémoire d'Ardèche et Temps présent*, 21(February 1989), p.30.

137. T 27. Religious orders taught 477 of the Ardèche's 883 schools(54 percent), and made up 1,246 of the 1,745 teachers in the department(71 percent). In all, the religious orders taught 62 percent of children in school in the Ardèche(33,081 of 53,257).

138. F17 2740, report, June 18, 1884; T 27 and T112. The former school, below in the present *mairie*, was sold in 1911 for six hundred francs. February 28, 1881; architect's plan, May 30, 1880; 2O 184. An *école normale* for women opened in 1880 with ten students (Cholvy, ed., *Histoire du Vivarais*, p.243). T 322; V 51; 2O 184, architect's plan; August 15, 1880. The house was purchased from Antoine Tastevin *dit* Pouchon. Ozil replaced Henri Moulin on October 3, 1881, and was followed by Fournet and then by Aristide Roux. Ozil also briefly taught an adult course with twenty pupils, with the goal of teaching basic aspects of the French language.

139. V 51, 1883.

140. September 3, 1885; T 359, subprefect, October 13, 1885; Pays, October 10, 1885; inspector, November 26, 1885; Cholvy, ed., *Histoire du Vivarais*, pp. 244—45. Laws in 1903 forced the *congréganistes* to leave or to secularize. In the Ardèche in 1887—88, 38.4 percent of male pupils and 69.4 percent of girls still had teachers from the religious orders.

141. November 21, 1897, May 18, and July 13, 1899; 2O 184, inspectors' reports. August 18, 1885, and March 18, 1898. T 27, note(n.d., 1888); T 97 and T 124, report of July 10, 1899. Some children from Louanes, which had thirty-five residents, and from Couzamas, which by then had fifteen residents, then went to school in Pradons(T 51, February 20, 1887).

142. August 10, 1902.

143. November 1 and December 29(the third convocation), 1901. The prefect had rejected the first estimate of cost because the population of Balazuc was falling. T 443; 1Z 507; 2O 184, inspector, October 27, 1899; V 51; T 3375; October 2, 1904; 1Z 779. The land purchased for 1.25 francs per square meter and the cost of construction (28,447 francs) were largely financed by a government subsidy of 18,450 francs and a loan of 10,378 francs. Architect Louis Raphanel claimed Balazuc owed him more money but lost his case. The old girls' school at the Portail d'Été was sold in 1906(V 51). The municipality had voted to create a school fund in 1882(law of June 1, 1878), but it seems never to have existed before 1912, when the prefect insisted that one be created and provided 10 francs' encouragement. Beginning in 1904, a municipal commission(Law of March 28, 1882) came into existence "to oversee and encourage attendance in the schools."

144. T 379 and T 383; architect's plan (Mairie de Balazuc), June 19, 1899.

145. Peyrrard and Joly, *En Ardèche*, *notre école*, p.3; V51. At this time pupils remained in primary school until they were thirteen or fourteen. With the establishment of *collège*(middle school), pupils left after CM₂(U.S. fifth grade) at about age eleven. Those who went to

school under the old system sometimes say that someone who earned a *certificat* knew as much as someone with a *brevet* from a *collège*.

146. This and the following draw heavily from the wonderful account of Peyrard and Joly, *En Ardèche, notre école*, pp.3—67, quotes from pp.3, 10, 14—15, 29, 39, 46.

147. *Conseils à propos de la vie privée de l'instituteur en 1879*.

148. Mairie de Balazuc; T 71.

**Chapter 6**

1. Albin Mazon, *Voyage au tour de Valgorge*(Privas, 1879), pp.vi—xvi, 232.

2. Cholvy, ed., *Histoire du Vivarais*, pp.219—22. The number of Protestants stood at about 12.5 percent, 51,000 in 1861(p.224).

3. Jones, *Politics and Rural Society*, p.143.

4. *Le Républicain des Cévennes*, July 27, 1895. Another tradition, long since disappeared, was festivity surrounding the *tirage au sort*, the drawing to see who would leave the village as military conscripts. For example, in 1894 (*Le Républicain des Cévennes*, February 9, 1894)the young men of the military class of that year presented "their magnificent flag of real value, which they honorably carried at the time of the drawing" for military service.

5. BB18 1244, PG Nîmes, February 8, 1837.

6. Allignol, *Balazuc et le Bas Vivarais*, pp.397—98. His take on this was that "undesirable elements" had joined and changed the confraternity.

7. The *procureur général* of Nîmes confused Balazuc with the village of Balaruc in the Hérault, knew of no trouble there, and had to be reminded by the

minister of justice that Balazuc was in the Ardèche(*procureur général* of Nîmes, February 18, and minister of justice, February 27, 1837). Peter Jones mentions the incident(*Politics and Rural Society*, p.143).

8. BB18 1244, PG Nîmes, March 9, 1837. Allignol ( *Balazuc et le Bas Vivarais*, pp.398—99) blames Dours and suggests that some sort of hearing took place in January 1841, bringing together the municipal council and several leading citizens. Dours had resigned and did not show up. The new bishop, Jean-Hippolyte Guibert, insisted that never again would such " superstitious practices" occur on the occasion of the feast day. When Albin Mazon visited Balazuc in 1884, he heard about the event, which had lodged in the collective memory.

9. October 6, 1830; Jean Leyris, a *propriétaire* of modest means, and Antoine Auzas, son of the former mayor from the hamlet of Louanes; 2MP 34, prefect, October 21, 1830.

10. 3M 103; Maire de Balazuc, original list submitted by the mayor. Four years later there were but three ( Alexandre Tastevin, Antoine Auzas, Jacques Mollier) and in 1846, Auzas, Leyris *dit* Icard, and Teyssier.

11. March 10, 1832; 3M 150; Mairie de Balazuc, prefect, October 25, 1834. Tastevin, faithful to the Restoration, was conspicuous by his absence from the list. Municipal councils were to meet once in February, May, August, and November in "ordinary session" with the prefect's authorization.

12. 2MP 34, Tastevin, November 14, 1840; subprefect, December 26, 1840; and prefect, February 2, 1841; 3M 266; January 17 and March 14, 1841; 3M

221; 3M 220, subprefect, February 26, 1841. The prefectura council had annulled the elections for the municipal council, and a second election had to be held (prefect, August 7, 1840). Dours resigned as mayor "in favor only of Jean-Antoine Tastevin" (January 11, 1841).

13. The phrase echoes Maurice Agulhon's brilliant *La République au village* (Paris, 1970).

14. Élie Reynier, *La Seconde République dans l'Ardèche* (Privas, 1998; originally published 1948), pp.35—39.

15. 2M 337, subprefect, May 7, 1849. Because Balazuc's vote was counted with those of Pradons and Ruoms, we do not know what percentage of men voted.

16. Cholvy, ed., *Histoire du Vivarais*, p.233; Jones, *Politics and Rural Society*, pp.214—15. Edward Berenson (*Religion and Mass Politics in France* [Princeton, 1984]) has emphasized the links between the Montagnards (democratic Socialists) of the Second Republic (thus "Jesus the Montagnard"), considering, for example, the impact of religious aspects of utopian socialism, but largely ignores telling regional variations.

17. 2M 337; Reynier, *La Seconde République*, pp.70—79, 84; 5M 10, subprefect of Largentière, September 18 and November 1, 1848; 1Z 250; 2M 273. In the Ardèche, Louis Napoleon Bonaparte received 39,320 votes, Cavaignac 16,495, and Ledru-Rollin 3,719 votes. In Ruoms, Pradons, and Balazuc, Bonaparte garnered 213 votes, Cavaignac 12 votes, and Lamartine a single ballot.

18. On the first ballot 123 men elected Henri Denis Cartoux and Claude Mollier, both members of the previous council, with 79 and 62 votes, respectively. On the second ballot, only 48 men voted, and André Teyssier led with

31 votes, followed by Jean Antoine Tastevin, *rentier*, and Cyprien, both with 29 votes. Mollier, who operated the small boat, and Lapierre, the village baker, were among those elected.

19. 3M 261 and 3M 265; 3M 248, 3M 261, and 3M 265, procès-verbaux, report of December 29, 1848, and August 29, 1848. Jean-Antoine Tastevin became deputy mayor.

20. In his *French Peasants in Revolt*, Ted Margadant has linked the expansion of rural industry during the Restoration (1814—30) and the July Monarchy (1830—48) to the success of the Montagnards during the Second Republic, highlighting the role of small market towns (like Joyeuse, Vallon, and Aubenas) in this process.

21. Reynier, *La Seconde République*, pp.38—39, 104, 90—97. See Merriman, *The Agony of the Republic: The Repression of the Left in Revolutionary France, 1848—51* (New Haven, 1978). For Balazuc, we have again only the results combined with those of Pradons and Ruoms. On the left, Laurent (de l'Ardèche), the only staunch republican elected in 1848, led the way with 164. In the by-election of 1850, only 144 of the 255 eligible voters took part in Balazuc, casting 82 ballots for Carnot, a republican with a strong family history brought into the Ardèche to run, and 62 for the successful legitimist candidate Latourette (1Z 250).

22. 1Z 285; Mairie de Balazuc, lists of March 1 and July 11, 1850; 2M 341, justice of the peace of Vallon, June 12, 1850; Reynier, *La Seconde République*, p.121. In the canton of Vallon, the number of voters fell from 3,055 to 2,156, and the department lost a third of its voters.

23. 5M 11, teacher and secretary of Orgnac, July 14, 1851, and March 8, 1851; Mayor Boissin of Grospierres, July 14 and subprefect, July 17, 1851.
24. 5M 11, SPL, March 23, 1851.
25. 5M 10, Vigier, November 11, 1851; undated gendarmerie report; 5M 18, testimony of Joseph Leyris; 5M 11, subprefect, April 18 and May 21, 1851, describing the supposed use of Montagnard carrier pigeons in Chassiers. See John M. Merriman, "On the Loose: The Impact of Rumors and *Mouchards* in the Ardèche during the Second Republic," in Jonathan Sperber, ed., *Europe 1848: Revolution and Reform* (London, 2000).
26. Quoted by Siegfried, *Géographie électorale de l'Ardèche*, p. 36; Jones, *Politics and Rural Society*, p.153.
27. April 20, 1851; T 212.
28. So much that the subprefect requested the prefect to permit the sale of several kilograms of powder, banned during the state of siege, for hunting, noting that this would be a good political move.
29. 5M 11; October 10, 1851. In 1845 a dam had been constructed above the Pont de Ruoms, which made it impossible for fish below that point to swim back up the river. The council's conclusion was thus that free fishing should be allowed between the Pont d'Aubenas and the dam at Ruoms. The municipality's wish was in the context of a deliberation on the question of whether the river could ever be navigable.
30. Peter McPhee, *The Politics of Rural Life: Political Mobilization in the French Countryside, 1845—1852* (New York, 1992), p.241.
31. 6M 53, CP Vallon, July 14, 1851.
32. See Margadant, *French Peasants in Revolt*.
33. 5M 18, interrogation of Antoine Fromentin and the extremely damaging testimony of Joseph Leyris. Augustin Nicolas *dit* Rousset, a *cultivateur* from Pradons, stood accused of going to Balazuc at three in the morning to spark resistance. He denied the accusation, saying that he had not been in the village of Balazuc itself (as opposed to the commune) for more than six years and only in the commune twice since the previous August (5M 18, interrogation of Augustin). He was freed.
34. 5M 14, subprefect, December 7, 1851.
35. Reynier, *La Seconde République*, p.169.
36. BB30 395, *procureur général* of Nîmes, December 6 and 19, 1851; BB30 396, January 4, 1852; 3M 334, prefect, n.d.(December 1851).
37. 5M 14, subprefect of Largentière, December 9, 1851, five in the morning, and December 10, 1851; BB30 395, subprefect, December 8, 1851; BB30 396, *procureur général* of Nîmes, January 27, 1852. In the plebiscite of December 1851, there were 504 no votes in the arrondissement of Largentière, none in Balazuc. In the plebiscite approving the advent of the empire the following year, of 255 eligible voters, 220 voted, with only 4 daring to vote no (1Z 250, 1Z 274, 2M 176 and 3M 231). See Reynier, *La Seconde République*, pp.186—87.
38. Margadant, *French Peasants in Revolt*, pp.139—42; 5M 21, report of June 26, 1852. André Encrevé, "Protestantisme et politique: Les Protestants du Midi en Decembre 1851," in *Droite et gauche de 1789 à nos jours* (Montpellier, 1975), pp.161—95. Twenty-five percent of the population of the canton of Vallon was Protestant.

39. 3M 265 and documents in the *Mairie de Balazuc*.

40. 5M 18, Mayor Tastevin, January 18, 1852, and gendarme report.

41. 5M 18, interrogation of Jean Jullian *oncle*. His father, born in Balazuc in 1776, had been sentenced in August 1830 to five years of hard labor for fraud.

42. 5M 18, interrogation of Antoine Fromentin.

43. 5M 18, interrogation of Claude Mollier, January 22—23.

44. 5M 11, September 16, 1832, authorized Exbrayat to borrow 224 francs, but from whom, we do not know, nor why; May 16, 1847; F15 3992 (the witnesses were Mathieu Gibert, the teacher; Antoine Boyer, Jean Laroche, and Antoine Brun, the latter three *cultivateurs*); 5M 18, interrogation of Exbrayat, who, although saying that he was illiterate, nonetheless could sign the interrogation.

45. F15 3991, dossier Gamel. The witnesses at his marriage had included, Mollier, the boatman, and Louis Fromentin, *cultivateur*. Jean and Antoine Vallier, brothers, were let go (5M 18). Louis-Vincent Chaniol, an illiterate farmhand from Uzès, had been arrested when he carried a load of laundry to his mother's house, as the soldiers pursued insurgents. He saw three of the latter turn and shoot at the soldiers on the main road below. He was freed on the word of his master, Mouraret, that he had not left Audon during the night (5M 18, interrogation of Chaniol).

46. 5M 20, Tastevin, April 27, 1852, and gendarmerie report, May 14, 1852; F15 3990, dossier Daumas.

47. 5M 14, ministerial circular, March 21, 1852; *attestation* that he received sixty centimes, April 28, 1852, on the way to Villeneuve-de-Berg ( 5M 28,

Mayor Tastevin, June 18, 1852, and Mollier, mayor, September 15, 1852; monthly report of September 1852; justice of the peace, September 30; gendarmerie commander, September 30, 1852).

48. In the Ardèche, eleven men were condemned to be sent to Cayenne, seven from the arrondissement of Largentière. From the latter, forty-eight men received deportation to Algeria, with incarceration; fifteen received simple deportation to Algeria; twenty-one were sentenced to imprisonment followed by years of "surveillance"; eleven, to "simple" surveillance; six, to temporary exile outside the Ardèche; four, to permanent expulsion from the region. Twenty-eight were sent to the courts for minor effenses, four to the Conseil de guerre for offenses against gendarmes, and forty-seven were freed (Reynier, *La Seconde République*, p.175).

49. 5M 21, prefect, April 23, 1852, gendarmerie commander, November 28, 1852, and Mayor Mollier, November 28, 1852; 5M 14, Tastevin, September 24, 1857; 5M 31, "liste des condamnés politiques," March 17, 1858, "Contrôle des enemis du gouvernement," listing Damas [*sic*] as no longer very dangerous or influential, while identifying Queyroche as dangerous by virtue of his "exaltation." Jean Mollier *dit* Prieur was listed as still subject to surveillance by this latter document.

50. 1Z 331, subprefect, June 2, 1857; 5M 21, subprefect May 30, 1857, and police report, May 16, 1857; gendarmerie report, May 11, 1857; justice of the peace, May 28, 1857; F15 3992.

51. F1cIII Ardèche 7, prefect, April 6, June 26, and November 12, 1852.

52. Subprefect, September 26, 1857.

53. 3M 326, Mollier, July 25, 1853; subprefect, January 6, 1854. Seven members of the council in May 1851 said that they would not continue their functions if Leyris stayed on.

54. 1Z 276, prefect, August 16, and Constant, November 8, 1855.

55. 1Z 303, Tastevin, August 23, 1856, and November 4, 1858; 3M 307; 3M 327, subprefect, December 21, 1858; 3M 314, 3M 332, subprefect, November 5 and 11, 1865, and Cartoux, n.d. In 1860, 74 of 225 voted, and 62 of 233; August 21, 1864, and August 13, 1865. In 1865, Tastevin was not elected to the council and thus could not be reappointed mayor. The prefect then named Henri Cartoux to serve as mayor, but he quickly resigned, citing other obligations. Cyprien Laroche became mayor. He resigned along with his deputy mayor the following year.

56. They included a relative of Exbrayat, who had been convicted by the Mixed Commission in 1852. On the Ardèche and the Franco-Prussian War, see Jordan Gaspin, *Les Mobilisés de l'Ardèche 1870—71* (Privas, 1996).

57. Jones ( *Politics and Rural Society*, p.221): "Between 1871 and 1884 the battle for the control of the countryside was fought more tenaciously than at any time since the Revolution." Vincent had married the daughter of the former mayor Laurent Tastevin and lived at Salles.

58. September 4 and October 16, 1870, and June 25, 1871. 1Z 278; F1b II Ardèche 4; 3M 320. Vincent was not among the leading recipients of votes. He was unanimously reelected later in the year.

59. F1bII Ardèche 4, "liste des maires et d'adjoints, nomination en 1871"; 1Z 303, Mayor Vincent, March 5, 1876, and subprefect, July 15, 1876; F1bII Ardèche 7, prefect, September 30, 1878, and note, Ministry of the Interior, October 4, 1878. In the elections for the Conseil Général in October 1871, Balazuc gave 177 votes to the monarchist candidate, Lauriol, and 9 to the republican.

60. 1Z 258.

61. F1bII Ardèche 7, prefect, October 25, 1877, asked for confirmation of a number of suspensions of officials who had openly opposed republican candidates, including Banne, Sampzon, and Malarce; record of hearing held August 11, 1878; F15 3992, minister of the interior, January 24, 1907; Mollier's letter, n.d.

62. 1Z 303, prefect's decree, July 15, 1878; F1b II Ardèche 7, prefect, September 30, November 26; subprefect, August 31 and November 5, 1878, and January 4 and August 20, 1879; minutes of investigation, August 11, 1878; note, Ministry of the Interior, October 4, 1878; Mayor Claron of Vallon, September 7 and October 31, 1878.

63. 1Z 258.

64. V 155, V 204, and V 141, minister of the interior, May 23, prefect, May 23, and subprefect, May 21, 1879, referring to a missing letter of Deputy Mayor Tastevin, May 20. Senator and former Minister of Justice Tailhaud also helped the conservative cause, maintaining influence over the nomination of local magistrates, employees of Ponts-et-Chaussées, and other posts large and small. Bonnet established a reputation as an "ultramontane" bishop, looking across the Alps to Rome for guidance.

65. Jones, *Politics and Rural Society*, p.268. In Balazuc, the hamlet of Servière

has often been identified with the left. Jean-Luc Mayaud( *La Petite Exploitation rurale triomphante* ) argues ( p.110 ) that many peasants associated the republic with the virtues of small-scale farming.

66. 1Z 303, letter of Vincent, January 24, 1881. The council elected Tastevin mayor by six votes to five for Vincent, with one blank, and it took three ballots to select a deputy mayor, Mouraret of Louanes. Several times in 1880 meetings lacked quorums. In 1889, several residents complained that Tastevin was not only serving as mayor but also collecting the small salary of the village secretary for taking notes at the meetings (subprefect, October 16, 1889). Moreover, Tastevin had the money payable "to one of his creatures."

67. 1Z 303, Tastevin, May 21, 1882 and Brun, May 10, 1882. Jean Boyer relates that Brun in 1885 was arrested for *attentat à la pudeur* involving several girls younger than twelve.

68. Balazuc, *Mémoires de soie*, p.156.

69. Jean Boyer; Cholvy, ed., *Histoire du Vivarais*, p.230; in the 1860s, 516 priests, 446 brothers, and 1,759 nuns worked in the Ardèche. Jones, *Politics and Rural Society*, p.143: "The church exercised a rare monopoly over the opportunities for community self-expression .... [T] he clerical character of village sociability led inevitably to clerical involvement in village politics."

70. Jones, *Politics and Rural Society*, p.120.

71. 1Z 279, subprefect, n.d.(1881). See Sahuc, *Le Fils du pauvre*, pp.183, 249, 256—57; "[O]ur countryside was not so isolated. Peddlers sold almanacs."

72. Peter Jones emphasizes that "seigneurialism remained lodged in the collective memory of villages in the Vivarais ( *Politics and Rural Society*, pp.160—61).... Folk tales of sheaves of corn being carted off to château or monastic granary would continue to excite the apprehension of their grandchildren, even their great-grandchildren .... Servile habits of mind lingered on as well. The 'feudalisation' of democratic politics in which votes were traded for favours— the opening of a new road, perhaps, or the gift of a fine picture to hang above the altar—was partly attributable to the shadow of seigneurialism."

73. Ibid., pp.214—15, 280—81; Balazuc, *Mémoires de soie*, p.125.

74. Jones, *Politics and Rural Society*, pp.280 and 308.

75. Nicole Joffre, "La Question scolaire dans l'Ardèche de 1880—1914"(mémoire de maîtrise, Université de Dijon, 1975), p.38.

76. Vogüé, *Notes sur le Bas-Vivarais*, pp.91—101; Cholvy, ed., *Histoire du Vivarais*, p.238. Vogüé himself had come to accept the republic.

77. Peyrard and Joly, *En Ardèche*, pp. xxiii— vii, xlvii; 5M 51, letter of Félix Picaud, October 15, 1885; 5M 43, subprefect, September 24, 1889, and others.

78. Joffre, "La Question scolaire dans l'Ardèche," p.51.

79. 5M 44, subprefect, September 9, 1889, December 7, 1891, and April 4, 1892; V 155, minister of justice and of religion, October 10, 1890; T 359, prefect, September 17, 1891, and academic inspector, December 12, 1891.

80. V 186, subprefect, March 14, 1892.

81. 1Z 285; 5M 43; the poster was denounced by a letter of October 9, 1885; 1Z 279, subprefect, October 13, 1894. See Jones, *Politics and Rural Society*, p.288. In the Ardèche, the municipal

elections in 1878, a year after the *coup de seize mai*, had increased the number of councils with a republican majority (1Z 285, prefect, January 30, 1878). See Sahuc, *Le fils du pauvre*, pp.23—29. In 1885 the right won 40 percent of the vote, to 35 percent for the moderate Opportunists, thus electing six deputies.

82. Siegfried, *Géographie électorale de l'Ardèche*, pp.101, 104—07, noted that in all, support for the left rose roughly to 44—47 percent of voters and for the right to about 38—40 percent. See also Jones, *Politics and Rural Society*, pp.288—94, who argues that Siegfried places too much emphasis on property structures and geographic determinism (p.242).

83. *L'Echo de Largentière*, January 12, 1895; Siegfried, *Géographie électorale de l'Ardèche*, pp.105—06. Siegfried associates right-wing voting with elevations above nine hundred feet, particularly above twenty-four hundred feet, and left-wing voting with nine hundred feet and below (p.113).

84. *L'Echo de Largentière*, July 11, 1914; T 119 January 1, 1898, cited in 2MP 50. By 1891—92, of boys between the ages of six and fourteen, 3,195 were in public schools, and 1,197 in private schools(total 4,392), and of girls, 2,908 were in public schools and 1,168 in private schools, for a total of 4,074.

85. Nicole Joffre, "La Question scolaire dans l'Ardèche," p.63; *Le Républicain des Cévennes*, February 27, 1909. Lay teachers formed an association, the Amicale des Instituteurs et Institutrices de l'Ardèche. The Ligue de l'Enseignement set up a committee of jurisconsuls to help defend teachers against any possible litigation undertaken by "the associations of the fathers of reactionary families."

86. 1Z 258; 1Z 279, mayor of Vallon, January 18, 1881. In Balazuc in 1881, the republican candidate for the Chamber of Deputies, Vaschalade, fell only three votes short of the conservative in the first election; in the electoral run-off he and the conservative Bournet each had 104 votes.

87. November 2 and December 21, 1879; September 24, 1882; Mairie de Balazuc, September 1, 1884; May 13, 1883, January 6, February 27, and October 5 and 11, 1884; August 15, 1890, prefect, May 15, 1884; June 26, 1880; September 24, 1882. The council made an arrangement with the owner of the mill to create a *canal de décharge* in order to lower the volume of water by six feet. Boiron, the last to hold the right to operate the small boat, had failed to get the price he paid reduced, claiming that the bridges in Vogüé and Ruoms had cut into his business and citing the poor condition of the paths leading to the river. The loan was relatively small, in that an earlier loan of forty-five hundred francs had been approved in 1869 but never used. The requested subsidy was thirty-five thousand francs. Lauriol had defeated Hugon in the election for a seat on the Conseil Général in 1880, but the election was thrown out because of irregularities(including a complaint by three voters in Balazuc), and Hugon was then elected. A tradition says that the deceased should not be brought across the bridge. August 26, 1888; August 14, 1892.

88. Fonds Mazon, Abbé Chareyre to Mazon, September 27, 1884; Jean Boyer.

89. August 26, 1888, and August 14, 1892; Mairie de Balazuc, dossier. Not until 1909 could the municipality afford

to improve the path from the bridge down to the river on the village side(November 21, 1909, and February 20, 1910). Jean Boyer notes that one sign of the importance of the new road(as well as the relative decline of the old *quartier* of the now-deconsecrated church) was the transfer in 1900 of the municipal posting board from that *place* to the local near the Portail Neuf and along the new road, where it still stands.

90. July 16, 1871, August 15, 1884; Raymond Chevalier and Michelle Redon-Chevalier, "Centenaire de l'église paroissiale de Balazuc, 1895—1995"), unpublished manuscript, 1996, p.2.

91. 1Z 802, subprefect, May 15, 1903. The municipal council contributed ten francs to purchase disinfectants for Balazuciens too poor to do so themselves. The chapel is now closed almost all the time, with a Mass said only once a year.

92. July 6, 1890; Chevalier and Redon-Chevalier, p.5.

93. Chevalier and Redon-Chevalier, "Centenaire de l'église," pp.2—3. Abbé Chareyre may have suspended a master mason whose work he did not like on July 14, 1891. The date may suggest that the mason, whose skills were required in the enterprise, had made a crack about the French national holiday. Some masons, cabinetmakers, and stonecutters may have received "vouchers that allow them to be paid directly by virtue of the gift of a donor."

94. June 19, 1898.

95. Jean Boyer notes that in 1907 Bishop Bonnet of Viviers chastised the parish of Balazuc for contributing only 270 francs per year, when 90 francs more would have been expected by virtue of its population!

96. Marie-Louise Tastevin, Hippolyte Pays, Casimir Boyer, Philippe Ranchin, Louis Ranchin, Joseph Georges, Charles Soubeyrand, Albert Pays, Isidore Mouraret, the abbé A. Tastevin of Salles, Léa Eldin and Anne Ranchin, Abbé Tastevin "de Balazuc," Abbé Laffont(from Balazuc), the sisters of the Convent of St.-Joseph in Aubenas, and Augustin Thiery, a *peintre verrier* from Lyon who did the image of *Ste. Marie, Reine de la France* along the nave, the gift of the abbé Laffont.

97. The smallest of the three bells was a gift of Madame Despuech in 1821; the second, weighing in at over three hundred pounds, was the gift of another outsider, Léon Desboulets, and given the name Léontine-Eulalie, presumably after his wife or daughter; the third, and largest, cast in Alès, had Marie-Victorine Duffour-Mollier of Louanes as godmother.

98. August 15, 1885. In 1903, on two occasions in 1904, and again in 1911. For lack of a quorum three convocations were required before council meetings could be held.

99. 1Z 303, Tastevin, February 2, 1884. The nomination of a tax receiver had irritated him.

100. Mairie de Balazuc, prefect's approval, July 3, 1886(yet in the elections of 1885 and 1886, conservatives defeated the republican list by about thirty votes, with 258 eligible voters ); 1Z 280, Hugon, May 6, 1884; Mairie de Balazuc, prefect, March 2, 1885. Significant Protestant minorities in Salavas, Labastide-de-Virac, Vallon, and Lagorce had helped move the canton of Vallon, which voted for the right in 1871, 1876, 1877, and 1885, to support the left straight through 1936.

101. August 15 and November 10, 1885,

and February 7, 1886; 2 O 185, Pays, August 17, 1885, and petition. The two even voted against the construction of walls for the cemetery on August 14, 1887.

102. 5M 18 bis, prefect, decree of October 1, 1881; dossiers; F15 3990, F15 3991, F15, 3992, including Hugon's letter of April 6, 1881, and that of Claude Mollier, September 28, 1881.

103. F15 3964, prefect, April 11, 1881. Jean Louis Pays also received two hundred francs for having been arrested in 1853 for having denounced the empire. In his letter of July 16, 1881 (F15 3992), he claimed to have been practically the only person in Balazuc waving the flag of the republic during the crisis of May 16, 1877.

104. F15 3992, Mollier, September 28, 1881.

105. 1Z 234, prefect, October 25 and November 19, 1892, subprefect, April 10, 1893, and August 27, 1897; Mollier, letter of May 25, 1921. One of the pensions paid in 1897 (to Henri Fallot) amounted to only thirteen francs per year. In 1907, not long before his death, Jean Mollier requested an increase in his pension but was informed that the committee that considered such demands had been dissolved in 1883. Following World War I, seventy years after Louis Napoleon's coup d'état, his son began proceedings to have the indemnity shifted to him.

106. 1Z 285; 5M 44, prefect, May 11 and October 12, and subprefect, August 30, 1889; 5M 43, prefect, April 2, 1889; 1Z 259. Blachère, the son of a monarchist deputy, received in Balazuc 132 votes in 1885 and 130 in 1886; the staunch republican Vieilfaure won only 78 and 97 votes respectively. In the 1888

elections, there were 102 to 87 and 131 to 97 votes for candidates on the right, while 226 of 258 elegible voters cast ballots in Balazuc in the 1886 legislative election.

107. 1Z 281, subprefect, June 19, 1888. Tastevin was elected mayor with only seven of twelve votes and had been only tenth in attracting votes to the council. Louis Pays, the republican mayor, died just before the election, thus becoming one of the first to be buried in the new cemetery that he had helped create.

108. T 71, prefect, October 1 and 31, 1888.

109. 1Z 280, Hugon, May 6, 1884; 1Z 281, subprefect, June 19, 1888, and May 28 and 31, 1892; 1Z 281, subprefect, May 28 and 31, 1892; 1Z 282.

110. 1Z 282, *procureur*, June 17, 1896, and subprefect, n.d. Philippe Charousset led the way with 137 votes, but the even political split was revealed by the fact that the next four candidates had between 132 and 136 votes and the next two at 130. Still, the subprefect noted that "political color did not have the greatest role in the choice of the voters; personalities played a great role."

111. 1Z 227, prefect, December 31, 1889, committee letter, n.d., and Conseil Général note, May 28, 1891. The mayor too provided information (June 2, 1891). 1M 321, Mouraret, January 9, 1901. The meeting on Christmas 1900 had for its agenda "republican program, the raw silk question, and the school question."

112. 1Z 279, subprefect, October 13, 1894, and July 10 and October 7, 1897.

113. A Comité Républicain began in Balazuc in 1900 and met on Christmas Day. It changed its name to the Comité Républicain Démocratique the following

year.

114. Charousset had late in 1899 turned against the municipal employee and, after having changed his mind once or twice, proposed his dismissal to the prefect, claiming that the guard had even tendered his resignation.

115. 2 O 183, prefect to Deputy Barrot, July 6, 1900; Barrot to prefect, June 5, 1900, Charousset, May 6, 1900; report to prefect, May 18, 1900; prefect, June 2, subprefect, June 20. Charousset, furious over the turn of events in the election, denounced Boyer and Mollier *fils*, but he hired the latter in 1908. Jean Boyer suggests that the small raise in taxes, as well as the previous municipality's decision to force purchasers of commune land to pay back taxes rendered for them by the commune over the past ten years, may have played a role.

116. May 20 and June 16, 1900; Jean Boyer.

117. In 1902: 121 votes to Barrot and 82 to Duclaux-Monteil. In 1906: 105 votes to Vincent and 99 for his conservative rival.

118. *La Républicain des Cévennes*, May 14, October 29, and July 30, 1904. Charousset served as president, Freydier as vice-president.

119. Estimate of Victor Giry, December 18, 1902, February 16 and June 28, 1903, petition of March 17, 1905, and subprefect, April 6 and August 24, 1903, Blachère, May 23 and August 18, 1903, and March 24, 1906. The council argued that "one can surely count on all those who abstained as favorable to the project."

120. Philippe Charousset, August 15, 1903, mayor, August 20, 1903, prefect, May 13, 1905, April 11, 1906. By virtue of the law of April 5, 1884, the commune had to provide the priest with either housing or an indemnity.

121. *L'Echo de Largentière*, June 6, 1903; 1MP 154, prefect, April 1 and May 12, 1904. In all, after the elections 155 communes in the Ardèche with a municipal council favorable by at least a majority to the government, 140 against, and 46 were "doubtful."

122. 1Z 283; 1MP 154, prefect, April 1 and May 12, 1904; May 15 and June 12, 1904; *Le Républicain des Cévennes*, April 30, 1904. Radical-Socialists included Charousset, Hippolyte Freydier, Perbost, and Fromentin; simply Radical, Boucher and another Perbost.

123. March 25, 1906, subprefect, May 19, 1906, and April 12, 1908. The separation of church and state gave the municipality full use of the presbytery, and the council in 1908 decided to rent it out for three years at thirty francs a year.

124. *L'Echo de Largentière*, January 7 and December 30, 1905. Yet a woman from Balazuc recalls stories about her great-uncle, a man of the left who lived near the Tour Carrée, inviting the priest, politically on the other side, in to drink a good amount of wine when he saw him walking by the house. Relations may have remained cordial, and one must be cautious not to exaggerate the extent to which these rivalries impinged on daily life.

125. *L'Echo de Largentière*, May 19, 1906.

126. Ibid., May 5, 1906; 1Z 259. Duclaux-Monteil received 13,109 votes to 11,037 for Vincent in 1906 (though the latter carried the canton of Vallon, in part because of Protestant votes).

127. *L'Ardèche républicaine*, March 10, 1906.

128. *L'Echo de Largentière*, March 24

and March 31, 1906; *L'Ardèche républicaine*, March 17, 24, and 31, 1906.

129. Jean Boyer. Accounts of this resistance do not appear either in available archives or in the coverage of the events elsewhere by newspapers on either side. However, since determined opposition occurred in virtually every one of the surrounding communes, it is likely that collective memory has it right. Maurice Allignol claims (*Balazuc et le Bas Vivarais*, p.638) that a number of families kept pieces of the broken door as relics and that the door was not repaired until after World War II.

130. "Sylvestre," *Un scandale electoral à Balazuc* (Aubenas, 1909), p.4; Mairie de Balazuc, mayor, October 12, 1883. Allies included Marius Mollier, Philippe and Baptiste Tastevin, Marius Guiboudenche (future mayor), Hippolyte Redon, Jules and Firmin Dufaud, Eugène Auzas, Marius Laroche of Audon, Boyer (a surveyor), and Auguste and Marius Charousset. Note the duplication of family names on both sides of politics, for there was more than one branch of several family names, notably Charousset, Boyer, Redon, and Mollier (and of course, nothing necessarily guaranteed agreement within families).

131. Ibid., pp. 12—15, thus echoing Peter Jones cited in *Politics and Rural Society*.

132. "Sylvestre" and Z284, *procès-verbal* of judgment. A letter of protest of July 23, 1908, included the request that "a municipal administration that looks after all of the citizens of the commune without distinction" be named. Charousset and others, August 17, 1908; *L'Echo de Largentière*, April 10, 1909. The newspaper claimed that the *blocards* were

trying to intimidate voters by saying that if the right won, no path would ever lead to Audon. Charousset had been elected mayor with eleven votes and one blank ballot, as always.

133. *Le Républicain des Cévennes*, January 11 and December 5, 1908; "Sylvestre," "*Un scandale electoral*," pp.12—13.

134. 1Z 285. In pencil at the bottom of the decree someone, probably in the subprefecture, had written "invalid decree ... no fact of the nature to justify it has occurred in the commune."

135. "Sylvestre," "*Un scandale electoral*," pp.9—11; 2 O 183, subprefect, October 13, 1906; petition, cosigned by Charousset, September 20, 1906; and gendarmerie report, September 26, 1906, subprefect, April 5, 1909; 1Z 304, February 21, 1909; Charousset, February 27, 1909; Mollier, "*devoir horthograph* [*sic*]," February 27, 1909, for which he chose the topic "the citizen" and the duty of obeying the law to keep civilization from "animality." The shepherds, both illiterate, were from the Cévennes.

136. 1Z 284, Charousset, June 14, 1909.

137. 1Z 285.

138. August 28 and September 4, 1909; *La République des Cévennes*, October 9, 1909.

139. 1Z 260 and *L'Echo de Largentière*, May 15, 1910. In the 1910 legislative elections, in Balazuc on the second and telling ballot, Vincent had 103 votes and Duclaux-Monteil 101 votes. On the first ballot Duclaux-Monteil had 94 and Vincent 86 votes, whereas in 1906 it had been Vincent, 105, and Duclaux-Monteil, 99. The latter was in 1910 elected in the arrondissement. Vincent made the path to Audon one of his campaign promises, another example of the use of

state patronage.

140. *L'Echo de Largentière*, September 24, 1910, selecting instead the deputy mayor, Perbost, and Freydier. Z 284, procès-verbal of hearing; liberal letter of July 18 and appeal of July 23, 1909; 1Z 483, Charousset's resignation, August 30, 1910, and subprefect, August 31; Madame Charousset, August 17, 1910. Charousset agreed that seven had voted but added, "I don't remember very well." Charousset had submitted two letters of resignation in 1900 after a dispute over the rural guard. The council now elected Guillaume Perbost mayor unanimously (September 18, 1910).

141. 1Z 284, Mayor Perbost, n.d.(received February 22, 1911). Conservatives voted as one, each winning candidate receiving between 101 and 107 votes, with the left votes ranging between 90 and 98 votes. Only three councillors lived in the village itself.

142. 1Z 285, May 25, 1911, Vincent, May 8, and prefect, June 8, 1912. Forty-five names were no longer on the electoral list in 1912. The left accused Mouraret and his faction of fraud, a claim rejected by the Conseil de Préfecture.

143. 2M 285; 1Z 344, subprefect, December 7, 1912, and Charousset's undated reply; *L'Echo de Largentière*, May 2, 1914: Duclaux-Monteil, 93, Thomas, 73 votes.

144. April 18 and 25 and May 23, 1914.

**Chapter 7**

1. F7 12937, prefect, August 6, 7, 8, and 19, 1914; Jean Boyer; *L'Echo de Largentière*, August 14, 1914. Mairie de Balazuc, dossier "Victimes de guerre, 1914—1918." In 1916 the municipality allocated a hundred francs to purchase copies of brochures published by the Ligue du Souvenir, on "Their Crimes," those of "the race of vampires and of bandits," so that "a copy of this pamphlet should be distributed at no cost to every family in the commune."

2. August 23 and November 15, 1914, March 21, 1915, and November 24, 1918; 1Z 229; 2 O 191; Mairie de Balazuc, list of those excused from village labor obligations. The council met six times in 1915, seven times in 1916, five times in 1917, and five times in 1918.

3. 12M 200, prefect, February 4, 1916. See Jean-Jacques Becker, *The Great War and the French People* (Dover, N. H., 1985).

4. Mairie de Balazuc, mayor's decree of June 1, 1917, following requisition order of October 1, 1916; 2 O 191. In 1917 the municipal council reestablished the post of rural guard(1Z 303, August 26, 1917, and December 21, 1919), and in 1919 it awarded an extra 410 francs to Pascal, a decorated war veteran, for the extra duties imposed on him during the war.

5. R 189, Giry, December 28, 1914 and March 24, 1915; Roux, September 8, 1915; mayor, September 15, 1915; census of 1911. The justice of the peace turned down her appeal on September 30, 1915. Augusta Roux was not alone in petitioning for "funds for the needy families of soldiers called to defend the flag." In 1916, the committee, and the subprefect on appeal, turned down Henri Jullian, a widower who could no longer work, was sixty-five years of age, and received two hundred francs per year because his father had been a victim of the 1851 coup d'état, as well as a tiny pension of about fifty francs per year from his work ( R 189, subprefect, January 16, 1916; Jullian, December

24, 1918).

6. May 10, 1915.

7. Mairie de Balazuc, register.

8. Jean Boyer.

9. January 19, 1919.

10. Hippolyte Redon, Joseph Fabregoule, Félix Guérin, Philippe Munier, Henri Gustave, and Eugène Auzas.

11. F1c III 1125, prefect, January 6, 1918, noted that local morale was, "all in all, quite satisfactory after forty-one months of war and patriotic sacrifice."

12. November 24, 1918, and August 31, 1919; Mayor Guibourdenche, October 30, 1919, and plan of architect A. Vergier, October 30, 1919, prefect's approval, October 20, 1920. The municipal council voted 1,000 francs towards the cost of 3,090 francs ( November 5, 1919).

13. See Jay Winter, *Sites of Memory, Sites of Mourning*(New York, 1995) and Daniel Sherman, *The Construction of Memory in Interwar France* ( Chicago, 1999).

14. Jean Boyer. Marius Guibourdenche, born in Chazeaux in 1874, had married into one of the Mollier families.

15. November 21, 1921.

16. Cholvy, ed., *Histoire du Vivarais*, p.271.

17. The municipality was eager to create a *caisse municipale*(municipal treasury), none of the funds for which would come from the commune(March 9 and November 5, 1919). The state provided 75 percent, as well as funding at 1.25 francs per person unemployed.

18. January 8, 1920.

19. Michel Huber, *La Population de la France pendant la guerre* ( Paris, n.d. ), pp.59, 176, 270—71, 292.

20. Jean-Louis Issartel, "L'Ardèche à la veille du conflit," *L'Ardèche dans la guerre*, *Mémoire d'Ardèche et Temps présent*, 42(May 1994), p.3.

21. Bozon, *L'Ardèche*, p.64. Only the valley of the Rhône added residents.

22. Jean Boyer. In 1937 there were 3,988 deaths and 2,913 births.

23. The first loan was for 8,785 francs, and another loan, this of 10,000 francs, had to be undertaken from the Crédit Foncier in 1935. The total cost for the project, undertaken by La Grande Combienne, stood at 135,000 francs.

24. May 27, 1928.

25. May 4, September 14, and October 26, 1930, October 14, 1934, and January 6, 1935; August 22, 1937, and July 10, 1938; 2 O 189, prefect, September 1930, approved loan of 135,000 francs for thirty years for electricity.

26. April 8, 1937.

27. Reynier, *Le Pays de Vivarais*, p.126; Cholvy, ed., *Histoire du Vivarais*, p.206. In 1918 the production of cocoons in France fell to about 3 million kilograms, with the Gard, Ardèche, and Drôme producing 1 million, 700, 000, and 400,000 respectively.

### INCUBATION OF EGGS AND NUMBER OF PEOPLE PRODUCING RAW SILK IN THE ARDÈCHE, 1872—1943

|      | OUNCES  | Sériculteurs |
|------|---------|--------------|
| 1872 | 278,000 | 40,300       |
| 1902 | 47,220  | 23,900       |
| 1912 | 33,750  | 19,530       |
| 1922 | 17,330  | 12,000       |
| 1943 | 2,559   | 3,369        |

Source: Reynier, p.208.

28. Reynier, *La Soie en Vivarais*, pp.1, 2, quoting Daniel Bellet; Bozon, *La Vie rurale* pp.376—78.

29. Siegfried, *Géographie électorale*, pp.31—33.

30. February 20, 1921, and October 15, 1933; 12M 217; 12M 243. In 1931 there were 2,000 quintals of mulberry leaves; Mayor Guibourdenche, December 20, 1929. In France as a whole, only 49, 132 *onces* were put into incubation in 1915, 67, 136 in 1918, 57,075 in 1919, and 72, 826 in 1920; in the Ardèche, 14,557 in 1915, 15,803 in 1918, 15,509 in 1919, and 18,312 in 1920. In the Ardèche, 11,374 people produced raw silk in 1915; 13,014 in 1918 and 13,981 in 1920.

31. Cholvy, ed., *Histoire du Vivarais*, p.274.

32. *La Belle Lurette*, 8(Summer 1997), pp. 8—12. Moreover, anytime cutting down a mulberry tree was unavoidable, the *propriétaire* had a legal obligation to replant another.

33. Reynier, *Le Pays de Vivarais*, pp.122— 23. During the same period, hectares under cultivation had remained about the same, 127,000 and 125,000, falling to 95,000 in 1935—40. A hectoliter equals 100 liters.

34. 12M 192, 12M 203, 12M 217, 12M 298. 5M 44, subprefect, August 6, 1936. In 1940 farmers cultivated 326 hectares of land, producing rye, barley, and oats. They planted 104 hectares in vineyards, along with 2 gardens and fourteen orchards and nurseries. There were then 330 hectares of woods. The rest of the territory of Balazuc consisted of moors and imposing stone cliffs. Balazuc also had a *syndicat agricole*, which had begun before the war; an association of hunters, whose members retained the exclusive right to hunt in Balazuc; and a musical society. In 1923 sixty-six property owners renounced their rights to hunt in the commune for three years; thenceforth "the right to hunt on the territory of the commune will be considered by mutual agreement in the best interests of the commune" (January 21, 1923); Jean Boyer.

35. Guy Boyer, "La Coopération viti-vinicole en Ardèche," in *Villages en Vivarais*, *Mémoire d'Ardèche et Temps présent*, 1987, pp.117—18.

36. Issartel, "L'Ardèche à la veille du conflit," pp.4—5.

37. September 13, 1932, and August 6, 1933; 1M 34, minister of the interior, January 20, 1937.

38. When the roof of the presbytery was repaired in 1929, bids were made with candles burning just as in the sale of the *biens nationaux* during the Revolution(2 O 185, subprefect, September 24, 1929).

39. 2 O 185, subprefect, September 24, 1929; July 10, 1927, and April 5, 1936; Jean Boyer. The budget for 1936 allocated 7,783 francs for the upkeep of village roads and paths(July 7, 1935).

40. January 23, 1921, June 17, 1923, July 6, 1930, and February 7, 1932. In 1932 there was an extra 250 francs for the elderly, 62 francs for new mothers, 2,635 francs for school repairs, 72 francs for *assurances sociales* for the two municipal employees, and 1,200 francs for the purchase of a time switch for the clock. In 1930 the council raised the allocation to *femmes en couches* to 2.50 francs per day. At the same time, the minimum allocation to *vieillards* was 30 francs per month (20 for food, 8 for clothing, and 2 for lodging). Small sums were required by the end of the 1930s to pay for insurance for the few municipal employees.

41. September 20, 1936. In 1937, *femmes en couches* received six francs per day, *familles nombreuses* twenty-five francs a month, and the elderly, ill, and

incurably ill, seventy francs a month.

42. 1Z 261; 1Z 344, SPL, January 20 and March 24, 1925; the latter included extracts from *La Croix de l'Ardèche*, March 22, 1925 and *L'Ancien Combattant*, March 29, 1925; Cholvy, ed., *Histoire du Vivarais*, p.248; *Journal d'Aubenas*, May 2, 1925. The Cartel des Gauches was also attacked as "*Le Cartel de la fausse monnaie*." Jean Boyer. In 1919, Balazuc gave twenty-two votes to the republican list, fifty to the Socialists, and sixty-one to the "liberal" list. Of 183 eligible voters, 135 submitted ballots.

43. 1Z 286. A protest followed this election, seemingly put forward by one of the defeated candidates, Lafont, who corresponded with the subprefect assessing the chances of the left. The Conseil de Préfecture rejected the protest. One commentary: "The parties assume positions at the last moment. Personal rivalries enter the fray. The republicans are often divided and it sometimes is difficult on the second balloting to heal pride wounded on the first."

44. 1Z 287; Jean Boyer; in the legislative elections of 1929, Balazuc gave eighty-one votes to Duclaux-Monteil, twenty-nine to the Socialist candidate, and sixteen to the Communist. In 1932 the candidates of the left emerged with seventy-two votes(forty-two for the Socialists, sixteen for the Radicals, and fourteen for the Communists) to sixty-eight for the right.

45. 5M 44, subprefect, July 21, 1934; 5M 49/1, subprefect, March 24, and December 22, 1934, and prefect, March 26, 1934. The department had only 5,858 foreign residents in 1932 (half Italians, followed by Spanish and Armenians).

46. The list headed by the mayor had seventy-six votes to sixty-five for the left; of 165 eligible voters, 144 voted.

47. Issartel, "L'Ardèche à la veille du conflit," pp. 6, 8; Jean Boyer. The Ardèche elected only one deputy for the Popular Front, returning Vallat, Thibon, and another on the right, as well as a Radical hostile to the Popular Front.

48. Jean Boyer.

49. Cholvy, ed., *Histoire du Vivarais*, p.301.

50. November 10, 1942. See Brigitte Feret, "Le Ravitaillement en Ardèche," *39—45: L'Ardèche dans la guerre, Mémoire d'Ardèche et Temps présent* 42 (May 1994), pp.55—61.

51. See Maurice Boulle, "Les Parlementaires ardéchois et les pleins pouvoirs au maréchal Pétain le 10 juillet 1940," in *39—45: L'Ardèche dans la guerre, Mémoire d'Ardèche et Temps présent*, 42 (May 1994), pp. 19—33; *Le Journal d'Aubenas*, February 1, 1941.

52. *Le Réveil de Largentière*, July 14 and November 21, 1942, and February 12, 1943. One woman said that no one in Balazuc knew anything about concentration camps. Le Chambon-sur-Lignon, a village that saved many Jewish children from Lyon and St. -Etienne by adopting them with false papers into their families, is only a few miles from the Ardèche.

53. Cholvy, ed., *Histoire du Vivarais*, p.256. The "Chansonnette sur le vin": "*Si ti iya resta à l'oustau, La banno dau biau t'aurio pas fa mau*" / *Si tu étais resté à la maison, La corne du boeuf ne t'aurait pas fait mal*."

54. See Maurice Boulle, "Maîtres d'école et maîtres du pouvoir," and Pierre Broué, " Révolutionnaire du premier XXe siècle [Élie Reynier]," *Le Chemin*

des écoliers, 2, *Mémoire d'Ardèche et Temps présent*, 22 (May 1989); Eric Dar-rieux, "Une Génération d'instituteurs Ardéchois dans la crise des années trente," *Mémoire de maîtrise* ( Université d'Aix-Marseille, 1995 ). However, Marie-Hélène, *Balazuc: Mémoires de Pierre: Histoire de Ruoms en Ardèche* (L'Atelier de L'Harmonie, 2000 ), p. 96, writes that "He was certainly executed by the *milice* who threatened him."

55. Account taken from René Maisonnas, *La Résistance en Ardèche 1940—1944* ( Aubenas, 1984 ), pp. 25—79. The French Forces of the Interior (FFI) set up a headquarters in Antraigues on July 10, 1944.

56. Cholvy, ed., *Histoire du Vivarais*, p.249.

57. See John Sweets, *Choices in Vichy France* (New York, 1986); Anne-Marie Pouzache, "Résistance et maquis en Ardèche," in *39—45: L'Ardèche dans la guerre: De la Résistance à la Libération*, *Mémoire d'Ardèche et Temps présent*, 43 (August 1994) pp.6—11.

58. F1a 3900, including letter of J. Bouniol, n. d., 1942; F1a 4000, police report, January 15, 1944.

59. Maisonnas, *La Résistance en Ardèche*, quote from p.18. Xavier Vallat was sentenced to ten years in prison fol-lowing the war.

60. Maurice Boulle, "Sur l'épuration en Ardèche," *Mémoire d'Ardèche et de Temps présent*, 43 (August 1994), p.62.

61. Jean Boyer adds "after having con-ferred with Allied headquarters and with officials of the Bridges and Roads Divi-sion." One man who heard the explosion recalled that it was widely known that the bridge would be blown up, as ordered by the FFI. Occasionally one still hears comments that the bridge had been

blown up to cover up "things that hap-pened during the war."

62. Jean Boyer.

63. There were reprisals elsewhere, most notably in Fons, above Aubenas. Not long ago a journalist who expressed in-terest in researching the topic changed his mind under the strongest of pressure.

64. August 24, 1944. The members signed the minutes and dutifully sent them along to the new prefect for approval. The origi-nal committee included Evesque, Maurice Duffaud, Elie Rossignol, and Julien Fromentin.

65. Jean Boyer.

66. Proclamation of October 10, 1944; May 17, 1945; prefect, telegram of May 7, 1945. Marcel Evesque, Maurice Lathey, Elie Rossignol, Julien Fromentin, Germain Lèbre, Marius Duffaud, Hip-polyte Guérin, Emile Boucher, Hippolyte Freydier, Noël Boyer, and Ernest Baron made up the "delegation." The first elected council included Jean Poudevigne, Marius Ranchin, Hippolyte Freydier, François Boyer, Pierre Berre, Hippolyte Guérin, Germain Lèbre, Ga-briel Boyer, Raoul Dufaud, and Julien Fromentin.

67. Jean Boyer notes that in the referen-dum in May 1946, Balazuc did not follow the advice of the right and voted *oui* by 102 votes to 76, while the national result was decidedly *non*.

**Chapter 8**

1. "D'Alba à Balazuc," *Combat*, August 8, 1949.

2. René Tissot, *Aubenas et ses environs* (Aubenas, 1947), pp.124—26. In 1946, 75.3 percent of the population resided in the countryside (46.8 percent for France [Bozon, *La Vie rurale*, p.9]). The nu-cleated village had a slightly older popu-

lation than the commune as a whole, with, for example, over 5 percent fewer residents younger than twenty years of age. Balazuc's population in 1946 represented a loss of 17.2 percent from the prewar years. During the previous ten years there had been twice as many deaths as births, seventy-four to thirty-seven.

3. January 20, 1952, and July 18, 1954; Maurice and Elise Boulle, "Survol de l'enseignement en Ardèche en 1988," in *Le Chemin des écoliers*, 2, *Mémoire d'Ardèche et Temps présent* (May 1989), pp.35, 37, 68—69.

4. June 30, 1946.

5. January 18 and May 6, 1951, and December 11, 1955.

6. In 1949, in eight villages of the Cévennes, 56 percent of the houses were more than a hundred years old. In Genestelle, 59 of 112 houses had been abandoned by 1961 (Bozon, *La Vie rurale*, pp.466—67).

7. December 10, 1948; June 3, November 6 and 8, 1949; June 20, 1950; April 9, 1952; April 5, 1959; May 6, 1962; and February 10, 1963. Following Freydier's resignation, Jules Dufaud was elected mayor, but with only five votes out of nine, one left blank.

8. May 31, 1947, June 24, 1951, and December 7, 1952. Thus the budget for 1960 anticipated 35,070 francs in income and expenses, and that of 1969 anticipated 69,469 francs in income and expenses. The meeting of October 20, 1977, approved a loan of 20,000 francs to be repaid in fifteen years. In 1946 the indemnities paid the mayor and his deputy were increased to keep pace with the postwar inflation to 6,000 and 3,000 francs (June 30, 1956). The mayor earned 916 new francs in 1963.

9. May 10, 1956; November 10, 1957; May 1, 1964; June 25, 1971; August 25, 1973; December 10, 1975; December 10, 1977; July 3 and August 2, 1978.

10. March 11, 1951, February 2, 1953, May 30, 1958, September 13, 1959, November 4, 1962, February 10, 1963, and May 1, 1964. In 1953, the municipal council assumed the cost of burying an indigent woman.

11. April 8, 1951, and June 6, 1953. The length of communal roads has increased from 8.4 to 14 miles.

12. November 1, 1954; July 10, November 22, and December 31, 1959; October 2, 1960; September 4, 1961 (authorizing a loan of 30,000 francs at 5 percent interest); January 28, March 18, and April 15, 1962; July 14, 1963; June 28 and August 9, 1964; August 1, 1965; November 1, 1970; and of April 1, 1980, which requested 120,000 francs to improve the road to Uzer. Work in 1963 was financed by a loan of 30,000 francs and subsidies. Five years later Balazuc again asked that the "path" be reclassified because of its burden on the communal budget. The cantonal committee turned the village down again.

13. Bozon, *La Vie rurale*, pp.483—84; Jean Boyer; August 13, 1950, January 14, 1951, January 4, March 1, and September 10, 1953, August 30, 1954. Balazuc's part of the loan was 4,021,000 francs, though the latter meeting had Balazuc guaranteeing 2,715,161 (old francs), to be repaid within thirty years.

14. June 4, 1961. That year the tiny salary paid for this service was raised from 360 to 450 francs, in view of the increase in calls for villagers and the fact that some people called upon him to deliver to others in the village "news and to do various errands."

15. March 20, 1960.

16. November 22, 1959.

17. A recent article in *Libération* (July 5, 1999) claims that two million people still can speak some version of Occitan in the south of France (defined by a line north of Bordeaux, extending up to north of Limoges and down south of Lyon), a number that certainly seems inflated. Former Education Minister Allègre is alleged to have once referred to patois and other minority dialects as the "languages of shepherds."

18. Banks too came to play a greater role. Between the wars, Julien le riche (not to be confused with Julien le pauvre) was known as the banker because he loaned out money.

19. See, among others, Gordon Wright, *Rural Revolution in France*; Henri Mendras, *La Fin des paysans*; Georges Duby, et al., *Histoire de la France rurale*.

20. Ozil, *Magnaneries*, pp. 63—65; *La Belle Lurette*, 8 (Summer 1997), pp.12—14; Bozon, *La Vie rurale*, pp.375—77. The high cost of labor was also a factor.

21. Bozon, *La Vie rurale*, p.398; Guy Boyer, "La coopération viti-vinicole en Ardèche," pp. 117—27. On November 23, 2000, a local paper carried a photo of Guy Boyer and other members of the Confraternity du Cep Ardéchois in Leeds, England, carrying the taste for Ardéchois wines to that country.

22. Sahuc, *Le Fils du pauvre*, pp.183, 188.

23. Guy Boyer, letter of welcome to the bishop on the occasion of the centenary of the church, n.d., 1995.

24. November 1, 1970, and March 29, 1971.

25. *Des rives de l'Ardèche au Coiron*: *Journal interparoissial*, no. 22 (Summer 2001): "The Church is at the service of mankind for unity, solidarity, and reconciliation."

26. Weber, *Peasants into Frenchmen*.

27. In 1953 the victorious list won by an average of 118 votes to 95.

28. In 1977 only two members of the old council were held over, including Aimé Mouraret, who became mayor. The Communists received twenty-seven votes in the 1993 legislative elections (15 percent), the Socialist party twenty votes (11 percent, a decline of 16 percent since 1988); the extreme right Front National received only 4 percent of the vote.

29. April 30, 1961. Yet the municipality contributed funds (as was routine, it must be said) to aid victims of flood in the southwest in 1949, of an earthquake in Algeria in 1954, and of another natural disaster in Fréjus in 1959, Balazuc's inhabitants having often been victims of the ravages of nature.

30. March 31 and July 14, 1963.

31. Among those elected to the municipal council in that or subsequent elections, Mollier, Mouraret, Laroche, Boyer, Gamel, Freydier, Redon, and Thibon also represented families with long histories in Balazuc.

32. Nicole Lélie, followed by Ginette Michalon and Paulette Balazuc in 1989.

33. The people of Balazuc may well have shared the distaste for politics and politicians (ils, the government) noted by Laurence Wylie in his study of Roussillon (*Village in the Vaucluse*) and represented in a civics book, "the distaste for politics and for politicians who are often portrayed as men of little morality, of slight merit, incapable of making their way honestly and serving usefully" (p.208). Thus in postwar elections from 1946 to 1953 the percentages of those eligible to vote and

turning up to do so were consistently higher for municipal than for national elections(p.233).

34. *Le Monde*, March 16, 2001.

35. November 29, 2000.

36. *La Tribune*, February 15, 2001.

37. There were 228 votes cast, and 216 were counted as real ballots.

38. In the second round of the cantonal elections of March 2001, Balazuc once again gave a majority of votes to the conservative candidate, ninetyeight votes to forty-eight for the Socialist. In the first round, the Front National candidate received only ten votes, the Communist candidate eighteen, and the Green candidate thirty-two.

39. October 5, 1989. In 1961, Balazuc joined St. -Maurice-d'Ardèche and Lanas to form an association "to defend the river banks of the Ardèche" River(July 9). See *Le Monde*, February 25—26, 1990.

40. Public meeting, November 24, 2000.

41. February 17 and April 7, 1946; Jean Boyer. That year the municipal council asked that for a school that would serve the residents of the hamlets of Louanes and Cousamas, whose children had to walk almost four miles a day round trip.

42. April 6 and December 7, 1952; May 9, 1954, and May 1, 1955; December 22, 1957; December 28, 1958; September 13, 1959; June 15, 1976. Departmental subsidies: 110 francs in 1973, 137 francs in 1977, and 220 francs in 1980.

43. For example, June 24, 1951, April 6 (84,000 francs for teaching materials), August 24 and December 7, 1952; May 12, October 1, and December 28, 1958; May 8, 1960; April 30 and May 30, 1961; April 23, 1963; May 1, 1964; January 15, 1974; June 15, 1976; De-

cember 27, 1977; and December 13, 1980. Expenses included the distribution of milk to pupils less than ten years of age, at least in 1957 and 1958. In addition, the council paid a woman to sweep out the school every Wednesday.

44. March 3, 1979, and October 27, 1989.

45. May 5, 1961, inspector's letter of February 14, 1961.

46. April 5, 1970: "It is unfortunately certain that this figure will not increase during the coming years."

47. Wylie(*Village in the Vaucluse*, p.63) notes "teachers are especially vulnerable to criticism. Their social prestige and privileges arouse resentment among the villagers who saw that the teachers 'have it easy,' that they are well paid but do not have to work hard, that they have a long summer vacation and many shorter holidays throughout the year, that they have to work in the classrooms only thirty hours a week!" Other than joking comments about the easy life of a *fonctionnaire*, I have not heard this in Balazuc.

48. *Libération*, September 24, 1996. During the 1993—94 school year, the Ardèche was one of the departments that still had between 14 and 22 percent oneroom schoolhouses.

49. Deborah Reed-Danahay's recent study, *Education and Identity in Rural France*, of a village in Auvergne emphasizes resistance of parents to the school. Her main argument is that "local schools, even in the centralized system of France, may work to reinforce local identity, as parents and children resist aspects of national culture and state power"(p.3). That is, parents defend a regional identity by maintaining—or did at least in the early 1980s—Auvergnat

patois(to exclude the teachers, viewed in her analysis as inevitable outsiders) and resisting the use of napkins in the lunch-room as a way of maintaining their dis-tance from what she calls urban, bourgeois values. "Families and children in Lavialle use strategies of both resistance and accommodation to shape the role and meaning of schooling.... Lavialle's school is a social space within and around which people have found ways to be both Laviallois and French" (p.208). In contrast, Laurence Wylie in *Village in the Vaucluse* makes the point that families and primary school teachers share similar patterns of authority, so that there is little difference between home and school in this respect, and parents, by implication, are therefore less likely to resist and subvert the au-thority of the *instituteur*.

50. Parents living in Balazuc who put their children in school in other towns have been criticized.

51. *Bulletin municipal no. 5*, December 1997.

52. June 30, 1946; May 25 and October 14, 1947; March 5, 1950; and January 26, 1952. Balazuc took out yet another loan of 208,000 francs to improve its roads and paths. An additional tax on residents was assessed for the work on January 30, 1949. In 1954, Balazuc was among those communes with fewer than five automobiles per hundred inhabitants, thus only between ten and fifteen cars(Bo-zon, *La Vie rurale*, p.485).

53. July 17 and October 30, 1955; the latter approved repairs of the church for 400,000(old) francs, with winter approaching; the municipality also re-quested funds from the Ministry of Na-tional Education and the Service des Beaux Arts. On November 13, 1955, the council voted to accept thirty thousand and fifty thousand francs respectively from Jean Delsaux, who lived in Paris, and Dr.Pierre Chadourne, Chevilly-la-Rue, Seine.

54. March 31, 1979, followed by a request for a subsidy, June 8, 1980.

55. *Les Plus Beaux Villages de France*: *Guide official*(Paris, 1997), preface.

56. *Cahiers* made available to me by Abbé Rouveyrol. Dissenting voices in-cluded one who complained about the choice of music left playing("A choice of music from the 17th or 18th century would have been more judicious") and another, who wrote in July 1997, "A pretty church but one must also recall that the greatest cause of mortality has without doubt been wars of religion." More sobering are obviously notes like that signed simply "Me": "When I think of you [Lord], it will be in anger because you took my mother too soon ... we, her children, still needed her"(July 27, 1999).

57. High in the canton of St. -Martin-de-Valamas, the village of Chanéac, which had had a population of about 1,000 in 1900, had only 227 people in 1960. In 1965 the mayor founded the Association des Amis de Chanéac, the purpose of which was to enrich and save the village. Six years later the mayor, joined by the curé and two young people, began a hunger strike in order to obtain authorization and assistance to begin a *maison de vacances*, which opened in 1976. Little by little, Chanéac has revived, but, besides some young people raising goats and a few re-maining farmers, only in the summer, thanks to new secondary residences (CR., "Un village parie sur son avenir," *Coopérateur de France* [June 20, 1981], pp.42—43).

58. The notebooks left for tourists to sign in the church quickly reveal that about a third of the notes are signed in Dutch/Flemish.

59. Bozon, *L'Ardèche* p. 105; Ozil, *Sériciculture*, vol. III, p.174.

60. Two academic couples, one British, one American, who visited us on several occasions have since purchased summer houses in Balazuc.

61. Carlat, *Architecture populaire*, pp.22—25, 102, 128, 151—55, 286—87. Last quote from Roger Ferlet.

62. Balazuc, *Mémoires de soie*. See Harriet Rosenberg's excelient A *Negotiated World*. She considers the politics of tourism in Abriès(Hautes-Alpes) and argues that while villagers in the Ancien Régime enjoyed a surprising access to power through a process of negotiation and lobbying ("peasant diplomacy"), their descendants have no control over decisions made from the outside (pp. 199—203). Her study shows how both the mayor, with positions to award, and government authorities have had a stake in developing tourism and examines some of the ways that tourism remains disconnected from villagers, accentuating the fragmentation of economic and social life.

63. Carlat, *Architecture populaire*, p.109.

64. "Message à la population et aux Vacanciers," n.d., June 1995.

65. Mayor's letter to "Chers compatriotes," December 22, 1995.

66. "Compte rendu réunion Commissions tourisme et développement environment et cadre de vie," August 23, 1996; *Bulletin Municipale no. 5* (December 1997). The mayor created a Committee on Tourism and the Development of the Environment.

67. Guy Boyer said in his welcome to the bishop of Viviers, n.d.(1995): "Young couples are the source of life, hope, and the future .... The quality of rural life is a source of attraction for those who come here, but we run into the difficulty of finding available permanent housing, as well as the precariousness of employment."

68. *Balazuc, bulletin municipal no. 8* (August 1999). This jump represented a gain of 20 percent, compared with the Ardèche as a whole(2.90 percent).

69. The number of people employed in service in the Ardèche increased by about 40 percent just between 1975 and 1982 and has increased ever since.

70. One woman makes a point that people in Balazuc particularly frown on people who are considered proud or arrogant.

71. October 5, 1989. The municipality could have acquired some land to enlarge that small *place* in the early 1950s.

72. *Balazuc, bulletin municipal no. 6* (July 1998).

73. June 19, 1949; December 28, 1958; for example, seven hundred francs allocated to the Comité des Fêtes, December 16, 1980; April 6, 1989.

74. Recently the municipality sold a parcel of land for two hundred thousand francs to earn money. In 2000 a woman who died left some money to the residents of the village but not to municipality.

75. Mairie de Balazuc, taxes in the village, 1994, population, 282; tax on residency(296 households), 139, 325; tax on land with construction, 62, 704; tax on property without construction, 71,606; tax on business (23 *enterprises ou commerces*), 18, 356—total 291, 981 francs.

76. *Balazuc, bulletin municipal no. 8*

(August 1999).
77. Carlat, *Architecture populaire*, p.20.
78. Ibid., p.21.
79. "Actualités: Les Résultats du recensement de 1999," *Cahiers de Mémoire d'Ardèche et Temps présent*, 68(November 2000), P.11, with well less than a fifth of the population under twenty years of age. Sadly, as has been sometimes noted for the region as a whole, Balazuc has of late had more than its share of suicides.

80. Laurence Wylie(*Village in the Vaucluse*, p.207), remarks that in Roussillon schoolchildren in the early 1950s learned by heart "A good citizen possesses the spirit of cooperation and mutual aid." In 2000 Balazuc raised more than nine thousand francs for charity in the Téléthon, donating money to play boules or cards or to hike or buying lottery tickets.

# 参 考 文 献

**一次文献**

Archives Nationales(AN)

    BB30 382，395—96，401 C 945

    DIV bis 4

    F1a 3900(Ardèche)，4000

    F1bII Ardèche 1，2，3，4，7

    F1cIII Ardèche 7，10，11，1125

    F7 3652(2)，9632，12357，12396，12753，12936—37

    F15 3964，3990—93

    F9 4371

    F11 2697

    F15 3964，3990—3993

    Series F17，Ministry of Public Instruction

    F17*83，*2598，*2740，*3160，3652(1)，3652(2)，9253，9279，9306，9310，9313—
        14，9317，9319，9322，9336，9370，9374—75，9580，9632，10259—60，10286，
        10374，10382，10691，10779，11140，11285，

    F20 161

Archives of the Ministry of War(Vincennes)

    MR 1248

Archives Départementales(AD) de l'Ardèche(Privas)

    B 138(2MI 158)，142(2MI 76)

    C 17—18，42—43，54，81，656，672，843，991，1051，1063，1090—91，1141，
        1150，1239，1242，1254，1361，1511

    2E M.L. 631—32，notarial archives，Year 13—1806

    52J 134(Fonds Mazon，manuscript Delichères)

    8J 6/5 and 6/6

    8J 26/10(Fonds Reynier)

    13J 1*

    21J 145

    J 469

    L 252，267，269，544，559—60，876，877，897，901，911，923，931，937，939，
        963，967—68，970，974，1167，1212，1561，1566，1572，1607，1637

    Q 47，195，248，270，282—83，316，486

    2M 239，273—74，276，337—38，341，524

    3M 44—45，73—74，78，84，88，96，103，150，210，220—21，230—31，248，261，

265—68, 307, 314, 320, 326—28, 332, 334

2MP 34

5M 10—11, 14, 18, 18 bis, 19—21, 28, 31—32, 37—38, 40—41, 44—45, 49/
1, 53

6M 52—53

10M 28, 51, 71

12M 53—59, 76, 81, 176—77, 179, 181—82, 184, 187, 189, 191—92, 194, 200,
203, 207, 213, 217, 243, 253, 273, 286, 298

15M 1

1MP 34, 154

2MP 34, 50

3P 170, *cadastre*, 1825

O 545

2 O 183—91

R 189

T 27, 43, 69, 70—71, 74, 97—99, 112—13, 115, 119, 124, 175, 209—11, 216,
218, 246, 283, 322, 343, 357, 359, 361, 379, 383, 417, 425, 443, 495, 498,
500, 502, 576, 586, 589, 594, 597, 598, 3285, 3290, 3298, 3375

V 51, 53, 141, 155, 186, 189, 204, 211, 217, 226—34, 245, 247, 249—52, 254,
258—63, 276—87, 298, 303, 305, 311, 321, 331, 344, 438, 458, 507, 520,
526, 528, 531—32, 535, 570, 745, 765—68, 771, 773, 776—77, 779, 801—
02, 842

1Z, 186, 227, 229, 233—34, 250, 258—61, 273, 276, 279—85, 287, 303—04,
311, 321, 331, 344, 483, 507, 520, 535, 570, 733, 765, 779, 802

Fonds Mazon, 3, 9, and 13

État Civil(births, marriages, deaths)

5Mi 15, 19, 1668—1789

6 E 23/1* —12* , 421* —422* , État Civil 1792—1902

Archives Départementales(AD) de l'Hérault(Montpellier)

C 3014, 4019

Archives Départementales(AD) du Gard(Nîmes) 10T8

Mairie de Balazuc

Registers of deliberations( *procès-ver-baux* ), municipal council of Balazuc, 1809—
1990

Censuses, 1804, 1846, 1876, 1911 Nonclassified documents

Bibliothèque Nationale(BN)

Collection Languedoc-Bénédictins(Salle des Manuscrits)

Newspapers

*Le Journal d'Aubenas*, 1941

*Le Réveil de Largentière*, 1942—44

*L'Echo de l'Ardèche*, 1871

*L'Ardèche républicaine*, 1905, 1906

*L'Echo de Largentière*, 1905—06, 1909—10, 1914, 1921

*Le Républicain des Cévennes*, 1892, 1895, 1896, 1898, 1900, 1904, 1906, 1908,

1909，1912，1925，1935

*Le Courrier d'Aubenas*，1895

*Courrier de la Drôme et de l'Ardèche*，1851

## 二次文献

Allignol，Maurice. *Balazuc et le Bas Vivarais*. N.P.，1992.

André，M. "La Visite des paroisses de l'officialité d'Aubenas en 1715." *Revue du Vivarais*（1974—75）.

Arché，Guy-Jean. *L'Espoir au coeur，l'insurrection de 1851*. Poët-Laval，1981.

Balazuc，Marie-Hélène. *Mémoires de soie*. Robiac-Rochessadoule，1992.

Blain，Charles（Albin Mazon）. *Quelques scènes et récits du Vivarais*. Aubenas，1981.

Blanc，Jean-François. *Paysages et paysans des terrasses de l'Ardèche*. Annonay，1984.

Boulle，Maurice. *Révoltes et espoirs en Vivarais 1780—1789*. Privas，1988.

———. "Sur l'épuration en Ardèche" 39—45：L'Ardèche dans la guerre. *Mémoire d'Ardèche et Temps présent*，43（August 1994），pp.6—11.

Bourdin，Louis. *Le Vivarais：Essai de géographie régionale*. Paris，1898.

Boyer，Jean，"Chronique Balazucaine de la Révolution à nos jours," unpublished manuscript.

———. "Historique de Balazuc," unpublished pamphlet.

Boys，Albert du. *Album du Vivarais*. Grenoble，1842.

Bozon，Pierre. *L'Ardèche：La Terre et les hommes du Vivarais*. Poët-Laval，1985.

———. *La Vie rurale en Vivarais*. Valence，1961.

Brown，Howard G. "Bonaparte's 'Booted Justice' in Bas-Languedoc." *Proceedings of the Annual Meeting of the Western Society for French History*，24（1998），pp.120—30.

———. "From Organic Society to Security State：The War of Brigandage in France，1797—1802." *Journal of Modern History*，69（1997），pp.661—95.

Caffarelli，Charles Ambroise. *Observations sur l'agriculture du département de l'Ardèche*. Paris，[Year IX].

Carlat，Michel. *Architecture populaire de l'Ardéche*. Poët-Laval，1984.

———. *Architecture rurale en Vivarais*. Paris，1982.

———. *L'Ardèche traditionnelle*. Poët-Laval，1982.

———. *L'Ardèche：La Terre et les hommes du Vivarais*. Poët-Laval，1985.

———. *L'Ardèche：Les Chemins du coeur*. Voreppe，1990.

Chambon，André. *Paysans de Vivarais*. Vals-les-Bains，1985.

Chanet，Jean-François. *L'Ecole républicaine et les petites patries*. Paris，1996.

Charrié，Pierre. *Dictionnaire topograpique du département de l'Ardèche*. Paris，1979.

———. *Le Folklore du Bas-Vivarais*. Paris，1982.

Chevalier，Raymond，and Michelle Redon-Chevalier. "Centenaire de l'église paroissiale de Balazuc，1895—1995," unpublished manuscript，1996.

Cheynel，Hélène. *Contes et légendes du Vivarais*. Valence，1993.

Cheyron，Jean. *L'Acceptation du Second Empire dans l'Ardèche*. Largentière，1985.

———. *Epidémies du choléra en Ardèche*. Largentière，1985.

———. *Le Plebiscite du 8 mai 1870 dans l'Ardèche*，Largentière，1986.

Cholvy，Gérard，ed.，*Histoire du Vivarais*，Toulouse，1988.

Cornu, Pierre. *Une Économie rurale dans la débacle : Cévenne vivaraise, 1852—1892.* Paris, 1993.

Darrieux, Eric. "Une génération d'instituteurs Ardéchois dans la crise des années trente." Mémoire de maîtrise. Université Aix-Marseille, 1995.

Feret, Brigitte, "Le Ravitaillement en Ardèche." *39—45 : l'Ardèche dans la guerre. Mémoire d'Ardèche et Temps présent*, 42(May 1994), pp.55—61.

Ferlet, Roger. *Le Vivarais d'antan.* 2 vols. Valence, 1981—82.

Forot, Charles, and Michel Carlat. *Le Feu sous la cendre : Le Paysan vivarois et sa maison.* St.-Félicien, 1979.

Gardès, Jean-Marc. *Et ils déplacèrent les bornes! Le département de l'Ardèche, héritage de la Révolution française.* Privas, 1989.

Gaspin, Jordan. *Les Mobilisés de l'Ardèche 1870—71.* Privas, 1996.

Gemie, Sharif. "'A Danger to Society? Teachers and Authority in France, 1833—1850." *French History*, 2, 3(September 1988), pp.264—87.

Gildea, Robert. *Education in Provincial France, 1800—1914 : A Study of Three Departments.* New York, 1983.

Gourinard, Pierre, "La Part de l'Ardèche à la mise en valeur de l'Algérie." *Revue du Vivarais*, 73, 2(April-June, 1969), pp.91—102.

Gutton, Jean-Pierre. *La Sociabilité villageoise dans la France d'ancien régime.* Paris, 1979.

Harp, Stephen. *Learning to Be Loyal : Primary Schooling as Nation Building in Alsace and Lorraine, 1850—1940.* De Kalb, Ill., 1998.

Issartel, Jean-Louis, "L'Ardèche à la veille du conflit." *39—45 : L'Ardèche dans la guerre; Mémoire d'Ardèche et Temps présent*, 42(May 1994), pp.39—48.

Joanne, Paul. *Géographie du département de l'Ardèche.* Paris, 1911.

Joffre, Nicole. "La Question scolaire dans l'Ardèche de 1880—1914." Mémoire de maîtrise. Université de Dijon, 1975.

Jolivet, Charles. *Les Chouans du Vivarais.* Taulignan, 1987.

——. *La Révolution en Ardèche(1788—1795).* Challes-les-Eaux, 1988.

Joly, Jean, and J.Peyrard. *En Ardèche, notre école au bon vieux temps.* Lyon, 1993.

Joly, Michel. *L'Architecture des églises romanes du Vivarais.* Paris, 1966.

Jones, Peter, "Common Rights and Agrarian Individualism in the Southern Massif Central 1750—1880." In Gwynn Lewis and Colin Lucas, eds., *Beyond the Terror.* Cambridge, England, 1983.

——. *Politics and Rural Society : The Southern Massif Central, 1750—1880.* Cambridge, 1985.

——. "Towards a Village History of the French Revolution : Some Problems of Method." *French History*, 14, 1(March 2000), pp.67—82.

Ladet, Pierre. *Entre Coiron et Tanargue : Aubenas sous le vent de l'histoire.* Privas, 1991.

Lequin, Yves. *Les Ouvriers de la région lyonnaise.* 2 vols. Lyon, 1977.

Le Roy Ladurie, Emannuel. *The Peasants of Languedoc.* Urbana, Ill., 1976.

Maisonnas, René. *La Résistance en Ardèche 1940—1944.* Aubenas, 1984.

Margadant, Ted W. *French Peasants in Revolt : The Insurrection of 1851,*

Princeton, 1979.

Massot, Georges. "La Langue d'oc en Vivarais et Ardèche." *Genèse et histoire de la langue occitane et des idioms vivarois. Mémoire d'Ardèche et Temps présent*," 51-I (November 1996).

Mayaud, Jean-Luc. *La Petite Exploitation rurale triomphante*. Paris, 1999.

Mazon, Albin. *Notice sur Vinezac*. Privas, 1897; reprinted Villeneuve-de-Berg, 1987.

——. *Voyage au tour de Valgorge*. Privas, 1879.

——. *Voyage dans le Midi de l'Ardèche*. Aubenas, 1884.

——. *Voyages le long de la rivière Ardèche*. Aubenas, 1885.

McPhee, Peter. *The Politics of Rural Life: Political Mobilization in the French Countryside, 1845—1852*. New York, 1992.

Merriman, John M. "On the Loose: The Impact of Rumors and *Mouchards* in the Ardèche during the Second Republic." In Jonathan Sperber, ed., *Europe 1848: Revolution and Reform*. London, 2000.

Molinier, Alain. "Les Difficultés de la scolarisation et de l'alphabétisation sous la Restauration: L'Exemple ardéchois." *Annales du Midi* 97, 170, pp.129—56 (April-June, 1985).

——. *Stagnations et croissance: Le Vivarais aux XVIIe—XVIIIe siècles*. Paris. 1985.

——. "En Vivarais au XVIIIe siècle: Une croissance démographique sans révolution agricole." *Annales du Midi*, 92, 148(1980) pp.301—16.

Morel, Yves. "Les Maîtres du fil: Une industrie textile en milieu rural: Le Moulinage ardéchois au XIXe siècle." Doctoral dissertation, Université Lumière-Lyon II, 1999.

Mouly, P. *Le Concordat en Lozère-Ardèche, 1801—1805*. Mende, 1942.

Noir, Michel. *1789, Des faubourgs de Paris aux montagnes d'Ardèche*. Paris, 1988.

Ogden, Philip E. "Industry, Mobility and the Evolution of Rural Society in the Ardèche in the Later Nineteenth and Early Twentieth Centuries." In Philip E.Ogden and Paul E.White, *Migrants in Modern France: Population Mobility in the Later Nineteenth and Twentieth Centuries*. London, 1989.

Ozil, Hervé. *Magnanerie et vers à soie: La Sériciculture en pays vivarois et Cévenol*. Lavilledieu, 1986.

——. "*La Sériciculture en Ardèche*: Survivence d'une production?", Doctoral thesis. Université au Lyon II, 1983. 3 vols.

Peyrard, Jean, and Jules Joly. *En Ardèche, notre école au bon vieux temps*. Lyon, 1993.

Pouzache, Anne-Marie. "Résistance et maquis en Ardèche." *39—45: L'Ardèche dans la guerre: De la Résistance à la Libération*." *Mémoire d'Ardèche et temps présent*, 43 (August 1994), pp.6—11.

Reboul, Annet. *Moeurs de l'Ardèche au XIXe siècle*. Valence, 1849.

Régné, Jean. *Histoire du Vivarais*. 3 vols. Largentière, 1914.

——. *La Vie économique et sociale dans 150 localités du Vivarais, d'après les Estimes de 1464*. Aubenas, 1926.

——. *La Vie économique et les classes sociales en Vivarais, au lendemain de la guerre de cent ans*. Aubenas, 1925.

Reynier, Élie. *Le Pays de Vivarais*. Vals-les-Bains, 1923.

————. *La Seconde République dans l'Ardèche*, *1848—1852*. Privas, 1998; originally published 1948.

————. *La Soie en Vivarais*. Largentière, 1921.

Riou, Michel, "La Vente des biens nationaux dans le département de l'Ardèche." In *Communautés d'oc et Révolution française*, II. Largentière, 1987.

Roudil, Jean-Louis. *Préhistoire de l'Ardèche*. Soubès, 1995.

Rouvière, Michel. "Le Gras de Balazuc, Vinezac, Lanas," unpublished paper, 1998.

————. *Paysages de pierre*, *paysages de vie*. Chirols, 1991.

Roux, Jacqueline. "L'Enseignement primaire dans l'Ardèche sous la monarchie de juillet: La Contribution des congrégations religieuses à l'enseignement elémentaire." In *Eglises*, *Pouvoirs et Société en Ardèche ( milieu XVIIIème siècle-milieu XIXème siècle)*. Ucel, 1993.

Sabatier, Gérard. "De la révolte de Roure(1670)aux Masques armés(1783): La Mutation du phénomène contestataire en Vivarais." In Jean Nicolas, ed. *Mouvements populaires et conscience sociale*, *XVIe—XIXe siècles*. Paris, 1985.

Sahuc, Régis. *Le fils du peuple*. Le Pay, 1994.

Salmon, J.H.M. "Peasant Revolt in Vivarais, 1575—1580." *French Historical Studies*, 11, 1(1979), pp.1—28.

Siegfried, André. *Géographie électorale de l'Ardèche sous la IIIe République*. Paris, 1949.

Sonenscher, Michael. "Royalists and Patriots: Nîmes and Its Hinterland in the Late Eighteenth Century." Doctoral dissertation. University of Warwick, 1977.

Sudres, Jean-Daniel, and Michel Carlat. *Visages et paysages de l'Ardèche*. Aubenas, 1986.

"Sylvestre" [Paul Gouy]. *Un scandale electoral à Balazuc*. Aubenas, 1909.

Thomas, François, and Marthe Thomas. *Le Vivarais*. Paris, 1947.

Tissot, René, *Aubenas et ses environs*. Aubenas, 1947.

Valgorge, Ovide de. *Souvenirs de l'Ardèche*, vol.II. Paris, 1846.

Védel, Léon(Taveny de Largentière). *A travers le Vivarais: Balazuc et Pons de Balazuc*. Lyon, 1884.

Villard, Eugène. *De la situation des intérêts agricoles dans l'arrondissement de Largentière*. Nîmes, 1852.

Vogüé, Eugène-Melchoir de. *Notes sur le Bas-Vivarais*. Paris, 1893.

Volane, Jean. *L'Ardèche pittoresque*. St. -Etienne, 1989, first published, 1899.

Woloch, Isser. *The New Regime: Transformations of the French Civic Order*, *1789—1820s*. New York, 1994.

## 相关研究

Amann, Peter. *The Corncribs of Buzet: Modernizing Agriculture in the French Southwest*. Princeton, 1990.

Bell, David. *The Cult of the Nation in France: Inventing Nationalism*, *1680—1800*. Cambridge, Mass., 2001.

Carles, Emilie. *A Life of Her Own*. New Brunswick, N.J., 1991.

Gemie, Sharif, "'A Danger to Society? Teachers and Authority in France, 1833—

1850." *French History*, 2, 3(September 1988), pp.264—87.

Héliaz, Pierre-Jakez. *The Horse of Pride: Life in a Breton Village*. New Haven, 1978.

Higonnet, Patrice. *Pont-de-Montvert: Social Structure and Politics in a French Village, 1700—1914*. Cambridge, Mass., 1971.

McPhee, Peter. *Les Semailles de la République dans les Pyrénées-Orientales, 1846—52*. Perpignan, 1995.

Mendras, Henri. *La Fin des paysans*. Paris, 1970.

Merriman, John M. *The Agony of the Republic: The Repression of the Left in Revolutionary France, 1848—51*. New Haven, 1978.

Meyers, p. "Professionalization and Social Change: Rural Teachers in 19th Century France." *Journal of Social History*, 9(1976), pp.542—58.

Reed-Danahay, Deborah. *Education and Identity in Rural France: The Politics of Schooling*. Cambridge, England, 1996.

Rogers, Susan Carol. *Shaping Modern Times in Rural France: The Transformation and Reproduction of an Averyronais Community Village*. Princeton, 1991.

Rosenberg, Harriet G. *A Negotiated World: Three Centuries of Change in a French Alpine Community*. Toronto, 1988.

Serre, Robert. *Grane: Histoire d'un village du Val de Drôme*, vol. 2. Crest, 1993.

Thibault, Roger. *Mon village*. Paris, 1982.

Tindall, Gillian. *Celestine: Voices from a French Village*. New York, 1996.

Van Zanten, Henriot. *L'École et l'espace locale*. Lyon, 1990.

Weber, Eugen. *Peasants into Frenchmen: The Modernization of Rural France 1880—1914*. Stanford, 1976.

Wylie, Laurence, ed. *Chanzeaux, a Village in Anjou*. Cambridge, Mass., 1966.

——. *Village in the Vaucluse*. Cambridge, Mass., 1974, published in 1954.

Zonabend, Françoise. *The Enduring Memory: Time and History in a French Village*. Manchester, England, 1985.

# 译　后　记

　　我是一名英语翻译，曾经给考古队翻译过资料并担任交流讲座的口译，也翻译过历史人物的长篇传记。

　　比较而言，对学术性的历史著作的翻译有如下体会：

　　（1）历史事件、人物、组织、地名的准确性与连贯性。比如，法国很多人的名字都叫 Jean（让），但法国又是天主教国家，施洗者圣约翰（英语 St. John，法语 St. Jean）备受推崇，民间还有"圣约翰篝火节"等；翻译的时候，St. Jean 如果按照法文习惯翻成"圣让"，中国读者反而难以理解其内涵。

　　（2）度量衡的模糊性。按照一般的翻译原则，国外的度量衡在翻译过程中应该统一起来，不过在面对历史数据时，我一方面面对公斤、盎司、磅等单位非常头痛，但另一方面又意识到这些数据本身是来自当年的记录，而在不同时期和不同地区，同样的度量名称未必有同样的换算规则。所以权衡之下只有保留原来的用法。

　　（3）背景知识的把握。令我没有想到的是，这个法国小村曾经以养蚕、纺丝作为经济支柱。通过翻译，我第一次了解到外国人是怎样描述养蚕全过程的。一方面感觉有趣，另一方面又感觉不容易翻译得准确。于是又去借阅养蚕的书来看，并从中了解到法国人当年的养蚕技巧跟我们的传统是不完全一致的。此类内容，是不会出现在《法国史》里面的。

　　翻译过程是学习过程，这我本已知晓，但这次又有了进一步的体会。比如"德雷福斯事件"，这在法国历史上只是一件个人冤案，但是有强烈的反犹太人背景。在我以前翻译的好几本书里，此案均被反复提及。这次不但出现在历史学者的笔下，还有当年当地报纸的评述，令我有一个新的角度了解这个案件及其深远影响。

　　另外，书中频繁出现的奥克语土语词汇以及法国小学教育的普及过程、法语的普及过程，也让我有机会了解了法语的推广、土语的演变，这对一个翻译者而言，无疑是一次很好的学习机会。

鉴于知识有限，翻译之中的错漏难以避免。希望广大读者指正、包涵。

梁 镝

**图书在版编目(CIP)数据**

巴拉聚克:历史时光中的法国小镇/(美)约翰·
梅里曼(John Merriman)著;梁镝译.—上海:上海
人民出版社,2018
(历史·文化经典译丛)
书名原文:The Stones of Balazuc: A French
Village in Time
ISBN 978-7-208-15164-2

Ⅰ.①巴…　Ⅱ.①约…　②梁…　Ⅲ.①村史-法国
Ⅳ.①K565.9

中国版本图书馆 CIP 数据核字(2018)第 099888 号


**责任编辑**　秦　堃
**封面设计**　小阳工作室

历史·文化经典译丛

**巴拉聚克——历史时光中的法国小镇**
[美]约翰·梅里曼　著
梁　镝　译

| | | |
|---|---|---|
| 出　　版 | 上海人民出版社 | |
| | (200001　上海福建中路193号) | |
| 发　　行 | 上海人民出版社发行中心 | |
| 印　　刷 | 上海商务联西印刷有限公司 | |
| 开　　本 | 720×1000　1/16 | |
| 印　　张 | 20 | |
| 插　　页 | 4 | |
| 字　　数 | 300,000 | |
| 版　　次 | 2019年1月第1版 | |
| 印　　次 | 2019年1月第1次印刷 | |

ISBN 978-7-208-15164-2/K·2746
定　　价　70.00元